Studien zur Migrations- und Integrationspolitik

Reihe herausgegeben von

Danielle Gluns, Universität Hildesheim, Hildesheim, Deutschland

Sascha Krannich, Universität Gießen, Gießen, Deutschland

Roswitha Pioch, Fachhochschule Kiel, Kiel, Deutschland

Stefan Rother, Universität Freiburg, Freiburg, Deutschland

Migration ist eines der zentralen Globalisierungsphänomene des 21. Jahrhunderts. Entsprechend groß ist das Interesse an Fragen der politischen Regulierung und Gestaltung der weltweiten Migration, den Rechten von Migrantinnen und Migranten und der Integration von der lokalen bis zur globalen Ebene. Die Buchreihe ist interdisziplinär ausgerichtet und umfasst Monographien und Sammelwerke, die sich theoretisch und empirisch mit den Inhalten, Strukturen und Prozessen lokaler, regionaler, nationaler und internationaler Migrations- und Integrationspolitik befassen. Sie richtet sich an Wissenschaftlerinnen und Wissenschaftler, Studierende der Geistes-, Sozial-, Wirtschafts- und Rechtswissenschaften sowie an Praktikerinnen und Praktiker aus Medien, Politik und Bildung.

Die Herausgeberinnen und Herausgeber werden in ihrer Arbeit durch einen wissenschaftlichen Beirat unterstützt, den die ehemaligen Sprecherinnen und Sprecher des Arbeitskreises bilden: Prof. Dr. Sigrid Baringhorst, Universität Siegen, Prof. Dr. Thomas Faist, Universität Bielefeld, Prof. Dr. Uwe Hunger, Hochschule Fulda, Prof. Dr. Karen Schönwälder, Max-Planck-Institut zur Erforschung multireligiöser und multi-ethnischer Gesellschaften, Göttingen, Apl. Prof. Dr. Axel Schulte i.R., Leibniz Universität Hannover, Prof. em. Dr. Dietrich Thränhardt, Universität Münster.

Weitere Bände in der Reihe https://link.springer.com/bookseries/11808

Luicy Pedroza

Staatsbürgerschaft neu definiert

Wie die Ausweitung des Wahlrechts auf Einwanderer weltweit debattiert wird

 Springer VS

Luicy Pedroza
Centro de Estudios Internacionales
El Colegio de México
Ciudad de México, Mexiko

Sonderausgabe der Berliner Landeszentrale

Die Deutsche Nationalbibliothek verzeichnet diese Publikation in der Deutschen Nationalbibliografie; detaillierte bibliografische Daten sind im Internet über http://dnb.d-nb.de abrufbar.

© Springer Fachmedien Wiesbaden GmbH, ein Teil von Springer Nature 2022
Aus dem Englischen von Alejandro Cordero Rodríguez, Anastasia Bauer, Anastasiia Iakovleva, Dominic Böcker, Isabell Hutterer, Jan Kaßner, Jonas Georg Marggraf, Muriel Temme, Nina Maleen Hilgenböcker, Orane Courtalin, Pia Kreimeier, Rebecca Melzer, Steffen Siekmeier, Torben Stuhldreier, Veit Wolfart, Wanda Bourras, Cara Hamann, Jennifer Grunwald und Uwe Hunger

Planung/Lektorat: Jan Treibel
Springer VS ist ein Imprint der eingetragenen Gesellschaft Springer Fachmedien Wiesbaden GmbH und ist ein Teil von Springer Nature.
Die Anschrift der Gesellschaft ist: Abraham-Lincoln-Str. 46, 65189 Wiesbaden, Germany

Vorwort

Staatsbürgerschaft ist ein Bündel von Idealen, die Einzelpersonen und Kollektiven am Herzen liegen. Dies reicht von der abstrakten, aber eindrucksvollen Idee eines individuellen „Rechts auf Rechte" (vorgeschlagen von Hannah Arendt) bis zum Besitz von Identitäts- und Reisedokumenten, um die Nationalität im Völkerrecht bestätigen zu können. Dazwischen gehören zu den wichtigen kollektiven Merkmalen der Staatsbürgerschaft die soziale und rechtliche Anerkennung einer Mitgliedschaft als gleichberechtigt in einer politischen Gemeinschaft sowie die daraus abgeleiteten Pflichten, aber auch die Würde, die damit verbunden ist. Die Staatsbürgerschaft spielt in all diesen Aspekten eine Rolle: von den tiefsten Identitätsvorstellungen von Menschen als politische Wesen bis zu den greifbaren Aspekten wie dem Besitz eines Passes. Menschen, die an der multidimensionalen Macht der Staatsbürgerschaft zweifeln, können auf ihren Reisepass verzichten und versuchen, sich über Grenzen hinweg zu bewegen. Höchstwahrscheinlich werden sie ihre Bewegung ändern müssen, wenn sie versuchen, Behörden auszuweichen. Die Behandlung, die sie erhalten werden, und ihre Chancen, eine Wohnung und einen Arbeitsplatz zu finden, werden auch abhängig von diesen Dokumenten sehr unterschiedlich sein. Selbst wenn eine Person einen Pass besitzt, der ihre Staatsangehörigkeit bestätigt, wird diese Person höchstwahrscheinlich nach dem Umzug in eine andere Gerichtsbarkeit als die der Behörde, die den Pass ausgestellt hat, ihre Beiträge, Anteile, Interessen und ihr soziales Engagement beweisen müssen, um eine Stimme zu bekommen. Der neue Ort wird sie vielleicht in einigen Aspekten als Mitbürger*in anerkennen, in anderen jedoch nicht, es sei denn, er oder sie ist in der Lage und bereit, den Prozess zu beginnen, indem er oder sie die Staatsangehörigkeit dieses Ortes annimmt. Das

Wort dafür ist Einbürgerung, auf English „naturalization", was bereits darauf hindeutet, dass die Veränderung den Kern der Natur dessen erreichen soll, wer eine Person ist.

Warum sollte die Staatsbürgerschaft so verstanden werden, dass sie von der Zugehörigkeit in Nationalstaaten abhängt und nicht auf anderen Vorstellungen von Mitgliedschaft beruht? Wie kommt es, dass die Staatsbürgerschaft (dieses Bündel von Idealen) auf die Nationalität reduziert wurde? Welche Beziehung besteht historisch zwischen diesen beiden Konzepten? In welchem Verhältnis stehen sie heute weltweit zur Rechtspraxis? Wie sind die Chancen, diese Reduzierung zu überwinden?

Mit diesem Buch antworte ich auf diese Fragen aus der Perspektive des Wahlrechts, das den Kern der Staatsbürgerschaft heute ausmacht. Das demokratische Wahlrecht und die dazu gehörende Kultur sind Themen, die mich seit Jahren faszinieren. Ich habe früh in meiner politikwissenschaftlichen Karriere gelernt, dass, damit der Pluralismus gedeihen kann, es mehr braucht als regelmäßige, kompetitive, freie Wahlen. Eine bestimmte Kultur muss auch gepflegt werden, die Pluralismus schätzt. Mehrere liberale Demokratien überlassen das bürgerschaftliche Engagement nicht dem freien individuellen Selbst zu entdecken, sondern versuchen ihre Bürger politisch zu bilden, damit sie die demokratischen Institutionen verstehen lernen. Das ist wichtig vor allem bei neuen, unerfahrenen Demokratien wie Mexiko, meinem Herkunftsland, damit die Bürger*innen die richtigen Erwartungen hinsichtlich des Raums für Vielfalt entwickeln und nicht an Meinungsverschiedenheiten, Oppositionskritik und Minderheiten verzweifeln.

Dann bin ich selbst Migrantin geworden, erst durch ein Austauschstipendium an der Yale University in den USA und etwas später durch mein Masterstudium in Bremen. Die Erfahrungen in diesen beiden Ländern waren sehr unterschiedlich. In den USA waren viele überrascht, ja sogar entsetzt, dass eine Mexikanerin an einer „Spitzenuni" eingeschrieben war, so als wären Mexikaner*innen für höhere Studien geradezu unzumutbar, als würde ich meinen Platz ungerechtfertigterweise jemand anderem weggenommen haben. In Deutschland zu leben hat mich vom Stress der Zugehörigkeit zur Hauptzuwanderungsgruppe in einem Aufnahmeland befreit. Ich stellte aber schnell fest, dass türkische Einwanderer*innen und ihre in Deutschland geborenen Nachkommen hier ähnliche Belastungen erleiden. Noch vor zwanzig Jahren waren sie fast absolut daran gehindert, deutsche Staatsangehörige zu werden, selbst diejenigen, die hier geboren wurden und kein anderes Land als Deutschland kannten. Migrant*innen in Deutschland mussten jahrzehntelang gegen den Strom schwimmen und sich in ein Gemeinwesen integrieren, das konsequent bestritten hatte, sie als Mitglieder und nicht nur als Gäste zu empfangen. Die Akzeptanz der Vielfalt hat sich nur sehr langsam in der deutschen Gesellschaft verbreitet, und bis heute ist sie nicht vollendet, sondern reicht gerade nur so weit, dass die Behörden schließlich in den letzten Jahren des 20. Jahrhunderts einräumten, dass Deutschland ein Einwanderungsland geworden sei. Kaum im öffentlichen Gewissen verankert, steht diese Einstellung bereits vor enormen Herausforderungen mit dem raschen Aufstieg einer rechtspopulistischen Partei, die versucht, aus Migrationsverweigerung ein politisches Programm zu machen. Die Einbürgerungsregeln sind endlich an der Jahrhundertwende geändert worden. Obwohl sie zwanzig Jahre danach noch nicht gerecht für alle sind und seit 2000 manche Rückschritte erlitten haben, kann niemand bestreiten, dass ein Durchbruch durch hart erkämpfte Kompromisse erreicht worden ist. Ebenso sind die heutigen Debatten über die Willkommenskultur gegenüber Geflüchteten nicht vom Himmel gefallen: Sie sind ein kostbares Gut, für dessen Entwicklung viele Akteur*innen viel Zeit und Mühe aufgewendet haben.

Das Buch, das Sie in der Hand halten, setzt meine Bestrebung fort, solche politisch-kulturellen Prozesse besser zu verstehen, indem es untersucht, wie die Anwesenheit von Migrant*innen in einer politischen Gemeinschaft die Neudefinitionen der Staatsbürgerschaft vorantreibt.

Diese Forschung wurde 2014 mit dem ersten Dietrich-Thränhardt-Preis für die beste Dissertation im Arbeitskreis „Migrationspolitik" der Deutschen Vereinigung für Politikwissenschaft (DVPW) ausgezeichnet. So kam das Angebot, aus der Dissertation ein Buch zu machen, was mich natürlich sehr erfreut hat. Ich danke Rainer Baumann und Rainer Bauböck, meinen Gutachtern, und einigen Institutionen für ihre Unterstützung meiner Forschung: der Bremen International Graduate School of Social Science (BIGSSS), wo ich promoviert habe, dem internationalen Forschungsnetzwerk DesiguALdades.net und der Freien Universität Berlin, wo ich meine postdoktorale Forschung angefangen habe, und dem Leibniz Institut für Globale und Regionale Studien (GIGA), wo ich mich in verschiedenen Projekten als Postdoktorandin weiterentwickeln konnte. Vielen Dank an Achim, der mir im Laufe der Jahre, in denen ich an diesem Buch gearbeitet habe, bedingungslos Liebe, Freundschaft, Rat und Geborgenheit gegeben hat.

Neben der Publikation dieses Buches ist die größte Ehre für mich, dass der Preis, den ich erhalten habe, Dietrich Thränhardts Namen trägt. Dietrich Thränhardt ist nicht nur ein Riese der Migrationsforschung, sondern auch ein Pionier für die Ausweitung des Wahlrechts auf Migrant*innen in Deutschland, der über vier Jahrzehnte nie aufgehört hat, dafür zu kämpfen. Darüber hinaus zeigt seine berufliche Laufbahn, dass akademische Brillanz und wissenschaftliche Integrität mit politischem und sozialem Engagement gut zu kombinieren ist. Sein Beispiel ist für mich eine Quelle der Inspiration.

In den letzten Jahren habe ich mich oftmals als Forscherin durch befristete Verträge, die „Drittmittelforschungsmühle" und eine Menge an Arbeit und Verantwortung, die aus beidem für promovierte Menschen in Deutschland resultiert, entmutigt gefühlt. Für ausländische Forscher*innen ist es noch einmal schwieriger, voranzukommen und Netzwerke zu bilden, die für einen Aufstieg notwendig sind. Erst dieser Preis und die unglaubliche Leistung vieler junger Menschen (darunter auch mehrere Ausländer*innen!) haben dieses Buch möglich gemacht. Denn auf dem harten Weg von einem Manuskript auf Englisch zum Buch auf Deutsch haben mir sechzehn junge Student*innen der Universität Münster unter der Leitung von Prof. Dr. Uwe Hunger durch eine wunderbare Übersetzungsarbeit geholfen. Es ist mir eine Ehre und eine Freude, ihnen allen zu danken: Alejandro Cordero Rodríguez, Anastasia Bauer, Anastasiia Iakovleva, Dominic Böcker, Isabell Hutterer, Jan Kaßner, Jonas Georg Marggraf, Muriel Temme, Nina Maleen Hilgenböcker, Orane Courtalin, Pia Kreimeier, Rebecca Melzer, Steffen Siekmeier, Torben Stuhldreier, Veit Wolfart, Wanda Bourras und vor allem Jennifer Grunwald, die ein paar ganze Kapitel übernommen hat. Nachdem die Student*innen mein Manuskript gelesen und eine erste Übersetzung geliefert haben, hat dann Uwe Hunger durch sorgfältiges und einfühlsames Lesen den ganzen Text überprüft und immer wieder verbessert. Anstatt einer kühlen, direkten Übersetzung hat er sehr oft passende Redensarten auf Deutsch vorgeschlagen, die die Lektüre für meine Leser*innen genießbarer machen werden. Und das ist nicht alles. Uwe hat mir immer wieder Erinnerungen geschickt und dazu ermuntert, dieses Buchprojekt nicht fallen zu lassen, obwohl ich ab und zu gezweifelt habe, dass ich zwischen wechselnden Jobs, Forschungsprojekten und mehreren Umzügen es überhaupt noch schaffen kann. Für seine Geduld, seine Unterstützung, seine Zeit, aber vor allem für sein Vertrauen und seine Solidarität bin ich ewig dankbar. Dankbar bin ich auch Jan Treibel vom Springer-VS-Verlag für seine Anerkennung und Ermunterung und Christine Berg vom GIGA und Cara Hamann an der Uni Münster, ebenfalls für ihre Hilfe bei der Übersetzung und finale Prüfung des Manuskripts.

An dieser Stelle finde ich es passend, meinen Leser*innen einen „caveat" über die Sprache in diesem Buch zu machen. Bei der Übersetzungsarbeit habe ich die Student*innen gebeten, daran zu denken, wie ich in einfachen Sätzen auf Deutsch spreche, und zu versuchen, diese Art von Sprache in den Text einzubringen. Nach ihrer wunderbaren Arbeit und Uwes sorgfältiger Revision kann es dennoch sein, dass manche Begriffe für Sie, meine Leser*innen, irritierend oder komisch wirken, dass manche Sätze simpel im Vergleich zu wissenschaftlicher Sprache erscheinen. Ich bitte dies zu entschuldigen. Trotzdem bitte ich Sie noch dazu, liebe Leser*in, zu berücksichtigen, dass das Irritierende einiger Konzepte

und Wörter möglicherweise auf die Tatsache zurückzuführen ist, dass sie fremd
sind. Dennoch laden vielleicht genau diese Konzepte aufgrund ihrer Fremdheit
Sie dazu ein, über Möglichkeiten nachzudenken, wie sie in eine breitere Welt-
sicht integriert werden und somit Perspektiven erweitern können. Die Ansätze
in diesem Buch bereichern Sie möglicherweise sogar, wenn auch nur durch die
Irritationen und Reflexionen, die sie hervorrufen. In diesem Sinne ist die Übersetzung dieses Buches eine Metapher für dessen größeres Argument: Die Art und
Weise, wie wir über Fremde reden und wie wir sie aufnehmen, hat die Macht,
neu zu definieren, wer wir sind.

Widmung
Ich habe versucht, das Buch aus einer interdisziplinären sozialwissenschaftlichen
Perspektive zu schreiben, aber zugegebenermaßen blicke ich häufiger durch die
spezifische Linse einer Politikwissenschaftlerin, was auch dazu führte, mich stark
auf Foren zu konzentrieren, in denen die Hauptakteur*innen, die über die Entrechtung ansässiger Einwanderer*innen debattierten, politische Eliten waren. Ich
habe auch versucht, Analysewerkzeuge anzuwenden und teilweise zu entwickeln,
die so transparent wie möglich sind, um diese Debatten darzustellen und zu
interpretieren.
   Der Anstoß zum Schreiben dieses Buches kann jedoch nicht von den
Bemühungen derjenigen Menschen getrennt werden, die vor Ort für die Teilnah-
merechte von Migrant*innen außerhalb der Wissenschaft und der hohen Politik
in Parlamenten gekämpft haben und weiterhin kämpfen. Jeden Tag kämpfen viele
Menschen auf der ganzen Welt dafür. Es sind nicht nur Migrant*innen, die ihre
knappe Freizeit dem Kampf um die Bürger*innenrechte widmen. Mit tiefem
Mitgefühl stehen viele einheimische Bürger*innen an der Spitze dieser Bewegungen in Solidarität mit Migrant*innen. Diese kollektive Begeisterung sowohl
von Staatsangehörigen als auch von Ausländer*innen, für die Bürger*innenrechte
von Ausländer*innen zu kämpfen, aktiviert das Beste in der Staatsbürgerschaft
als Konzept und Praxis, und zwar viel mehr, als jeder Pass es jemals tun wird.
Aufgrund solchen gemeinsamen Handelns von Staatsangehörigen und Ausländer-
*innen lohnt es sich auch, die Staatsbürgerschaft als Institution trotz aller
legalistischen Fallen zu hinterfragen, zu bewerten und zu bewahren.
   Einige wenige Personen, insbesondere in Deutschland, tun dies seit fast vierzig Jahren und dienen ununterbrochen oder zeitweise als Gelehrte, Bürger*in
oder beides. Ihr Eifer mag mit den Fluten der Politik dahingetrieben worden und
verebbt sein; zuweilen waren sie entmutigt von Entscheidungen, die die Sache

zum Scheitern zu verurteilen schienen. Aber auf lange Sicht haben sich viele behauptet, und sie haben einen Unterschied für die deutsche Politik gemacht.

Für viele Menschen, die heute für die Erweiterung des Wahlrechts und Migranti*nnen, ist nicht klar, wie alt dieser Kampf war. Sie folgen einem Weg, den andere sehr engagierte Personen in der Vergangenheit eröffnet haben. Dieses Buch zeigt die Bedeutung alter und neuer Bemühungen und wie sie zeitlich und räumlich miteinander verbunden sind. Ich widme es mit all meiner Bewunderung denen, die für die Erweiterung des Wahlrechts auf Migrant*innen gekämpft haben, sowie denen, die sich kürzlich diesem Kampf angeschlossen haben und heute weiter dafür kämpfen. Dieses Buch zeigt den Erfolg ihrer Beharrlichkeit und sucht nach Hinweisen, um die – hoffentlich vorübergehenden – Rückschläge zu verstehen und die vor uns liegenden Hindernisse zu beseitigen. Diese Personen haben mich dazu inspiriert, ein Buch zu schreiben, das in der Lage ist, ihre Bemühungen in einem Gesamtbild zu verorten, in der Hoffnung, dass mehr Menschen es wissen und mitmachen werden.

Mexiko-City   Luicy Pedroza
im März 2021

Inhaltsverzeichnis

Abkürzungsverzeichnis

ACIME	Alto-Comissário para la Imigração e Minorías Étnicas [Hohe Kommission für Immigration und ethnische Minderheiten]
Brem. GBl.	Bremisches Gesetzblatt
BVerfG	Bundesverfassungsgericht
Ds.	Drucksache
CDS/PP	Centro Democrático Social/Partido Popular [Sozialdemokratisches Zentrum/Volkspartei]
CDU	Christlich Demokratische Union Deutschlands
CPLP	Comunidade dos Países de Língua Portuguesa [Gemeinschaft der portugiesischsprachigen Länder]
COCAI	Conselho Consultivo para os Assuntos da Imigração [Rat für Einwanderungsangelegenheiten]
CSU	Christlich-Soziale Union in Bayern
DAR	Diario da Assambleia da República [Drucksachen des portugiesischen Parlaments]
DVU	Deutsche Volksunion
EU	Europäische Union
FDP	Freie Demokratische Partei
PALOP	Países Africanos de Língua Oficial Portuguesa [Afrikanische Staaten mit Amtssprache Portugiesisch]
PCP	Partido Comunista Português [Portugiesische Kommunistische Partei]
PlPt.	Plenarprotokoll
PS	Partido Socialista [Sozialistische Partei]

PSD	Partido Social Demócrata [Sozialdemokratische Partei]
PSN	Partido da Solidariedade Nacional [Nationale Solidaritätspartei]
REP	Die Republikaner
SPD	Sozialdemokratische Partei Deutschlands
SSW	Südschleswigscher Wählerverband

Abbildungsverzeichnis

Tabellenverzeichnis

Einleitung

1.1 Die Multidimensionalität und Formbarkeit der Staatsbürgerschaft

Die Ursprünge der Staatsbürgerschaft liegen weit zurück. Seit der Antike hat sich der Begriff unzählige Male verändert: In einigen Dimensionen hat er an Größe verloren, in anderen wiederum ist er neu erschienen. Trotz (oder eher wegen) dieser Volatilität und Multidimensionalität hat sich der Begriff in unserem moralischen und politischen Wortschatz voll integriert und trotz seiner Verformbarkeit hat etwas Essenzielles den Lauf der Zeit überstanden: Die Staatsbürgerschaft genießt das Prestige, der meistgewünschte Status in einer politischen Gemeinschaft zu sein.

Um nur einige seiner prestigeträchtigsten, aber auch widersprüchlichen zeitgenössischen Ausgestaltungen zu nennen: Die Staatsbürgerschaft wurde dazu angerufen, um zwischen demokratischer Zugehörigkeit als Gleichberechtigung für alle einerseits und Inklusion basierend auf einer beschränkten Gemeinschaft als Gleichberechtigung nur für alle ihre Mitglieder andererseits zu vermitteln. So hat gerade die westliche Welt die Staatsbürgerschaft in den letzten zwei Jahrhunderten als universelle Idee ausgerufen (aber selten praktiziert). Jedoch ist dies häufig mit der Idee verknüpft worden, dass Staaten (auch über den Westen hinaus) im Idealfall mit existierenden Nationen zusammenfallen, ihre Bewohner als Bürger behandeln und ihnen die formale Teilnahme und Vertretungsrechte in der politische Gemeinschaft gewähren sollten.

Die Bedeutsamkeit dieser Veränderung von Staatsbürgerschaft übersteigt die akademische Diskussion um die Genealogie von Staatsbürgerschaft als Konzept bei Weitem: Sie berührt Debatten, die außerhalb des wissenschaftlichen Elfenbeinturms stattgefunden haben und weiter stattfinden – auf der Straße, in Rathäusern und in zivilgesellschaftlichen Foren. Diese Debatten sind vor allem in Demokratien zu finden, wo die längere Präsenz von Immigranten normative und politische Dilemmata erzeugt hat. Häufig beziehen sich diese Debatten auf die Grenzen der formalen Inklusion und Exklusion in der Politik. Warum? Weil die Präsenz, Aktivitäten und Leistungen von Denizens in den sozialen, kulturellen und ökonomischen Subsystemen der Gesellschaft bereits stattfinden. Da die meiste Gesetze für alle Einwohner*innen gelten, zahlen Denizens Steuern genauso wie Bürger*innen und leben nach Gesetzen, die von Parlamenten erlassen und von Gerichten bestätigt wurden, auf die Denizens aber keinen Einfluss ausüben können. Gerade weil sie bereits in so vielen Subsystemen der Gesellschaft in gleichem Maße wie Bürger*innen partizipieren, widerspricht der fehlende Zugang zu politischer Partizipation über formale Kanäle den Grundsätzen jeglicher demokratischer Theorie. Das trifft gerade auch auf normative Theorien, die auf verschiedenen klassischen Prinzipien der politischen Theorie basieren: Betroffenheit, Selbstbestimmung und Inklusion. Um das noch mehr einzugrenzen: Was alle betrifft, sollte von allen anerkannt werden – keine Besteuerung ohne (gewählte politische) Vertretung (engl. „no taxation without representation"). Niemand sollte über einen langen Zeitraum das Subjekt politischer Entscheidungen sein, ohne diese formal beeinflussen zu können.

Neuere Umformulierungen dieser Prinzipien durch zeitgenössische politische Theoretiker*innen weisen auf ein Legitimations- und Repräsentationsdefizit in Demokratien mit Denizens hin. Für Robert Dahl ist es eindeutig, dass in einer Demokratie, die ihren Namen verdient hat, alle Erwachsenen Mitglieder der politischen Gemeinschaft (Demos) sind (mit der Ausnahme von Durchreisenden). Innerhalb dieser Volksgemeinschaft sollten alle Bürger*innen das Recht zu gleicher Partizipation haben, von der Kontrolle über die politische Agenda bis hin zum Wahlrecht (Dahl, 1991). Aus einer deliberativen Perspektive argumentiert Jürgen Habermas (1992), dass Normen nur dann allgemeine Geltung beanspruchen dürfen, wenn sie die Zustimmung aller Betroffenen als Teilnehmer eines praktischen Diskurses finden (oder finden könnten). Nach Michael Walzer ist die Herrschaft von Bürger*innen über Nichtbürger*innen eine Form der Tyrannei, da sie das Prinzip politischer Gerechtigkeit verletzt: „Die Selbstbestimmungsprozesse, durch die ein demokratischer Staat sein inneres Leben gestaltet, müssen offen sein, und im gleicher Maße für alle Männer und Frauen, die auf seinem Territorium leben, in der lokalen Wirtschaft arbeiten, und dem lokalen Recht unterliegen" (1997, S. 63). Für Joseph Carens ist der Aufenthalt, nicht die Staatsangehörigkeit, das entscheidende Kriterium für die Erteilung des Wahlrechtes nach der grundlegenden Regel: „Je länger man bleibt, desto stärker sind die moralischen Ansprüche" (2002, S. 108). Die in jüngerer Zeit an dieser Debatte mitwirkenden Autor*innen gehen so weit zu behaupten, dass Wählen durch Nichtbürger*innen nicht nur mit der Demokratie als Herrschaftsform vereinbar, sondern geradezu notwendig ist (Munro, 2008; Song, 2009; López-Guerra, 2014).

Im Sinne der politischen Theorie können wir also davon ausgehen, dass die weltweiten Ausweitungen des Wahlrechtes auf Denizens in zahlreichen politischen Systemen darauf ausgerichtet sind, dieses demokratische Defizit aufzuheben. Wenn das stimmt, würde die Ausweitung des Wahlrechtes auf Denizens die Staatsbürgerschaft („citizenship") in vielerlei Hinsicht neu definieren. Sie stellt die bisherige Exklusivität des in einer repräsentativen Demokratie bestehenden Vertrages zwischen Staat und Bürger infrage; sie verlangt, dass formale Teilhabe und die rechtliche Identität neu definiert werden; und sie verlangt letztlich auch, den Begriff des Volkes weg von seiner (wenigstens in Deutschland) historisch aufgeladenen Bedeutung hin zu einem breiteren Begriff des Demos zu verschieben.

Reformen zur Ausweitung des Wahlrechtes setzen immer daran an, den Kreis der Wähler*innen neu zu definieren. Sicherlich ist es keine absolute Neuheit, wenn Ausländer*innen wählen können. Auch in der Vergangenheit erlaubten einige westliche politische Gemeinschaften ausländischen Einwohner*innen, zu wählen. Dies fand vor allem immer dann Anwendung, als Merkmale wie Religion, Besitz, sozial anerkannte Nachbarschaft, familiärer Status, Rasse, Geschlecht und Alphabetisierungsgrad relevanter waren als die Nationalität. Erst als sich die Nationalstaatsgrenzen festigten, wurde das Merkmal der nationalen Zugehörigkeit zum Herzstück der Staatsbürgerschaft: Staatsbürgerschaft und Staatsangehörigkeit/Nationalität wurden schwer zu unterscheiden.

Die gegenwärtige Ausweitung des Wahlrechts auf Ausländer*innen durch Wahlreformen quer durch verschiedene Demokratien sind faszinierende Phänomene, weil sie darauf schließen lassen, dass die jüngsten Neudefinitionen der Wählerschaft eine fundamentale Änderung unseres Kernverständnisses von Staatsbürgerschaft mit sich bringen. Um das zu illustrieren, muss ich kurz auf T. H. Marshalls Klassiker *Citizenship and Social Class* (1979) eingehen. Marshalls Buch war der Ansporn für ein neues wissenschaftliches Interesse an Staatsbürgerschaft. Inspiriert durch Marschalls Erzählung über die englische Entwicklung der zivilen, politischen und sozialen Grundrechte, folgten andere parallele Erzählungen (Somers, 1994), aber auch Beispiele von historischen Prozessen, die nicht nur einen, sondern eine Vielzahl an Wegen zur Erlangung der Staatsbürgerschaft schilderten (Engelen, 2003). Andere Autor*innen fügten neue Kategorien von Rechten hinzu (z. B. kulturelle und ökonomische). Sie erwiderten, dass einige Rechte bereits in der Nachkriegswelt des Zweiten Weltkrieges nationale Grenzen überschritten hatten. In anderen Worten: Marshalls Buch diente als Referenzobjekt für eine neuere Fachliteratur zu unterschiedlichen Definitionen und Verständnissen von Staatsbürgerschaft und Rechten. Dadurch wurde Marshalls Bündel von zivilen, politischen und sozialen Rechten neu verstanden und erweitert (Marshall & Bottomore, 1992). Jedoch ist dieser ganzen Literatur gemein, Staatsbürgerschaft generell als rechtliche Beziehung von Individuen zu einem spezifischen Nationalstaat zu definieren, oft bestimmt durch Erfordernisse, die dieser Beziehung eine Prägung von Kultur, Sprache und legal-administrativen Prinzipien und Traditionen auferlegen.

In diesem Sinne wurde Staatsbürgerschaft als Status angesehen, der alle Rechte im Bezug zu einem Staat krönt und einzelnen Personen im Höchstfall Multinationalität durch einen doppelten Pass ermöglicht. Politische Rechte blieben an Staatsbürgerschaft, das höchste Recht, gekoppelt. Einige Autor*innen behaupten aber, dass dies sich in den letzten siebzig Jahren durch die zunehmende Akzeptanz der Menschenrechte ändert, weil dadurch die Beziehung zwischen Rechten und Pflichten des Individuums gewissermaßen auf eine immer höhere Ebene sich verortet. Folglich sehen diese Autor*innen (Soysal 1998; Jacobson 1996) eine zunehmende Emanzipierung der Staatsbürgerschaft von nationalen Ideologien wie Assimilation, der „Domestikation" und dem Unterscheidungsmerkmal Herkunft. Stattdessen orientiere sich Staatsbürgerschaft in zunehmendem Maße an einem postnationalen Charakter, verkörpert in supranationalen, subnationalen oder transnationalen Institutionen und Beziehungen.

Diese Beobachtungen sind empirisch noch zu bestätigen, aber auch wenn sie richtig wären, würde Marshalls Interpretation der Staatsbürgerschaft relevant: Staatsbürgerschaft scheint aus verschiedenen Teilen zu bestehen, die sich auf unterschiedliche Art und Weise an dynamische Kräfte in der Geschichte anpassen. In einer Zeit, in der Menschen sich schneller und einfacher denn je bewegen, und dadurch Beziehungen zu mehreren politischen Systemen gleichzeitig aufnehmen können, ist vielleicht die einzige Konstante in der Geschichte der Staatsbürgerschaft die Tatsache, dass sie immer noch das Versprechen einer Gleichheit von politischer Macht und Privilegien unter Staatsbürger*innen. Genau dies stellt jedoch die Ausweitung des Wahlrechts auf Denizens die Staatsbürgerschaft infrage.

Dieses Buch hat sich die Formbarkeit des Konzeptes der Staatsbürgerschaft[1] (engl. citizenship) zum Thema gemacht. Ich argumentiere, dass Staatsbürgerschaft neu entworfen wird entlang der Geschichten, die sich die Menschen davon erzählen und die davon handeln, wer sie als politische Gemeinschaft sind. Ich argumentiere weiter, dass das Verständnis von Staatsbürgerschaft über den Begriff der Staatsangehörigkeit (engl. „nationality") hinausgeht: Die Möglichkeit, Staatsbürger*innenrechte auszuüben, bevor die Staatsangehörigkeit erworben wird, illustriert das.

Diese beide Themen sind für das Leben von Migrant*innen von großer Bedeutung, denn es ist offensichtlich, dass Staatsangehörigkeit und der Besitz eines Passes (oder mehrerer) die Tür zu Mobilität, Sicherheit und zu einer großen Bandbreite von Rechten öffnet. Allerdings sind diese Themen nicht nur für Migrant*innen wichtig. Jedoch zeigt dieses Buch auch, dass die Begünstigten der Debatten über die Wahlberechtigung von Migrant*innen auch die Aufnahmegesellschaften selbst sind. Denn wenn Gesellschaften sich an die Diskussion über ihre Grundsätze für die Zulassung von Migrant*innen in die politische Gemeinschaft heranwagen, dann wägen sie auch diese Grundsätze gegen die Bedeutung von politischer Selbstbestimmung und demokratischer Repräsentation ab. Durch Diskussionen über die Ausweitung des Wahlrechts auf Migrant*innen, die bereits Mitbewohner*innen, aber nicht Staatsbürger*innen sind, trauen sich Gesellschaften, ihr Verständnis von Staatsbürgerschaft in einem neuen Licht zu betrachten. Dieses Buch zeigt auf, welche Möglichkeiten das Konzept der Staatsbürgerschaft für seine Gesellschaften bereit hält, oder mit anderen Worten, wie unterschiedlich Staatsbürgerschaft sozial und politisch konstruiert werden kann.

1.2 Über den Begriff Denizens und die Rechfertigung, ihn hier zu verwenden

Der Kürze und Prägnanz wegen werde ich im Folgenden den Begriff Denizens verwenden, wenn ich von ansässigen, aber nicht eingebürgerten Migrant*innen spreche. Die Verwendung dieses Begriffes ist keinesfalls neu. Tomas Hammar (1990), ein Pionier der Analyse von Wahlrechtreformen, prägte den Ausdruck, um Immigrant*innen zu beschreiben, die seit Langem in den Zielländern leben und sich von den alt eingesessenen Staatsbürger*innen kaum unterscheiden. Sie

---

[1] In diesem Buch verwende ich Staatsbürgerschaft bewusst in der üblichen, nicht gegenderten Form, da so die Kritik an seinen patriarchalen Konnotationen, auf welche ich in den nächsten Seiten eingehe, deutlicher ist.

zahlen genauso wie alle anderen Steuern, besuchen Schulen und gehen in die Kirche, erhalten soziale Transferleistungen und dienen sogar im Militär, allein der formale Staatsbürgerschaftsstatus im Sinne der Staatsangehörigkeit bleibt ihnen, auch in Bezug auf den Erhalt des Wahlrechts, versagt. Rainer Bauböck definierte den Begriff neu als „ein Status der wohnhaften Quasi-Staatsbürgerschaft in Verbindung mit einer externen formalen Staatsbürgerschaft" (2007, S. 2396 – im Original: „a status of residential quasi-citizenship combined with external formal citizenship"). Ich verwende den Begriff Denizen und *Denizenship* nach genau diesem Verständnis: als analytische Kategorie von Migrant*innen, die gewöhnlich vollständige Bürger*innen ihres Herkunftslandes bleiben, allerdings rechtmäßig in einer anderen Gesellschaft leben, die ihnen breite soziale und Bürger*innenrechte gewährt. Da sie aber nie einen gesetzlichen Einbürgerungsprozess durchlaufen haben, ist ihr Zugang zu vollen, formalen politischen Beteiligungsrechten begrenzt. Mein Ziel ist, zu verstehen, wie Gesellschaften diesen ansässigen Ausländer*innen – Denizens – formale politische Rechte geben können, die ihnen eine Beteiligung an politischen Prozessen über offizielle Kanäle ermöglicht.

Das Phänomen der Ausweitung des Wahlrechtes auf „Denizens" impliziert eine Neubewertung des klassischen Ideals des politischen Denkens, was die demokratische Staatsbürgerschaft und das demokratische Ausüben bürgerlicher Rechte im Laufe der Zeit prägte: das Ideal des sich selbst regierenden Volkes. Wer darf in der Selbstregierung teilnehmen?

Die Ausweitung des Wahlrechts auf Denizens und deren Beziehung zu Migration und Staatsbürgerschaft interessiert mich, weil ich eine bestimmte normative Grundhaltung vertrete: dass an einem bestimmten Ort (an irgendeinem Ort und von Eltern mit einem bestimmten Reisepass) geboren zu werden, lediglich ein Zufall der Existenz ist – ein Zufall unabhängig von persönlichen Begabungen, Leistungen und moralischen Werten. Weiterhin habe ich mich gefragt, warum dieser Umstand festlegen sollte, welche Beteiligungsmöglichkeiten Menschen in einer Gemeinschaft haben, und ihr Mitspracherecht legitimiert. Warum sollte er die Lebensumstände außer Acht lassen, die Menschen zur Migration bewegen, und auch außer Acht lassen, dass Menschen auch in unterschiedlichen politischen Gemeinschaften Verpflichtungen übernehmen können?

Mein Anliegen fußt auf dem kosmopolitischen Glauben einer Gleichwertigkeit aller Menschen im Hinblick auf ihre moralischen Werte und ihre Würde. Die Varianten der zeitgenössischen kosmopolitischen Philosophie gehen von der Überzeugung einer Gleichwertigkeit aller Menschen in ihrem Recht, Freiheit und ein gutes Leben anzustreben, aus und stellen dieses Recht über das Recht der Nationalstaaten, zu bestimmen, wer dazugehört, wen man aufnimmt und wen nicht. Für jemanden, die an die grundlegende Gleichberechtigung aller Menschen glaubt und daran, dass diese Gleichberechtigung das Recht der Staaten übertrifft, ist es offensichtlich, dass die Rechte von Denizens in einer sorgfältig vorbereiteten kosmopolitischen Auseinandersetzung verteidigt werden sollten. Die Rechtswissenschaftlerin Emily Carasco (2012) zitiert hierzu eine juristische Diskussion aus Kanada, die die Gemeinsamkeiten aller Denizens (von ihr Nichtbürger*innen genannt) auf den Punkt brachte:

> Nichtbürger*innen fehlt es an politischem Einfluss und deshalb werden ihre Interessen häufig übersehen und ihr Recht auf Gleichbehandlung und Respekt verletzt. Sie gehören zu den gesellschaftlichen Gruppen, deren Bedürfnisse und Wünsche kein erkennbares Interesse der gewählten Amtsträger*innen weckt (Andrews vs. Law Society of British Colombia, zitiert nach Carasco 2012, S. 1, eigene Übersetzung).

Aus der Perspektive einer Ausweitung der Rechte auf Migrant*innen, mit dauerhaftem Wohnsitz oder nur übergangsweise, mit oder ohne Papieren, ist es sinnvoll, eben diese Gemeinsamkeiten hervorzuheben. Obwohl ich generell für eine Diskussion über die Mobilität und Beteiligungsrechte aller Migrant*innen unabhängig von ihrem Status oder ihren Ankunftsumständen plädieren würde (und es anderswo bereits getan habe, vgl. Pedroza 2014), sehe ich einen auf analytischer und normativer Ebene wesentlichen Grund darin, langfristig aufenthaltsberechtigte Migrant*innen als Subgruppe von allen Immigrant*innen ohne Staatsbürgerschaft abzugrenzen. Diese Migranti*innen stellen für Aufnahmegesellschaften eine besondere Herausforderung dar, wenn sie Rechte für sich reklamieren, weil sie de facto Teil der Gesellschaft sind. Dennoch stellen sie die Grenzen der Mitgliedschaft infrage, wenn sie Rechte, die sonst nur Bürger*innen zustehen, reklamieren und zwar nicht nur Bürger*innenrechte und soziale Rechte, sondern auch das prägnanteste Staatsbürgerschaftsrecht, nämlich das Wahlrecht.

Es besteht ein weiterer Vorbehalt: Denizen wird zwar als analytische Kategorie durch politische und soziologische Theorien verwendet. Diese Kategorie gibt es aber nicht in der real existierenden Verwaltung; es ist keine offizielle rechtliche Kategorie, die Migrant*innen nach internationalem Recht unterscheidet. Demnach existiert keine feste soziale Gruppe, die sich über exakt dieselben Rechte zwischen den Zielländern als Denizen identifizieren lässt. Im Kap. 3 dieses Buches wird klar, dass selbst innerhalb eines Landes verschiedene Differenzierungen gelten können, die das Ausmaß an Bürger*innenrechten und sozialen Rechten, die Denizens besitzen, je nach Herkunftsland, Beschäftigungsstatus etc. vergrößern oder verringern.

Somit stellen Denizens in der Realität eine variable Gruppe dar, die indirekt und auf unterschiedliche Art und Weise in den verschiedenen Ländern und

Staaten bestimmt werden muss. Es ist Aufgabe der empirischen Forschung herauszufinden, wie lange ein Aufenthalt sein sollte, damit Ausländer*innen geeignet genug erscheinen, um Beteiligungsrechte (und welche) zu erhalten. Es ist in jedem Falle sinnvoll, sich auf eine klar definierte Kategorie zu beziehen, wie unterschiedlich diese in den verschiedenen Ländern auch sein mag. Bezeichnend für nicht eingebürgerte Migrant*innen ist immer, dass deren dauerhafte rechtmäßige Anwesenheit Fragen aufwirft in Bezug auf Mitgliedschaft und demokratische Mitbestimmungsrechte. Die analytische Verwendung der klar definierten Kategorie Denizen zeigt in jedem Fall den progressiven Charakter der Wahlrechtsgebung, der über die bloße Staatsangehörigkeit hinausreicht. Der Rahmen unterschiedlicher Voraussetzungen, der de facto eine Zugehörigkeit begründet, erlaubt uns zu sehen, wie vormals als unveränderlich empfundene und in Abhängigkeit von der Staatsangehörigkeit und der Herkunft gedachte Grenzen des Konzepts überschritten werden können, indem Wahlrechte nicht mehr als ausschließliches Privileg von Staatsangehörigen verstanden werden.

Wie viel Ausgrenzung können liberale Demokratien innerhalb ihrer territorialen Grenzen tolerieren und dabei trotzdem ihren Prinzipien treu bleiben? Welches Verständnis von Staatsbürgerschaft fördert die Ausweitung des Wahlrechts auf Denizens? Macht sie die Staatsbürgerschaft unabhängiger von Staatsangehörigkeit/Nationalität? Inwiefern definiert die Ausweitung des Wahlrechts auf Denizens die Staatsbürgerschaft neu, wenn die Bedingung, der politischen Gemeinschaft anzugehören, Residenz/Aufenthalt statt Nationalität/Staatsangehörigkeit ist? Sind diese Debatten ein Zeichen dafür, dass demokratische politische Gemeinschaften dabei sind, sich durch ein tieferes Verständnis von Mitgliedschaft und Beteiligungsrechten neu zu definieren?

Es sind die noch größeren Fragen in Verbindung mit Migration, demokratischer Beteiligung und globaler Gerechtigkeit, die mich motivieren, dieses Buch zu schreiben. Sie sind aber zu umfassend, um darauf auf einen Schlag Antworten zu finden, und auch zu komplex, um von einem*r einzigen Forscher*in beantwortet werden zu können. Das Ziel dieses Buches ist daher ein bescheideneres. Das Buch zielt darauf ab, die Diskussionen in Wissenschaft, Politik und Praxis zu bereichern, die gemeinschaftlich nach Antworten auf diese Fragen suchen, indem es seinen Fokus auf eine Reihe von weniger komplexen Fragen legt: Inwieweit sind Reformen zur Ausweitung des Wahlrechts auf Denizens ein Einzelphänomen? Unter welchen Bedingungen kann durch den Prozess der Ausweitung des Wahlrechts ein Demokratiedefizit abgebaut werden? In welchen Ausländerwahlrechtsausweitungsprozessen geht es überhaupt um demokratietheoretische Fragen? Wann werden andere Gründe vorgeschoben? Stehen diese Vorhaben immer im Zusammenhang mit Debatten über die Einbürgerung von Denizens?

Hängt der Erfolg dieser Reformen immer von der Existenz und der Akzeptanz „alternativer Ansichten" des Wahlvolkes oder einem Demos, der nur aus Staatsangehörigen besteht, ab?

Ich kann nicht behaupten, die Entdeckerin dieses Themas und dessen spannungsreichen Dilemmata zu sein. Glücklicherweise existiert bereits eine Bandbreite an Literatur, die diese Fragen thematisiert und plausible Erklärungen liefert. Die wichtigsten zwei Forschungsrichtungen lassen sich im Bereich der politischen Soziologie verorten. Die eine Gruppe an Literatur versteht die Ausweitung des Wahlrechts auf Denizens als Beispiel für das Aufkommen postnationaler Trends, bei denen Menschen individuelle Rechte unabhängig vom Nationalstaat erhalten, die Rechte also unmittelbar an das Menschsein geknüpft sind. Die Ausprägungen und Ursachen für diesen Trend variieren natürlich sehr stark. Unterschiede bestehen vor allem zwischen denen, die an die Verbreitung internationaler und transnationaler Normen durch Diskurse (Soysal 2007; Soysal 1998; Jacobson 1996) glauben, und denen, die eine langsame, aber sich verstärkende Konvergenz im internationalen Recht sehen (Spiro 2011) oder auf dem Niveau bestimmter nationale Institutionen, z. B. Gerichte (Hansen und Weil 2001; Joppke 2001). Die andere Literaturrichtung kann auf den historischen Institutionalismus zurückgeführt werden, der die Existenz des Wahlrechts für Nichtstaatsangehörige als Resultat staatsbürgerlicher Traditionen bzw. als Ausdruck des spezifischen „Selbstverständnisses von Staatsbürgerschaft" sieht. Dabei wird davon ausgegangen, dass es zwar Idealtypen staatsbürgerlicher Tradition gibt, sie sich aber in ihrer konkreten Ausgestaltung von Nation zu Nation unterscheiden (Brubaker 1989 und 1990; Hollifield 1992).

Es gibt gute Gründe, sich jenseits dieser zwei Pfade auf eine andere Art von Forschung einzulassen. Tatsächlich sind die Hypothesen über trans-/postnationale Rechte viel zu unbestimmt, um die Ausprägungen der Ausweitung des Wahlrechts auf Nichtstaatsangehörige eindeutig zu erklären. Auch die eigentlich eindimensionale Starrheit historisch-institutionalistischer Ansätze kann kaum die Reformen über die Ausweitung des Wahlrechts auf Denizens in Ländern mit angeblich konservativen Staatsbürgerschaftstraditionen erfolgreich erklären. Ein Abwägen dieser zwei Ansätze kann plausibel sein, um die Ausweitung des Wahlrechts auf Denizens in einem spezifischen Fall zu erklären (Earnest 2005); dennoch erklären sie nicht wirklich, warum einige Demokratien diese Reformen einführen und andere nicht und warum die Reformen zur Ausweitung des Wahlrechts so unterschiedlich sind. Dieses ungelöste Rätsel bietet uns aber die Möglichkeit, Fälle zu untersuchen, die sich widersprechen und die bisher noch nicht ausreichend von den Theorien erklärt wurden. Hierzu untersucht und vergleicht dieses Buch Prozesse der Ausweitung des Wahlrechts, indem es darauf schaut,

wie sich die Debatten um die Ausweitung des Wahlrechts innerhalb von Demokratien entwickeln. Ich werde diejenigen Fälle präzise untersuchen, die von den
Erwartungen des historischen Institutionalismus und der postnationalen Kon-
vergenztheorien abweichen. Ich folge dabei meiner Intuition, dass neben dem
Einfluss großer historischer (nationaler oder postnationaler) Prozesse normativer Begriffsbildung und sich verändernder Auffassungen von Staatsbürgerschaft
in einer politischen Gemeinschaft letztlich auch politischen Dynamiken innerhalb
solcher Gemeinschaften wichtig sind. Dieses Buch unternimmt, mit anderen Worten, den Versuch, das „Wie" von Reformen zur Ausweitung des Wahlrechts zu
untersuchen, um zu verstehen, warum sie stattfinden und worin sie sich unterscheiden. Mein Vergleich ist breit angelegt, aber ich schaue auch tiefer und
detaillierter in einzelne Reformen der Wahlrechtsausweitung.

1.3   Ansatz des Buches: vergleichend, kontextuell und interpretativ

Interessante gesellschaftliche Phänomene neigen zu Komplexität. Keine objektiv
angenommene Betrachtung ist vollkommen frei von Voreingenommenheit oder
Schwachpunkten. Dies bedeutet allerdings nicht, dass komplexe Phänomene nicht
auch erforscht werden sollen, sondern vielmehr, dass der*die Forschende sich
des Kontexts bewusst sein muss. Dieses Buch vergleicht die politischen Diskurse, die in unterschiedlichen Prozessen bei der Ausweitung von Wahlrechten
auf sesshafte Einwanderer*innen, also Denizens, in den Vordergrund rücken. Es
dient dazu, ein Verständnis dafür zu entwickeln, dass man mit der Komplexität der Gesellschaft feinfühliger umgeht als bisher. Der Blickwinkel, den ich
in diesem Buch verwende, zeigt uns nicht bloß auf, wie das Verständnis von
Staatsbürgerschaft die Institutionen, Identitäten und gesellschaftliche Bedeutung
formt, sondern auch, wie dieses Verständnis durch sich verändernde institutionelle
Bedingungen und die Akteur*innen selbst geformt wird.

Die grundlegende Idee hinter dem – von Charles Tilly (2001) entwickelten – prozessbasierten Ansatz besteht darin, dass Fälle bzw. Unterschiede
zwischen verschiedenen Fällen anhand recht allgemeiner Mechanismen interpretiert werden können. Diese recht allgemeinen Mechanismen der Ausweitung von
Wahlrechten auf Denizens suche ich in einem vergleichend-kontextuellen und
einem interpretativ-methodischen Ansatz, die auf folgenden drei Annahmen des
Sozialkonstruktivismus und dem politischen Pluralismus beruhen:

1. Es muss trotz demokratischer Verpflichtungen und einem hohen Anteil von ansässigen Migranten in einer Gesellschaft nicht automatisch eine Demokratiedefizitdiagnostik gegeben. Beide Bedingungen sind relativ und interpretierbar. Ein Großteil des Schicksals der Reformen zur Wahlrechtsgebung ist bei den Akteur*innen selbst, die das befürworten, schon entschieden, wenn sie die Argumente auswählen, die Reform zu begründen.

2. Wahlen bilden in Demokratien die Partizipationsform par excellence. Deswegen tendieren Debatten rund um die Ausweitung des Wahlrechts dazu, kontroverse Themen für Politiker*innen zu sein, da es hierbei darum geht, ansässigen Migrant*innen Eintritt in einen politischen Markt zu geben, der bis dahin ausschließlich aus Staatsangehörigen zusammengesetzt war.

3. Diskussionen über die Erteilung des Wahlrechts spielen sich immer innerhalb bestimmter institutioneller Kontexte ab, welche die Begriffe und die Reichweite des politischen Diskurses limitieren. Wir müssen daher immer den institutionellen Rahmen und den historischen Kontext berücksichtigen, in dem sich die Debatte vollzieht, um die Begriffe und politischen Kategorien zu verstehen. So ist dies ein Buch über die Geschichten, die sich Menschen darüber erzählen, wer sie sind, welche Macht sie haben und wie sie eine politische Gemeinschaft neu definieren.

Die Argumentationslinie, die dieses Buch entwickelt, besteht darin, dass die Ausweitung des Wahlrechts – als zentrales Thema der Staatsbürgerschaft – auf Denizens aus einem Prozess resultiert, in dem verschiedene Interpretationen der sozialen Welt miteinander konkurrieren. Sicherlich stehen diese Interpretationen in einem Zusammenhang mit nationalen Traditionen von Staatsbürgerschaft, sie sind jedoch mehr als die einfache Anwendung dieser Traditionen auf eine neue Herausforderung (in diesem Fall die formale politische Eingliederung von Nichtstaatsangehörigen) und mehr als die Umdeutung bestehender Normen über Grenzen hinweg. Ein genauerer Blick auf die politischen Prozesse, die einst einen Vorschlag der Ausweitung des Wahlrechts auf sesshafte Einwanderer*innen hervorbrachten, zeigt, dass unterschiedliche Institutionen und jeweils geltende Rahmenbedingungen verschiedene Wege der Ausweitung des Wahlrechts prägen. Insbesondere die Übertragung von Begründungen und Rechtfertigungen (ein kognitiv-relationaler Mechanismus, wie Charles Tilly sagen würde), die von der innerstaatlichen Zivilgesellschaft und/oder internationalen Gerichtsurteilen übernommen worden sind und nicht notwendigerweise mit den bisherigen Traditionen der Staatsbürgerschaft übereinstimmen, spielen eine entscheidende Rolle für den

Erfolg oder das Scheitern der Ausländerwahlrechtsreformen. Die gegebenen argumentativen Elemente in einer Diskussion können nicht nur den Erfolg, sondern auch die Form der Ausweitung des Wahlrechts auf Denizens prägen.

1.4   Methode

Jeder Gesetzgebungsprozess über die Ausweitung des Wahlrechts verlangt auch normative Überlegungen. Die zentralste und heikelste handelt davon, wer an der Selbstregierung teilnehmen darf, wer also zum Demos gehört. Eine Analyse, die auf dem Vergleich von Wahlrechtsprozessen basiert, muss deswegen sowohl soziologisch sensibel als auch fallspezifisch vorgehen. Dieses Buch folgt den drei Schritten der vergleichenden Analyse nach Wilson (2002). Zuerst wird die ganze Breite und Vielfältigkeit dargestellt, die das politische Phänomen der Ausweitung des Wahlrechts auf ansässige Ausländer*innen in der Welt inzwischen angenommen hat. Danach werden die existierenden Variationsmuster betrachtet. Als Letztes werden die politischen Kräfte, Institutionen und Praktiken in verschiedenen Kontexten analysiert, um Ähnlichkeiten und Unterschiede zwischen diesen Mustern aufzudecken.

Dabei kombiniere ich verschiedene Methoden und überschreite auch disziplinäre Grenzen. Die bisherigen Bemühungen von Soziologie und Politikwissenschaft, ihre theoretischen Einsichten auf die knappe empirische Forschung zum Ausländer*innenwahlrecht anzuwenden, haben durchaus wertvolles Wissen hervorgebracht. Die bestehenden Studien sind aber in ihrer Fähigkeit, Fälle über Zeit und Raum hinweg zu vergleichen, begrenzt. Die vergleichende Expertise, die für eine allgemeine Studie zu diesem faszinierenden Thema erforderlich ist, kann nur mit einem interdisziplinären Ansatz erreicht werden.

Dieses Buch untersucht Fälle, die aus der Menge aller Fälle der Wahlrechtsausweitung weltweit nach bestimmten Kriterien durch eine einfache, aber gründliche konfigurative Analyse ausgewählt wurden. Behandelt werden ein positiver Fall und ein scheinbar negativer Fall. Durch diese Fallauswahl können Falltypen zugeordnet und eine Reihe von Ergebnisse verallgemeinert werden.

Die Analyse basiert auf einem Datensatz der Grundgesamtheit aller Fälle zur Ausweitung des Wahlrechts auf Migrant*innen. Dieses Datenmaterial registriert Reformprozesse in den Parlamenten von 52 demokratischen politischen Gemeinschaften (darunter zum ersten Mal auch viele Fälle aus Lateinamerika und Asien, die zuvor noch nicht Gegenstand systematischer Untersuchungen waren). Anschließend definiere ich einen kleineren Datensatz relevanter Fälle (positiver und negativer) hinsichtlich spezifischer Rahmenbedingungen (der Staatsform/des

Regimetyps und des Anteils der eingewanderten Bevölkerung) und analysiere die Variationen in der Ausweitung von Wahlrechten auf Migrant*innen in diesem Datensatz. Dabei verwende ich eine qualitativ vergleichende Methode (csQCA). Diese Analyse ermöglicht eine empirisch gestützte Fallauswahl, die ein fallübergreifendes Szenario als Basis für eine tiefergehende Darstellung der Prozesse der Ausweitung des Wahlrechts auf Einwanderer*innen bietet.

Auf dieser Grundlage untersuche ich nachfolgend zwei Prozesse der Ausweitung des Wahlrechts: Deutschland und Portugal. Dabei bediene ich mich des Instrumentariums der Prozessanalyse, des qualitativen Kodierens von Parlamentsdebatten und systematischen Interpretationstechniken. Die beiden Fälle werden zeigen, warum die Prozesse der Ausweitung des Wahlrechts nach ausgiebigen Diskussionen letztlich scheitern bzw. einen sehr speziellen Verlauf nehmen. Schließlich bringe ich die Bausteine der vergleichenden Untersuchungen, die ich über das gesamte Buch hinweg angestellt habe, in einer Theorie mittlerer Reichweite zusammen. Diese Theorie ermöglicht es, den Wandel in Staatsbürgerschaftsregimen (die normalerweise als stabile kulturelle Institutionen aufgefasst werden) zu begreifen, indem man die politischen Prozesse der Neuinterpretation von Staatsbürgerschaft betrachtet. Das Ziel, das ich mit diesem triangulierten Design verfolge, besteht darin, auf der Basis einer strengen Anwendung der genannten methodischen Verfahren den größtmöglichen Erkenntnisgewinn aus den Daten zu ziehen.

1.5 Aufbau

Das Buch ist in drei Teile gegliedert. Im ersten Teil wird die Bedeutung der Ausweitung des Wahlrechts auf Denizens im internationalen Kontext behandelt. In Kap. 2 lege ich die normative, theoretische und praktische Relevanz zum Verständnis der Ausweitung des Wahlrechts auf Denizens in Bezug auf verschiedene Staatsbürgerschaftstheorien dar. Dabei werden die analytischen Stärken und Schwächen der sich darauf beziehenden Literatur gegeneinander abgewogen und bestehende Widersprüche und Probleme aufgezeigt. Innerhalb der Literatur können drei Stränge unterschieden werden, die alle plausible Einblicke bieten, warum es zur Ausweitung des Wahlrechts auf Denizens kam. Ohne die Erklärungskraft der gängigsten Ansätze zu den Ausweitungen des Wahlrechts auf Denizens anzweifeln zu wollen, zeige ich, dass diese Theorien es nicht schaffen, die Vielfalt der Reformen wiederzugeben. Diese Beschränkung hängt damit zusammen, dass innerhalb der Staatsbürgerschaftsforschung die Untersuchung der Ausweitung des Wahlrechts auf Denizens immer im Schatten der Erforschung der

Veränderungen des Einbürgerungsrechts (also der traditionelle Weg, auf dem eingewanderte Einwohner das Wahlrecht erlangen) stand. Ich plädiere daher dafür, einen Forschungsansatz zu finden, dem es besser gelingt, die verschiedenen theoretischen Ansätze zu verknüpfen: Anstatt zu versuchen, Ergebnisse durch unabhängige Variablen oder etablierte Pfadabhängigkeiten zu erklären, konzentriere ich mich auf den Prozess, in dem die Vorschläge für die Ausweitung des Ausländer*innenwahlrechts immer wieder eingebracht, debattiert, erweitert oder wieder aufgegriffen werden. Schließlich werde ich in diesem Kapitel noch die Methode, auf deren Basis ich versuche, die Forschungsfrage zu beantworten, also Datenerhebung und Analysetechniken sowie deren Grenzen, detailliert darlegen.

Kap. 3 versucht die theoretischen Annahmen aus Kap. 2 durch empirische Nachweise zu belegen und steckt zudem die empirische Basis für die Entwicklung eines anderen Ansatzes ab. Zunächst wird gezeigt, wo und in welchem Maß die Wahlrechte auf Einwanderer*innen ausgeweitet wurden. Die Bandbreite der Fälle, die es im Bereich des Ausländer*innenwahlrechts gibt, macht klar, dass es auch viele Demokratien mit einem sehr exklusiven Wahlrecht gibt und dass hier kaum eine Debatte über die Ausweitung des Wahlrechts auf Einwanderer*innen stattfindet. Ein hoher Anteil an Einwanderer*innen in einer Demokratie bedeutet nicht unbedingt, dass ihr Einbezug in die Wähler*innenschaft ein Ziel sein muss und ihr Ausschluss automatisch als Demokratiedefizit angesehen wird. Zudem wird in diesem Kapitel eine konfigurative Analyse sowohl der verschiedenen Arten der Ausweitung des Wahlrechts auf Ausländer*innen als auch der verschiedenen Ergebnisse eines solchen Prozesses durchgeführt. Dadurch soll klar werden, dass es nicht ausreicht, nur Einbürgerungsregeln und Traditionen der Staatsbürgerschaft zu untersuchen, um herauszufinden, wie eine politische Gemeinschaft über eine Ausweitung des Wahlrechts auf Ausländer*innen entscheiden wird. Dies wird deutlich an der Untersuchung der Fallbeispiele Deutschland und Portugal. Die beiden Länder ermöglichen einen guten Einblick in die relevanten Formen der Ausländer*innenwahlrechtspraktiken. Diese sind einerseits eine bisher erfolglose Erweiterung des Ausländer*innenwahlrechts und andererseits eine erfolgreiche Reform des Wahlrechts, aber bestimmt aufgrund von Reziprozität und kultureller Affinität. Das Kapitel präsentiert gleichzeitig bereits das generelle Argument dieses Buches: Staatsbürgerschaftstraditionen, die sich normalerweise in den Gesetzen zu Staatsangehörigkeit und Einbürgerung widerspiegeln, sind, trotz ihrer Wichtigkeit, nur soweit in aktuellen politischen Konflikten von Bedeutung, wie sich die teilnehmenden Akteur*innen auf diese Traditionen beziehen. Ich werfe diese Idee bereits früh auf, nachdem ich gezeigt haben werde, dass Wahlrechtsreformen für Ausländer*innen keinem kohärenten Muster folgen und auch nicht mit existierenden Einbürgerungsgesetzen korrespondieren, sondern in allen möglichen Kombinationen vorkommen. Dieser empirische Befund wirft folgende Frage auf: Wenn Staatsbürgerschaftstraditionen, wie sie sich in Einbürgerungsgesetzen widerspiegeln, nicht die Gesetzgebung in solch einem sensiblen Bereich wie dem des Wahlrechts erklären können, was tut es dann?

Der zweite Teil des Buches beantwortet diese Frage. Nachdem festgestellt worden ist, dass das Verhältnis zwischen den Traditionen der Staatsbürgerschaft und der Reform der Ausweitung des Wahlrechts keine ausreichende Erklärung darstellt, fokussiert der zweite Teil dieses Buches auf die Analyse der Erweiterungen von Ausländer*innenwahlrechten als politische Prozesse. Diese Sichtweise entspricht der Natur der Wahlrechtsreformen als deliberative Entscheidungsprozesse: Argumente werden in Debatten so konzipiert, dass sie Kontroversen zwischen politischen Parteien entfachen oder vermeiden. Da es in der Regel unklar ist, wie die potenziellen Wähler*innen am politischen Prozess partizipieren werden, hängen sowohl der endgültige Erfolg dieser Prozesse als auch die Besonderheiten der Wahlberechtigung nicht nur von dem ursprünglichen Vorschlag und den Begriffen ab, mit denen sie formuliert sind. Sie hängen auch von der Breite und Tiefe der Argumente ab, die in den parlamentarischen Auseinandersetzungen und den Gesetzesverhandlungen eingebracht werden. Der Verlauf der Debatten um die Ausweitung des Wahlrechts ist also weder einfach auf Traditionen zurückzuverfolgen noch rückwärts „vom Ergebnis her lesbar".

Dieser Teil des Buches zeigt, dass bedeutsame Neuverhandlungen der Staatsbürgerschaft im Rahmen dieser Reformprozesse stattfinden können, selbst wenn sie scheitern. Indem ich diesen systematischen Blick auf die in den Debatten entwickelten Argumentationen werfe, veranschauliche ich die Dynamik in den Positionen der verschiedenen Parteien zu diesem Thema, indem z. B. bestimmte Begriffe fallen gelassen werden, neue Dimension eingeführt oder Argumente umgestaltet werden. Institutionelle Kontexte bieten Anreize für Entscheidungsträger*innen, das Problem zu interpretieren, aber die Ergebnisse hängen letztlich davon ab, wie dieses Problem aufgefasst wird. Kap. 4 stellt den Prozess der Ausweitung des Wahlrechts auf Einwanderer*innen in Portugal dar, der sich auf langsame Weise durch aufeinanderfolgende Reformen entwickelt hat und letztlich in einer Reform mündete, die auf strikter Reziprozität und der positiven Diskriminierung von Staatsangehörigen der Staaten, deren Amtssprache Portugiesisch ist, basiert und somit die ursprüngliche Anzahl der Einwanderer*innen, die potenziell vom Wahlrecht hätten profitieren können, erheblich eingeschränkt hat. Anhand synchroner und diachroner Vergleiche zeigt dieses Kapitel auf, dass die Ausweitung des Wahlrechts in Portugal aufgrund des sehr eingeschränkten und symbolischen Rahmens der Reform parteiübergreifenden Rückhalt bekommen hat. Auch wenn dies Teil einer großen Wende in der Migrationspolitik war, hat die Ausweitung des Wahlrechts auf Denizens keinen Raum für Diskussionen über die allgemeine Situation von Migrant*innen oder das restriktive portugiesische Einbürgerungsregime gelassen – wie es die Literatur zur Tradition der Staatsbürgerschaft hätte erwarten lassen; ganz im Gegenteil lief dieser Prozess diskret und leise ab. In Portugal war die Ausweitung des Wahlrechts auf Denizens zwar Teil einer Neubewertung von Staatsbürgerschaft, aber nicht im Sinne eines neuen Pfades zur Bürgerschaft, die auf individueller Basis geöffnet wird, sondern vielmehr im Sinne von „Staatsbürgerschaft als Staatsangehörigkeit" (*„citizenship-as-nationality"*). Die Ausweitung des Wahlrechts auf Denizens spiegelte unter diesen Bedingungen ein Top-down-Verständnis von Staatsbürgerschaft wider, das nur zulässt, dass man ein Recht auf Repräsentation in der politischen Gemeinschaft erhält, wenn man Teil eines Nationalstaats ist, zu dem der betreffende Staat eine besondere Beziehung hat.

Kap. 5 stellt die Debatten der letzten zwanzig Jahre zur Ausweitung des Wahlrechts in Deutschland vor und vergleicht sie miteinander. Deutschland wird in der Regel als das Fallbeispiel betrachtet, das die Ausweitung des Wahlrechts auf Denizens am stärksten zurückweist (auf verschiedenen politischen Ebenen: Bundes-, Länder- und Lokalebene) und das häufig dafür benutzt wird, kulturelle Faktoren im Sinne der historisch-institutionalistischen Literatur über Staatsbürgerschaftstraditionen als Erklärung für eine ablehnende Haltung ins Feld zu führen. Die Fallstudie in meinem Buch widerlegt die These. Der Beweis aus dieser Fallstudie entmystifiziert sogar übliche Charakterisierungen Deutschlands als Prototyp eines rigiden, konservativen, ethnonationalistischen Verständnisses von Staatsbürgerschaft (Brubaker 1989; Münch 2001; Safran 1997). Dieses Kapitel zeigt, dass es vier Debatten zur Ausweitung des Wahlrechts in Deutschland gab (und darüber hinaus weitere Vorschläge in vierzehn Ländern), von denen einige in Gesetzgebungsvorschlägen gemündet sind. Das Kapitel zeigt durch synchronische und diachronische Vergleiche weiterhin, dass die intensiven und langen Diskussionsprozesse einen Fußabdruck in der politischen Gesellschaft hinterlassen haben, der unabhängig von der Verabschiedung von Gesetzen die Begrifflichkeiten der politischen Diskussion verändert hat, was letztlich zu einer vollständigen Neubewertung von Institutionen führen könnte – sogar von kulturellen Institutionen, die als recht immun gegen Veränderungen gelten. Vier Monate, bevor Schleswig-Holstein seine Reform zur Ausweitung des Wahlrechts umsetzen konnte, hat das Bundesverfassungsgericht sie für nichtig erklärt. Dennoch haben die deutschen Debatten zur Ausweitung des Wahlrechts zu einer Neubewertung von Staatsbürgerschaft insgesamt geführt: Durch den vielfältigen Prozess, bei dem Institutionen und Gruppen sich auseinandersetzten, für ihre Position bestimmte

Begründungen ausgewählt, überdacht und umgestaltet haben, haben sich auch neue Referenzpunkte des politischen Diskurses entwickelt.

Teil 3 erweitert die Argumentation noch einmal, indem alle methodologischen, empirischen und theoretischen Fäden der empirischen Untersuchung zu einer „middle-range theory" verwoben werden, die auf ein breites Spektrum von politischen Systemen angewandt werden kann, die bereits über ein Denizenwahlrecht entschieden haben oder die bis heute in Gesellschaft und Parlament immer wieder das Thema Ausländer*innenwahlrecht debattieren (z. B. in Deutschland, Frankreich und Italien). In Kap. 6 erfolgt ein systematischer Vergleich der beiden Fälle. Es werden detailliert Gemeinsamkeiten und Unterschiede herausgearbeitet. Die Analyse zeigt, dass verschiedene institutionelle Kontexte eine unterschiedliche Komplexität der jeweiligen Prozesse begingen. Gleichwohl sind für das Ergebnis in jedem Fall die Bandbreite und Tiefe der politischen Argumente von Belang. Wenn parlamentarische Debatten begonnen haben, ist das Zusammenspiel der Parteien im politischen System und der Einsatz der amtierenden Regierungen für eine neue Politik von Bedeutung, und zwar über das Thema Migration hinaus. Prozesse zur Ausweitung des Wahlrechts auf Denizens werden durch Strategie, *Framing* und den institutionellen Kontext geformt. Beide Fälle zeigen, dass Parteien darum ringen, zu definieren, was in die politische Diskussion getragen wird und was nicht, wobei das eigene Interesse weniger mit klar umrissenen Kalkulationen der neuen Wähler*innenstimmen zu tun hat als vielmehr mit der Aushandlung symbolischer Politiken. In Prozessen zur Wahlrechtsausweitung hat letztlich die Symbolik eine große Bedeutung: Die Diskussion um Wahlrechtsgebung kann beispielsweise als Chance begriffen werden, um die eigene Verständnisse von Staatsbürgerschaft zu aufzubrechen, aber auch um größere Fragen von Zugehörigkeit und der Kooperation zwischen Staaten mit Blick auf neue, transnationale Demoi zu verhandeln. Ich erläutere, welchen Beitrag dieser komplexere Ansatz in der relevanten Literatur leistet: Im Gegensatz zu den großen Theorien, die sich entweder darauf konzentrieren, Kontinuitäten aufzuzeigen, und dabei stattfindende Veränderungen ignorieren oder aber auf einzelne Momente der Angleichung fokussieren, während Differenzen ausgeblendet werden, ermöglicht es dieser Ansatz, die Konstruktion von Interpretationen innerhalb verschiedener Kontexte zu erfassen, die einen schrittweise, normativen Wandel erzeugen.

In Kap. 7 wird ein abschließender Vergleich angestellt. Darin sollen die Vorteile und die Grenzen dieses Ansatzes beurteilt werden, indem sie den Falldarstellungen der gut erforschten Typen der allgemeinen Ausweitung des Wahlrechts auf Denizens gegenübergestellt werden. Durch die Kontrastierung der Ergebnisse dieser Arbeit mit der Literatur veranschaulicht dieses Kapitel, wie dieser Ansatz auch auf andere neue Fälle angewandt werden kann. Kap. 7 wägt die verschiedenen Erklärungsansätze gegeneinander ab und kehrt zu den Konfigurationen, die in Kap. 3 definiert wurden, zurück.

Schließlich behandelt Teil 3 die Bedeutung des Phänomens für größere Fragen der Staatsbürgerschaft und Staatsangehörigkeit („*citizenship*" und „*nationality*"). Kap. 8 verdichtet die wachsenden empirischen und theoretischen Erkenntnisse zu einer normativen Diskussion. In dieser Diskussion wird die Bedeutung der Ausweitung des Wahlrechts auf Denizens für tiefer liegende Fragen reflektiert, die mich zu diesem Buch motiviert haben. Insbesondere, ob das Versprechen eingehalten wurde, Staatsbürgerschaft mit Prinzipien neu zu beleben, die die Nationalität hinter sich lassen oder gar die Staatsbürgerschaft neu begründen. Ich plädiere dafür, dass es keinen Grund gibt, weshalb Wahlrechte für Denizens als Nullsummenspiel gegenüber der Einbürgerung gesehen werden sollten, und dass Staatsbürgerschaft Wahlrechte trennen kann, ohne sich selbst als Institution zu entwerten. Im Gegenteil: Ich argumentiere in diesem Kapitel, dass einige Kombinationsvarianten das Potenzial haben, unser Verständnis von Staatsbürgerschaft aufzufrischen sowie Legitimitäts- und Repräsentationslücken zu schließen, auch wenn die Stimmrechtserteilung begrenzt bleibt auf die lokale Ebene und damit eher eine *Stadtbürgerschaft* wiederbelebt wird. Obwohl es kein Rezept gibt für die politische Inklusion von Denizens in Demokratien schlage ich aus der Perspektive der normativen Kohärenz der Aufnahmegesellschaften als ideale und sinnvolle Kombinationsvariante vor, dass sie auf Einwanderung sowohl mit einfacheren Regeln der Einbürgerung als auch mit der Ausweitung des Wahlrechts auf ansässige Ausländer*innen reagieren. Ein Grund dafür ist, dass Demokratien auch dann, wenn ansässige Ausländer*innen die Einbürgerung trotz einfacher Regeln ablehnen, was sie aus verschiedenen Gründen tun könnten, mit der Ausweitung des Wahlrechts ein Werkzeug an der Hand haben, ihren Demos zu verändern. Andersherum kann eine lebendige Stadtbürgerschaft durch lokales Wahlrecht für Denizens eine stärkere Verbundenheit mit der Stadt und ihrer Politik hervorrufen, auf Grundlage der Akzeptanz ihrer Unterschiede. Meine prozessbasierte Schilderung zeigt schließlich, wie veränderbar und mehrdeutig Verständnisse von Staatsbürgerschaft sein können. Debatten über die Ausweitung des Wahlrechts auf Denizens sind im Grunde Redefinitionen der Grenzen politischer Mitgliedschaft: Als solche produzieren sie Unstimmigkeiten im politischen Diskurs und besitzen die Kraft, weitere Debatten auszulösen, auch dort, wo Mitgliedschaft sehr exklusiv war.

Literatur

Bauböck, Rainer. 2007. Stakeholder Citizenship and Transnational Political Participation: A Normative Evaluation of External Voting. *Fordham Law Review* 75 (5): 2393–2447.

Brubaker, William Rogers. 1989. *Immigration and the Politics of Citizenship in Europe and North America.* New York: University Press of America.

Brubaker, William Rogers. 1990. Immigration, Citizenship, and the Nation-State in France and Germany: A Comparative Historical Analysis. *International Sociology* 5 (4): 379–407.

Carasco, Emily. 2012. *Non-Citizens in Canada: Status and Rights.* Ontario: Lexis Nexis.

Carens, Joseph. 2002. Citizenship and Civil Society: What Rights for Residents? In *Dual Nationality, Social Rights and Federal Citizenship in the U.S. and Europe*, Hrsg. Randall Hansen und Patrick Weil, 100–120. New York: Berghahn Books.

Dahl, Robert A. 1990. *After the Revolution?* New Haven, CT: Yale University Press.

Dahl, Robert Alan. 1991. *Democracy and Its Critics.* 12. print. New Haven: Yale University Press.

Ewald, Engelen. 2003. How to Combine Openness and Protection? Citizenship, Migration, and Welfare Regimes. *Politics & Society* 31:503–536.

Hammar, Tomas. 1990. *Democracy and the Nation State. Aliens, Denizens and Citizens in a World of International Migration.* Aldershot: Ashgate.

Hansen, Randall, und Patrick Weil. 2001. Introduction. In *Towards a European Nationality*, Hrsg. Randall Hansen und Patrick Weil, 1–23. Basingstoke, Hampshire.

Hollifield, James F. 1992. *Immigrants, Markets, and States.* Cambridge: Harvard Univ. Press.

Jacobson, David. 1996. *Rights Across Borders: Immigration and the Decline of Citizenship.* Baltimore: Johns Hopkins University Press.

Joppke, Christian. 2001. The Evolution of Alien Rights in the United States, Germany, and the European Union. In *Nationality Law in Europe*, Hrsg. Randall Hansen und Patrick Weil, 36–62. London.

Jürgen Habermas. 1992. Citizenship and National Identity: Some Reflections on the Future of Europe. *Praxis International* 12: 1–19.

López-Guerra, Claudio. 2014. *Democracy and Disenfranchisement: The Morality of Electoral Exclusions*, 1 Aufl. Oxford: Oxford University Press.

Marshall, Thomas H. 1950. *Citizenship and Social Class and Other Essays.* Cambridge: Cambridge University Press.

Marshall, Thomas H., und Tom Bottomore. 1992. *Citizenship and Social Class.* London: Pluto Press.

Münch, Richard. 2001. *Nation and Citizenship in the Global Age. From National to Transnational Ties and Identities.* New York: Palgrave.

Munro, Daniel. 2008. Integration through Participation: Non-Citizen Resident Voting Rights in an Era of Globalization. *International Migration and Integration* 8: 43–80.

Safran, William. 1997. Citizenship and Nationality in Democratic Systems: Approaches to Defining and Acquiring Membership in the Political Community. *International Political Science Review* 18: 313–335.

Somers, Margaret. 1994. Rights, Relationality and Membership: Rethinking the Making and Meaning of Citizenship. *Law and Social Inquiry* 19 (1): 63–112.

Song, Sarah. 2009. Democracy and Noncitizen Voting Rights. *Citizenship Studies* 13 (6): 607–620.

Soysal, Yasemin. 1998. Toward a Post-National Model of Membership. In *The Citizenship Debates*, Hrsg. Gerson Shafir.

Soysal, Yasemin Nuhoæglu. 2007. *Limits of Citizenship*. [3. Dr.]. Chicago u. a.: Univ. of Chicago.

Spiro, Peter J. 2011. A New International Law of Citizenship. *American Journal of International Law* 105 (4): 694–746.

Tilly, Charles. 2001. Mechanisms in Political Processes. *Annual Review of Political Science* 4: 21–41.

Walzer, Michael. 1997. *Las Esferas de La Justicia Una. Defensa Del Pluralismo y La Igualdad*. México D.F.: Fondo de Cultura Económica.

Wilson, Frank Lee. 2002. *Concepts and Issues in Comparative Politics*, 2nd ed. Upper Saddle River, NJ: Prentice Hall.

Teil I
Die Bedeutung der Ausweitung des Wahlrechts auf Denizens im weltweiten Vergleich

Eine Regierung des Volkes, durch das Volk und für das Volk ist ein Traum, den wir schätzen. Doch wer ist das Volk, das den Traum von einer selbstverwalteten Politik anstreben kann? Für Robert Dahl (1970, S. 60) ist dies ein Dilemma der Demokratietheorie: Wie grenzen wir politische Gemeinschaften ein (Demos als politisches Volk)? Die historische Idee des Nationalstaates gab uns mal einfache Antworten: Menschen identifizieren sich als Mitglieder von räumlich geteilten Staaten und nehmen daher ausschließlich am Austausch bestimmter Rechte und Pflichten mit ihrem jeweiligen Staat teil. Darauf fußt auch heute noch unsere Vorstellung von Staatsbürgerschaft, die mindestens drei Dimensionen enthält: politische Identität, formale Mitgliedschaft und ein Verhältnis zum Staat, aus dem sich konkrete Rechte und Pflichten ergeben.

Aber warum erweitern heutzutage Demokratien die höchsten Bürgerrechte, die Wahlrechte, auf Personen, die keine formalen Mitglieder der politischen Gemeinschaft sind? Dieses Buch präsentiert Debatten aus mehreren Demokratien der Welt, die auf diese Frage eingehen. An die Analyse dieser Debatten schließe ich zwei Fragen an: Erstens, gilt es noch, dass Staatsbürgerschaft als Bündel von Rechten/Pflichten zwischen Staat und Individuum auf einer exklusiven Mitgliedschaft basiert oder hat sie sich zu etwas anderem entwickelt? Zweitens, wie verteilen sich diese Rechte für verschiedene Kategorien von Menschen, die gleichermaßen wie Staatsbürger*innen einer Staatsautorität in einem Territorium unterlegen sind, aber aus verschiedenen Gründen die Staatsangehörigkeit des Residenzstaates nicht annehmen können, dürfen oder möchten? Ich werde diese Fragen bis zum Ende des Buches schrittweise angehen. Sie dürften abstrakt erscheinen, bedeuten aber sehr viel für das Leben von Millionen von Migrant*innen auf der Welt.

Die normative Demokratietheorie hebt hervor, dass Fragen der politischen Inklusion bzw. Mitgliedschaft von Migrant*innen, die schon als Bewohner*innen zur Gemeinschaft gehören, besonders dringlich in Demokratien sind und wenn

gleichzeitig Migrant*innen einen beträchtlichen Anteil an der Bevölkerung ausmachen. Dies liegt daran, dass Themen wie Gerechtigkeit, Stabilität, gutes Regieren gleichzeitig die Denizens und die staatsangehörige Bevölkerung betreffen.
Jedoch, wie wir in diesem Teil des Buches sehen werden, wurden diese Fragen
nicht immer nur in demokratischen politischen Systemen und in Gemeinschaften
mit hohem Anteil an Migranten angegangen. Auch politische Systeme, die weit
entfernt von traditionellen Einwanderungsprofilen sind, sahen sich herausgefor-
dert, sich ernsthaft mit den Prinzipien formeller Inklusion der Migrant*innen zu
befassen. Wie Kap. 2 und 3 zeigen werden, haben in den letzten Jahrzehnten
mehr als fünfzig Parlamente verschiedener politischer Gemeinschaften diskutiert,
ob Wahlrechte auf Denizens ausgeweitet werden sollen oder nicht. Mehr als fünf-
unddreißig haben sich entschieden, auf verschiedenen Ebenen (lokale, regionale
oder nationale) und unter verschiedenen Bedingungen dies zu tun. In Anbetracht
der verschiedenen politischen und rechtlichen Traditionen wird offensichtlich,
dass die Ausweitung des Wahlrechts auf Denizens nicht einer einzigen Ursache
folgt. Gerade die Unterschiede über Länder hinweg führen mich zu noch einer
empirischen Frage im ersten Teil des Buches: Wie einheitlich oder heterogen ist
der Trend der Erweiterung des Wahlrechts an Denizens?

Staatsbürgerschaft, nationale Staatsangehörigkeit und Wahlrecht

2

Eine Schwächung der Bedeutung des Wortes „Staatsbürgerschaft" im Sinne von Nationalität ist insbesondere in Europa durch die Ausweitung der Bürgerrechte über den ursprünglichen Rahmen hinaus entstanden.

Derek Heather 1996, S. 213 (eigene Übersetzung).

2.1 Warum ein Fokus auf Staatsbürgerschaft?

Charles Tilly (1996) definiert Staatsbürgerschaft als eine politische und rechtliche Institution, in der die formalen Beziehungen zwischen einer Person und einem Staat gebündelt werden, sodass beide Seiten einklagbare Rechte und Pflichten aufgrund der Mitgliedschaft der Person in einer politischen Gemeinschaft besitzen.[1] An dieser Stelle ist es hilfreich, mit einer kurze Arbeitsdefinition

---

[1] In viele Rechtstraditionen ist es üblich, die Begriffe Staatsbürgerschaft und Staatsangehörigkeit als Synonyme zu verwenden. Dies gilt aber nicht für alle Rechtstraditionen. Weil der Kern meines Argumentes in diesem Buch einer feineren Unterscheidung bedarf, verstehe ich Staatsbürgerschaft als breiteren Begriff und in Verbindung mit dem englischen Begriff Citizenship, welcher Staatsangehörigkeit umfasst. Staatsangehörigkeit verwende ich hauptsächlich in einem engeren Sinne, um die Mitgliedschaft von Individuen zu einem Staat zu deuten, was heutzutage vor allem auch Zugehörigkeit zu einer Nation bedeutet. Diese Unterscheidung wird im ganzen Kapitel behandelt. Die Möglichkeiten, die Staatsangehörigkeit zu erwerben, kommen vor allem in den juristischen Prinzipien des Ius soli (Bodenrecht) und des Ius sanguinis (Blutrecht) zum Ausdruck. Beim Ius soli wird die Staatsangehörigkeit durch die Geburt auf einem bestimmten Territorium erworben; im Fall des Ius sanguinis geschieht dies durch die Staatsangehörigkeit der Eltern. Staatsangehörigkeitsregime beruhen tendenziell auf einem der beiden genannten Prinzipien und bestimmen bzw. beschränken, bis zu

von Staatsbürgerschaft zu starten, damit wir später ein tieferes Verständnis des Begriffs erlangen können. Die größte Schwierigkeit bei einer Auseinandersetzung mit dem Konzept der Staatsbürgerschaft ist nicht, dass es sich um ein Konzept handelt, das verschiedene und manchmal sehr unterschiedliche Auffassungen zulässt, sondern dass es häufig in einer Art und Weise charakterisiert wird, die ontologische und normative Aspekte miteinander vermischt (das „Was ist" und „Was sein sollte").[2] Als normatives Konzept enthält Staatsbürgerschaft immer beides: sowohl ein Versprechen auf Inklusion als auch eine Markierung der exklusiven Grenzen einer politischen Gemeinschaft. Um alles noch komplizierter zu machen, sind die Grenzen einer politischen Gemeinschaft und ihre Prinzipien immer unklar und einem permanenten Prozess der Anfechtung und Aushandlung unterworfen.

Obwohl immer wieder Versuche unternommen werden, Staatsbürgerschaft zu definieren, lässt sich der Begriff jedoch nicht abschließend klären. Der Diskurs über Staatsbürgerschaft lässt sich grob in drei Linien in der Geschichte des politischen Denkens und der politischen Praxis einordnen:

1) Staatsbürgerschaft als politisches Prinzip der Demokratie, das die Teilnahme am politischen Diskurs und ihren Entscheidungsprozessen unter Gleichen impliziert;

2) Staatsbürgerschaft als Status einer Rechtsperson, die den Anspruch auf verschiedene spezifische Rechte mit sich bringt, darunter die wohl bekannteste in Form der Inanspruchnahme des Schutzes durch einen Staat;

3) Staatsbürgerschaft als eine Form von Mitgliedschaft, die einen sozialen Status verleiht, Anknüpfungspunkte für eine Identifikation bietet, die so stark werden können, dass hieraus langfristig Solidarität und ziviles Engagement erwächst.

In der Literatur über Staatsbürgerschaft stellt dieser Dreiklang von Status, Bündel von Rechten und Pflichten und Identität den gemeinsamen Nenner dar, wie Staatsbürgerschaft wahrgenommen wird. Allerdings lässt sich nach Linda

---

welchem Grad das eine mit dem anderen Kriterium kombiniert werden kann (z. B. Wohnort, Selbstdeklaration, Wohnort der Eltern, Nationalität der Eltern etc.). Durch die Kombination beider Prinzipien wird im Grunde festgelegt, wie der legale Status als Staatsangehöriger*in erlangt werden kann und wie sich die formale Beziehung zwischen Individuum und einer politischen Gemeinschaft gestaltet. Deswegen ist es eine gängige Praxis, Staatsangehörigkeitsregime miteinander zu vergleichen (z. B. wie offen/restriktiv, inklusiv/exklusiv oder sogar wie „liberal" sie sind). Dabei vergleicht man zumeist die Anteile von Boden- und Blutrechtsprinzipien sowie das Ausmaß, inwieweit weitere Kriterien in den Verfassungen und Staatsangehörigkeitsgesetzen eine Rolle spielen. Es ist aber wichtig zu sagen, dass in den akademischen und politischen Debatten in Deutschland die beide Begriffe sich vermischen.

[2] Allein für das „deutsche Konzept von Staatsbürgerschaft" zählte Ulrich Preuß (2004) sieben substanziell verschiedene Konzepte.

Bosniak (2006) die Literatur auch entlang der Linie ordnen, die Staatsbürgerschaft einmal als universalistisches Projekt ansieht und einmal als etwas Ausschließendes.

In Anbetracht dessen, dass Staatsbürgerschaft ein dermaßen vielschichtiges Konzept ist, blickt sie notwendigerweise auch auf eine facettenreiche Geschichte zurück. Es handelt sich dabei um die Geschichte ihrer Identität, ihrer normativen und rechtlichen Bestandteile und widerstreitender Paradigmen, die über lange Zeiträume hinweg nebeneinanderher existiert haben, bevor sie irgendwann kohärent erschienen. Eine echte Revolution des politischen Denkens und der politischen Praxis findet bereits im Übergang von der griechischen zur römischen Staatsbürgerschaft statt.[3] Die Französische Revolution verlieh der Staatsbürgerschaft dann ihre eigentliche Substanz, indem sie Individuen von feudalen und anderen traditionellen Bindungen befreite und zu Träger*innen von Bürger*innenrechten machte.

In der Verfassung von 1793 gehörten all jene zum Demos, die über 21 Jahre alt und in Frankreich geboren und ansässig waren. Aber auch ausländische Erwachsene, die mindestens ein Jahr in Frankreich ansässig waren, genossen die Rechte französischer Staatsbürger, vorausgesetzt, dass sie selbst für ihren Unterhalt aufkommen konnten oder andere Merkmale eines „citoyen" aufwiesen, etwa dass sie eine Französin geheiratet, ein Kind adoptiert oder die Pflege einer älteren Person übernommen hatten (Hirsch Ballin 2014, S. 9). Schon bald darauf verbinden sich beide Verständnisse von Staatsbürgerschaft: einerseits im Sinne der Ausübung substanzieller politischer Rechte auf Grundlage einer exklusiven Zugehörigkeit zu einer Gemeinschaft und andererseits als allgemeine Zugehörigkeit zu einem politischen Gemeinwesen, in dem politische Rechte und Pflichten grundsätzlich an alle (Männer) verteilt werden (Dahl 1972; Maas 1999).

---

[3] In der Welt des Mittelalters verfügten unterschiedliche territoriale Gebiete über mehrere Abstufungen der Zugehörigkeit, wobei jede ihre eigenen Rechte und Privilegien mit sich brachte. Grundsätzlich waren die tatkräftigeren und vermögenderen Menschen ein Teil der Gemeinschaft und mit steigender gesellschaftlicher Anerkennung kamen sie dem Status als vollständiger Bürger näher (Román 2010, S. 34 ff.). Einige „freie" Städte wurden hauptsächlich zur Verteidigung genutzt. Dort setzte sich die Wirtschaft aus verschiedenen Gilden zusammen und dementsprechend war das Interesse der Einwohner, neue Personen aufzunehmen, relativ begrenzt (Weber, repr. in 1998, S. 45–49). Das moderne Staatswesen fasste diese Städte zu größeren Gebieten zusammen und ihre Bürger wurden nicht mehr nur als die derzeitigen Eigentümer/Grundbesitzer gesehen, die zum Wohlergehen der lokalen Gemeinschaft beitragen, sondern auch als potenzielle Soldaten. So wurden Treueeide und die Übereinstimmung von Nationalität mit Staatsbürgerschaft zu entscheidenden Merkmalen, die die Definition und Umsetzung von Staatsbürgerschaft prägten.

Eine Vielzahl weiterer revolutionärer Schritte hat schließlich zu der heute weit-
verbreiteten Akzeptanz mehrfacher Staatsangehörigkeit geführt, die bis gerade
einmal vor fünf Jahrzehnten von Nationalstaaten vehement abgelehnt wurde und
als Bedrohung für den Weltfrieden und die Souveränität betrachtet wurde. Gerade
das Spannungsfeld zwischen Exklusion und Inklusion in jedem dieser Schritte
führte dazu, dass die Geschichte der Staatsbürgerschaft so dynamisch und wech-
selhaft verlief (Bosniak 2006). So schreibt etwa Jean L. Cohen: „the components
of the citizenship principle can and do come into conflict, and every historical
synthesis entails a set of political choices and trade-offs that tend to be forgotten
once a conception becomes hegemonic" (1999, S. 248).

Dennoch haben sich einige der Veränderungen, die die Staatsbürgerschaft
in den letzten 2000 Jahren erfahren hat, als dauerhaft herausgestellt. Erst die
Kodifizierung der Mitgliedschaftsregeln in Gesetze hat eine direkte Form der
Staatsmitgliedschaft möglich gemacht, mit der informelle und indirekte Formen
der Mitgliedschaft ersetzt wurden. Die erstmalige Einführung von Staatsbürgerschaft als rechtliche Kategorie, die Individuen als Gleiche definierte, spiegelt
die klassische römische Staatsbürgerschaft wider, auch wenn diese zu römischen
Republikzeiten nur auf sehr wenige beschränkt war und für alle anderen nur in
Abstufungen gewährt wurde oder gar nicht. Erst in den letzten eintausend Jahren haben folgende Phänomene einer bestimmten Lesart von Staatsbürgerschaft
zum Durchbruch verholfen: der Bedarf an Verwaltung (und Besteuerung) der
Welthandelsstädte, das Erstarken der Staaten als besteuernde und kriegsführende
Einheiten und die Institutionalisierung und Legitimierung staatlicher Bürokratien
(vgl. Holston 2008).

Später erst wurde Staatsbürgerschaft ein Synonym für Nationali-
tät/Staatsangehörigkeit, als sich, wie Hannah Arendt (1951) festhielt, der
Staat als Instrument des Gesetzes in ein Instrument der Nation verwandelte. Das
bedeutet, dass lediglich Menschen derselben nationalen Herkunft – wie auch
immer diese definiert war – den Schutz und alle Rechte staatlicher Institutionen
genießen konnten und dass Personen anderer Nationalität ein gänzlich anderer
Rechtsstatus zugewiesen wurde, der es erlaubte, jegliche Forderung, die die
Menschen an den Staat richten könnten, einzuschränken. Eine Ausnahme wurde
nur gemacht, wenn sie sich vollständig angepasst und von ihrer Herkunft
losgesagt hatten und dann als Staatsangehörige („nationals")[4] „eingebürgert"
wurden – der englische Begriff für Einbürgerung, „naturalization", zeigt noch

---

[4] Um verschiedene mögliche Modelle von Staatsbürgerschaft jenseits von nationaler Zugehörigkeit zu erfassen, ist es aufschlussreich, sich Fälle anzuschauen, in denen dies nicht

deutlicher, dass eine tiefe Änderung in der „Natur" der Person erwartet wurde, wenn sie eine neue Nationalität annimmt.

Auf einer abstrakteren Ebene bedeutet dies, dass die Ambition, Staatsbürgerschaft zu universalisieren, immer wieder scheiterte. Immer wieder blieb eine Lesart der Staatsbürgerschaft als Nationalität dominant, mal mit rassistischen, mal mit ethnischen oder auch mit religiösen Tönen (Isin & Turner 2007, S. 11–12) und definitiv bis ins 20. Jahrhundert patriarchal. Innerhalb der letzten 200 Jahre hat dies zu zahlreichen Konflikten in Bezug auf die nationale Identität eines Staates geführt, speziell in Bezug auf Gruppen, die dem Staat angehörten, aber nicht der Nation.

Staatsbürgerschaft hängt mit diesen breit gefächerten, bedeutenden Themen zusammen. Deswegen ist es wichtig zu verstehen, warum das Konzept immer wieder Veränderungen unterworfen worden ist und wie es mit unterschiedlichen Ambitionen und Prinzipien verbunden wurde. Dennoch bleibt bei allen Veränderungen über die Zeit hinweg ein Kernverständnis von Staatsbürgerschaft konstant: Staatsbürgerschaft verweist auf das hochgeschätzte Recht, zu einer organisierten Gemeinschaft zu gehören und hier ein Mitspracherecht zu besitzen. Wie Arendt sagt, hat sich Staatsbürgerschaft als „Recht, Rechte zu haben" („the right to have rights") entwickelt (1951, repr. 2004, S. 177). In den letzten vier Jahrhunderten etablierten sich Staaten als die Einheiten par excellence, die das Recht, ein Mitglied zu sein und zu einer Gemeinschaft zu gehören, garantieren und die das Recht einer Person, Rechte zu besitzen, schützen.

Während dieser Hochphase des souveränen Staatensystems war klar, dass Wahlrechte die essenziellsten Rechte sind, die Mitglieder eines Nationalstaates erhalten. Wesentlich früher jedoch verstand die republikanische Tradition,

---

immer der Fall war. In mehreren lateinamerikanischen Ländern z. B. wird zwischen Staatsbürgerschaft und Staatsangehörigkeit/Nationalität bis zum heutigen Tage unterschieden. Dieser Umstand ist der Notwendigkeit geschuldet, nach der Unabhängigkeit durch eine liberale Ius-soli-Gesetzgebung und einfache Einbürgerungsverfahren schnell neue Staatsangehörige zu bekommen, u. a. um weitgehend unbevölkerte Gebiete zu bevölkern. Die jungen lateinamerikanischen Nationen weiteten das Recht zu wählen mit einem Mal auf einen sehr großen Teil der Bevölkerung aus, die tatsächliche Ausübung von Bürgerrechten blieb jedoch an die Tradition lokaler sozialer Anerkennung als Nachbarn gebunden (Pedroza 2014). Heutzutage sind die Unterschiede zumeist nur für Emigrant*innen spürbar, die zwar Bürger*innenrechte, nicht jedoch die Staatsangehörigkeit verlieren könnten, wenn sie eine andere Nationalität annehmen oder sich für längere Zeit nicht im Land aufhalten. In Argentinien und Uruguay ist dies stärker ausgeprägt: So bedingen sich Staatsbürgerschaft und Aufenthaltsort, selbst wenn die Staatsangehörigkeit dem üblichen Mix aus Ius soli und Ius sanguinis folgt. Diese beiden Länder unterscheiden die Bürger*innen nicht nur als Staats- und Nichtstaatsangehörige, sondern als Kategorie der Einwohner*innen („residents") und Nicht-Einwohner*innen („non-resident") (Pedroza und Palop-García 2017).

seit Aristoteles, Staatsbürgerschaft hauptsächlich als einen Status einer vollen Mitgliedschaft in einer sich selbst regierenden politischen Gemeinschaft und ihr zentrales Privileg, die Möglichkeit, Repräsentanten zu wählen oder sich als Kandidat für ein öffentliches Amt aufstellen zu lassen. Heutzutage, im 21. Jahrhundert, haben sich demokratische Staaten zunehmend dahin entwickelt, Rechte für jegliche Personen wegen ihres Menschseins oder ihres sozioökonomischen Rechtsstatus als Arbeiter*in, Angestellte oder auch Bewohner*in zu garantieren. Wie hat sich die Staatsürgerschaft in unserer globalisierte Zeit weiterentwickelt?

2.1.1 Die Herausforderungen von Migration und Globalisierung für die Staatsbürgerschaft

Als Arbeitsdefinition für Staatsbürgerschaft habe ich zwei Bestandteile vorgeschlagen, die im Laufe der Zeit von zentraler Bedeutung waren: politische Rechte (insbesondere Wahlrechte) und formale Mitgliedschaft.[5] Um die Veränderungen, die Staatsbürgerschaft im Laufe der Geschichte durchlaufen hat, zu verstehen, müssen wir die Beziehung zwischen beiden näher unter die Lupe nehmen. Bisher habe ich argumentiert, dass, während das Privileg des Wahlrechts immer mit der Frage der Staatsbürgerschaft verbunden geblieben ist, sich die Kriterien der Mitgliedschaft im Laufe der Zeit verändert haben. Aber wie sieht dies heute aus?

Es ist klar, dass in einer Welt der ansteigenden Mobilität und Migration Fragen über die gerechte Verteilung von Rechten und Pflichten, Nutzen und Belastungen in einem demokratischen Gemeinwesen zunehmen. Umgekehrt stellen die Forderungen nach einer Ausweitung des Wahlrechts auf Ausländer*innen das Konzept

---

[5] Ein Einwand gegen diese Definition von Staatsbürgerschaft könnte darin bestehen, dass eine große Anzahl von Diskussionen, die mit diesem Thema zusammenhängen, nicht berücksichtigt wurde, vor allem jene, die Staatsbürgerschaft als Identität begreifen. Ebendiese Diskussionen werden in der politischen Theorie von Kommunitaristen geführt, für die Staatsbürgerschaft ein gemeinschaftliches Projekt darstellt, das dabei hilft, Solidarität zwischen den Mitgliedern der Gesellschaft zu erzeugen. Dieses Verständnis ist auch unter Anthropolog*innen verbreitet, die die Praktiken und das subjektive Verständnis von Staatsbürgerschaft untersuchen. Die hier angebotene Definition lässt auch andere wichtige politische Rechte und Formen politischer Partizipation außen vor, die nicht durch das aktive oder passive Wahlrecht ausgedrückt werden (oder dieses offen zurückweisen). Meiner Meinung nach ermöglicht diese beschränkte Sicht aber ein besseres Verständnis der Prozesse der Ausweitung des Wahlrechts auf Ausländer*innen und stellt somit eine starke Basis für eine spätere informierte Kritik an reduktionistischen Verständnissen von Staatsbürgerschaft dar. Außerdem denke ich, dass der stärker methodologisch orientierte Ansatz von Staatsbürgerschaft in diesem Buch – erklärt in Kap. 3 – ein tiefgehendes Verständnis ermöglicht.

der Staatsbürgerschaft vor neue Fragen, ob und wie die Grundsätze der Mitgliedschaft innerhalb eines demokratischen Gemeinwesens neu überdacht werden müssen. Mein Buch will versuchen zu klären, ob die Vergabe von Wahlrechten die seit mehr als einem Jahrhundert vorherrschende Sicht auf Staatsbürgerschaft verändert und wenn ja, wie.

Migration war ein Thema für die Staatsbürgerschaft, seitdem die Staaten die Hauptverantwortung für die Regulierung territorialer Grenzen erworben haben. Sie regulieren seither die Bedingungen, unter denen Personen, die eintreten wollen, dies tun können. Zudem entscheiden sie über Staatsbürgerschaftsrechte, indem sie festlegen, wer unter welchen Bedingungen das Recht haben soll, Mitglied in der politischen Gemeinschaft zu werden. Jedoch stellen Castles und Davidson heraus, dass Migration und Globalisierung eine wesentlich größere Herausforderung für den Staat darstellen als alle Herausforderungen zuvor:

> Die Globalisierung bricht das territoriale Prinzip, wonach Macht und Ort zusammenfallen. Es erodiert die Autonomie des Nationalstaates, untergräbt die Ideologie der verschiedenen und relativ autonomen Kulturen und bewirkt eine zunehmende Mobilität von Menschen über Grenzen hinweg. [...] Diese neuen Faktoren wirken destabilisierend auf das bisherige Arrangement, das auch viele Widersprüche hervorgebracht hat: den Widerspruch der Einbeziehung und Ausgrenzung verschiedener Gruppen, den Widerspruch zwischen den Rechten und Pflichten der Staatsbürgerschaft und – ganz wichtig – zwischen der politischen Zugehörigkeit als Bürger*in und der politischen Zugehörigkeit aufgrund von Nationalität (Castles und Davidson 2000, S. 6, eigene Übersetzung).

Statistiken unterstützen diesen Trend. Lebten 1910 noch 33 Mio. Menschen in anderen Ländern als ihren eigenen Herkunftsländern, so waren es bis zum Jahr 2019 mehr als 272 Mio. Mehr als die Hälfte davon kam in den letzten vier Jahrzehnten hinzu. Nach Schätzungen der Vereinten Nationen waren es im Februar 2021 sogar 281 Mio. (Vereinte Nationen, Abteilung für Wirtschaft und Soziales 2021). Obwohl diese Zahl nur 3,5 % der Weltbevölkerung ausmacht, lebt mehr als die Hälfte von ihnen in den weltweit am stärksten entwickelten Regionen der Welt (Nordamerika – ohne Mexiko –, Europa, Australien, Neuseeland und Japan). Die Mehrheit dieser Migrant*innen (2/3) wird als Menschen im Arbeitsalter eingestuft.[6]

Zudem machen es die heutigen Technologien einfacher denn je zu migrieren und ermöglichen es Migrant*innen, die Verbindungen zu ihrer Heimat auf

---

[6] United Nations Population Division, UNDESA, „International Migrant Stock 2019", verfügbar unter: https://www.un.org/en/development/desa/population/migration/publications/migrationreport/docs/MigrationStock2019_TenKeyFindings.pdf (abgerufen am Juni 2021).

einem nie dagewesenen Niveau aufrechtzuerhalten. Stellt dies eine nie dagewesene Herausforderung für die Verfassung oder die Souveränität eines Staates dar? Nicht zwingend: Zum einen kann das Entstehen von Imperien und Kolonialismus als jüngere Beispiele für erhöhten Transnationalismus angesehen werden. Zum anderen wurden Grenzen physischer oder konzeptueller Art schon immer infrage gestellt, ausgeweitet, durchdrungen oder durchbrochen, obwohl sie eine Trennlinie darstellen und Hierarchien absichern sollten. In jedem Fall waren Grenzen schon immer von passierenden und einreisenden Nichtmitgliedern der politischen Gemeinschaften betroffen. Daher war die Bedeutung von Staatsbürgerschaft durch die sich im Laufe der Zeit ständig verändernden Grenzen und die Neuordnung von Gebieten unter verschiedenen Herrschaftsformen immer schon einem stetigen Wandel unterworfen.

Ein territorialer Aspekt von Staatsbürgerschaft ist auch in der ursprünglichen Bedeutung des Wortes „Bürger" enthalten. Dieses beschreibt ursprünglich denjenigen, der sowohl die Freiheit als auch die Privilegien einer Stadt genießt. Ein eingeschränkter Raum, in dem das soziale Leben und die soziale Macht bestimmten Regeln unterworfen sind, ist somit in der Wortbedeutung impliziert. In der heutigen Zeit spielt auch die Neudefinition des Begriffs auf diese doppelte Bedeutung an. Denn genau dieses seit drei Jahrhunderten vorherrschende Verständnis, dass ein Staat nicht nur die Autorität innehat, den Status der Staatsbürgerschaft nicht nur im internationalen Recht, sondern auch die Zugehörigkeit zu einer politischen Gemeinschaft zu vergeben, wird gerade neu definiert. Obwohl der moderne und souveräne Staat sich über lange Zeit entwickelt hat und nicht einfach 1648 geboren wurde, stellt der Westfälische Frieden einen Wendepunkt dar, ab dem die Teilhabe an verschiedenen Regierungsformen und -ebenen nicht mehr möglich war. Stattdessen verlangte die zunehmend hitzige Interaktion zwischen Staaten eine deutliche Abgrenzung der Sphären der Mitgliedschaft und eine exklusive territoriale Zugehörigkeit. Daraufhin war die Annahme, dass politische Gemeinschaften zwingend mit Staatsgrenzen übereinstimmen und exklusiv sein müssen, für lange Zeit in den Köpfen von politischen Eliten und ihren Anhänger*innen verankert und zudem in verschiedenen Instrumenten des internationalen Rechts legitimiert.

Unter dem Deckmantel der Nationalität diente dieses Verständnis sehr oft nationalistischen und ökonomischen Ideologien und hat Einfluss auf viele Menschenleben gehabt. Nur langsam löst sich sein Griff um die politische Rhetorik. Im normalen wie auch zumeist im akademischen Sprachgebrauch werden Staatsbürgerschaft und nationale Zugehörigkeit synonym verwendet, selbst wenn zumindest implizit klar ist, dass der Begriff Staatsbürgerschaft eine weitreichendere Bedeutung als nationale Zugehörigkeit hat. Dies wird in den zusätzlichen

Anforderungen an Staatsangehörige bei der Ausübung von Staatsbürgerschafts-rechten deutlich (z. B. Volljährigkeit, keine strafbaren Handlungen), aber auch in der Überlappung von Zugehörigkeiten, die Staatsbürgerschaft zulässt (d. h. jemand kann Bürger*in eines Bundes (Föderation), eines Staates, einer Stadt sein), im Gegensatz zu der singulären Zugehörigkeit zu einem Nationalstaat.[7]

Im Verlauf eines lang andauernden Prozesses ist es genau die Annahme von exklusiver Mitgliedschaft, die normative Dilemmata kreiert hat und in der Praxis kaum mehr haltbar ist. Das faszinierendste davon bezieht sich auf die Staatsbür-gerschaft selbst. Der Grund dafür liegt darin, dass in der heutigen Welt bei der Definition von Staatsbürgerschaft sehr viel mehr auf dem Spiel steht als ledig-lich ein rechtlicher Status, der eine Mitgliedschaft spezifiziert. Mit all seinen Vor- und Nachteilen stellt die aktuelle Form von Staatsbürgerschaft eine ideale Form von Herrschaft und sozialer Ordnung dar. Die Herausforderung, die Migration für Staatsbürgerschaft darstellt, liegt darin, zu definieren, welche Personen für die Selbstverwaltung infrage kommen und welche nicht.

Demokratische Staaten verpflichten sich dazu, Normen der demokratischen Ordnung anzuerkennen unter Prinzipien, die einfach zu verstehen sind: faire und gleiche Repräsentation der Beherrschten; keine Besteuerung ohne gewählte politische Vertretung; zum Kämpfen geeignet, zum Wählen geeignet. In vie-len entwickelten demokratischen Staaten stehen diese Prinzipien jedoch im Widerspruch zur Realität des hohen Ausmaßes eingewanderter Bevölkerung. Schließlich haben sich in den vergangenen Jahrzehnten mehr als 60 % der gesam-ten internationalen Migration in die entwickelte demokratische Welt bewegt.[8] Ein

---

[7] Anders als Staatsangehörigkeit kann der Begriff Staatsbürgerschaft eine Beziehung zwi-schen Individuum und der kommunalen Verwaltung oder Stadt (wie in mittelalterlichen Städten, wo dies die Freiheit des Individuums bedeutete), dem Staat oder sogar einer supra- bzw. multinationalen politischen Einheit darstellen.

[8] Internationales Recht unterscheidet zwischen politischer und wirtschaftlicher Migration, indem Individuen entsprechend Kategorien zugeordnet werden, je nachdem, ob sie aus Grün-den politischer Verfolgung oder gewaltsamer Konflikte die Grenzen überqueren wollen oder auf der Suche nach wirtschaftlichen Möglichkeiten kommen. In dieser Arbeit fokussiere ich auf letztere Kategorie und insbesondere auf reguläre voluntäre Migrant*innen. Demnach liegt der Fokus nicht auf „Geflüchteten", die eine begründete Angst vor Verfolgung auf-grund ihrer Ethnie, Religion, Nationalität oder Mitgliedschaft in einer bestimmten sozialen oder politischen Gruppe haben, noch auf sogenannten irregulären Migrant*innen. Ich kon-zentriere mich außerdem eher auf „langfristige Migration" (bei der die Überquerung einer Landesgrenze zu einer permanenten Umsiedlung führt) als auf „zeitlich begrenzte Migra-tion" (z. B. sog. Gastarbeiter*innen, Saisonarbeiter*innen und Studierende). Der Grat zwi-schen diesen ganzen Kategorien ist schmal und es ist kontrovers, so zu tun, als wären sie ganz klar voneinander zu unterscheiden, so als ob man Migrant*innen ganz klar in Kategorien ein-ordnen könnte, von denen einige das Recht hätten, demokratische Rechte einzufordern, und

Demokratiedefizit entsteht im Laufe der Zeit, wenn Einwanderung sich in eine stabile Population verwandelt, wenn Immigrant*innen zu Einwohner*innen werden und sich an der Gesellschaft beteiligen und mitwirken, so wie es (Staats-) Bürger*innen tun. Dennoch behalten sie den Status einer Unterklasse, der das Recht, am politischen System teilzunehmen, fehlt.

Solch eine Situation ist nicht nur mit modernen demokratischen Normen inkompatibel, sondern stellt auch eine potenzielle Gefahr für den sozialen Zusammenhalt von Staaten dar. Wenn ein demokratisches Gemeinwesen mit einem hohen Anteil an Migrant*innen mit legalem Aufenthaltstitel keine Möglichkeiten bietet, sie in formale Entscheidungswege einzubeziehen – indem sie innerhalb eines angemessenen Zeitraums mit politischen Angelegenheiten vertraut gemacht werden, um zu (Staats-)Bürger*innen zu werden –, weist die demokratische Legitimität ein Defizit auf. Die Dilemmata, die dieses Buch behandelt, haben etwas damit zu tun, *wie* man sie durch Einbeziehung in die Nation (d. h. durch Einbürgerung, ggf. auch durch automatische Einbürgerung, wie Rubio-Marin 2000 vorgeschlagen hat) mit einbeziehen kann oder indem man Staatsbürgerschaft in einem weiteren Sinne jenseits der nationalen Zugehörigkeit – eine eng verstandene Staatsangehörigkeit – versteht.

Die Tatsache, dass Individuen sich heute einfacher denn je fortbewegen und Verbindungen mit ihrer Heimat aufrechterhalten sowie ihre Kontakte erweitern können, stellt das Verständnis von „Staatsbürgerschaft" als Nationalität vor eine Herausforderung. So wie Ernst Hirsch Ballin „Staatsbürgerschaft" als von Natur aus janusköpfig bezeichnet (2014, S. 7), erinnert die Rechtswissenschaftlerin Linda Bosniak an den gleichzeitig universalen und ausschließenden Charakter von „Staatsbürgerschaft": Universalismus innerhalb der politischen Gemeinschaft, Ausschluss am Rand (Bosniak 2006, S. 4). Nun ist das Problem heute, dass keine klare Abgrenzung von innen zu außen mehr vorliegt: So können „noncitizen immigrants" manche Rechte verlangen, die zunehmend zur universalen „Staatsbürgerschaft" gehören, aber dennoch in erheblichem Maße Außenseiter*in bleiben, wenn sie nicht eingebürgert sind.[9]

---

andere nicht. Ich möchte eine solche normative Position nicht implizieren. Dennoch muss meine Analyse manche Unterscheidungen machen, weil in der Politik diese verschiedenen Gruppen meistens klar voneinander getrennt werden.

[9] Aus diesem Grund habe ich an anderer Stelle für einen sensibleren Umgang durch die Staatsbürgerschaftsforschung plädiert, jenseits einer angelsächsischen, europäischen, rechtlichen Tradition. So hat in manchen Regionen keine Verschmelzung der Termini Staatsbürgerschaft und Staatsangehörigkeit (Nationalität) stattgefunden, sondern eine Ausdifferenzierung (Staatsbürgerschaft als Unterkategorie von nationaler Zugehörigkeit). Für die Mehrzahl der lateinamerikanischen Länder trifft dieser Umstand nämlich zu (Pedroza und Palop 2017).

Und es geht noch weiter: Eine mobilere und stärker miteinander verbundene Welt treibt die Entkopplung von Territorialität, staatlicher Souveränität und Staatsbürgerschaft voran, sodass Migrant*innengruppen mit unterschiedlichen Bürger*innenrechten in Heimat- und Zielländern entstehen. Mit dieser Entwicklung werden Auswanderungsidentitäten zu Diasporaidentitäten, manche Heimatländer treten sogar bewusst in Kontakt mit ihrer Auslandsbevölkerung und weiten ihre Rechte aus. Umgekehrt haben Einwanderungsländer Schwierigkeiten mit der Ausweitung von Rechten für diejenigen, die in ihr Land kommen. Einige Staaten versuchen beide Gruppen zu adressieren und definieren so die Staatsbürgerschaft für Emigrant*innen und Immigrant*innen neu. Zusammenfassend ist festzuhalten, dass normative und politische Dilemmata für demokratische Staaten entstehen, die sich der Herausforderung der Integration von Migrant*innen stellen, wenn die drei Dimensionen von Staatsbürgerschaft (Identität, Rechte und Mitgliedschaft) nicht mehr zusammenfallen.

Mein Buch handelt insbesondere davon, wie demokratische Staaten auf zwei zentrale Herausforderungen von Staatsbürgerschaft reagieren, die von der anhaltenden Präsenz von Einwanderer*innen ausgelöst werden:

- Erstens handelt das Buch von der Herausforderung von Staatsbürgerschaft als Mitgliedschaft in politischen Gemeinschaften. Die Veränderung der Einbürgerungsregeln ist häufig eine Lösung, um Staatsbürgerschaft als Status (die Definition formaler Staatsmitgliedschaft) und die Regeln des Zugangs durch Migration zu regulieren. Sollten wir erwarten, dass Staaten in Anbetracht der zunehmenden Migration und Globalisierung ihre Kontrolle durch die Veränderung des Verfahrens über den Erwerb des Bürgerschaftsstatus zurückzugewinnen versuchen? Davon scheint ein Großteil der empirischen Forschung auszugehen, wenn untersucht wird, ob Veränderungen der Einbürgerungsregeln einen länderübergreifenden Trend darstellen und ob dieser Trend restriktiver oder liberaler/öffnender Natur ist. Diese Erwartung liegt nahe. Fragen über Migration gehen oft mit der Umformung von Einbürgerungsregeln einher, da die vollständige Staatszugehörigkeit mit der Einbürgerung für die neuen Bürger*innen immer das volle Paket an Sicherheiten und Bürger*innenrechten in einem politischen Gemeinwesen bedeutet.

  Veränderungen der Zugangsrechte zur Staatsangehörigkeit in den vergangenen Jahren bestätigen länderübergreifend die fortwährende Relevanz von Staatsbürgerschaft als Symbol und die Geltung des nationalen Bürgerschaftsstatus als privilegierter Schlüsselfaktor im Vergleich zu anderen Rechten. Dennoch ändern Staaten ihre Einbürgerungsregeln nicht leichtfertig und die Änderung der Regeln, um die vollständige Staatsangehörigkeit zu erlangen, ist oftmals Gegenstand intensiver Auseinandersetzungen. Die Diskussionen über Regeln und Definitionskriterien einer formalen Zugehörigkeit zu einem Nationalstaat führen nicht selten zu Zweifeln an der Stabilität politischer Strukturen oder stellen die Verteilung von Zugangschancen zu sozioökonomischen, kulturellen und politischen Gütern infrage. Die Art und Weise der Neuaushandlungsprozesse von Staatsbürgerschaft stellt ein zentrales Element in meinem Buch dar.

- Zweitens handelt das Buch von der Herausforderung von Staatsbürgerschaft als ein Bündel von Rechten und Pflichten. Die Rechte und Pflichten der Staatsbürgerschaft scheinen sich in einer solchen Art und Weise aufzuteilen, dass manche an das Menschsein gebunden sind und somit unabhängig vom Staatsbürgerschaftsstatus gelten. Die Idee eines Status, der ausschließlich an ein Land gebunden ist, wurde durch die Ausdifferenzierung von Menschen-, Bürger*innen- und sozialen Rechten in den meisten demokratischen Ländern stark abgeschwächt. Dieser große Bruch mit der Vergangenheit ist von vielen Philosoph*innen beobachtet und von noch mehr empirischen Soziolog*innen bestätigt worden, die sich hauptsächlich mit Migrant*innenrechten in Europa beschäftigen. Von manchen Autor*innen wurde diese Entwicklung als Wandel des exklusiven Charakters von Staatsbürgerschaft und als Auftauchen „partieller" oder „postnationaler" Formen von Mitgliedschaft interpretiert (Soysal 1998, 2007; Jacobson 1996). Besonders nach dem Zweiten Weltkrieg wurde vieles, was früher als Merkmal von Staatsbürgerschaft gesehen wurde, zu einem Recht, das inzwischen in vielen liberalen Demokratien allein durch den Aufenthalt in diesen Ländern beansprucht werden kann (Bader 1995, 1997; Gutmann 1999). Das Wahlrecht war davon allerdings immer ausgenommen. Das Recht zu wählen blieb exklusiv der politischen Gemeinschaft vorbehalten, also den formalen Mitgliedern. Ob nun postnational oder nicht, es gibt Hinweise auf den teilweisen Zerfall von Staatsbürgerschaft, etwa in Form der weltweiten Zunahme eines „Quasi-" oder „Teil-"Bürger*instatus (Benhabib 2003, 2007). Mein Buch unterzieht genau diese Anzeichen einer näheren Betrachtung.

Das Wahlrecht von Denizens, also Ausländer*innen, die schon lange in dem betreffenden Land leben, scheint eine neue, weitere Rätsel aufgebende Antwort auf diese beiden Herausforderungen zu sein. Ich möchte zunächst klären, was ich

damit meine. Dieses Buch behandelt in erster Linie eine bedeutende analytische –
und zunehmend auch rechtliche – Kategorie im Rahmen der verschiedenen Status
einer Quasistaatsbürgerschaft: Denizenship.[10]
Ich nutze Denizenship als eine analytische Kategorie, die all die
Migrant*innen umfasst, die in ihren Herkunftsländern vollwertige formale Staatsangehörige bleiben, sich legal in einer anderen „Aufnahme"-Gesellschaft niedergelassen haben, in der sie in der Regel soziale und zivile Rechte genießen,
aber noch nicht den legalen Prozess der Einbürgerung unternommen haben und
daher, wenn überhaupt, limitierten Zugang zu politischen Rechten zur Beteiligung an formalen Repräsentationskanälen haben. Im Gegensatz zur Bekräftigung
des Verständnisses von Staatsbürgerschaft-als-nationale-Staatsangehörigkeit, das
in Reformen von Einbürgerungsregeln ersichtlich ist, hinterfragt die Ausweitung
des Wahlrecht auf ansässige Migrant*innen, also Denizens, in demokratischen
Gesellschaften die Legitimität der exklusiven Grenzen von Staatsbürgerschaft (als
ein Bündel von Rechten und Pflichten) und der Idee, dass es einen speziellen
Prozess geben müsse (die Einbürgerung), um diese zu erhalten.
Kurz gefasst ist Denizenship als Kategorie relevant, weil die Ausbreitung
und der Zuwachs von Denizenship in Demokratien die Legitimität exklusiver
Grenzen eines weit ausgelegten Staatsbürgerschaftsverständnisses (verstanden als
Bündel von Rechten und Pflichten zwischen Politik und Individuum) infrage
stellt (siehe auch Turner 1990, Thym 2018). Die Einbürgerung bestätigt ein
Verständnis von „Staatsbürgerschaft als nationale Staatszugehörigkeit". Die Aus-
weitung des Wahlrechts auf *Denizens* schlägt etwas anderes vor: nämlich dass
allein aus einem längeren Aufenthalt die faktische Integration, Zugehörigkeit und
Beteiligung ausreichend sind, um Bürger*innenrechte zu erlangen.

---

[10] Die Verwendung der Kategorie in diesem Buch ist demnach sehr weit von einer abwer-
tenden Bedeutung entfernt, die in kritischen Studien über Staatsbürgerschaft zu finden sind,
um die Machtstellung gegenüber Migrant*innen hervorzuheben. Ich schließe mich grundsätzlich der Kernaussage dieser Literatur an, die die globalen Produktionsverhältnisse, die
mit Umweltzerstörung einhergehen, kritisiert (Standing 2014, S. 86–87). Ich sympathisiere
ebenfalls mit Hindess' (1998, 2000) Abwertung von Staatsbürgerschaft (von ihm als Staatsangehörigkeit verstanden) als Scheinlösung, die Gleichheit unter Bürger*innen verspricht,
aber letztlich nur reicheren Ländern die Abweisung von Immigrant*innen erleichtert, nämlich mit der Begründung, sie sollten das Recht auf Staatsbürgerschaft in ihrem Heimatland in
Anspruch nehmen. Wie empörend das auch sein mag, bin ich allerdings der Meinung, dass
diese kritische Literatur es nicht vermocht hat, die Identifikation von Staatsbürgerschaft mit
nationaler Staatszugehörigkeit als Form der Instrumentalisierung von Staatsbürgerschaft zu
fassen. Ich sehe ein großes Potenzial im Begriff der Denizenship hin zu mehr Partizipationsrechten durch die progressive Emanzipation von engen Nationalitätsverständnissen. Der
Begriff birgt die Möglichkeit in sich, Mitspracherechte zu erlangen.

Schließlich spielt auch die identitätsstiftende Dimension, auch wenn sie nicht im Fokus dieses Buches steht,[11] in den Debatten um die Neukonzeptionen von Staatsbürgerschaft, die in diesem Buch behandelt werden, eine Rolle. Für manche Teilnehmer*innen an diesen Debatten wird durch das Wahlrecht von lange im Land lebenden Ausländer*innen die Mitgliedschaft von der Identität entflochten, was wiederum darauf Einfluss nimmt, wie Individuen handeln und sich selbst als Mitglieder einer Gemeinschaft wahrnehmen.

2.1.2 Eine neue Antwort auf alte Fragen

Die konkreten Standards für die Aufnahme und den Ausschluss von Ausländer*innen sowie der Status und die Behandlung von Ausländer*innen, die ohne Staatsbürgerschaft im Nationalstaat leben, werden schon seit Langem von Migrationsforscher*innen untersucht, insbesondere von Rechtswissenschaftler*innen. Erfreulicherweise haben in den letzten Jahren zunehmend auch Politolog*innen und empirische Sozialforscher*innen damit begonnen, zu untersuchen, wie Institutionen und Normen der Staatsbürgerschaft die Grenzen einer politischen Gemeinschaft und die interne Verteilung von Rechten und Pflichten festlegen. Linda Bosniak hat dabei gezeigt, wie falsch wir liegen, wenn wir es für selbstverständlich halten, dass Staatsbürgerschaft auf nahezu metaphysische Art an den Nationalstaat gebunden ist, und wenn wir dadurch Diskussionen über die Reichweite von Solidarität und Forderungen nach Gerechtigkeit auf eben dieses „Gegebene" beziehen bzw. beschränken. Tatsächlich hat Michael Walzer in *Sphären der Gerechtigkeit* bereits vorgeschlagen, dass diese Fragen der distributiven Beziehungen innerhalb einer politischen Gemeinschaft letztendlich zu der Frage führen, wie eine Gemeinschaft überhaupt erst konstituiert und erhalten werden kann.

Joseph Carens, Barry Hindess, Rainer Bauböck, Seyla Benhabib, Veit Bader und weitere theoretisch arbeitende Politikwissenschaftler*innen sind auf die normative Herausforderung, die diese Themen beinhalten, bereits gebührend eingegangen. Ihre Überlegungen bieten einen Anfangs- und Endpunkt für die

---

[11] Identität als verdichtetes kollektives Selbstverständnis wirft ein weiteres Problem auf, das noch weiter von dem Fokus meines Buches entfernt ist. So hängt viel von dem jeweiligen „Selbstverständnis der Staatsbürgerschaft" in einem Gemeinwesen ab, auf welche Art und Weise die beschriebenen Dilemmata der Denizenship zu adressieren sind. Allerdings ist es, wie ich später zeigen werde, unwahrscheinlich, dass solche „Selbstverständnisse" a) homogen sind und b) sich heutzutage einer Sprache bedienen, die Denizens von Staatsbürger*innen trennscharf und grundsätzlich voneinander unterscheiden.

empirische Analyse der Ausweitung des Wahlrechts auf Einwohner*innen ohne Staatsangehörigkeit, die bekanntlich die Grundfesten des traditionellen Staatsbürgerschaftsverständnisses herausfordert, vor allem wenn Staatsbürgerschaft unabweisbar mit Nationalität verbunden wird. Nichtsdestotrotz wird die Analyse in diesem Buch selbst aus einer gründlichen empirischen Untersuchung bestehen, da unser Wissen in Bezug auf das Phänomen an sich immer noch aus Bruchteilen von Literatur besteht, die bis jetzt verstreut und schwer zu vergleichen war.

Was wissen wir bereits über die Geschichte der Ausdehnung des Wahlrechts weltweit? Wir wissen, dass sie nicht immer einem linearen, irreversiblen Weg gefolgt ist, dass bestimmte Kategorien, wie z. B. Eigentum, Religion, Geschlecht, Rasse, zu einem Zeitpunkt gegolten haben und zu einem anderen irrelevant wurden. Einige dieser Kategorien gewannen in der Geschichte wieder an Bedeutung, andere verschwanden für immer. Daher gibt es gute Gründe, skeptisch zu bleiben, was die Beziehung zwischen Wahlrecht und Staatsangehörigkeit angeht. Es gibt auch hier keinen sicheren, vorhersehbaren Trend. Wir wissen zudem, dass bis ins frühe 20. Jahrhundert hinein Nationalität als Kriterium für die Ausübung des Wahlrechts in den USA weniger wichtig war als Eigentum, Geschlecht oder Rasse, obgleich es niemals völlig unwichtig war – der grundsätzliche Wille, US-Amerikaner werden zu wollen, wurde nach wie vor vorausgesetzt (siehe Raskin 1994; Hayduk 2006).

Dennoch stellen die Debatten um die Ausweitung des Wahlrechts auf Denizens in mehr als fünfzig Staaten weltweit die Notwendigkeit von Nationalität als Voraussetzung für die Ausübung des Wahlrechts infrage. Die Reformen in Bezug auf die Wahlrechtsausweitung laufen auf unterschiedlichen Ebenen des politischen Systems und mit unterschiedlichen Bedingungen ab und enden nicht immer erfolgreich. In Deutschland haben zwei Bundesländer lange im Land lebenden Ausländer*innen das Wahlrecht erteilt. Die Umsetzung wurde jedoch später vom Bundesverfassungsgericht (BVerfG) verboten. Andere Staaten oder subnationale Einheiten, wie Provinzen oder Regionen und sogar Kommunen, haben darüber Debatten geführt, aber keine Mehrheiten erzielt.[12] Costa Rica, Frankreich, Italien und subnationale Verwaltungseinheiten wie Toronto, San Francisco, New York, Kalifornien u. a. diskutieren derartige Reformen ebenfalls seit langer Zeit. Die Argumente, die angeführt werden, um diese Reformen zu begründen, sind dabei sehr unterschiedlich: Sie reichen von postkolonialen Beziehungen über kulturelle Gemeinsamkeiten bis hin zu gegenseitigen Abkommen

---

[12] Hierbei ist anzumerken, dass es bei den hier von mir genannten EU-Mitgliedsstaaten um das Wahlrecht sog. Drittstaatenangehöriger geht, nicht etwa um das Wahlrecht, das EU-Bürger*innen in anderen Mitgliedsstaaten durch den EU-Integrationsprozess erworben haben.

und der politischen Integration von Einwanderer*innen. Ein Argument bringt uns jedoch direkt zu den liberal-demokratischen Dilemmata zurück: die Notwendigkeit, Zugehörigkeiten abzugrenzen, was für die Gesamtheit aller Fälle gilt, die uns interessieren – Demokratien mit einem hohen Bevölkerungsanteil lang ansässiger Einwanderer*innen.

Während der letzten drei Jahrzehnte scheint in Demokratien ein stiller, aber wachsender Wandel vonstatten zu gehen: Einwohner*innen ohne Staatsbürgerschaft wird in der Gemeinde, in der sie leben, nach einer bestimmten Wohndauer das Wahlrecht verliehen. Somit scheint das Kernkriterium, nach dem das Wahlrecht erlangt wird, von Nationalität auf die Dauer des Wohnzeitraumes verlagert zu werden. Die Tatsache, dass das Wahlrecht auf Basis einer bestimmten Länge an legaler Wohnzeit und nicht durch Einbürgerung ausgeweitet wird, ist ein empirisches und normatives Rätsel: Warum wird Einwanderer*innen nicht der Zugang zur Einbürgerung erleichtert und somit der Weg zur vollen Staatsbürgerschaft sowie all den damit verbundenen wichtigen politischen Rechten geöffnet? Der nächste Abschnitt wird darstellen, inwiefern sich die Fachliteratur mit diesem verblüffenden neuen Phänomen auseinandergesetzt hat.

2.2   Beobachtungen und Lücken bei der Beobachtung der Ausweitung des Wahlrechts auf Denizens

Obwohl die Ausweitung der Wahlrechte auf Ausländer*innen in der westlichen Welt seit den 1970er-Jahren langsam zum Trend wird, ist die Aufmerksamkeit, die ihr zukommt, im Vergleich zu der, die den Veränderungen in den Einbürgerungsregeln in verschiedenen Ländern gewidmet wird, minimal. Die Gründe dafür liegen auf der Hand: Wenn man erstens davon ausgeht, dass es bestimmte Paradigmen und Beharrungskräfte in der akademischen Welt gibt, ist es wahrscheinlich, dass Einbürgerung eher mit der Tradition von Klassikern wie T. H. Marshalls *Citizenship and Social Class* assoziiert wird. Diese Literatur konzentriert sich auf die *Entwicklung* von Staatsbürgerschaft, verstanden als ein Bündel aus Rechten und Pflichten, die an einen nationalen Kontext gebunden sind[13].

---

[13] Nach Veröffentlichung vom T. H. Marshalls Buch entstand eine umfangreiche Literatur, die seine Betrachtungen mit anderen Fällen ergänzte und konfrontierte. Sie zeigte eine Vielfalt an Wegen zum Wahlrecht auf und brachte unbeachtete Themen wie Gender, Migration und Multikulturalismus auf die Agenda. Der gemeinsame Nenner dieser umfangreichen Literatur ist der Ansatz des historischen Institutionalismus, der die Variationen von Staatsbürgerschaft hauptsächlich als Folge vererbter Traditionen von *„nation-building"* betrachtet oder sie durch die für jedes Land spezifische Selbstdefinition des *Demos* oder durch interne

Zweitens ist Einbürgerung für viele aus normativer Perspektive eher im Einklang mit der allgemeinen Vorstellung von demokratischer Staatsbürgerschaft im Sinne von Mitgliedschaft im Nationalstaat zu sehen, da sie dem egalitären Ideal eines Einzelstatus von Mitgliedschaft auf eine „sicherere Art und Weise" dient (z. B. im Gegensatz zu einer Ausweitung von einzelnen Bürger*innenrechten), vorausgesetzt, dass 1) wesentliche politische Rechte auf nationaler Ebene an sie gebunden bleiben, 2) die Rechte von Bürger*innen allgemein sicherer sind als die Rechte von Nichtbürger*innen in dem Sinne, dass sie nicht einfach aufgehoben werden können, und weil 3) Staatsbürgerschaft schließlich bekannt dafür ist, eine symbolische Bedeutung als Zeichen einer vollständigen Mitgliedschaft in einer politischen Gemeinschaft zu besitzen und Identität, Solidarität und Loyalität gegenüber dem Staat fördert.

Diese normative Sicht ist von Belang, da Denizens, obgleich sie einige wichtige politische Rechte besitzen, selten Zugang zu *allen* politischen Rechten besitzen (d. h. das Recht, als Kandidat*in aufgestellt zu werden, oder das Wahlrecht auf nationaler Ebene) und ihnen der Verlust dieser Rechte infolge von Veränderungen in der Migrationspolitik eher droht. Außerdem fehlen ihnen ohne die offizielle Staatsangehörigkeit immer noch die mit dem Pass verbundenen Rechte, wie etwa das Rückkehrrecht und das Recht auf diplomatischen Schutz des Aufnahmestaates[14].

Aus diesen Gründen ist für einen großen Anteil meiner Gesprächspartner*innen in den letzten Jahren die Ausweitung des Wahlrechts auf Denizens lediglich eine symbolische Maßnahme, die nur auf unterster Ebene des politischen Systems stattfindet (zumeist auf kommunaler Ebene) und daher kaum von Bedeutung ist. Sie befürchten, dass die Ausweitung des Wahlrechts auf lang

---

staatliche Faktoren erklärt (siehe Turner 2000; Brubaker 1990). Aus der Perspektive der Bürger*innenrechte, die von Ausländer*innen erlangt wurden, passt die Entwicklung von Bürger*innenrechten, so wie sie von Marshall beschrieben wurden, jedoch nur, solange wir die Kerngruppe von Bürger*innen beobachten: Die Rede war eher von Bürgern, und somit blieben die Exklusionen für Frauen und andere Gruppen meist unsichtbar. Soysal argumentiert z. B., dass im Falle der Gastarbeiter*innen die von Marshall vorgegebene Reihenfolge des Erwerbs der Rechte umgekehrt wurde; wirtschaftliche und soziale Rechte waren die ersten, die den Wanderarbeiter*innen in europäischen Gastländern uneingeschränkt gewährt wurden. Politische Rechte wurden erst viel später Teil des Programms (siehe Soysal 1998).

[14] Es klingt nach einer Marginalie, ist es aber bei Weitem nicht: Die Praktiken und Programme der Einbürgerung für Investoren (vgl. Ong 2006; Shachar 2006; Boatca 2011; Dzankic 2012) zeigen, dass ebendiese an den Pass gebundenen Rechte, abseits des durch Einwohnerschaft vermittelten demokratischen Zusammenhangs, tatsächlich von Bedeutung sind und von immer mehr Staaten als Ware angeboten werden.

ansässige Ausländer*innen nichts anderes als eine Maßnahme ist, um eine Einbeziehung von Denizens vorzutäuschen, während in Wahrheit nur ein Bruchteil
der politischen Partizipationsrechte gewährt würde. Diese Sorge würde ich grundsätzlich verstehen und auch teilen. Es ist aber so, dass diese Sicht mir zeigt, wie
wenig die allgemeine Öffentlichkeit mit dem Phänomen und seiner Bedeutung
vertraut ist (und dies untermauert mein Bedürfnis, dieses Buch zu schreiben).
Ich kann selbst auf dem Level der Symbolpolitik genau zeigen, wie Prozesse der
Wahlrechtsgebung eine so große Relevanz gewinnen, dass selbst ein vorläufig
negatives Ergebnis eine Möglichkeit darstellen kann, um Ideen politischer Mitgliedschaft infrage zu stellen und Kompromisse zu erreichen, die sich wiederum
auf die Politik auswirken – auch in Verbindung mit dem Zugang zur Staatsbürgerschaft. In einem normativeren Sinne würde ich auch argumentieren, dass Prozesse
der Wahlrechtsgebung eine Kraft mit sich bringen, die einheimische Bürger*innen
und Denizens in einem gemeinsamen Streben verbindet, das liberale und republikanische Elemente der Staatsbürgerschaft wieder neu beleben lässt und das von
großer – vielleicht sogar größer – symbolischer Wichtigkeit ist, um eine pluralistische, offene Identität und Solidarität in demokratischen Gesellschaften zu
schaffen.

Dennoch hat die Ausweitung der Wahlrechte auf Denizens seit den 1990er-
Jahren mehr Aufmerksamkeit gewonnen. Christian Joppke hatte in einigen
Ländern einen „liberalen Konvergenztrend" (2008, S. 38) in den Reformen zu
Einbürgerungsregeln beobachtet. Dabei schienen Begriffe, die mit bestimmten
Ethnien verbunden waren, an Bedeutung zu verlieren und liberalere, republikanische Konzepte Oberhand zu gewinnen.[15] Mit diesem Trend wurde die Hoffnung
verbunden, das Repräsentationsdefizit in Demokratien mit einem hohen Anteil
an Ausländer*innen ein Stück weit zu abzumildern, indem Einwanderer*innen
großzügige Einbürgerungsregeln und -verfahren gewährt würden. Allerdings ging
dieser Trend nicht weit genug und geriet zudem ins Stocken. Ferner wurde klar,
dass die Einbürgerungsraten in den Ländern, die ihre Einbürgerungsregeln libe-
ralisiert hatten, nicht so stark anstiegen wie erhofft. Die bloße Vereinfachung
der Einbürgerung löste also nicht automatisch das demokratische Defizit, das
von nicht vertretenen ausländischen, lang ansässigen Einwohner*innen in einer
politischen Gemeinschaft ausgeht (Shanahan 1997).

---

[15] Mit dem „Liberalisierungstrend" bezog sich Joppke insbesondere darauf, dass von einer
Identifizierung mit dem neuen Staat als Voraussetzung für den Erwerb der Staatsangehörigkeit mehr und mehr abgesehen wurde. Dies unterscheidet sich deutlich von den jüngsten
Versuchen vieler demokratischer Regierungen, die Einbürgerung mit einer neuen Bedeutung
durch Integrationstests und Kurse zu belasten, die er als Blockade für den Liberalisierungstrend identifiziert.

Dennoch rührte die Aufmerksamkeit, die die Ausweitung des Wahlrechts auf Denizens zunehmend erhielt, nicht nur von den enttäuschten Erwartungen her, die mit dem Einbürgerungspotenzial zusammenhängen: Die Forschungsagenda erhielt einen wichtigen Abgleich mit der Realität. Als die Niederlande 1985 den nordischen Ländern folgte, indem sie das kommunale Wahlrecht auf lang ansässige Ausländer*innen ausweitete, hörte das Phänomen tatsächlich auf, nur eine skandinavische Besonderheit zu sein. Die Ausweitung des Wahlrechts auf Denizens wurde zum Trend. Bis heute bleiben allerdings, trotz der größeren Aufmerksamkeit, die Konturen dieses Phänomens unscharf. Im Vordergrund stehen nach wie vor die Veränderungen von Einbürgerungssystemen und damit der „traditionelle" respektierte Weg, Ausländer*innen durch die Staatsbürgerschaft mit einzubeziehen.

Die bisherige Literatur, die sich mit dem Wahlrecht von Denizens beschäftigt hat, hat eine gute Übersicht über Formen von Ausweitungen des Wahlrechts in verschiedenen Ländern zusammengetragen (Waldrauch 2005; Groenendijk 2008), aber einige Erklärungen, warum das Wahlrecht für Denizens ausgeweitet wird, unterscheiden sich je nach Land, obwohl diese sich in der gleichen Ausgangssituation befanden (mit einigen Ausnahmen, vgl. hierzu Earnest 2002; Bauböck 2005). Die häufigsten wiederkehrenden Erklärungen stützen sich bislang auf einen historischen, institutionalistischen Ansatz, der vor allem auf die Einbürgerung fokussiert und unterschiedliche Wege mit Traditionen zu erklären versucht (Brubaker 1989; Earnest 2003, 2005). Diese Theorien könnten wegen ihres überwältigenden Fokus auf den Nationalstaat als eine relevante Einheit etwas provokativ als „nationalistisch" eingestuft werden. Durch die Fokussierung auf Staatsbürgerschaftstraditionen können Studien mithilfe dieser Theorien durchgeführt werden, die Aussagen darüber treffen, ob Länder aufgrund ihrer eigenen Geschichte andere Regeln für die Ausweitung des Wahlrechts haben oder nicht. Dennoch haben diese Theorien Schwierigkeiten, schnelle und radikale Neudefinitionen von Staatsbürgerschaft zu erklären, die entweder durch Reformen des Staatsbürgerschaftserwerbs und Einbürgerungsregeln oder durch die Ausweitung des Wahlrechts auf Denizens hervorgebracht wurden.

Die prominenteste theoretische Konkurrenz stammt aus dem Lager der „postnationalistischen" Literatur, die den oben genannten Einfluss von kosmopolitischen Normen und Prozessen bzw. transnationalen Organisationen zur Wahrung der Interessen von Ausländer*innen mit legalem Aufenthaltsstatus als Erklärung für die Veränderungen, wie Staaten mit Migrant*innen umgehen, ansieht – die Ausweitung des Wahlrechts inklusive. Raskin hat beispielsweise die Erklärung entwickelt, dass die internationalen Normen für die Ausweitung des Wahlrechts für Denizens in mehreren US-amerikanischen Kommunen verantwortlich seien, quasi als lokale Antwort auf transnationale Prozesse (Raskin 1994). Yasemin Soysal (1998, 2007) und David Jacobson (1996) haben argumentiert, dass die zwei Hauptkomponenten von Staatsbürgerschaft – eine nationale Identität und Zugang zu Rechten – auf einem internationalen oder supranationalen Level voneinander getrennt und in zunehmend abstrakterer Form legitimiert werden, zunehmend als Rechte, die aus dem „Menschsein" resultieren[16].

Zwar kann diese Literatur die zeitlichen und geografischen Faktoren der Ausweitung des Wahlrechts auf der ganzen Welt gut erklären. Jedoch kann sie nicht überzeugend erklären, warum politische Rechte in den einzelnen Fällen auf so unterschiedliche Art und Weise und in unterschiedlich großem Umfang vergeben werden. Dies scheint eine empirische Herausforderung für die transnationalistische Literatur darzustellen. Sollte es tatsächlich eine einheitliche Tendenz bei der Ausweitung des Wahlrechts auf Denizens geben, so erscheint diese auf den ersten Blick ungleichmäßig. Staaten verabschieden unter den „gleichen transnationalen Einflüssen und Systemfaktoren" sehr unterschiedliche Wahlrechtsreformen. Mit diesen Variationen meine ich die Ausweitung des Wahlrechts auf unterschiedlichen Regierungsebenen und die qualitativen Variationen von Politiken zur Ausweitung des Wahlrechts, betreffen sie diskriminierende Gegenseitigkeitsklauseln, Restriktionen im Wahlrecht, die nur für bestimmte Gruppen von Denizens gelten, oder die Art des gewährten Wahlrechts (z. B. das Recht zu wählen, aber nicht als Kandidat*in aufgestellt werden zu können).

Diese beiden großen Theorien sind auf einem sehr abstrakten Level plausibel und haben dasselbe Phänomen auf verschiedenen Ebenen und anhand verschiedener Methoden beleuchtet, von Fallstudien bis hin zu statistischen Großanalysen. In manchen Fällen neigt die Auswahl der Fälle dazu, die Theorien belegen *zu wollen*. Zudem sind die Theorien in allen Fällen sehr weit von den tatsächlich zu analysierenden *Politiken* entfernt, da sie Kovarianzen betrachten und dabei vergessen zu erläutern, wie es dazu kommt, dass die theoretisierten transnationalen Einflüsse überhaupt eine Rolle spielen. Sie schaffen es nicht, zu erklären, wie Rahmenbedingungen und Ergebnisse miteinander verbunden sind und warum so viele qualitative Variationen der Ausweitung des Wahlrechts auf Denizens in Demokratien, die sich mit ähnlichen Dilemmata konfrontiert sehen, bestehen.

---

[16] Dem Argument hat Joppke jedoch entgegengehalten, dass symbolische Versprechungen nicht immer mit greifbaren Ergebnissen einhergehen und immer im Kontext des institutionellen Settings gesehen werden müssen, in dessen Rahmen die Rechte umgesetzt werden sollten. So hat z. B. die Ausweitung von *sozialen* Rechten auf Denizens hauptsächlich im Kontext beitragsorientierter Leistungen stattgefunden, etwa Arbeitslosengeld oder Renten.

Zudem liegt der Fokus dieser Forschung auf Fällen, die schon zur Genüge in der Einbürgerungsliteratur behandelt wurden. Die komplexeren und unerforschten Fälle bleiben unberührt, auch wenn diese aufzeigen könnten, dass die Entwicklung nationaler Institutionen nicht vollständig erklärt ist, warum manche Kommunen eine Ausweitung des Wahlrechts betreiben, während andere dies radikal ablehnen, wie bspw. in der Schweiz oder Argentinien. Justwan (2015) ist z. B. davon ausgegangen, dass das allgemeine Vertrauen ein einflussreicher Faktor für die Ausweitung von Wahlrechten auf Nichtbürger*innen ist. Er behauptet, dass es unwahrscheinlich sei, dass alle westlichen Demokratien bald zu einem gemeinsamen Modell zusammenlaufen werden. Stattdessen sei es wahrscheinlich, dass häufige Debatten keine substanziellen Politikveränderungen bringen werden. Leider empfiehlt er, anstatt weiter danach zu suchen, was die Variationen erklärt, sich weiter auf gesetzliche Traditionen des Nationalitätserwerbs zu konzentrieren, für die seine eigene Analyse keine (kausale) Erklärungskraft fand (S. 379). Um es kurz zu machen, diese Theorien schulden uns eine Erklärung dafür, dass zwischen den Wahlrechtsreformen für Denizens Varianten bestehen, und eine überzeugende Erklärung, wie die großen sozialen Strukturen und Prozesse tatsächlich als Ursachen wirken.

Ein dritter Strang der Literatur wurde wegen seiner Fokussierung auf die nationalen Institutionen oft den historischen institutionalistischen Theorien zugeordnet. Er kann aber aufgrund seiner Betonung nur mancher Institutionen als eigener Ansatz angesehen werden, insbesondere was die Zusammensetzung von Gerichten angeht (Aleinikoff 2000; Joppke 2003). Autor*innen dieses „liberalen institutionalistischen" Teils der Literatur werfen den historisch-institutionalistischen Ansätzen vor, die Unterschiede zwischen den verschiedenen Staatsbürgerschaftsregimen bestimmten nationalen Charaktereigenschaften zuzuschreiben. Christian Joppke (2005) betont etwa, dass inländische Institutionen und Verfassungen eher als internationale Menschenrechtseinflüsse der Grund für Veränderungen in den Staatsbürgerschaftsregimen sind. Patrick Weil (2001) geht es wiederum darum, zu untersuchen, welche Kombinationen von Faktoren dazu führen, dass es zu einem liberaleren Staatsbürgerschaftsregime kommt: der Einfluss demokratischer Werte, die Stabilisierung der Grenzen und/oder eine gemeinsame Erfahrung von Einwanderung.

Ich hoffe, an dieser Stelle die eher simplifizierenden Versionen eines historischen Institutionalismus infrage stellen zu können, die oft in einer Selbstbestätigung enden und nicht dazu beitragen, zu erklären, was das Wahlrecht für Denizens ermöglicht und warum Wahlreformen in den einzelnen Ländern sehr unterschiedlich sind. Allerdings ist es nicht fair, die Argumente des historischen

Institutionalismus als zu einfach darzustellen; es ist klar, dass Pfadabhängigkeiten in den Institutionen unterschiedlicher Staaten einige Optionen in der Politik öffnen oder schließen, wenn bestimmte politische Gemeinschaften mit dem Problem der Integration von Migrant*innen konfrontiert werden. Diese Annahme ist plausibel und fundamental in allen Studien, die dokumentiert haben, dass die Diskurse der Staatsbürgerschaft sich von Staat zu Staat und von Gesellschaft zu Gesellschaft unterscheiden (Brubaker 1989). Das ist auch eine Annahme, mit der ich in meinem Buch arbeite. Das Problem im Umgang mit dem historischen Institutionalismus sind aber die oft zu simplen und zu einschränkenden Konzeptualisierungen von Staatsbürgerschaft. In diesem Buch zeige ich, dass Staatsbürgerschaftstraditionen dynamisch sind, und beschreibe die Art, wie diese sich verändern können.

Letztendlich fehlt es den beiden großen Theorien im Vergleich an Reichweite und Erklärungstiefe. Zudem mangelt es ihnen an einer Perspektive, die imstande ist, die Variationen, die im Universum von wahlrechtsverleihenden Demokratien existieren, mit einzubeziehen. Ich denke, dass sie sich diesem Thema nicht angemessen genug annähern, weil sie dessen Beschaffenheit nicht richtig verstehen. Sicherlich werden wir bei einer Betrachtung der Geschichte von Staatsbürgerschaftspolitiken etwas über das Diskursfeld, in dem Vorschläge gemacht werden können, und auch über die Pfadabhängigkeiten lernen, in deren Rahmen die möglichen Reformen stattfinden oder auch beschränkt werden können. Ebenso scheint es plausibel, dass postnationale Normen die Ursache der Einführung von ans Menschsein gebundenen Rechten auf nationaler Ebene sind. Dies passt auch zu der Ausweitung von Wahlrechten auf Denizens in der westlichen Welt während der letzten vierzig Jahre. Wenn wir jedoch die Dynamiken der gegenwärtigen und zukünftigen Politik, besonders der legislativen Prozesse in verschiedenen politischen Systemen, nicht genügend Aufmerksamkeit schenken, werden wir immer Probleme haben, die verschiedenen Arten von Entscheidungen zu erklären: Worauf beruhen die Argumente der Entscheidungsträger*innen, wenn sie für oder gegen eine bestimmte Inklusionsform von Migrant*innen in das politische System argumentieren?

Allgemein liegt die Tatsache, dass Institutionen so entscheidend sind, darin begründet, dass Gesetze, Traditionen und gängige Praktiken einen prägenden Einfluss auf das Verhalten von Menschen haben. Eine gründlich durchgeführte Studie auf Grundlage des historischen Institutionalismus würde erfordern, dass wir nicht nur historisch entstandene strukturelle Zwänge erforschen, sondern auch die Menschen als interpretierende und Entscheidungen treffende Akteur*innen wahrnehmen. In dieser Hinsicht spielt die Forderung, Akteur*innen als durch ihr institutionelles Umfeld beschränkt, aber dennoch als in der Lage dazu, die

Interaktionen in diesem Umfeld durch Referenzrahmen (engl. *Frames*) und normative Orientierungen zu gestalten, zu betrachten, eine noch größere Rolle im soziologischen Institutionalismus (Bell 2002, S. 371).

Meine eigene Perspektive schließt sich diesem soziologisch-institutionalistischen Denkansatz an und versucht wie viele andere Arbeiten in diesem Kontext, einen diskursiven Strang zu etablieren (Schmidt 2008). Dieser diskursive Institutionalismus verwendet Diskurse als generischen Ausdruck, der den substanziellen Inhalt von Ideen ebenso umfasst wie die interaktiven Prozesse, durch die diese vermittelt werden: Text und Kontext (also die Bedeutung dessen, was, wann, wo, wie und warum gesagt wird). Meiner Ansicht nach ist die Ergebnislosigkeit der gegenwärtigen Forschung zu den Unterschieden zwischen den Demokratien, die Ausländer*innen Wahlrechte verleihen, der Tatsache geschuldet, dass zu schnell nach dem Warum gefragt wurde, während die anderen ebenso wichtigen Fragen vernachlässigt wurden. Auch das Was und Wie müssen in jeder Darstellung adressiert werden. Schließlich war die Ausweitung von Rechten auf Ausländer*innen bei ihrem erstmaligen Erscheinen eine Anomalie und es wäre wichtig festzustellen, was diese Möglichkeit zunächst einmal auszeichnete (welches explizite Ziel sie hatte) und wie eine solche Innovation vorgeschlagen, verhandelt und verabschiedet wurde.

Ist die Ausweitung von Wahlrechten normalerweise etwa nicht das Ergebnis mühevoller politischer Prozesse? Mein Verdacht ist, dass dies sehr wohl der Fall ist. Und mein Wunsch, diesem Verdacht zu folgen, wächst, je länger ich über die tatsächliche Grundgesamtheit von Fällen nachdenke, die ich untersuche: In Demokratien mit großen Anteilen von Migrant*innen ohne Staatsbürgerschaft führen Vorschläge, diese in die Wählerschaft aufzunehmen, zu Ängsten vor deren politischen und sozialen Präferenzen. Meine Intuition sagt mir, dass die „Prozesse", in denen diese Option untersucht und verhandelt wird, erforscht werden sollten, um besser zu verstehen, wieso Wahlrechte in einigen Demokratien auf Denizens ausgeweitet wurden und in anderen nicht, trotz gleicher (allgemeiner) Herausforderungen. Warum gibt es verschiedene Modelle der Ausweitung der Wahlrechte? Wie wurden diese durchgesetzt? Und letztlich, noch grundlegender, wie wurde es überhaupt möglich, dass sich neben der traditionellen Einbürgerung eine weitere Art, Migrant*innen zu inkludieren, herausbilden konnte?

Diese Fragen wurden in der Forschungsliteratur bisher kaum behandelt. Eine auffällige Ausnahme ist allerdings die Arbeit von Dirk Jacobs, der darlegt, wie wichtig es ist, „die politischen und diskursiven Dimensionen des politischen Prozesses zu analysieren, bevor auf umfassende Erklärungen zurückgegriffen wird" (1998, S. 354, eigene Übersetzung). Er zeigt, dass die Entwicklung eines jahrzehntelangen und schrecklich komplexen parlamentarischen Prozesses, der der

Ausweitung des Wahlrechts auf Denizens in den Niederlanden vorausging, die Charakteristiken und das Timing deutlich besser als die bis dahin vorherrschende Erklärung in der Tradition von „Toleranz und kommunitaristischer Inklusion" als entfernte historische Ursache erklären kann. Obgleich dieser Untersuchung eine ähnliche für den niederländischen Fall vorausging, war es nicht Jacobs Absicht, den Inhalt zu generalisieren.[17] Mein Buch macht einen kleinen, aber bedeutsamen Schritt in Richtung einer Theorie mittlerer Reichweite (engl. „middle-range theory") – siehe Abb. 2.1. Das heißt, eine Theorie, die auf viele Fälle Anwendung findet und in der Lage ist, ein Phänomen in seiner Gesamtheit zu charakterisieren, bei Bedarf an den Kontext jedoch angepasst werden kann. Der wesentliche Bestandteil ist dabei nicht die Theorie selbst, sondern die sich öffnende Tür auf dem Weg zum Verständnis darüber, wie Staatsbürgerschaft sich durch die Ausweitung des Wahlrechts auf Denizens verändert hat.

2.3   Auf dem Weg zu einem erweiterten Verständnis

2.3.1   Fragen, die für liberale Demokratien mit Denizens von Bedeutung sind

Bisher argumentierte ich, dass sowohl das Recht zu wählen als auch die Anwendung der Stimmrechte mit dem Kern der Definitionen und Praktiken der Staatsbürgerschaft so untrennbar verknüpft sind, dass ihre schiere Entkopplung von der Nationalität auch auf lokaler Ebene einen signifikanten Unterschied gegenüber der Bedeutung von Staatsbürgerschaft der letzten zweihundert Jahre darstellt. Ist

---

[17] Vgl. Rath 1983. Bis jetzt und nach bestem Wissen gab es keine vergleichende Studie, die die Absicht verfolgt hat, zu untersuchen, wie Prozesse der Ausweitung des Wahlrechts auf Denizens sich im Laufe der Zeit verändern. Es ist erwähnenswert, dass David Earnest eine große Anstrengung darin unternahm, qualitative und quantitative Methodologien über die Erklärung von Variationen bei der Aufnahme von Denizens in verschiedenen Ländern zusammenzubringen, und dabei nicht nur den Einfluss einer, sondern aller dieser drei Theorien untersuchte. Er verwendete auch andere Hypothesen, die aus anderen Teilen der Literatur abgeleitet und weniger nah am eigentlichen Thema, aber dennoch provokant waren, wie der Einfluss von Nachbarländern oder der Einfluss der EU. Earnest kommt zu Ergebnissen, die auf gegenteilige Folgen hindeuten, und die geringe Bedeutung der von ihm getesteten „National"-Hypothese weist auf den Einfluss von ungetesteten „postnationalen" Faktoren hin. Anstatt diese Faktoren zu untersuchen, widerlegt er sich jedoch in einer späteren Studie selbst und folgt seltsamerweise der Mehrheit in der Literatur, die den größten Einfluss bei Unterschieden in der Erlangung des Wahlrechts nationalen Traditionen zuschreibt (Earnest 2002, 2003, 2005).

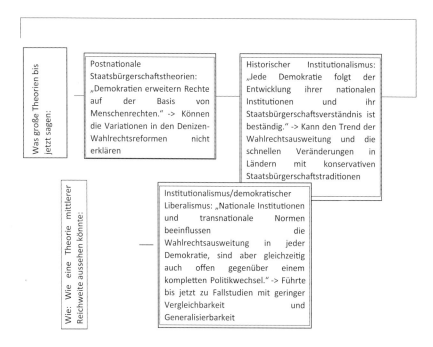

Abb. 2.1 Theorien und Erklärungen für Ausweitungen des Wahlrechts auf Denizens. (Quelle: Eigene Darstellung)

es nicht aber nachvollziehbar, sich auf die „praxisnahen" und „dringenderen" sozioökonomischen Rechte oder aber auf die zwar diffuseren, jedoch (zugleich) substanziellen Begriffe wie „Identität" zu konzentrieren, anstatt sich auf die *Offenheit der politischen Rechte* für Einwanderer*innen zu konzentrieren? Dies ist eine Frage, die mich in den Jahren, in denen ich an diesem Buch arbeitete, beschäftigte. Sie wird regelmäßig von Aktivist*innen gestellt, die sich im Kampf um die grundlegenden Rechte (Menschen- und Arbeitsrechte) für Migrant*innen einsetzen. Solche Aktivist*innen könnten meine Entscheidung, mich ausschließlich auf politische Rechte zu konzentrieren, als naiv betrachten. Gleichzeitig mag von der*dem einen oder anderen im Wissenschaftsbereich, die ihren Fokus auf „tiefgründigere" Prozesse legen, die Kritik kommen, dass meine Ansichten „zu legalistisch" seien. Meine Antwort ist nein und nein. Es ist offensichtlich, dass die meisten Migrant*innen für die die Partizipationsrechte eingefordert werden, nicht mehr um ihr Überleben kämpfen und sich daher um anspruchsvollere Dinge kümmern.[18]

Aber herauszufinden, wie Demokratien ihre normativen Dilemmata, die bei einem hohen Anteil an Denizens unweigerlich entstehen, lösen wollen, ist nicht deswegen so wichtig, weil hierdurch deutlich wird, welche subjektive Bedeutung Migrant*innen dem Wahlrecht zubilligen oder, weniger noch, welchen Wert einheimische Bürger*innen den Bedürfnissen von Migrant*innen zuschreiben.[19] Nein, diese Diskussionen sind deswegen besonders wichtig, weil sie viel über die Narrative und Rechtfertigungen der Inklusion von *Denizens* in die politische Gemeinschaft aussagen. Sie setzen sich sogar zu einer Erzählung über die Qualität des demokratischen Gemeinwesens zusammen. Auseinandersetzungen über die politische Repräsentation von Denizens – seien sie elitärer oder allgemeiner Art, von Migrant*innen oder Bürger*innen verfochten – zeigen etwas über die Neudefinitionen von Staatsbürgerschaft, die aufkommen, wenn ein wesentlicher

---

[18] Ein gemeinsamer Ansatz von konservativen Parteien bei Anträgen zur Ausweitung des Wahlrechts auf Ausländer*innen in parlamentarischen Debatten ist, die Bedeutsamkeit und den Nutzen des Wahlrechts für Migrant*innen geringzuschätzen oder zu argumentieren, das Wahlrecht müsse zu einem späteren Zeitpunkt, nachdem grundsätzlichere Bedürfnisse von Migrant*innen umgesetzt sind, angegangen werden. Solche Ansätze verkennen die Bedeutung der Wahlrechtsgebung als fundamentalen Bestandteil der Anerkennung von politischer Identität und Stimme. Wählen ist die einzige universale Form politischer Partizipation, die – unabhängig von Formeln, um Stimmen zu aggregieren und später Wähler*innen zu repräsentieren – jeder Person im *Demos* eine Stimme gibt: Die Relevanz des normativen Arguments für die Partizipation von Denizens im lokalen Leben sollte nicht von ihrer tatsächlichen Partizipation negativ beeinflusst werden oder noch weniger von dem Interesse oder subjektiven Wert, den Individuen oder Gruppen dem Wählen beimessen. Denn diese Dinge haben nichts mit den normativen Prinzipien, Voraussetzungen und Rechtfertigungen zu tun, die beweisen, dass sie einen Anteil am Wohl der politischen Gemeinschaft haben (Bauböck 2007). Es ist wahr, dass subjektives Interesse und Beteiligungsraten auf der nationalen Ebene höher sind als auf der kommunalen Ebene, auch bei formal vollständigen Bürger*innen (Lister und Pia 2008, S. 88), das ist jedoch kein Grund, ihnen das Wahlrecht auf ihr Interesse zu konditionieren.

[19] Die Einstufung von Denizens auf einem Aggregatlevel lässt die Frage offen, unter welchen Umständen sie eine einheitliche soziale Gruppe, im konventionellen Sinne, bilden. Es gibt mit Sicherheit entscheidende ethnische, nationale, Gender- und Klassenunterschiede, die sie voneinander trennen. In dieser Arbeit werde ich aber trotzdem ebendiese Merkmale außer Acht lassen und mich stattdessen auf das konzentrieren, was sie gemeinsam haben, da Letzteres mich analytisch und normativ interessiert: Das Fehlen eines formalen Staatsangehörigkeitsstatus hat zur Folge, dass sie nicht nur politisch entrechtet sind, sondern auch in Bezug auf viele Aspekte sozialer Staatsbürgerschaft und die Bereitstellung öffentlicher Güter. Noch dazu sind Menschen ohne Pass, schnell Opfer von Migrationspolitiken – wie z. B. Deportation oder sie haben kein Recht, zurückzukehren.

Teil der sich ansonsten beteiligenden Bürger*innen von politischen Entscheidungsfindungsprozessen ausgeschlossen wird, unabhängig davon, ob man es für
wichtig ansieht oder nicht. Ob politische Rechte in diesen Diskussionen nur als
Wahlrechte verstanden werden oder stattdessen tiefgreifende Themen des Einbe-
zugs in die Gemeinschaft umfassen, ist etwas, was untersucht werden muss und
nicht fallengelassen werden darf, indem die Themen ganz einfach als legalistisch
abqualifiziert werden. Politische Rechte unterstützen das politische Menschsein in
einem politischen System und sind daher eindeutig nicht oberflächlich.[20] Zudem:
In manchen Ländern mit einem unzureichenden Rechtsstaat können Einwanderer*innen das Wahlrecht erkaufen, indem sie gefälschte Dokumente kaufen (Sadiq
2009). Dies macht sowohl deutlich, dass Wahlrechte für Migrant*innen wichtig
sind, als auch, dass es für den demokratischen Wert des Wahlrechts doch viel
besser wäre, wenn die Erteilung dieser Rechte einem legalen, transparenten und
durch die Gemeinschaft entschiedenen Prozess folgt und nicht der Logik des
Geldes.

Auch ist der Zusammenhang zwischen politischen Rechten und Staatsbürgerschaft entscheidend, da die Staatsbürgerschaft nicht ausschließlich zum Wählen
berechtigt, sondern ein Status ist, der auch die darüber hinaus gehenden (sozialen,
ökonomischen) Rechte garantiert. Außerdem gibt es wichtige subjektive Gründe
dafür, dass Einwanderer*innen die Nationalität des Aufnahmelandes nicht annehmen wollen, es jedoch wertschätzen, das Wahlrecht auszuüben. Ebenso gibt
es stichhaltige Gründe, warum Aufnahmeländer es möglicherweise vorziehen
würden, das Wahlrecht auf Einwanderer*innen auszuweiten, ehe sie einer ent-
rechteten Teilbevölkerung gegenüberstehen, auch wenn einige liberal orientierte
Forscher*innen eine automatische Einbürgerung für Einwanderer*innen mit lang-
fristigem Aufenthalt empfehlen würden (Rubio-Marin 2000). Doch statt a priori
festzustellen, warum sowohl Einwanderer*innen als auch die Aufnahmeländer

---

[20] Eine radikale Lösung, um faire Resultate durch Wahlrecht in einer politischen Gemeinschaft zu erzielen, wenn auch nicht gerade realistisch, ist López-Guerras „critical suffrage
doctrine". Dieser Vorschlag läuft auf die Abschaffung des allgemeinen Wahlrechts zugunsten einer Lotterie hinaus, wobei erstens eine repräsentative Stichprobe der Bevölkerung
gezogen werden soll und zweitens diese vor der Wahl gut informiert wird. Er erläutert das
grundlegende Argument für diesen Mechanismus und argumentiert, dass das Wahlrecht kein
grundlegendes Recht sein sollte, sondern Resultat eines institutionellen Designs, um faire
Ergebnisse zu erzielen. Einen interessanten Beitrag stellen die Gruppen dar, die sich für die
Beteiligung in der Lotterie eignen würden: Denizens wären seiner Meinung nach geeignet,
weil er Staatsbürgerschaft nicht als so wichtig bzw. moralisch erforderlich ansieht (2014,
S. 84). Für mein Verständnis schlägt sein intelligenter Vorschlag aus der Sicht fairer Ergeb-
nisse dadurch fehl, dass er Staatsbürgerschaft auf nationale Zugehörigkeit reduziert und das
Wahlrecht als Wert an sich verkennt.

eher gewillt sein sollten, das Denizen-Wahlrecht zu akzeptieren, untersucht mein Buch die Frage, wie die Verbindung zwischen Denizen-Wahlrecht und Staatsbürgerschaft über Demokratien hinweg konstruiert wird. Auch wenn sich das multidimensionale Konzept von Staatsbürgerschaft verändert, ist es immer noch mit der nationalen Zugehörigkeit (Nationalität) verbunden, von der die gesamten mit Staatsbürgerschaft einhergehenden Privilegien abhängen.

Wie zuvor beschrieben, spalten sich die Ansichten in der gesamten normativen Literatur hinsichtlich der Frage, ob Staatsbürgerschaft einen exklusiven Charakter hat oder eben nicht, und wenn ja, wie weitgehend dieser ist. Einerseits sind einige Forscher*innen der Meinung, dass die Verbindung zwischen Staatsbürgerschaft und Demokratie notwendigerweise eine Form der Exklusion impliziert, da Demokratie ein „Wir" erfordert, zu der sich individuelle Staatsbürger*innen zugehörig fühlen, in der sie eine Stimme haben und in der sie ein geteiltes Schicksal und Solidarität verbindet (Arendt 1951/2004; Habermas 1992; Miller 2005; Walzer 1997). Die Begründung hierfür ist einfach:[21] Politisches Ausschließen von einigen Personen ist konstitutiv für die Erhaltung der Grenzen eines Gemeinwesens, die für seinen Schutz notwendig sind und innerhalb derer die Bemühungen gegen gesellschaftliche Ausschließung und Ungleichheiten stattfinden können. Mit anderen Worten ist eine Abgrenzung notwendig, da ein „Wir" nicht alle einschließen kann. Auch wenn es einen Konsens darüber gibt, so sind die Debatten über diese Prinzipien, worauf solche Vereinbarungen beruhen, doch normativer Natur.

Andererseits stellen einige Autor*innen die Legitimität dieser Abgrenzung infrage. Barry Hindess sagte etwa, dass diese Auffassung der Staatsbürgerschaft eine Art Verschwörung darstelle, und zwar in dem Sinne, dass es im System von modernen territorialen Staaten immer Gründe gebe, um Nichtstaatsbürger*innen zu diskriminieren, die innerhalb ihrer Grenzen leben oder sie überschreiten, weil zu vermuten ist, dass Bürger*innen eines Landes in erster Linie dort ihre Forderungen einbringen, wo sie leben. Diese Kritik besteht auch für die dünnere, kosmopolitische Staatsbürgerschaft, die von Soysal und Jacobson folgendermaßen

---

[21] In der souveränitätsbasierten Auffassung der Staatsbürgerschaft – z. B. Carl Schmitt – ist das Ausschließen vor einem ontologischen Hintergrund bzw. mit dem Argument begründet, dass dieses genaue Konzept der Staatsbürgerschaft notwendigerweise irgendeine Art des Ausschließens voraussetzt, um zuerst einen „demos" zu definieren. Wie Ewald Engelen (2003) es treffend formuliert hat, setzt auch die marshallianische Darstellung der Entwicklung der Staatsbürgerschaft eine unitarische Auffassung von Souveränität voraus, die ergeben gibt, dass Staaten ein absolutes Recht innerhalb des Territoriums haben, das ihre Eigenstaatlichkeit und eine starke Idee von Solidarität innerhalb einer Gruppe von Individuen bildet. Dies wurde auf der moralischen und praktischen Ebene von Carens (2000) und Schotel (2006) kritisiert.

beschrieben wurde: Um die Tatsache zu würdigen, dass immer mehr Gesellschaften formal „demokratische" Staaten werden, in denen gleiche Bürger*innen dieselben Rechte und Pflichten haben, muss die schlichte Tatsache übersehen werden, dass die Rechte und Pflichten von Bürger*innen von El Salvador eben nicht im Entferntesten mit denen der Bürger*innen in Luxemburg gleichgesetzt werden können.

Die Mobilität von Personen bleibt gegenüber der zunehmenden Mobilität von Gütern und Dienstleistungen in der Welt deutlich eingeschränkter und je stärker und reicher ein Staat ist, desto mehr investiert er in die Kontrolle seiner Grenzen. Ebenso ist laut Bryan Turner die zeitgenössische Soziologie nicht in der Lage gewesen, den Anstieg der globalen Sicherheitsbedenken und -regelungen zu erfassen, die das Ziel oder die Rechtfertigung hatten, die Wohnbevölkerung vor den wahrgenommenen wirtschaftlichen und sicherheitspolitischen Risiken der mobilen Bevölkerung zu schützen (2007, S. 290), was er Strategien zur „Entstehung einer Enklave" („enclavement") nennt (S. 295). Seiner Ansicht nach können wir erwarten, dass ein Wahlrecht für Ausländer*innen immer mit Misstrauen gesehen wird, denn es fordert das hegemoniale Modell der ausschließenden politischen Zugehörigkeit heraus, das das Einhalten von strengen Kriterien und einen selektiven und langsamen Assimilationsprozess voraussetzt. Vor allem nach dem 11. September rechtfertigen die „bedrohten Mehrheiten" fortgeschrittener liberaler Demokratien eine stärkere Kontrolle der Mobilität bzw. innerhalb ihrer Grenzen, weil sie befürchten, dass ihre liberalen Gesetze sie nicht vor potenziell kriminellen Fremden – oder nicht beschäftigungsfähigen Menschen[22] – schützen könnten.

Durch diese Debatten wird die Dimension globaler Gerechtigkeit deutlich, die hinter den Debatten um Einwanderung, Immigrant*innen und ihren Zugang zu Staatsbürgerschaftsrechten stehen. Berühmte Ökonom*innen haben gezeigt, dass auf der globalen Ebene die wichtige soziale Kluft nicht mehr die Klasse ist, sondern Staatsbürgerschaft, wohlgemerkt verstanden als Nationalität: Ungleichheit zwischen Individuen auf der Welt können zu 85 % auf Unterschiede zwischen durchschnittlichen Ländereinkommen zurückgeführt werden, aber nur zu 15 % auf soziale Klassenunterschiede (Milanovic 2011). Die Staatsangehörigkeit, in die Menschen hineingeboren werden, determiniert ihre Chancen im Leben stärker als jedes andere Attribut. Dies deutet auf eine globale Agenda für ein kosmopolitisches Recht hin, die qua Geburt erhaltenen Ungleichheiten durch Auswanderung

---

[22] Die Frage, ob wir die Proliferation der Denizenship als demokratisch oder nicht beobachten sollten, wurde vor Kurzem auch von Aihwa Ong erforscht, der darauf hingewiesen hat, dass die Unterscheidung zwischen Bürger*innen und Ausländer*innen zugunsten der Verfolgung von Normen, die durch Märkte definiert sind, fallengelassen wird (2006, S. 499).

hinter sich zu lassen. Aus dieser Perspektive ist das Recht der Menschen, auszuwandern, ebenso ein Recht, sich von Umständen zu befreien, die sie zur
Armut verdammen und für die sie nichts können. In dieser Hinsicht existiert
eine Gegenperspektive, die – obwohl normativ weniger verbunden mit dem liberalen Kosmopolitismus – im gegenwärtigen internationalen System praktikabler
zu sein scheint: Menschen sollten auch das Recht haben, nicht zu migrieren,
d. h. das Recht haben, nicht von den Umständen zum Auswandern gezwungen
zu werden, um ein anständiges Leben zu haben. Stimmen dieser Art fordern eine
Umverteilung (oder Strafzahlungen) vom „Norden" in den „Süden" (siehe Blatter
2011).

Wir wollen nun das normative Terrain verlassen und uns der empirischen
Auseinandersetzung widmen. Viele Forscher*innen haben bereits untersucht, wie
Bedenken von Staaten gegenüber Migration Bereiche ihrer Staatsbürgerschaftspolitik dominieren.[23] Die normative und empirische Diagnose darüber, inwiefern
die Ausweitung des Wahlrechts auf Denizens den Begriff der Staatsbürgerschaft
prägt, variiert stark und ist sehr stark von der verwendeten Theorie abhängig.
Bisher hat die relevante Literatur die Bedeutung der langsamen und stillen Ent-
koppelung des Wahlrechts von der Staatsangehörigkeit kaum wahrgenommen.
Es handelt sich jedoch um ein Phänomen, das die Grundlagen der Staatsbürgerschaft im Kern erschüttert, bis hin zum Auseinanderfallen ihrer Kerndimensionen
Identität, Status, Bündel von Rechten und Praktiken. Selbst die gründlichsten
und erschöpfendsten Forschungsstudien zu diesem Thema haben die weitreichenden und grundlegenden Veränderungen der Wahlrechtsreformen, bei denen lang
ansässigen Migrant*innen das Wahlrecht übertragen wurde, schlicht übersehen,
von wenigen bedeutenden Ausnahmen (Rainer Bauböck, Harald Waldrauch, Marc
Howard, Christian Joppke, Dirk Jacobs) einmal abgesehen. In diesem Buch berufe
ich mich auf diese Autoren, um herauszufinden, wie verschiedene politische Systeme, die mit ähnlichen Herausforderungen konfrontiert sind, unterschiedlich mit
den neuen normativen Anforderungen umgehen. Dafür sollte man meiner Meinung nach empirisch vorgehen, was aber bisher nur in Ansätzen geschehen ist.

---

[23] Viele Autor*innen haben das Gegenteil von dem, was Turner prognostizierte, empirisch
festgestellt: Es gibt einen Trend umfassender Konvergenz, der trotz einigem Hin und Her
als liberalisierender Trend um eine recht freizügige Kombination aus Geburtsrecht (jus soli)
und herkunftsbasierten Regeln (jus sanguinis) zur Aneignung von Staatsbürgerschaft (Weil
2001; Joppke 2003; Joppke 2007) sowie einer Lockerung der Regulierungen, die die doppelte
Staatsbürgerschaft beschränken (Aleinikoff 2001; Pedroza 2016), angesehen werden kann.
Joppke hat insbesondere vermerkt, dass der 11. September möglicherweise tatsächlich die
Ansichten der demokratischen Staaten über Migrant*innen verändert hat, aber dieser Wandel
verbleibt innerhalb des liberalen Spektrums politischer Positionen.

Vielmehr wurde Staatsbürgerschaft immer nur mit dem Konzept der Nationalität gedacht.

Somit sind die Fragen, die meiner Untersuchung zugrunde liegen: Warum sind, trotz der gemeinsamen normativen Anforderungen infolge von Migration, Demokratien zu solch qualitativ unterschiedlichen Lösungen gelangt, um das demokratische Defizit, das durch das nationale Staatsbürgerschaftsverständnis entstanden ist, zu lösen? Mit anderen Worten: Was bedeutet die Ausweitung des Wahlrechts auf Denizens für das Konzept der Staatsbürgerschaft? Die Antworten auf diese Fragen verlangen eine vergleichende Analyse des Prozesses, wie die Ausweitung des Wahlrechts auf lang ansässige Ausländer*innen vorgebracht, verhandelt und wie dadurch unsere Auffassung von Staatsbürgerschaft verändert wird. Auf dem Weg, diese Antworten zu finden, werde ich auch zeigen wie die Ausweitung des Wahlrechts auf Denizens zwar länderübergreifend ansteigt, dabei jedoch so heterogen ausfällt. Ziel des Buches ist es, eine empirisch fundierte und theoretisch relevante Darstellung zu verfassen, die dabei hilft, die Spezifität und Diversität der Erteilung des Wahlrechts zu verstehen – d. h. eine „Theorie mittlerer Reichweite" zu verfassen, die über Beschreibungen bestimmter Fälle hinausgeht und Gesetzmäßigkeiten erfassen kann. Im folgenden Abschnitt skizziere ich den Ansatz, mit dem ich dieses Ziel zu erreichen versuche und den ich nachfolgend als prozessorientierten Ansatz bezeichne.

2.3.2 Wie Erklärungen mittlerer Reichweite Determinismus überwinden können

Ich habe bereits gezeigt, dass sich die Literatur, die das Wahlrecht von Denizens zum Thema hat, mit großer Mehrheit auf Einbürgerung fokussiert. Dies ist verständlich, da der Zugang zur Staatsbürgerschaft in der Regel durch Einbürgerung erfolgt, sodass sowohl aus Sicht der Entscheidungsträger*innen als auch der individuellen Migrant*innen Wahlrecht und Einbürgerung eng miteinander verbunden sind. In der Theorie ist es jedoch nach wie vor möglich, dass es in dieser Beziehung verschiedene Kombinationen von institutionellen Regimen und ideologischen Instanzen gibt. Ob es in dieser Beziehung Muster und Regularitäten gibt, ist etwas, das empirisch untersucht und nicht bloß angenommen werden sollte. Die in meinem Buch aufgeworfenen Fragen sind also ganz reale Fragen, offen dafür, untersucht zu werden und damit zu aussagekräftigen Ergebnissen zu kommen. Für die Methode und den Inhalt ist eine prozessuale Perspektive sinnvoll, um Antworten auf diese Fragen zu finden. Inhaltlich macht sie Sinn, da Entscheidungen in Demokratien normalerweise durch formale legislative Prozesse erreicht werden. Diese beinhalten eine ganze Menge an Diskussionen und werden nicht einfach von bestehenden Gesetzen und Traditionen „abgeleitet" oder sind das Aggregat von Wahlpräferenzen, auch wenn die Aussage, dass bestehende Gesetze, Traditionen und Wahlpräferenzen in Verhandlungen eine Rolle spielen, Sinn – und eine „nette Geschichte" – ergibt. Jegliche Diskussion zur Ausweitung des Wahlrechts in der Geschichte beinhaltete harte Auseinandersetzungen über die Legitimität der Voraussetzungen, die anzeigen sollen, wer in den Genuss des höchsten Rechts kommt, an politischen Angelegenheiten teilzuhaben. Reformen zur Erteilung des Wahlrechts sind historisch gesehen das Resultat von langwierigen politischen Diskussionen, in denen eine Bandbreite politischer (Regierungs- und Nichtregierungs-)Akteur*innen sorgfältig erstellte Argumente vorgebracht haben.

Eine prozessorientierte Perspektive macht darüber hinaus auch in methodischer Hinsicht Sinn. Durch die Betrachtung von Entscheidungsfindungsprozessen kann man sich an die intervenierenden Variablen zwischen großen institutionellen Strukturen und tatsächlichen Entscheidungen annähern. Dies ist insbesondere Sinvoll für Länder mit ähnlichen Herausforderungen in Bezug auf Migration, die aber unterschiedliche Verständnisse von Staatsbürgerschaft haben, oder Länder die, bei gleichen transnationale Einflüsse auf Staatsbürgerschaft ,auf unterschiedliche Art Migrant*innen in ihre Politik integriert haben.

Im Gegensatz zu den Behauptungen, dass es einen statischen und vorhersehbaren Zusammenhang zwischen Staatsbürgerschaft, Einbürgerung und Wahlrechtsausweitungen gibt, erlaubt es die prozessorientierte Perspektive zudem, einen Blick auf eine Vielfalt an möglichen Umsetzungen von Wahlrechtsreformen für Denizens innerhalb verschiedener Konzeptionen von Staatsbürgerschaft zu werfen. Die Art und Weise des Zusammenhangs zwischen Einbezug von Denizens und Staatsbürgerschaftstraditionen hängt wahrscheinlich davon ab, wie die politischen Akteur*innen in einem Staat die Bedeutung des sozialen und politischen Vertrags, der der Staatsbürgerschaft zugrunde liegt, konstruieren, also welchen Wert sie ihr zuschreiben und wie exklusiv sie konstruiert ist. Diese Auffassungen sollen Gegenstand der empirischen Forschung sein und nicht nur von historischen, nationalen oder transnationalen Strukturen „abgeleitet" werden.

Ein solches Konstrukt basiert letztendlich auf Argumenten, die in der sich real abspielenden Politik geformt wurden und immer wieder aufs Neue ausgehandelt werden. Wir können davon ausgehen, dass die Argumente für oder gegen die Ausweitung des Wahlrechts auf Denizens innerhalb eines diskursiven Raums einer Tradition und innerhalb der Grenzen bestimmter Institutionen ausgehandelt werden. Trotzdem müssen Argumente in der Politik geformt, diskutiert, interpretiert und angefochten werden. Und so meine ich, dass die Komplexität der

Ausweitung des Wahlrechts auf Denizens eine andere Perspektive als die bisher benutzte theoretische Sichtweise erfordert: Sie fordert eine Perspektive, die es ermöglicht, Prozesse zu betrachten.

2.3.3 Gründe für die Entwicklung einer Prozessperspektive

Erstens: Es gibt eine Vielzahl von Argumenten, um verschiedene Arten der Ausweitung des Wahlrechts auf Denizens zu rechtfertigen

In der empirischen Wirklichkeit lassen sich viele Varianten finden: Die Ausweitung kann Wahlrechte auf kommunaler oder, in manchen Fällen, auf regionaler oder sogar nationaler Ebene betreffen. Die Ausweitung selbst (also der Prozess) kann in unitären politischen Systemen auf nationaler oder, wenn föderative Systeme ihren Regionalparlamenten entsprechende Kompetenzen in Sachen Wahlrecht geben, auch auf regionaler Ebene erfolgen. Darüber hinaus kann die Wahlberechtigung auf der Grundlage der Aufenthaltsdauer und ggf. des Erwerbsstatus gewährt werden, in vielen Fällen wird sie auch auf Grundlage der Reziprozität gewährt, d. h. Land A erwidert die Ausweitung des Wahlrechts von Land B, wodurch de jure oder de facto hauptsächlich eine Bevölkerungsgruppe aus Land A in Land B profitiert. Oder Land A erweitert auf der Grundlage kultureller oder kolonialer Beziehungen das Wahlrecht lediglich für einige Unter-gruppen der ausländischen Bevölkerung. Solche „differenzierenden" Klauseln, die einige Migrant*innen gegenüber anderen begünstigen, sind bei Wahlberech-tigungsreformen relativ häufig, sie können aber zur Lösung des beschriebenen demokratischen Defizits nur eingeschränkt beitragen. Nicht zuletzt können die erweiterten Wahlrechte passive und/oder aktive Stimmrechte enthalten (also das Recht, sich als Kandidat*in aufstellen zu lassen und gewählt zu werden und selbst zu wählen). Und alle diese Rechte können an besondere Anforderungen, wie eine spezielle Registrierung, gebunden werden.

Die bloße Existenz all dieser Variationen sollte uns davon abhalten, vor-eilige Hypothesen über den Zusammenhang von Einbürgerungsregeln und der Ausweitung des Wahlrechts aufzustellen. Dennoch ist in der relevanten Lite-ratur nicht nur angenommen worden, dass eine Verbindung existiert, sondern sie wurde auch als stabil und belastbar genug beschrieben, um die Auswei-tung des Wahlrechts auf Denizens zu erklären und sich nicht weiter mit einer genaueren Untersuchung abzugeben. Selbst die historisch-institutionalistischen Erklärungen, die dem Ansatz, auf die Prozesse der Wahlrechtsgebung zu schauen, am nächsten kommen, leiten beobachtete Haltungen und Entscheidungen zur Wahlrechtsgebung von mutmaßlichen „Staatsbürgerschaftstraditionen" ab.

Das Vokabular, um die verschiedenen Staatsbürgerschaftsraditionen zu beschreiben, kommt normalerweise aus zwei Schulen der politischen Theorie. Die eine Schule, der liberale Kosmopolitismus bzw. transnationale Pluralismus, fordert für Migrant*innen die Ausweitung von Wahlrechten und zelebriert die Trennung von Bürger*innenrechten und Staatsangehörigkeit. Die andere Schule, der Kommunitarismus, fordert von Migrant*innen die Einbürgerung, verknüpft mit Elementen der Assimilation, für die, die bleiben wollen, und lässt wenig Raum für eine Ausweitung des Wahlrechts auf Denizens. Diese lineare Sicht der Dinge kann aber nicht erklären, warum es manchmal zu Veränderungen im Einbürgerungsrecht kommt (z. B. vom Ius sanguinis zum Ius soli) und manchmal nicht. Sie erschwert zudem die Analyse von Wahlrechtsreformen für Denizens und engt die Möglichkeiten der Analyse ein. Warum? Weil sie die Theorie der Normen und Vorstellungen mit der Praxis der Gesetze und der Politik vermengt. Dies hat zum Ergebnis, dass sich Einbürgerung und die Ausweitung des Wahlrechts entweder gegenseitig ausschließen (Kommunitarismus) oder in Einklang miteinander stehen (Kosmopolitismus) und damit die beschriebenen Probleme von *Denizenship* entweder fortschreiben oder lösen.

In der „negativen" Variante taucht die Ausweitung des Wahlrechts, *ungeachtet der politischen Positionen,* nur in den Fällen auf, wo das Einbürgerungsregime hohe Hürden aufweist, die wahrscheinlich auch nicht geändert werden. Wenn z. B. vermutet wird, dass die Einbürgerung in Land Z leicht ist, wird Land Z als „liberal" angesehen und dort kein Bedarf gesehen, das Wahlrecht auszuweiten. Wohingegen bei einer beschränkten Einbürgerung in Land Y Land Y als „kommunitaristisch" angesehen und dort ein Bedarf für die Ausweitung der Wahlrechte gesehen wird. Im Lichte dieser „konsistenten" Annahmen sind die beiden Politikfelder (Einbürgerung und Wahlrecht) jedoch noch auf eine andere Art und Weise fest miteinander verbunden: Wenn die Einbürgerung relativ leicht ist, *offenbart* das eine offene – oder „liberale"[24] – Tradition und die Ausweitung der Wahlrechte wird begrüßt, während im entgegengesetzten Fall eine konservative Tradition zum Vorschein kommt, und die Ausweitung der Wahlrechte kommt nur in Betracht, wenn es keine andere Alternative für eine politische Inklusion gibt. Es ist leicht zu erkennen, dass beide Varianten zu gegenteiligen Erklärungen kommen.

Trotz allem teilen beide eine fundamentale Annahme, nämlich dass es ausreicht, die Unterschiede in der Einbürgerungspolitik zu studieren, um Variationen

---

[24] Dumbrava (2010) hat bemerkt, dass nicht alle Bewegungen hin zu Inklusion oder Offenheit bei Einbürgerungsreformen in eine liberale Richtung gehen und somit das Wort „Liberalisierung" nicht synonym für solche Reformen verwendet werden sollte.

in der Politik zur Ausweitung des Wahlrechts zu erkennen. Diese Annahme ist jedoch nicht plausibel: Die Tatsache, dass eine Beziehung zwischen Einbürgerungsregelungen und der Ausweitung des Wahlrechts für Denizens besteht, rechtfertigt nicht, nur eine bestimmte Richtung der Beziehung als a priori gegeben anzusehen. Anzunehmen, dass eine vereinfachte Einbürgerung und die Ausweitung des Wahlrechts sich auch widersprechen können, muss nicht zwangsläufig falsch sein. Man wundert sich, wie oft auch ein solcher Fall vorkommt. Die nachfolgende Tabelle zeigt, dass es durchaus Fälle gibt, die eine solche Kombination erfüllen.

Meiner Ansicht nach stellt jede Kombination das Ergebnis einer anderen Politik dar, die entweder aus der übergeordneten Staatsbürgerschaftspolitik oder der übergeordneten Migrationspolitik resultieren kann. Für den Zweck, eine Strategie zu entwickeln, um die Ausweitung der Wahlrechte auf Denizens besser verstehen zu können, bedeutet dies, dass man immer auch die Geschichte der jeweiligen übergeordneten Politiken anschauen muss, um die Geschichte nicht nur von einem Ende aus zu erzählen. Darüber hinaus verbirgt sich hinter jeder der vier in der Tabelle angezeigten Kombinationen eine andere ideologische Grundüberzeugung. Nehmen wir die erste Spalte: Diese enthält Fälle, in denen die Ausweitung des Wahlrechts auf Denizens diskutiert und beschlossen wurde. In diesen Fällen könnte die Ausweitung als Alternative zur Staatsbürgerschaft verstanden werden – quasi als Konzession an die demokratischen Forderungen der Repräsentation und angelehnt an kosmopolitische Argumente, die allen Menschen, die zu einer Gemeinschaft beitragen und von ihren Entscheidungen betroffen sind, eine gleiche Stimme geben wollen (Carens 2002). In diesen Fällen ist die Einbürgerung nicht der einzige Weg zu politischen Rechten und es gibt vielleicht wenig Grund, die Einbürgerung zu liberalisieren. Aber genauso gut könnte es auch als ein Weg zur Erlangung der Staatsbürgerschaft dargestellt werden: ein Schritt auf dem Weg zur Einbürgerung, eine Möglichkeit, Migrant*innen einzuladen, sich auf den Weg der Integration zu begeben, an dessen Ende sie endlich eingebürgert[25] werden. Das ergibt vor allem Sinn, wenn die Ausweitung des Wahlrechts auf Denizens nur die kommunale Ebene betrifft, und ist kompatibel mit Bestrebungen, das demokratische Defizit mit einer integrativen Strategie zu bekämpfen, die sowohl Partizipationsrechte vor der Einbürgerung als auch einen einfacheren Weg der Einbürgerung (und dadurch volle Rechte) anbietet.

---

[25] Dies passierte etwa in den Vereinigten Staaten von Amerika, als Denizens vor dem Ersten Weltkrieg das Wahlrecht besaßen. Die wichtigsten Anforderungen waren Eigentum, Geschlecht und gutes Benehmen, nicht Staatsbürgerschaft. Es war aber auch eine Erklärung darüber notwendig, dass man vorhatte, eines Tages US-amerikanischer Staatsbürger zu werden – vgl. Raskin 1993 und Neuman 1992.

Einige Studien haben dokumentiert, dass beide Ansichten in Wahlrechtsdebatten empirisch vorkamen und mitunter auch – zu verschiedenen Zeitpunkten – von ein und derselben Partei vertreten wurden (Waldrauch 2005; Jacobs 1998). Auch können diese beiden verschiedenen Positionen je nach ideologischer Perspektive auch als positiv oder negativ dargestellt werden, was die Angelegenheit noch verwirrender macht. Zum Beispiel muss man, wenn man die Ausweitung des Wahlrechts als Alternative zur Staatsbürgerschaft ansieht, nicht zwangsläufig Kosmopolit*in sein: Es gibt viele, die es genauso sehen und es deshalb bekämpfen. Während Kosmopolit*innen den Bedeutungsverlust von Staatsbürgerschaft im Sinne der nationalen Zugehörigkeit preisen, präferieren viele andere, die aus einem immer noch sehr präsenten liberalen Spektrum stammen, die Einbürgerung gegenüber den „geringeren" Zugeständnissen einer Wahlrechtsausweitung.[26]

Die Position der Kommunitarist*innen und Nationalist*innen besagt, noch einen Schritt weiter in Richtung Konservatismus gehend, dass Staatsbürgerschaft seinen Wert verliert, wenn das zentrale politische Recht (zu wählen) von der Staatsbürgerschaft als nationale Zugehörigkeit (Staatsangehörigkeit) getrennt wird. Gleichermaßen gewinnt der Wert von Staatsbürgerschaft, wenn die Ausweitung von Wahlrechten auf lang ansässige Ausländer*innen als Zwischenschritt auf dem Weg in Richtung Staatsbürgerschaft gesehen wird, quasi als „finaler Preis" im Sozialisierungsprozesses in eine politische Gemeinschaft hinein. Dies kann für ein breites Spektrum von Liberalen bis Kommunitarist*innen als gut angesehen werden, aber auch als schlecht von denjenigen, die denken, dass die politische Stimmabgabe innerhalb der Gemeinschaft, selbst auf lokaler Ebene,

---

[26] Eine gängige Kritik am Ausländer*innenwahlrecht ist, dass dieses die Staatsbürgerschaft abwerten und Solidarität erschweren würde (Schuck 1989). Bauböck (2003) hat die „Wertargumente" drei verschiedenen Theorien zugeordnet. Zunächst gibt es eine Kostentheorie, die besagt, dass Staatsbürgerschaft nur etwas wert ist, wenn es schwierig ist, sie zu erlangen (z. B. durch Gebühren, lange Wartezeiten und/oder schwer zu erfüllende Bedingungen, siehe auch Straubhaar 2003 für ein Verständnis der Staatsangehörigkeit als Klubmitgliedschaft). In einer zweiten Theorie hat Staatsbürgerschaft nur einen Wert, wenn sie für verschiedene Zwecke nützlich ist. Laut dieser Ansicht wertet die Ausweitung von Wahlrechten auf Denizens die Staatsbürgerschaft ab, wenn Denizens keine starken Anreize besitzen, das Einbürgerungsverfahren zu durchlaufen, um die wenigen Rechte zu erhalten, die ihnen im Gegensatz zu Staatsbürger*innen verweigert werden. Laut der dritten Theorie liegt der Wert von Staatsbürgerschaft in der Anerkennung einer Person als Teil einer demokratischen Gemeinschaft. Im Gegensatz zu den vorherigen Ansichten gibt es hier einen intrinsischen und nicht nur instrumentalen Wert. In dieser Perspektive steigt der Wert von Staatsbürgerschaft in dem Maße, wie sich die Kosten und Brauchbarkeit verringern. Bauböck bevorzugt die letzte Variante, nach der die Ausweitung der Rechte den diskriminierenden/instrumentalen Druck auf Ausländer*innen verringert und ihnen die Entscheidung überlässt, ein*e Bürger*in aus freiem Willen und nicht aufgrund von Zwang zu werden.

als Erstes durch Loyalität garantiert wird, die nur durch Einbürgerung und exklusive Staatsangehörigkeit oder eine durch die Geburt erlangte Staatsbürgerschaft nachgewiesen werden kann.

Somit gibt es unzählige diskursive Möglichkeiten, auf die Dilemmata, die sich durch *Denizenship* ergeben, zu reagieren, je nachdem, welchen Prinzipien Priorität eingeräumt wird. Die Forschung zur Ausweitung des Wahlrechts auf Denizens stellt der normativen politischen Theorie ein Szenario zur Verfügung, in dem alle Antworten auf die Frage „Was ist Staatsbürgerschaft" vorgebracht werden können. Wenn wir einräumen, dass die Beziehung zwischen der Ausweitung von Wahlrechten auf Denizens und den Regeln der Einbürgerung komplexer ist, als es zunächst scheint, können wir mit gutem Grund erwarten, dass die Beziehung zwischen der Ausweitung von Wahlrechten auf Denizens und dem Wandel der Staatsbürgerschaft mindestens ebenso kompliziert ist. Beide sind von der Artikulation unterschiedlicher moralischer Argumente abhängig, die weder direkt von großen Theorien noch aus einer einzelnen normativen Sicht abgeleitet werden können.

Um die Prozesse bei Ausweitung des Wahlrechts auf Denizens zu verstehen, bedarf es also mehr als einer Betrachtung der Einbürgerungsgesetze *oder* der Entscheidungen zur Ausweitung von Wahlrechten auf Denizens (Jacobs 1998; Waldrauch 2005). Bevor man sich nicht den Argumenten widmet, die in jeder einzelnen Debatte zur Ausweitung des Wahlrechts auf Denizens vorgebracht werden, lässt sich nichts darüber aussagen, in welchem Zusammenhang sie zur Staatsbürgerschaft stehen: Es ist daher notwendig, die Debatten zur Ausweitung des Wahlrechts zu untersuchen, um zu verstehen, wie die Beziehung im Einzelfall ausgelegt wird. Das ist zumindest die theoretische Perspektive, die zu verwenden ich vorschlage: Sie wird uns dabei helfen, zwischen Argumenten zum Wahlrecht und Argumenten zur nationalen Zugehörigkeit und der Staatsbürgerschaft als drei verschiedene Bereiche zu unterscheiden. Dies wird außerdem dabei helfen, in Widerstreit stehende Kriterien zu identifizieren, die herangezogen werden, um den exklusiven Zugang zu Bürger*innenrechten zu regulieren. In der Geschichte wurden bereits viele verschiedene Kriterien herangezogen und viele politische Veränderungen in der Sprache der Staatsangehörigkeit ausgefochten. Diese Flexibilität ist ein Geheimnis innerhalb der Überlebensfähigkeit des Staatsbürgerschaftskonzeptes.

Wenn beispielsweise das Wahlrecht nur auf manche Gruppen ausgedehnt wird, könnte man sich fragen, warum dies der Fall ist. Für manche ist allein die Tatsache, dass eine Wahlrechtsreform nur bestimmte Migrant*innen bevorzugt und nicht alle, ein Indiz für das Entstehen einer Staatsbürgerschaftshierarchie (Fukumoto 2004). Um verstehen zu können, was z. B. Reziprozität

und Prioritätensetzung bei der Wahlrechtsausweitung bedeuten, müssen wir
über eine rein theoretische Betrachtung hinausgehen und uns die konkreten
Argumente anschauen, die eine solche Auswahl rechtfertigen. Diese können
sehr verschieden sein. Sie reichen von der Zusammensetzung der ansässigen
Migrant*innenpopulation über die Regeln des für eine Reform notwendigen
legislativen Prozesses, die Art des politischen Systems, die Mobilisierung von
Interessen, seien sie allgemeiner Natur oder nur die einer elitären Minderheit,
internationalen Druck bis hin zum Wunsch, durch die Wahlrechtsausweitung eine
regionale Zugehörigkeit auszudrücken, und natürlich parteipolitischem Kalkül,
wie welche Migrant*innengruppen wählen würden.

*Zweitens: Liberale Demokratien interpretieren die Herausforderungen, die
durch Präsenz von lang ansässigen Ausländer*innen entstehen, unterschiedlich*

Können wir sicher sagen, dass die meisten Demokratien ein Lippenbekenntnis
ablegen, wenn sie sagen, dass sie das demokratische Defizit abmildern wollen,
wenn gleichzeitig ein großer Teil der Bevölkerung in ihrem Land von der Ausübung wesentlicher politischer Rechte ausgeschlossen ist? Es ist möglich, dass
die bloße Tatsache eines hohen Anteils von lang ansässigen Ausländer*innen
Demokratien noch nicht notwendigerweise dazu bringen wird, die Ausweitung
des Wahlrechts auf Denizens in Betracht zu ziehen, geschweige denn eine
Reform zu verabschieden. In der Tat ist eine differenzierte Inanspruchnahme von
Staatsbürgerschaftsrechten in der Bevölkerung einer Demokratie keine historische
Seltenheit, sondern, wie Walzer schrieb, „die Herrschaft von Staatsbürgern über
nicht-Staatsbürger in der Geschichte der Menschheit die wahrscheinlich gängigste
Form der Tyrannei" (1997, S. 62). Die Besonderheit demokratischer Regime ist
nicht, dass sie keine differenzierte Staatsbürgerschaft aufrechthalten können, sondern viel eher, dass sie dies rechtfertigen müssen. Wie sich herausstellt, haben
Demokratien Wege gefunden, den Wahlausschluss von Einwanderer*innen durch
wirtschaftliche, politische, soziale, religiöse und ethnische Gründe zu rechtfertigen. Noch wichtiger ist, dass sich liberale Demokratien in der Art und Weise, wie
sie die Normen der Demokratie, der Freiheit und der Menschenrechte lesen und
institutionalisieren, voneinander unterscheiden (2005, S. 29). Die Tatsache, dass
in jedem Land die Staatsbürgerschaft von den bereits anerkannten Bürger*innen –
oder deren Vertreter*innen – rechtmäßig verhandelt werden kann, führt oft zu
dem Schluss, dass diese in ihren politischen Gemeinschaften frei über die Prinzipien und Bedingungen der Inklusion entscheiden dürfen, egal welches Verständnis
ihre eigene politische Gemeinschaft stellt und fordert.

Eine solche Erklärung ruft in der Regel konservative Theorien von politischen
Entscheidungsprozessen auf den Plan, nach denen Vorschläge nur gemacht werden, wenn sie auch populär sind. In diesem Sinne würde eine Reform immer

die traditionellen Prinzipien von In- und Exklusion widerspiegeln. Fälle aus Schweden, Belgien und den Niederlanden, wo Gerichte, Intellektuelle und auch Gesetzgeber so innovative Maßnahmen zur Stimmenübertragung vorgeschlagen haben, zeigen aber, dass diese kaum durch die vorherrschenden Traditionen erklärt werden können. Wie Hayduk (2006) und Raskin (1994) in ihren umfangreichen historischen Darstellungen zum Wahlrecht für Nichtstaatsangehörige gezeigt haben, geht die Ausweitung des Wahlrechts in der Regel von der Gesellschaft und der Politik aus und ist genauso gut oder weniger gut mit *Traditionen* zu erklären. Außerdem sind auch die am tiefsten verankerten Traditionen veränderbar.[27]

Selbst wenn kaum jemand widersprechen würde, dass eine Ausweitung des Wahlrechts auf lang ansässige Ausländer*innen notwendig sei, um ein demokratisches Defizit auszugleichen, so betonen manche Gesellschaften dieses liberale Prinzip doch stärker als andere. Die Regeln für den Beitritt zur EU, der Bedarf, die Integration eines Verbundes von Staaten voranzutreiben, der Wunsch, ehemalige koloniale Beziehungen aufrechtzuerhalten, oder schlicht Parteipolitik dürften jedoch eine stärkere Rolle spielen, um die politische Inklusion von Migrant*innen voranzutreiben. Liberale und demokratische Prinzipien geben liberalen Demokratien vor, was sie tun sollten, und setzen sicherlich auch Grenzen in Hinblick darauf, was sie tun können; aber was Demokratien tatsächlich tun, wurde immer durch politische Aushandlungsprozesse beschlossen. Kurz gefasst: Demokratische Regierungen spüren nicht nur objektive Probleme auf und setzen sich für unmittelbare Lösungen ein, sie verursachen auch Probleme und suchen nach legitimen Wegen, diese wieder zu lösen, wenn es nötig ist.

Die politikwissenschaftliche Agenda-setting-Literatur erinnert uns zudem daran, dass bei jedem politischen Thema nicht nur eine Konfliktlinie besteht (oder vielleicht zwei oder drei gleichzeitig), sondern auch viele potenzielle Konflikte, von denen sich manche manifestieren und andere nicht, die aber jeweils auch immer mit anderen Konflikten um Aufmerksamkeit konkurrieren (Baumgartner et al. 2009; Baumgartner und Green-Pedersen 2006). In Schattschneiders (1975) Worten ist die Schlüsseldynamik nicht einfach eine Frage der Durchsetzungskraft der Kräfte auf der einen oder anderen Seite der Konfliktlinie, sondern es ist eher „der Konflikt der Konflikte" selbst, der dafür sorgt, welche Themen auf die Agenda gelangen und welchen es schließlich gelingt, sie zu beherrschen. Diese Literatur bietet hilfreiche Einblicke in die Art und Weise, wie Reformen

---

[27] In dieser Hinsicht teile ich uneingeschränkt die Ansicht von Seyla Benhabib (2004), nach der selbst scheinbar fundamentale Prinzipien der Inklusion und Exklusion innerhalb weniger Jahre einer radikaler Neuinterpretation unterliegen können.

durchgesetzt werden, aber auch, warum sie in einigen Fällen gestoppt werden (siehe Hansen & Koehler 2005).

Die Ausweitung des Wahlrechts auf Denizens stellt einen komplexen Fall politischer Reformen dar, da sie nur schwer Unterstützung von Bürger*innen erhalten und die Betroffenen selbst nur sehr selten dazu in der Lage sind, das Vorhaben voranzutreiben. Dank einiger hervorragender Fallstudien über Schweden, die Niederlande und Belgien – die ich im Detail in Kap. 6 genauer beschreiben werde – wissen wir, dass die Debatten, die zur Ausweitung des Wahlrechts geführt haben, nicht gesamtgesellschaftlich geführt werden, sondern meistens auf Eliten begrenzt sind. Die Ausweitung des Wahlrechts auf Ausländer*innen unterscheidet sich von anderen Ausweitungen des Wahlrechts in der Geschichte, die von sozialen Bewegungen getragen wurden, wie auch die Ausweitung des Wahlrechts auf Arbeiter im 19. Jahrhundert, auf Frauen und auf einige Minderheiten im 20. Jahrhundert. Diese unterschiedlichen Entwicklungen machen es unausweichlich, dass wir uns auch immer den Prozess der „Diskussion" anschauen, der zur Ausweitung des Wahlrechts auf Ausländer*innen geführt hat.

Bezüglich des ersten Aspekts ist ein besonders wichtiger normativer Punkt, sich das Agenda-Setting und die Aushandlungsprozesse, in denen das Wahlrecht von Denizens dargeboten und darum gestritten wird, anzuschauen. Wie wird das Thema Einbürgerung verhandelt? Wie interpretieren Politiker*innen und andere Stakeholder die Beziehung zwischen Einbürgerung und Wahlrecht? Wird das Wahlrecht eher als Ergänzung oder als Alternative vorgeschlagen? Sehen sie hierin eine adäquate Option, um das demokratische Defizit aufzulösen? Sowohl für Konservative als auch für Liberale scheint es gute Gründe zu geben, warum Einbürgerung – also der vollständige Erwerb der Staatsangehörigkeit – besser ist als nur die Wahlrechtsausweitung für Migrant*innen, die schon lange im Land leben.

Für die einen ist die Ausweitung des Wahlrechts ein zu großes Eingeständnis, es entwertet die Staatsbürgerschaft und stellt Loyalitätsrisiken dar. Für sie ist das Problem oft, dass Denizens Stimmrechte so lange nicht verdienen, bis sie beweisen, dass sie die Staatsbürgerschaft verdienen. Für die anderen kann die Erteilung des Wahlrechts zu wenig sein, weil sie den Denizens nicht die volle Staatsbürgerschaft zur Verfügung stellt und alle damit einhergehenden politischen, sozialen, ökonomischen und kulturellen Rechte und vor allem deren Garantie. Zugegebenermaßen genießen Denizens bereits eine Reihe von Menschen- und Bürger*innenrechten und auch einige soziopolitische Rechte, wie das Vereinigungsrecht und manchmal sogar das Recht, sich einer politischen Partei anzuschließen. Aber diese Rechte sind fragiler als die der Vollbürger*innen, weil sie leichter mit einem Regierungswechsel weggenommen werden könnten (obwohl ich denke, dass dies nur in einem sehr brüchigen demokratischen System stattfinden könnte, wo auch die Bürger*innen entrechtet werden könnten). Dennoch ist für viele Liberale die Tatsache, dass der Staatsbürgerschaftsstatus Bürger*innenrechte *besser* garantiert, ein Grund, die Einbürgerung zu präferieren. Es gibt ein weiteres politisches und normatives Argument, um die Einbürgerung über die einfache Ausweitung des Wahlrechts zu stellen: Damit wären Denizens besser befähigt, das politische System zu fordern, um Umstände anzuprangern, die zur Segregation und Marginalisierung von Migrant*innen führen könnten. Über die Ausübung des Stimmrechts und die ausgeführten Sicherheitserwägungen hinaus hebt dieses Argument hervor, dass der Staatsbürgerschaftsstatus als Mitgliedschaftsstatus ein Zeichen der vollen Bürger*innengleichheit ist. Wie oben bereits gezeigt wurde, ist die Ausweitung des Wahlrechts auf Denizens keine Alternative zur Einbürgerung. Es gibt auch keine Notwendigkeit, beide als politische Alternativen zu betrachten, auch wenn die Literatur darauf beharrt, dies so darzustellen.

Annahmen darüber, was „praktikabel" oder „nötig" ist, um das demokratische Dilemma, das von Denizenship ausgelöst wird, zu überwinden, gehen überwiegend davon aus, dass Einbürgerung und die Ausweitung des Wahlrechts gleichwertige Alternativen sind. Hiernach ist die Ausweitung des Wahlrechts eine Option, die sich unmittelbarer umsetzen lässt (sei es wegen des innenpolitischen oder internationalen Drucks, demokratische Verpflichtungen zu erfüllen), und kann damit als realistischer angesehen werden. Wie ich in Tab. 2.1 gezeigt habe, führt diese Annahme jedoch zu widersprüchlichen Schlussfolgerungen in Bezug darauf, warum politische Gemeinschaften für die Ausweitung des Wahlrechts auf Denizens optieren, egal ob die Einbürgerung schwierig ist (und es deshalb „ein Bedürfnis gibt") oder einfach („weil es mit der Staatsbürgertradition zusammenhängt"). Was in diesem Kapitel klar geworden sein sollte, ist, dass Staatsbürgerschaft ein Konzept ist, das offen für unterschiedliche Bedeutungen ist. Staatsbürgerschaft, wie Souveränität oder Demokratie, ist einer jener Begriffe, die „in der Welt wirken" (Bartelson 1995) und als Sammelbegriff für große normative Veränderungen in der Geschichte dienen. Der Begriff bleibt „im Fluss" trotz des generellen Eindrucks, dass er größtenteils in den letzten beiden Jahrhunderten an den Nationalstaat gebunden war. Aus all diesen Gründen erscheint mir eine Prozessanalyse geeignet, die offen für politische Interpretationen ist.

Tab. 2.1 Die uneindeutige Verbindung zwischen einfacher Einbürgerung und Ausweitung des Wahlrechts für Denizens – ausgewählte Fälle

	Ausweitung des Wahlrechts auf Denizens	Keine Ausweitung des Wahlrechts auf Denizens
Relativ einfache Einbürgerungsregelungen	Belgien, Irland, Portugal, Schweden, Vereinigtes Königreich, Neuseeland, Niederlande[28], Island, Belize	Kanada, Frankreich, Australien, USA*[29]
Relativ schwierige Einbürgerungsregelungen	Dänemark, Slowenien, Spanien, Norwegen, Luxemburg, Estland, Schweiz*[30]	Griechenland, Deutschland*, Österreich*[31], Lettland, Costa Rica

* Mit Sternchen versehene Fälle weisen auf Reformen auf subnationaler Ebene hin
Quelle: Bauböck 2003, S. 9–11 und eigene Daten

Literatur

Aleinikoff, T. Alexander., und Douglas Klusmeyer, Hrsg. 2000. *From Migrants to Citizens: Membership in a Changing World*. Washington D.C.: Carnegie Endowment for International Peace.
Arendt, Hannah. 1951. *The Origins of Totalitarianism*. New York: Shocken Books.
Arendt, Hannah. 2004. *Los orígenes del totalitarismo*. Madrid: Taurus.
Bartelson, Jens. 1995. *A Genealogy of Sovereignty*. Cambridge: Cambridge University Press.
Bauböck, Rainer. 2003. Towards a Political Theory of Migrant Transnationalism. *International Migration Review* 37 (3): 700–723.
Bauböck, Rainer. 2005. Expansive Citizenship Voting beyond Territory and Membership. *PSOnline* 38 (4): 683–687.

[28] Als *Denizens* auf lokaler Ebene das Wahlrecht erhalten haben, wurde der Erwerb der Staatsangehörigkeit in den Niederlanden noch durch das niederländische Nationalitätsgesetz geregelt, das am 1. Januar 1985 in Kraft trat.

[29] Einige Städte (Chicago, New York, Washington D.C.) und Kommunen – in Maryland: Takoma Park und Chevy Chase; in Georgia: Barnesville; in Kentucky: Somerset – erlauben *Denizens* die Partizipation in lokalen Räten und Schulbehörden.

[30] Neuchatel, Jura, Apenzell-Außerrhoden, Fribourg, Grisons, Waadt.

[31] Österreich und Deutschland passen in zwei Felder. So gab es Gesetze, die das Wahlrecht auf Länderebene auf *Denizens* ausweiteten (in Österreich: Wien; in Deutschland: Hamburg, Bremen, Schleswig–Holstein und Berlin), die aber später als nicht verfassungskonform zurückgenommen werden mussten, sodass wir es letztendlich mit einem negativen Fall zu tun haben.

Bauböck, Rainer. 2007. Stakeholder Citizenship and Transnational Political Participation: A Normative Evaluation of External Voting. *Fordham Law Review* 75 (5): 2393–2447.

Brubaker, William Rogers. 1989. *Immigration and the Politics of Citizenship in Europe and North America.* New York: University Press of America.

Brubaker, William Rogers. 1990. Immigration, Citizenship, and the Nation-State in France and Germany: A Comparative Historical Analysis. *International Sociology* 5 (4): 379–407.

Baumgartner, Frank, Sylvian Brouard, und Emiliano Grossman. 2009. Agenda-Setting Dynamics in France: Revisiting the 'Partisan Hypothesis'. *French Politics* 7 (2): 75–95.

Baumgartner, Frank, und Christoffer Green-Pedersen. 2006. Comparative Studies of Policy Agendas. *Journal of European Public Policy* 13 (7): 959–974.

Benhabib, Seyla. 2004. *The Rights of Others. Aliens, Residents and Citizens.* Cambridge: Cambridge Univ. Press.

Blatter, Joachim. 2011. Dual Citizenship and Theories of Democracy. *Citizenship Studies* 15 (6–7): 769–798.

Boatca, Manuela. 2011. Global Inequalities. Transnational Processes and Transregional Entanglements. DesiguALdades.net Working Paper 11, FU Berlin.

Bosniak, Linda. 2006. *The Citizen and the Alien. Dilemmas of Contemporary Membership.* Princeton: Princeton Univ. Press.

Carens, Joseph. 2000. *Culture, Citizenship and Community. A Contextual Exploration of Justice as Evenhandedness.* Oxford: Oxford University Press.

Carens, Joseph. 2002. 'Citizenship and Civil Society: What Rights for Residents?' In *Dual Nationality, Social Rights and Federal Citizenship in the U.S. and Europe,* edited by Randall Hansen & Patrick Weil, 100–120. New York: Berghahn Books.

Castles, Stephen, und Alastair Davidson. 2000. *Citizenship and Migration. Globalization and the Politics of Belonging.* 3rd print. London: Macmillan.

Cohen, Jean L. 1999. Changing Paradigms of Citizenship and the Exclusiveness of the Demos. *International Sociology* 14 (3): 245–268.

Dahl, Robert A. 1972. *Polyarchy: Participation and Opposition.* New Haven: Yale University Press.

Dahl, Robert A. 1991. *Democracy and Its Critics.* Reissue. New Haven: Yale University Press.

Dzankic, Jelena. 2012. *The Pros and Cons of Ius Pecuniae. Investor Citizenship in Comparative Perspective.* Working Paper14. EUI RSCAS. Florence: EUI. http://cadmus.eui.eu/bitstream/handle/1814/21476/RSCAS_2012_14.pdf. Zugegriffen: 18 April 2016.

Earnest, David. 2002. *Noncitizen Voting Rights: A Survey of an Emerging Democratic Norm.* Washington, D.C.: The George Washington University.

Earnest, David. 2003. *Voting Rights for Denizens: A Comparison of 25 Democracies.* Washington, D.C.: The George Washington University.

Earnest, David. 2005. *Political Incorporation and Historical Institutionalism: A Comparison of the Netherlands, Germany and Belgium.* Paper presented at the Annual Meeting of the International Studies Association, Hilton Hawaiian Village, Honolulu.

Ewald, Engelen. 2003. How to Combine Openness and Protection? Citizenship, Migration, and Welfare Regimes. *Politics & Society* 31:503–536.

Fukumoto, Kentaro. 2004. *A Hierarchy of Citizenship: Identity Politics of Suffrage Extension and Welfare Development.* USJP Occasional Paper 04–03.

Groenendijk, Kees. 2008. *Local Voting Rights for Non-Nationals in Europe: What We Know and What We Need to Learn. Study for the Transatlantic Council on Migration.* Washington, D.C.: Migration Policy Institute.

Habermas, Jürgen. 1992. Citizenship and National Identity: Some Reflections on the Future of Europe. *Praxis International* 12:1–19.

Hansen, Randall, und Patrick Weil. 2001. Introduction. In *Towards a European Nationality*, Hrsg. Randall Hansen und Patrick Weil, 1–23. London: Palgrave/McMillan.

Hayduk, Ron. 2006. *Democracy for All: Restoring Immigrant Voting Rights in the United States.* New York: Routledge.

Heather, Derek. 1996. *World Citizenship and Government. Cosmopolitan Ideas in the History of Western Political Thought.* Basingstoke: Palgrave Macmillan.

Hindess, Barry. 1998. Divide and Rule: The International Character of Modern Citizenship. *European Journal of Social Theory* 1:57–70.

Hindess, Barry. 2000. Citizenship in the International Management of Populations. *American Behavioral Scientist* 43: 1486–1497.

Hirsch Ballin, Ernst. 2014. *Citizens' Rights and the Right to Be a Citizen.* Leiden: Brill Nijhoff.

Holston, James. 2008. *Insurgent Citizenship. Disjunctions of Democracy and Modernity in Brazil.* Princeton: Princeton Univ. Press.

Jacobs, Dirk. 1998. Discourse, Politics and Policy: The Dutch Parliamentary Debate about Voting Rights for Foreign Residents. *International Migration Review* 32 (2): 350–373.

Jacobson, David. 1996. *Rights Across Borders: Immigration and the Decline of Citizenship.* Baltimore: Johns Hopkins University Press.

Joppke, Christian. 2005. Exclusion in the Liberal State: The Case of Immigration and Citizenship Policy. *European Journal of Social Theory* 8 (1): 43–61.

Joppke, Christian. 2007. Transformation of Citizenship: Status, Rights, Identity. *Citizenship Studies* 11 (1): 37–48.

Joppke, Christian. 2008. Comparative Citizenship: A Restrictive Turn in Europe? *Article 6* 2 (1): 1–41.

Joppke, Christian, und Ewa Morawska. 2003. Integrating Immigrants in Liberal Nation-States. In *Toward Assimilation and Citizenship: Immigrants in Liberal Nation-States*, Hrsg. Christian Joppke und Eva Morawska, 1–36. New York: Palgrave Macmillan.

Marshall, Thomas H. 1950. *Citizenship and Social Class and Other Essays.* Cambridge: Cambridge Univ. Press.

Milanovic, Branko. 2011. *Global Inequality. From Class to Location from Proletarians to Migrants.* World Bank Policy Research Working Paper, Development Research Group, no. 5820:1–25.

Miller, David. 2005. *Citizenship and National Identity.* Reprinted. Cambridge: Polity.

Neumann, Gerald L. 1992. 'We Are the People': Alien Suffrage in German and American Perspective. *Michigan Journal of International Law* 13:259–335.

Ong, Aihwa. 2006. Mutations in Citizenship. *Theory, Culture & Society* 23:499–505.

Pedroza, Luicy. 2014. The Democratic Potential of Enfranchising Resident Migrants. *International Migration* 53 (3): 22–35. https://doi.org/10.1111/imig.12162. Zugegriffen: April 2015.

Pedroza, Luicy. 2016. Unchecked Migration and Democratic Citizenship. In *Migration und Minderheiten in der Demokratie*, Hrsg. Philipp Eigenmann, Thomas Geisen, Tobias Studer, 133–152. Wiesbaden: Springer.

Pedroza, Luicy, und Pau Palop-García. 2017. The Grey Area Between Nationality and Citizenship: An Analysis of External Citizenship Policies in Latin America and the Caribbean. *Citizenship Studies* 21 (5): 587–605.

Preuß, Ulrich. 2004. Citizenship and the German Nation. In *Lineages of European Citizenship. Belonging and Participation in Eleven Nation-States*, Hrsg. Dario Castiglione und Emilio Santoro Richard. Bellamy, 22–45. London: Palgrave.

Raskin, Jamin. 1994. Legal Aliens, Local Citizens: The Historical, Constitutional and Theoretical Meanings of Alien Suffrage. *University of Pennsylvania Law Review* 141 (4): 1391–1470.

Rath, Jan. 1983. Political Participation of Ethnic Minorities in the Netherlands. *International Migration Review* 17 (3): 445–469.

Rubio-Marín, Ruth. 2000. *Immigration as a Democratic Challenge. Citizenship and Inclusion in Germany and the United States.* Cambridge: Cambridge University Press.

Safran, William. 1997. Citizenship and Nationality in Democratic Systems: Approaches to Defining and Acquiring Membership in the Political Community. *International Political Science Review* 18:313–335.

Schattschneider, Elmer Eric. 1975. *The Semisovereign People. [Nachdr.]. A Realist's View of Democracy in America.* Boston: Wadsworth.

Schotel, Bas. 2006. How Political and Legal Theorists Can Change Admission Laws. *Étique et Économique/Ethics and Economics* 4 (1): 1–8.

Schuck, Peter. 1989. Membership in the Liberal Polity: The Devaluation of American Citizenship. *Georgetown Immigration Law Journal* 3 (1): 1–18.

Shachar, Ayelet. 2006. The Race for Talent: Highly Skilled Migrants and Competitive Immigration Regimes. *New York University Law Review* 81 (1): 148–106.

Shanahan, Suzanne. 1997. Different Standards and Standard Differences. Contemporary Citizenship and Immigration Debates. *Theory and Society* 26:421–448.

Soysal, Yasemin. 1998. Toward a Post-National Model of Membership. In *The Citizenship Debates*, Hrsg. Gerson Shafir, 189–220. Minneapolis: University of Minnesota Press.

Soysal, Yasemin Nuhoæglu. 2007. *Limits of Citizenship. Migrants and Postnational Membership in Europe.* Chicago: Univ. of Chicago.

Standing, Guy. 2014. "Denizens and the precariat." A Precariat Charter: From denizens to citizens. London: Bloomsbury Academic, 1–32. *Bloomsbury Collections.* Web. 14 Feb. 2022. https://doi.org/10.5040/9781472510631.ch-001.

Straubhaar, Thomas. 2003. Wird die Staatsangehörigkeit zu einer Klubmitgliedschaft? In *Migration im Spannungsfeld von Globalisierung und Nationalstaat*, Hrsg. Dietrich Thränhardt und Uwe Hunger, 76–89. Wiesbaden: VS Verlag für Sozialwissenschaften. Zugegriffen: 3 März 2014.

Thym, Daniel. 2018. Vom „Fremdenrecht" über die „Denizenship" zur „Bürgerschaft". Gewandeltes Selbstverständnis im deutschen Migrationsrecht. *Der Staat* 57 (1): 77–117.

Tilly, Charles. 1996. *Citizenship, Identity and Social History.* Reprinted. Cambridge: Cambridge Univ. Press.

Tilly, Charles. 2001. Mechanisms in Political Processes. *Annual Review of Political Science* 4:21–41.

Turner, Bryan. 1990. Outline of a Theory of Citizenship. *Sociology* 24:190–217.

Turner, Bryan. 2007. The Enclave Society: Towards a Society of Immobility. *European Journal of Social Theory* 10 (2): 287–303.

Waldrauch, Harald. 2005. Electoral Rights for Foreign Nationals: A Comparative Overview. Paper Prepared for the ESF/LESC-SCSS Exploratory Workshop: Citizens, Non-Citizens and Voting Rights in Europe. University of Edinburgh.

Walzer, Michael. 1997. *Las Esferas de La Justicia Una. Defensa Del Pluralismo y La Igualdad*. México D.F.: Fondo de Cultura Económica.

Weil, Patrick. 2001. Access to Citizenship: A Comparison of Twenty-Five Nationality Laws. In *Citizenship Today: Global Perspectives and Practices*, Hrsg. Alexander Aleinikoff und Douglas Klusmeyer. Washington: Carnegie Endowment for International Peace.

Die Ausweitung des Wahlrechts auf Denizens im internationalen Vergleich. Forschungsstand und Desiderate

3

Die klassische Form der Beteiligung in Demokratien – wählen und gewählt werden – war traditionell exklusives Privileg von Staatsangehörigen und ist es noch heute in den meisten Teilen der Welt. Und doch haben immer mehr Länder damit begonnen, Wahlrechte auch auf Nichtstaatsangehörige auszuweiten. Allerdings unterscheidet sich die Art und Weise und auch der Umfang, in dem Demokratien das Wahlrecht auf Denizens ausweiten, sehr stark voneinander, obwohl sie alle eigentlich mit demselben normativen Dilemma konfrontiert sind. Auf den folgenden Seiten wollen wir versuchen, eine erste Erklärung für dieses Phänomen zu finden. Hierzu betrachten wir zunächst die Ausweitung des Wahlrechts auf *Denizens* im Allgemeinen und gehen anschließend auf die Besonderheiten in diesem Prozess ein und schauen, ob Gemeinsamkeiten, Unterschiede und Regelmäßigkeiten zu beobachten sind.

3.1 Die Ausweitung des Wahlrechts auf Denizens: Allgemeine Trends

Abb. 3.1 zeigt, wann in den vergangenen acht Jahrzehnten zwischen 1945 und 2015 in welchen Ländern über die Ausweitung des Wahlrechts auf Denizens debattiert wurde und mit welchem Ausgang. Dabei werden Demokratien ebenso abgebildet wie nichtdemokratische Staaten sowie Länder mit hohem und niedrigem Migrationsanteil ebenso wie erfolgreiche und gescheiterte Versuche. Demnach gab es in dem betrachteten Zeitraum 94 solcher Debatten in 61 politischen Gemeinschaften. Dabei können fünf Gruppen unterschieden werden:

1. Länder, die das Wahlrecht auf alle Denizens auf nationaler Ebene ausgeweitet haben,

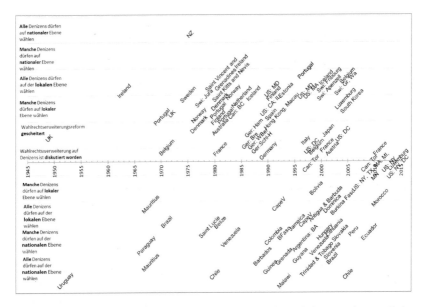

Abb. 3.1 Ausweitung des Wahlrechts auf Denizens (und gescheiterte parlamentarische Debatten darüber) in verschiedenen politischen Gemeinschaften weltweit 1945–2015. (Quelle: Eigene Zusammenstellung)

2. Länder, die das Wahlrecht auf alle Denizens auf lokaler Ebene ausgeweitet haben,
3. Länder, die das Wahlrecht auf Denizens auf lokaler Ebene für Migranten mit ausgewählten Staatsangehörigkeiten ausgeweitet haben,
4. Länder, die das Wahlrecht auf Denizens auf regionaler Ebene für Migranten mit ausgewählten Staatsangehörigkeiten ausgeweitet haben, und
5. Länder, die eine Ausweitung des Wahlrechts auf Denizens zwar bereits diskutiert haben oder aktuell diskutieren, aber wo aus der Diskussion noch kein konkreter Gesetzesvorschlag resultiert ist.

Warum es diese großen Unterschiede im Umgang mit diesem zentralen Thema der Demokratietheorie gibt, soll im Folgenden erörtert werden.

Die Gruppe der Länder, in denen Denizens das Recht haben zu wählen, ist die kleinste. Sie betrifft nur vier Staaten: Uruguay, Neuseeland, Chile und Malawi (Bauböck 2005, S. 684). Diese Länder, die allen Bewohner*innen auf allen Ebenen volle politische Rechte eingeräumt haben, scheinen eindeutig eine Ausnahme zu sein. Alle anderen Länder haben das Wahlrecht für Denizens entweder gar nicht eingeräumt oder auf die lokale bzw. regionale Ebene beschränkt, oftmals dabei nur auf eine Teilgruppe von Denizens. Vorschläge zur Ausweitung des Wahlrechts auf Denizens werden dabei auf nationaler Ebene in der Regel aus folgenden Gründen zurückgewiesen: 1) Es besteht ein Zweifel an der Loyalität von Ausländer*innen dem Staat gegenüber, dem sie offiziell nicht angehören, 2) es wird infrage gestellt, wie langfristig die Ausländer*innen im Staatsgebiet bleiben werden, sie also zum stabilen Elektorat eines Staates gehören, und 3) wird schließlich nicht selten auch ihre politische Kompetenz angezweifelt. Ähnliche Argumente werden auch ins Feld geführt, wenn es darum geht, mögliche Wahlausweitungen auf eine bestimmte Gruppe zu beschränken. Oft wird nur denjenigen Gruppen ein Wahlrecht zugestanden, die eine historische oder kulturelle Gemeinsamkeit zu der angestammten Bevölkerung aufweisen. Darüber hinaus wird das Wahlrecht auf Gruppen beschränkt, deren Heimatstaaten das Wahlrecht im Gegenzug auch für Bürger*innen aus demselben Staat zugestehen (Reziprozitätsprinzip).[1]

Aus pragmatischer Sicht werden derartige „begrenzte Reformen" durchaus als Fortschritt bewertet, da sie als Zwischenschritt auf dem Weg zu einem allgemeinen Wahlrecht angesehen werden können.[2] Eine vorübergehende Beschränkung auf Gruppen, die man mutmaßlich besser einschätzen könne, sei möglicherweise notwendig, um das Vertrauen in die Stabilität der politischen Gemeinschaft nicht zu gefährden. Dies gilt insbesondere dann, wenn es sich um eine große Gruppe handeln würde, deren soziale Integration möglicherweise auch nicht als selbstverständlich angesehen wird. In einer kürzlich veröffentlichten Studie hat Justwan diesen Zusammenhang folgendermaßen formuliert: *„For members of the host*

---

[1] Das Reziprozitätsprinzip herrscht insbesondere in Portugal, Spanien und den nordischen Ländern vor. Interessanterweise wurde die portugiesische Einwanderungspolitik 2010 in einem Bericht der IOM als vorbildlicher Ansatz gelobt (Lusa News Agency 2010). Allerdings wird dieses Prinzip von wissenschaftlicher Seite auch kritisiert. So ist es für Bauböck einfach eine „falsche Begründung" für die Ausweitung des Wahlrechts (2005, S. 685). Bauböck kritisiert, dass hierbei nicht die inhaltlichen Gründe für eine Teilnahme am politischen Leben im Vordergrund stünden, wie der dauerhafte Wohnsitz oder die Notwendigkeit der politischen Beteiligung (2007).

[2] Dabei bleiben die Kriterien, aufgrund derer einzelne Gruppen ein- und ausgeschlossen werden, natürlich immer fragwürdig, weil sie einem liberal-demokratischen Gleichheitsgrundsatz oftmals widersprechen. Zudem hat die Geschichte gezeigt, dass die Einführung eines eingeschränkten Wahlrechts für Denizens nicht immer ein umfangreicheres oder universelles Wahlrecht für alle Denizens nach sich zieht, wie sich u. a. in Spanien, dem Commonwealth of Nations und der Europäischen Union gezeigt hat.

society, extending voting rights to noncitizens means granting members of an 'out-group' direct influence on their own lives [which] requires a 'leap of faith' that is only possible at higher levels of generalized trust" (2015, S. 373).

Allerdings sind die Befürchtungen, dass durch eine Ausweitung der Wahlbevölkerung der Status quo in einer Gesellschaft radikal geändert würde, in der Empirie zumeist haltlos. Vielmehr zeigen Studien, dass Neuwähler*innen – aufgrund einer doch recht weitgehenden Enkulturation – im Großen und Ganzen ähnliche Präferenzen entwickeln wie die einheimische Bevölkerung (Groenendijk 2008, S. 19). Aber auch hier haben Kritiker*innen davor gewarnt, dass eine radikale Änderung des Wahlrechts zu Instabilitäten in der Bevölkerung führen könnte und daher eine schrittweise Vorgehensweise am besten sei, auch um dann langfristig eine universelle Ausweitung des Wahlrechts auf alle Denizens zu erreichen. Dies war zumindest in Portugal der Fall, wie wir es im nächsten Kapitel sehen werden. Hier wurde darauf verwiesen, dass der Prozess eigentlich schon Jahrzehnte zuvor begonnen hatte, als zunächst Brasilianer*innen und dann Bürger*innen der Europäischen Union das Wahlrecht verliehen wurde. Auch in Belgien wurde zunächst nur EU-Bürger*innen das Wahlrecht zugesprochen, mit der Aussicht, langfristig ein universelles Wahlrecht für alle Denizens einzuführen. Die schrittweise Ausweitung des Wahlrechts ist daher nicht nur eine probate Strategie, um Stabilität zu wahren und allmähliches Vertrauen in eine neue, größere Wähler*innenschaft[3] aufzubauen, was normalerweise im Interesse von großen Parteien (der Mehrheitsbevölkerung) ist, sondern auch ein wichtiges Mittel, um Rückschläge zu vermeiden, was dann auch im Interesse von den (oftmals auch kleineren) Parteien sein kann, die für eine umfassendere Reform eintreten.

In Abb. 3.1 unterscheide ich relevante und weniger relevante Fälle. Als relevante Fälle bezeichne ich Demokratien mit einem hohen Anteil an eingewanderter Bevölkerung. Sie sind in der Abbildung auf der oberen Seite des Zeitstrahls eingezeichnet. Die Abbildung zeigt eine Konzentration dieser Fälle zwischen 1975 und 2005. Auf der unteren Seite der Abbildung sind die weniger relevanten Fällen eingezeichnet. Hierbei handelt es sich um Länder mit einem relativ geringen Migrationsanteil. Hier ist eine Fallkonzentration zwischen den Jahren 1990 und 2005 zu erkennen. Bevor wir uns mit den für unsere Fragestellung relevanteren

---

[3] Hammar (1990) zeigt, wie schnell ein solches Vertrauen in der Bevölkerung aufgebaut werden kann. Kurz vor der parlamentarischen Entscheidung zur Ausweiterung des Wahlrechts auf Denizens in Schweden hatte noch eine Mehrheit in der Bevölkerung in einer Meinungsumfrage angegeben, gegen eine Ausweitung des Wahlrechts zu sein. Umfragen kurz nach der Entscheidung zeigten dann jedoch, dass die Meinung sich gewandelt hatte und die Mehrheit stolz auf die einstimmige Entscheidung der politischen Parteien war.

Fällen beschäftigen, werfen wir einen kurzen Blick auf die weniger relevanten Fälle. Sie repräsentieren 45 % der Fälle.

3.1.1 Ausweitung des Wahlrechts auf Denizens in weniger relevanten Fällen

Zunächst einmal kann man hier vermuten, dass in diesen Ländern, die Ausweitung des Wahlrechts auf Denizens vor allem als symbolische Geste angesehen werden kann, da hier ja kaum eine relevante eingewanderte Bevölkerung vorhanden ist, die von der Maßnahme profitieren könnte. In manchen dieser Länder kann die Ausweitung des Wahlrechts auf Denizens auch als Resultat aus einer kolonialen Vergangenheit angesehen werden. Oftmals wurden Wahlrechtsreformen in den früheren kolonialen Metropolen durchgeführt und als Reaktion darauf (im Sinne des o. g. Reziprozitätsprinzips) auch ein Wahlrecht für Denizens im ehemaligen Koloniestaat eingeführt. Für manche frühere Kolonien hat die Ausweitung des Wahlrechts im Land selber keine großen Auswirkungen, aber für die Staatsbürger*innen im Ausland. Dies war z. B. bei den Kapverden und Portugal der Fall, wo portugiesischen Migrant*innen auf den Kapverden sogar großzügigere Bedingungen für die Teilnahme am Wahlrecht gewährt wurden (kürzere Mindestaufenthaltsdauer) als den kapverdischen in Portugal. Ähnlich verhält es sich mit verschiedenen lateinamerikanischen Staaten und Spanien, wo das Wahlrecht für Denizens ebenfalls auf Basis des Reziprozitätsprinzips eingeführt wurde (allerdings nicht in Uruguay, das bereits 1952 als Erstes die Einführung des Wahlrechts für Denizens eingeführt hatte).

Zudem handelt es sich bei den meisten Ländern auf der unteren Hälfte vielfach um kleinere Länder, von denen viele dem Commonwealth of Nations angehören und die mit ihrer Ausweitung des Wahlrechts auf Denizens auf die im Vereinigten Königreich eingeführte (und auf Gegenseitigkeit basierende) Wahlrechtsreform reagiert haben. Die meisten von ihnen beschränken die Ausweitung des Wahlrechts auch auf die Bürger*innen des Commonwealth und Irlands und oftmals zudem auf Kommunalwahlen. Andere Fälle sind so zu erklären, dass eine Ausweitung des Wahlrechts auf Denizens oftmals auf externen Druck einer regionalen Integration erfolgt. Dies war z. B. bei den neuen EU-Staaten Ungarn, Litauen, Slowenien, Slowakei, Malta und Bulgarien der Fall, die ihr kommunales Wahlrecht nicht nur auf EU-Staatsbürger*innen, sondern auf alle dauerhaft ansässigen Migrant*innen (mit unterschiedlichen Zusatzbedingungen) in ihrem Land ausweiteten, auch um die Vorgaben der EU im Beitrittsprozess zu übertreffen.

Zurück zu den relevanten Fällen: Der nächste Schritt ist, zu versuchen, sie nach Ähnlichkeiten und Unterschieden zu ordnen. Der erste Schritt bei der Erhebung der Vielfalt an Fällen von Wahlrechtserweiterungen auf Denizens im Verlauf von Raum und Zeit erfordert die Definition von dem, was als Fall gilt. Dieser Schritt ist für jede Anstrengung der Theorieentwicklung für ein neues Phänomen entscheidend: Er zeigt das Ausmaß, zu dem Forschungsergebnisse zu einem bestimmten Fall auf andere projiziert werden können. Ich folge Mahoney und Goertzs „Möglichkeitsprinzip" („possibility principle") (2004), wonach die Grenze zwischen relevanten und irrelevanten Fällen wichtiger sei als die Grenze zwischen negativen (Fälle, in denen das Phänomen, das untersucht werden soll, nicht auftritt, obwohl vermutet wird, dass die Umstände des Falles relevant sind) und positiven Fällen (Fälle, wo es auftritt).

Abb. 3.1 zeigt alle positiven Fälle, relevant wie irrelevant, um die gesamte Breite an existierenden Denizen-Wahlrechten zu illustrieren. Allerdings wird laut dem *Possibility Principle* die gesamte Bandbreite relevanter Fälle durch das Forschungsinteresse definiert. Dieses besteht in diesem Buch darin, sowohl die Dilemmata zu betrachten, die durch den Denizen-Status in liberalen Demokratien entstehen, als auch die darauffolgenden Lösungen gegenüber den traditionellen Formen der Erlangung von Staatsangehörigkeit.[4] Somit sind auch die Fälle relevant, in denen die Denizen-Wahlrechte wenigstens in einer formellen Parlamentsdebatte zur Sprache kommen – d. h. in denen demokratische Regierungen

---

[4] Orthodoxe Sichtweisen im Bereich des Forschungsdesigns sprechen sich gegen eine Fallauswahl aus, die auf dem Ergebnis basiert, das gezeigt werden soll. Dennoch ist eine ergebnisorientierte Fallauswahl in der explorativen qualitativen Forschung zulässig, wenn es um die genaue Betrachtung der Theorieentwicklung, Theorieverfeinerung und Theorieverbesserung geht (Geddes 2010). Ich bin mir des Risikos, zu viel aus zu wenig zu schließen, durchaus bewusst, weswegen ich das Possibility-Prinzip nutze und ein Forschungsdesign entwickele, das mehrere deduktive und induktive Schritte beinhaltet. Als Erstes bestimme ich die Fälle eines klar definierten Phänomens – Gesetzgebungsdebatten über die Ausweitung des Wahlrechtes auf Denizens in liberalen Demokratien mit einer hohen Immigration. In meiner Gesamtmenge an Fällen befinden sich verschiedene Länder mit verschiedenen Resultaten. Ich wähle und untersuche Fälle, die unterschiedliche Punkte innerhalb der Möglichkeiten an Resultaten einnehmen. Um die Fallstudien aufzubauen, hebe ich die Vollständigkeit der Fälle, ihre historischen Details und die Verbindungen zwischen den verschiedenen Aspekten jedes Falles hervor, da dies die gängige Praxis in der Fallstudienforschung ist. Trotzdem sind beide Fälle so aufgebaut, dass sie jeweils verschiedene Beobachtungen enthalten, die später in Kap. 7 weiterverfolgt werden, das systematisch Ergebnisse der beiden Fälle vergleicht, um einige generelle Resultate herauszufiltern und diese mit anderen relevanten Fallergebnissen aus dem Gesamtspektrum zu vergleichen, die bereits von anderen untersucht wurden.

im Amt sind und in denen die potenziellen Kandidat*innen für eine Wahlrechtserweiterung – d. h. Migrant*innen – existieren.[5] Dies wird im Folgenden als Rahmenbedingungen bezeichnet. Obwohl die Anzahl all jener Demokratien, die die Ausweitung von Wahlrechten diskutiert haben, bei über 90 liegt, reduzieren diese Rahmenbedingungen meine Grundgesamtheit auf 63 Fälle, die einen hohen Anteil an ansässigen Migrant*innen aufweisen.

Die Tatsache, dass ich die Regierungsform und die Migrationsbevölkerung als Rahmenbedingungen definiere, bedeutet, dass die Resultate dieser Studie nicht auf die Grundgesamtheit aller 94 Länder (und, wenn wir auch politische Gemeinwesen auf dem subnationalen Niveau betrachten, weit über 100) übertragen werden können, in denen Wahlrechte auf Migrant*innen ausgeweitet wurden. Es gibt Länder mit fragwürdigen demokratischen Ordnungen und auch solche mit negativen Migrationsraten, die dies getan haben (vor allem in Afrika, der Karibik, Lateinamerika und Asien[6]).

Diese Begrenzung erlaubt die Entwicklung einer Darstellung, die genau erläutert, warum die Ausweitung des Wahlrechts auf Denizens in Fällen mit demselben normativen Einsatz auf der einen Seite und den gleichen dringenden Umständen auf der anderen Seite gelingt oder scheitert. Ohne sich nachteilig auf die Ergebnisse auszuwirken, die aus dem Studium relevanter Fälle gezogen werden können, hilft eine derartige Abgrenzung bei der Fokussierung auf die Fragestellung und trennt diese von der allgemeineren Frage, warum die Ausweitung des

---

[5] Somit folgt meine Abgrenzung der Grundgesamtheit von Fällen in drei Schritten: 1) positive Fälle auswählen, 2) negative Fälle aus der verbleibenden Grundgesamtheit nach dem „Möglichkeitsprinzip" auswählen, 3) den Zusammenschluss der beiden Mengen als zu untersuchende Grundgesamtheit behandeln, um die variierenden Ausprägungen des Phänomens zu untersuchen. Fälle, in denen weder die Voraussetzungen noch die relevanten Ergebnisse gegeben sind, sind damit irrelevant. Prinzipiell scheint dieser Zuschnitt unverhältnismäßig großzügig, weil er Fälle auslässt, in denen eine Wahlrechtsausweitung auf Denizens als Resultat verfassungsrechtlicher Besonderheiten, Emigrationsprognosen und Gegenseitigkeitsregeln, in denen die Wahlrechtserweiterung erst mit späterer Immigration zum Problem wurde, zustande kam. Im Schritt vor diesem Zuschnitt auf relevante Fälle betrachte ich jedoch auch andere Fälle, in denen die beiden Bedingungen gelockert werden. Selbst später weist einer der von mir in aller Ausführlichkeit untersuchten Fälle einen Wandel von einem Wahlrechtsausweitungsregime, das sich aus verfassungsrechtlichen Besonderheiten und einer Emigrationswirklichkeit entwickelt hat, hin zu Reformen auf, die in eine neue, durch Einwanderung gekennzeichnete Situation eingebettet sind und die durch eine Reihe von Erweiterungen die Gesamtheit der einbezogenen Menschen immer wieder marginal vergrößert hat. Schließlich wird das komparative Argument in Kap. 6 durch die Untersuchung eines Falles mit niedrigen Einwanderungsraten gestärkt.

[6] Burkina Faso, Malawi, Guinea, Marokko, Trinidad und Tobago, Kolumbien, Venezuela, Peru, Paraguay, Guyana; in China: Macau und Hongkong.

Wahlrechts auf Denizens in allen Fällen passiert. Diese Fragestellung würde aller Wahrscheinlichkeit nach zu den Erklärungen führen, die bereits für alle Fälle auf der linken Seite der Graphik angegeben wurden.[7] In Abb. 3.1 habe ich den Spielraum dieser Bedingungen erweitert und Nichtdemokratien sowie Länder mit niedrigen Einwanderungsanteilen, die das Wahlrecht auf Denizens ausweiten, mit einbezogen – d. h. nicht nur relevante und irrelevante, sondern auch positive und negative Fälle.

3.1.2 Relevante Fälle

Wenn wir nun auf die relevanten Fälle aus Abb. 3.1 schauen (rechte Seite), fallen vier Dinge auf. Zunächst scheint es bemerkenswert, dass nach den ehemaligen Kolonialmächten Portugal und Großbritannien Schweden eines der ersten Länder war, das über die Ausweitung des Wahlrechts auf Denizens debattierte. Die anderen skandinavischen Länder wie Norwegen und Finnland folgten einige Zeit später. Schweden war es dann auch, das als erstes skandinavisches Land eine universelle Ausweitung des Wahlrechts auf Denizens schrittweise vollzog, nachdem es zuvor über mehrere Jahre bereits skandinavischen Migrant*innen das Wahlrecht zugestanden hatte.

Darüber hinaus fallen zweitens Kanada und die USA ins Auge. Hier scheint in den letzten Jahren etwas in Bewegung gekommen zu sein. Hier wird seit den 1980er-Jahren vermehrt über die Ausweitung des Wahlrechts auf regionaler und lokaler Ebene debattiert, allerdings fast nur in einigen liberalen Staaten bzw. Städten mit einem hohen Zuwanderungsanteil, insbesondere im Nordosten der USA und Kanada. So gibt es z. B. im Distrikt von Columbia, wo knapp zwölf Prozent der Bürger*innen einen Migrationshintergrund haben, aber etwas mehr als drei Prozent auch die kanadische Staatsbürgerschaft besitzen, immer wieder Debatten darüber, auch dauerhaft ansässige Migrant*innen zu den Bürgermeister*innen- bzw. Stadtratswahlen zuzulassen. Im amerikanischen Überseestaat Puerto Rico wurde im Jahr 2015 ein Gesetz vorgeschlagen, das es nichtstaatsangehörigen Bewohner*innen ermöglichen sollte, an den inselweiten Wahlen teilzunehmen, was für Hunderttausende Dominikaner*innen, die auf dem Inselstaat leben, von

---

[7] In der qualitativen Forschung bereichert eine höhere Fallzahl die Diversität der Fälle und fördert die theoretische Entwicklung und Ausführung, kann aber auch eine unüberschaubare Heterogenität zur Folge haben, die riskiert, die Klarheit der Erkenntnisse aus der Forschung zu schwächen. So reduziere ich den Untersuchungsgegenstand, um eine strenge Anwendbarkeit meiner Forschungsergebnisse zu garantieren.

elementarer Bedeutung wäre (Lee 2015). New York City erlebt heute eine ähnliche Debatte. Sollte hier eine entsprechende Wahlrechtsreform verabschiedet werden, wäre es die größte der acht Jurisdiktionen in den USA, die es Nichtstaatsbürger*innen, wenn sie mindestens sechs Monate rechtmäßig ansässig sind, ermöglicht, an Wahlen teilzunehmen. Wie man in der Abbildung auch sehen kann, ist dies nur der aktuellste Vorstoß von vielen seit 2010. Der Streitpunkt scheint sich einfach nicht aufzulösen. Die Auseinandersetzung wird weiterhin vor allem auf lokaler Ebene geführt. Sie wird einerseits von der Vision gespeist, Staatsbürgerschaft und Wahlrecht nachhaltig zu entkoppeln, und andererseits von der Frustration vieler, die Jahr für Jahr von Entscheidungen ausgeschlossen werden, die sie in ihren grundlegendsten Bedürfnissen betreffen. In New York City wird die Debatte vom Ratsmitglied Daniel Dromm vorangetrieben, der einen Bezirk repräsentiert, in dem Nichtstaatsbürger*innen knapp die Hälfte der Bevölkerung ausmachen. Er sagt: „[Es] würde Gemeinden wie meine für Beamt*innen in der ganzen Stadt und für Staatsbeamt*innen wichtiger machen. Wir können sie nicht ignorieren, wenn sie abstimmen können" (Tharoor 2015, eigene Übersetzung).

Drittens ist der Abbildung zu entnehmen, dass wir es aktuell mit einer Renaissance des Themas zu tun haben. Der Versuch, Wahlrechte auf Denizens auszuweiten, scheint beim ersten Versuch nicht immer zu glücken, scheint aber immer wieder thematisiert zu werden – d. h. dass auch nach einem negativen Entscheid die Ausweitung des Wahlrechts nochmals neu ausgehandelt werden kann. Belgien z. B. ist bei seinem Versuch, eine entsprechende Reform durchzubringen, zunächst zweimal gescheitert, bevor sie dann 2004 erfolgreich beschlossen werden konnte. In Frankreich, Italien, Österreich und Deutschland wurden ebenfalls auf mehreren Ebenen mehrere Anläufe genommen. In Frankreich wurde ein entsprechender Gesetzesentwurf am häufigsten diskutiert, wobei er allerdings immer an der Ablehnung des Senats gescheitert ist. Die Ausweitung des Wahlrechts wurde mit der Begründung zurückgewiesen, dass die Vorbedingungen für die Ausweitung des Wahlrechts sich nicht von den Voraussetzungen einer Einbürgerung unterscheiden würden (fünf Jahre Aufenthalt) und die Einbürgerung daher der bevorzugte Weg bleiben sollte, das Stimmrecht in Frankreich zu erhalten.

Viertens scheint es einen Trend zu geben, dass die ursprüngliche Begrenzung der Ausweitung des Wahlrechts mit der Zeit auf immer mehr Gruppen ausgeweitet wird. Neben den bereits angesprochenen skandinavischen Staaten können wir auch eine sukzessive Öffnung des Wahlrechts in Irland, den Niederlanden und Neuseeland beobachten. Zunächst wurde die Öffnung auf Basis des Reziprozitätsprinzips eingeführt und meist auf eine bestimmte Migrant*innengruppe beschränkt (mit kulturellen, geografischen oder postkolonialen Bezügen), um anschließend auf alle Denizens im Staat ausgeweitet zu werden. Der Fall Portugal ist besonders aussagekräftig: Durch vier Reformen zwischen 1971 und 1997 wurde hier das Wahlrecht sukzessive auf alle Denizens ausgeweitet. Zunächst basierte es nur auf Reziprozität und betraf nur ausgewählte Gruppen. Dann wurde es Schritt für Schritt auf immer mehr Menschen ausgeweitet. In Portugal gibt es inzwischen eine Debatte, ob es sinnvoll ist, überhaupt die Reziprozitätsregel beizubehalten.[8]

Dass allerdings kein Automatismus in der Ausweitung des Wahlrechts besteht, zeigt das Beispiel Luxemburg. Hier können Denizens seit 2003 zwar ebenfalls an Kommunalwahlen teilnehmen, und zwar gleich welcher Nationalität sie sind, allerdings wurde eine Initiative, das Wahlrecht für Denizens, die seit mehr als zehn Jahren im Land leben und schon mindestens einmal bei einer Kommunalwahl teilgenommen haben, auch auf nationaler Ebene einzuführen, in einem Referendum vom Juni 2015 vom luxemburgischen Volk abgelehnt. Der Vorschlag wurde vom damaligen luxemburgischen Premierminister, Xavier Bettel, eingebracht, um, wie er es sagt, das vielfältige politische und gesellschaftliche Leben in Luxemburg mit dem „demos", von dem über 45 % eine ausländische Staatsangehörigkeit besitzen, besser in Einklang zu bringen (Sinner 2015). Während progressive Kräfte das Vorhaben unterstützten, wurde es von Konservativen – allen voran vom damaligen Präsidenten der Europäischen Kommission Jean-Claude Juncker – und von 80 % des luxemburgischen Volkes abgelehnt (ebd.).

3.1.3 Regionale Trends

Natürlich können aus diesen allgemeinen Beobachtungen noch keine Erklärungen abgeleitet werden. Es fällt auf, dass die Ausweitung des Wahlrechts auf Denizens vor allem in Europa voranschreitet, wo ausländische Staatsangehörige ohnehin das kommunale und Europawahlrecht haben, auch wenn sie in einem anderen

---

[8] Gleiches gilt für Spanien. Hier wurde 2010 nach 20 Jahren Debatte ein Gesetz verabschiedet, das Denizens aus Ländern, mit denen Spanien sog. Reziprozitätsverträge unterschrieben hat, auf lokaler Ebene das Wahlrecht einräumt. Im Mai 2011 durften demnach zum allerersten Mal Nichtstaatsbürger*innen aus 14 Ländern außerhalb der EU, mit denen Spanien die Reziprozitätsvereinbarung ratifiziert hat, wählen (Ortega Giménez 2011). Auch hier ist es in den vergangenen Jahren zu einer Debatte über die Abschaffung der Reziprozitätsklausel gekommen (Gutiérrez et al. 2008), interessanterweise aber nicht in Bezug auf das Wahlrecht, sondern in Bezug auf den Erwerb der Staatsbürgerschaft für lateinamerikanische Denizens (Cook-Martin und Viladrich 2009; zitiert nach Bloemraad 2011, S. 279).

Staat der Europäischen Union leben.[9] Allerdings leben auch hier noch Millionen von Menschen, die von außerhalb der Europäischen Union, aus sog. Drittstaaten, in die EU eingewandert und weiterhin von kollektiven Entscheidungsprozessen ausgeschlossen sind. Zwar hat das Europäische Parlament seit 1996 Wahlrechte auf kommunaler Ebene für alle ausländischen Einwohner*innen und die Erleichterung der doppelten Staatsangehörigkeit immer wieder angeregt[10] (Geyer 2007, S. 3), bisher ist es aber noch nicht zu einer umfassenden Regelung gekommen. Im Gegenteil: Noch immer gibt es eine Vielzahl von Ländern in der EU, die keinerlei Maßnahmen zur Ausweitung des Wahlrechts auf Drittstaatsangehörige ergriffen haben, obwohl neben dem Europäischen Parlament viele europäische Institutionen eine Ausweitung gefordert haben.[11] Die EU versucht daher das Wahlrecht auch für Drittstaatsangehörige auf kommunaler Ebene „bottum-up" in den Mitgliedstaaten zu fördern, etwa durch die Finanzierung von Konferenzen

---

[9] Die ersten Schritte hin zu einem kommunalen Wahlrecht für alle Bürger*innen der Europäischen Union gehen auf das Jahr 1974 zurück, als der Europäische Rat eine Arbeitsgruppe zu Sonderrechten der EG-Bürger*innen einsetzte. Im Jahr 1985 legte der Pietro-Adonnino-Ad-hoc-Ausschuss dem Europäischen Rat einen Bericht vor, der die Einführung des kommunalen Wahlrechts für alle EU-Bürger empfiehlt. Im selben Jahr forderte das Europäische Parlament von der Kommission, konkrete Vorschläge zu erarbeiten, die im Oktober 1989 unterbreitet wurden (geänderter Vorschlag für eine Richtlinie des Rates über die Stimmrechte der Gemeinschaftsangehörigen bei Kommunalwahlen in ihrem Wohnsitzmitgliedstaat) (Europäisches Parlament 2003). Im Vertrag von Maastricht wurde die Unionsbürgerschaft als Kern der Europäischen Union verankert und 1994 wurden in der Richtlinie 94/80/EG die Einzelheiten bei der „Ausübung des aktiven und passiven Wahlrechts bei Kommunalwahlen für Unionsbürger in einem Land, dessen Staatsbürgerschaft sie nicht besitzen" festgelegt. Die Ausweitung des kommunalen Wahlrechts für EU-Bürger*innen hat allerdings nicht zu einer Konvergenz des Wahlrechts für „Drittstaatsangehörige" geführt (Halleskov 2005).

[10] So schlug z. B. im Jahr 2003 das Europäische Parlament in seiner Mitteilung über Einwanderung, Integration und Beschäftigung daher nochmals vor, das kommunale Wahlrecht im Sinne eines partizipativen Staatsbürgerschaftsverständnisses auch auf Drittstaatsangehörige auszuweiten (Europäisches Parlament, *Report on the Communication from the Commission on immigration, integration and employment,* A5-0445/2003, 1.12.2003, Motion for a European Parliament Resolution, Punkt 32).

[11] So fordert die Kommission in ihrem „Handbuch zur Integration für politische Entscheidungsträger und Praktiker" ausdrücklich die Ausweitung der politischen Rechte für alle Bewohner*innen in der EU zumindest auf lokaler Ebene (Geyer 2007, S. 4–6), und der Europäische Wirtschafts- und Sozialausschuss schreibt: „Citizenship rights and the right to vote in municipal elections must be guaranteed for third-country nationals who are stable of long-term residents" (Opinion on Immigration in the EU and integration policies: cooperation between regional and local governments and civil society organizations, SOC/219, 13.9.2006, point 6.18.).

und Kampagnen, die das Bewusstsein in der gesamten EU für die Notwendigkeit einer gemeinsamen Regelung zu wecken.[12] Diese eher weichen Maßnahmen scheinen bislang aber noch nicht die erhoffte Wirkung gezeigt zu haben. Lateinamerika ist die nächste Region, in der sich ein Großteil der Fälle konzentriert, insbesondere in Südamerika.[13] Tatsächlich, zeigt sich in den elf Fällen in dieser Region das gesamte Spektrum an Variation, durch welche die Ausweitung des Wahlrechts auf Nichtstaatsangehörige weltweit gekennzeichnet ist. Bei der Hälfte der Reformen zur Erteilung des Wahlrechts wurde das Wahlrecht nur auf eine Untergruppe von Migrant*innen beschränkt oder unterliegt dem strengen Prinzip der Reziprozität (wie z. B. in Brasilien), bei der anderen Hälfte ist Universalismus festzustellen.

Interessanterweise haben in dieser Region die weltweit ältesten Fälle der Ausweitung des Wahlrechts auf Nichtstaatsbürger*innen stattgefunden: in Chile (1925) und Uruguay (1952). In Uruguay erkennt die Verfassung nicht nur das Wahlrecht für ausländische Bewohner*innen an, sondern auch das Recht, in die regionalen Parlamente gewählt zu werden (wobei die Anforderung an die Aufenthaltslänge mit fünfzehn Jahren auch die höchste der Welt ist). In Lateinamerika gibt es von der ALBA bis zu Mercosur verschiedene regionale Projekte, die sich parallel entwickelten. Einige davon sind ambitionierter als andere in Bezug auf die Erschaffung eines gemeinsamen *Demos* (z. B. die *Declaración de Brasilia hacia una ciudadanía sudamericana* [Erklärung Brasiliens für eine südamerikanische Staatsbürgerschaft] oder das *Parlamento Andino* [Andenparlament]) und die Aufhebung von Mobilitätsbeschränkungen (z. B. im Zentralamerikanischen CA-4).

Allerdings hat keines dieser Projekte explizit das Ziel postuliert, als Teil einer regionalen Entwicklung Wahlrechte auf migrantische Einwohner*innen auszuweiten. Die Einwohnerzahlen von Migrant*innen in Lateinamerika sind niedrig, was darauf hindeutet, dass die Reformen eher das Ergebnis von Demokratisierungsprozessen und einer Suche nach Kohärenz zwischen Staatsbürgerschaft und Wahlrechtspolitiken, die für die eigenen Auswanderer*innen konzipiert wurden, sind. In Anbetracht des geringen Bevölkerungsanteils, der von der Reform profitiert, hätte sogar das Streben nach einer umfassenden Reziprozität im Spiel sein

---

[12] Ein Beispiel ist etwa die Konferenz „Let's Participate", eine transnationale Sensibilisierungskampagne mehrerer zivilgesellschaftlicher Organisationen im italienischen Prato im Juni 2015, wo symbolisch Probewahlen von drittstaatsangehörigen Einwohner*innen parallel zu den Kommunalwahlen stattfanden.

[13] Die Negativbeispiele in Bezug auf die Wahlrechte von Migrant*innen sind Costa Rica, Kuba, El Salvador, Guatemala, Honduras, Mexiko, Nicaragua, Panama, Puerto Rico, die Dominikanische Republik und Suriname.

können, nämlich die Bereitschaft, einem allgemeinen Trend zu folgen, wodurch in allen Ländern Druck aufgebaut würde, ähnliche Reformen durchzuführen – insbesondere, wenn die jeweiligen Auswanderer*innen hiervon profitieren könnten. Die restlichen Regionen weisen wenig positive Fälle auf.

Auf der anderen Seite dieses Phänomens ist, buchstäblich, Asien zu verorten, wo bislang – außer Hong Kong und Macau mit ihrem besonderen Status – erst ein Land das Wahlrecht auf Denizens ausgeweitet hat: Südkorea. 2005 wurde dort ausländischen Einwohner*innen, die keine Staatsbürgerschaft hatten, auf lokaler und regionaler Ebene das Wahlrecht zuerkannt *(chibangsŏn'gŏ)*.[14] Der koreanische Fall ist nicht nur im Kontext der anderen Fälle in der Welt überraschend, auch seine spezifischen Merkmale, insbesondere in Bezug auf die Kultur und die Institutionen, machen ihn zu einem unwahrscheinlichen Spitzenreiter in dieser Sache. Wie Deutschland, Österreich und Japan ist Korea typischerweise als ein Land mit ethnonationalistischem Verständnis von Staatsbürgerschaft charakterisiert worden (Shin et al. 1999; Shin 2005, 2006; Brubaker 2011), wobei Korea eine sehr geringe Bevölkerung mit Migrationsvergangenheit hat: Auch in der Hochphase der letzten Jahre lag der Anteil von Migrant*innen nie über 2,8 %. Auch wenn die Reform explizit nicht an Reziprozität gebunden wurde, gilt aufgrund der anspruchsvollen Voraussetzungen, die an das Wahlrecht von Denizens geknüpft wurden, die nominell großzügige Ausweitung faktisch nur für wenige Tausend ausgewählte Migrant*innen, nämlich für diejenigen Migrant*innen, die seit mehr als drei Jahren in Korea als Ansässige registriert, in Besitz eines speziellen Visums (F-5)[15] und älter als 19 Jahre sind (Mosler und Pedroza 2014).

Neben diesen geografischen und regionalen Trends spielen auch internationale Verträge eine Rolle, obwohl sie zumeist uneindeutig und schwach in Bezug auf formale Verpflichtungen und durchsetzbare Regeln sind, insbesondere wenn es darum geht, Immigrant*innen politisch zu integrieren. Die Gemeinschaftscharta der sozialen Grundrechte der Arbeitnehmer*innen, die Europaratskonvention zur Partizipation von Ausländer*innen im öffentlichen Leben auf lokaler Ebene, die

---

[14] Die passierte nur ein Jahr, nachdem ihnen ein Gesetz zum nationalen Volksentscheid Raum gegeben hatte für ihre Partizipation bei Volksabstimmungen *(„chumint'up'yo")*, bei Bürgerpetitionen *(„chuminsosong")* und bei Abberufungswahlen *(„chuminsohwan")*. Die gesetzliche Grundlage für diese Partizipationsrechte ist in den Paragraphen 12 und 13, 2. Absatz des Gesetzes zur Regionalen Selbstverwaltung und im Paragraph 3, 2. Absatz des Gesetzes zu Abberufungswahlen zu finden.

[15] Hierbei handelt es sich um ein permanentes Aufenthaltsvisum, das grundsätzlich nur für einige Kategorien von ethnischen Migrant*innen vorgesehen ist, die seit langer Zeit in Korea ansässig waren (ethnische Chines*innen), ohne Staatsbürger*in zu werden. Außerdem ist es gedacht für hoch qualifizierte Wirtschaftsmigrant*innen, die in familiärer Beziehung zu koreanischen Staatsbürger*innen stehen.

1997 in Kraft trat, beinhaltet ein lokales Wahlrecht für alle Ausländer*innen, die mindestens fünf Jahre ansässig sind. Es wurde jedoch nur von fünf Staaten ratifiziert. Im europäischen Bereich sind die Empfehlung 1500 (2001)[16] der parlamentarischen Versammlung des Europarates, die 2001 verabschiedet wurde, und das Zusatzprotokoll zur Europäischen Charta der lokalen Selbstverwaltung über das Recht zur Beteiligung an den Angelegenheiten der kommunalen Verwaltung, das bislang von nur acht Mitgliedsstaaten ratifiziert wurde,[17] zu nennen (European Economic and Social Committee 2006). Dennoch haben diese internationalen Instrumente auf der Diskursebene einen Effekt, indem „sie „Normen" setzen, Diskurse gestalten, rechtliche Kategorien festlegen und Modelle legitimieren [...]. Sie definieren Ziele und Kompetenzniveaus und zwingen die Nationalstaaten, bestimmte Standards zu erreichen" (Soysal 2007, S. 149).

3.2 Konfigurationen von Staatsbürgerschaft

Innerhalb dieser Grundgesamtheit werden die Fälle in einem nächsten Schritt geordnet. Wir fangen mit dem Offensichtlichen an: Die Tatsache, dass alle Debatten zur Ausweitung des Wahlrechts auf Denizens in Demokratien als Vorschläge beginnen und diese Vorschläge damit anfangen, die Frage zu beantworten, ob Wahlrechte – passiv oder aktiv, auf jeder Ebene – nicht eher ausschließlich durch Einbürgerung erworben werden sollten. In Fallstudien werden einige widersprüchliche Annahmen gemacht, um, je nach den gesetzlichen Regelungen für reguläre Einbürgerung, zu erklären, warum die Ausweitung des Wahlrechts erfolgreich ist oder nicht. Es ist nun Zeit, zu untersuchen, ob diese Annahmen Sinn machen. Der beste Weg, dies zu tun, ist, sie in einem vergleichenden Rahmen zu analysieren, dabei jedoch nah genug an der Qualität des Falls zu

---

[16] Parliamentary Assembly – Recommendation 1500 (2001) „Participation of immigrants and foreign residents in political life in the Council of Europe member states", originated in the Assembly debate on 26 January 2001 (8th Sitting), Text adopted by the Assembly on 26 January 2001 (8th Sitting).

[17] Europarat, SEV Nr. 207, Utrecht, 16/11/2009, in Kraft seit 01/06/2012. https://www.coe.int/de/web/conventions/full-list/-/conventions/treaty/207.

bleiben.[18] Eine einfache crisp-set QCA (csQCA – Qualitative Comparative Analysis – Methode für die Kausalanalyse konfigurationaler Daten) dient diesem Vorhaben auf drei Wegen (Ragin 2000, S. 14): Erstens werden alle relevanten Fälle knapp vorgestellt, um die Notwendigkeit und Angemessenheit der Umstände zu bewerten, die in der Literatur als entscheidend für das Erhalten eines Ergebnisses gelten. Zweitens wird die Beziehung zwischen Einbürgerungsregelungen und Stadien und Typen der Ausweitung des Wahlrechts auf Denizens beurteilt. Drittens wird gezeigt, welche Kombination unter allen Möglichkeiten am zielführendsten ist.

Alles in allem hilft es, die Gesamtheit an Fällen nach Variablen zu ordnen, die aus theoretischen Erkenntnissen und ihren empirischen Zusammenhängen abgeleitet wurden, in diesem Fall: allgemeine Klassifizierungen der Leichtigkeit normaler Einbürgerungsverfahren, die Existenz eines bevorzugten Einbürgerungsweges für bestimmte Migrant*innen und verschiedene elementare Stufen zum Erfolg der Ausweitung des Wahlrechts auf Denizens (vergangen und zurzeit debattiert) und ob nur eine bestimmte Untergruppe von Migrant*innen davon profitiert oder die Übertragung allgemeiner Natur ist. Dies erleichtert die Fallauswahl für detaillierte Untersuchungen und ermöglicht es, den Stand eines jeden Falls, den wir später analysieren, im Verhältnis zu den anderen Fällen festzustellen. Die fachspezifischen Details dieser simplen logischen Analyse sind in Pedroza (2019) zu finden. Um die Argumentation weiterzuführen, genügt hier Tab. 3.1, um die Ergebnisse darzustellen.[19]

Die Tabelle zeigt, dass sich die zu diskutierenden Fälle alle auf föderale Staaten beziehen – mit variierenden Graden von föderaler Kompetenz, um

---

[18] Die konfigurative Analyse erlaubt es, ernstzunehmende Defizite von Fallstudien zu korrigieren, indem sie uns wissen lässt, von was jeder Fall für ein Fall ist. Voraussetzung dafür ist das Wissen in Bezug auf den Fall, da die QCA-Forschungsfragen nicht nach den Netzeffekten von Variablen über alle Fälle hinaus fragen, sondern vielmehr nach dem Kontext und der Art des Falls, die mit dem herauszufindenden Ergebnis zusammenhängen.

[19] Ohne Lettland wäre die Lösung deutlich einfacher: Debatten der Ausweitung des Wahlrechts auf Denizens sind dann allgemeingültig, wenn Einbürgerungsregeln ebenfalls für alle gleichermaßen gelten (d. h. keine Bevorzugung bestimmter Gruppen). Es wäre sinnvoll, Lettland auszuschließen, wenn man den einzigartigen Kontext dieses Falls sogar innerhalb des Baltikums bedenkt, wo der geografische und historische Kontext bei der Ausweitung des Wahlrechts auf Denizens auf eine Argumentationslinie der Übereinstimmung durch internationalen Druck schließen lässt. Im Gegensatz zu einer, aus Eigendiagnose entstandenen, Argumentation für demokratische Legitimität. Lettland ist ein Negativbeispiel, trotz des sehr hohen Anteils an Denizens (19,7 % Drittstaatenangehörige, 19,5 % im Ausland Geborene, hauptsächlich Russen) und ungeachtet des großen Drucks vonseiten der EU, Denizens das Wahlrecht zuzugestehen. Als Reaktion auf den Druck der EU hat Lettland die Kategorie der „Nichtbürger" entwickelt (die in der Realität der analytischen Kategorie „Denizenship"

Tab. 3.1 Einbürgerungsverfahren, Existenz eines bevorzugten Einbürgerungsweges für bestimmte Migrant*innen (horizontale Achse) und verschiedene Stufen der Ausweitung des Wahlrechts auf Denizens (vertikale Achse)

Falltypen	Einfache Einbürgerung für alle	Schwierige Einbürgerung für alle	Schwierige Einbürgerung, aber einfacher für manche Gruppen	Einfache Einbürgerung, aber einfacher für manche Gruppen	Lösung
Nationale Debatten/Reformen	Niederlande, Belgien, Frankreich, Irland, Luxemburg	Finnland, Italien, Estland, Lettland, Litauen, Slowakei, Slowenien, Venezuela, San Marino, Ungarn	Costa Rica, Spanien, Norwegen, Dänemark, Deutschland	Schweden, Neuseeland, Portugal, Vereinigtes Königreich, Belize	
Subnationale Reformen	*USA, Kanada, Argentinien*	*Schweiz, Österreich*		*Australien*	
Haben die Ausweitung des Wahlrechts auf Denizens formell debattiert N = 33	Widersprüchliche Lösung **Ja:** Niederlande, Belgien, Frankreich, Irland, Luxemburg, *USA, Kanada, Argentinien* **Nein:** Panama	Widersprüchliche Lösung **Ja:** Finnland, Italien, Estland, Litauen, Slowakei, Slowenien, Venezuela, Ungarn, Island, *Schweiz* **Nein:** *Österreich*, Lettland	Widersprüchliche Lösung **Ja:** Spanien, Norwegen, Dänemark **Nein:** Costa Rica, Deutschland	**Ja** Schweden, Neuseeland, Portugal, Vereinigtes Königreich, Australien	Debatten geschehen eher in Ländern, in denen Einbürgerung relativ einfach ist und für einige Gruppen noch einfacher

(Fortsetzung)

Tab. 3.1 (Fortsetzung)

	Widersprüchliche Lösung		Widersprüchliche Lösung		Widersprüchliche Lösung		Widersprüchliche Lösung		
	Ja	Nein	Ja	Nein	Ja	Nein	Ja	Nein	
Haben die Ausweitung des Wahlrechts auf Denizens verabschiedet N = 29 [San Marino, Panama, Costa Rica und Lettland ausgeschlossen]	Niederlande, Belgien, Irland, Kanada, Panama, USA, Argentinien	Frankreich	Finnland, Estland, Ungarn, Litauen, Slowenien, Slowakei, Island, Venezuela, Australien, Schweiz	Österreich, Italien, Lettland	Dänemark, Spanien, Norwegen, Deutschland	Deutschland	Schweden, Neuseeland, Portugal, Vereinigtes Königreich, Australien	Deutschland	Reformen werden verabschiedet eher in Ländern, in denen Einbürgerung relativ einfach ist und für manche Gruppen noch einfacher
Debatte hat alle Denizens einbezogen (keine Selektivität)	Niederlande, Belgien, Irland, Luxemburg, Argentinien, Frankreich, USA, Kanada		Finnland, Island, Slowakei, Slowenien, Italien, Estland, Litauen, Venezuela, Ungarn, Schweiz		Dänemark, Norwegen, Spanien, Deutschland	Deutschland	Schweden, Neuseeland	Portugal, Vereinigtes Königreich, Belize, Australien	Die Ausweitung des Wahlrechts auf Denizens wird eher diskutiert in Ländern, in denen die Einbürgerung relativ einfach ist

Quelle: Eigene Zusammenstellung

eigenständige Wahlrechte und Politiken[20] zu entwickeln. In diesen Fällen stellt die Ausweitung des Wahlrechts auf Denizens die Einheit der Wählerschaft in einem Nationalstaat infrage. Kanada, Deutschland und Österreich (insbesondere) erscheinen wiederholt in einigen Zellen, weil sie entweder eine Art von Reformen einbeziehen, die es in einigen subnationalen Einheiten gibt, während eine andere Art von Reform in anderen subnationalen Einheiten diskutiert wird, wie in Kanada, oder es gibt unterschiedliche Ergebnisse, was die nationalen und subnationalen Debatten betrifft, wie in Österreich und Deutschland. In Kanada dürfen einige Einwanderungsgruppen (britische Staatsangehörige) in Neuschottland und Saskatchewan wählen. Toronto hat wiederum wiederholt Debatten darüber geführt, allen seinen ausländischen Einwohner*innen das Wahlrecht zu erteilen. In Deutschland waren Debatten in einigen Bundesländern erfolgreich und in anderen nicht – einige waren auf Gegenseitigkeit gestützt, während andere universell waren. Darüber hinaus gab es auch auf Bundesebene Debatten, die bis jetzt aber nicht von Erfolg gekrönt waren. In Österreich gab es Debatten und im Jahr 2004 wurde auch eine Reform zum Wahlrecht beschlossen, später legte aber das Verfassungsgericht sein Veto ein.

3.2.1 Die Beziehung zwischen Einbürgerung und Wahlrecht

Das erste und offensichtlichste generelle Ergebnis, das bei der Betrachtung der Tabelle auffällt, ist, dass uns die Annahmen aus der Literatur bezüglich Erklärungen für die Ausweitung des Wahlrechts auf Denizens nicht sehr weit bringen, wenn wir das sichere Terrain der Fallstudien verlassen und sehen, wie ihre Kombinationen in einer weiten und komparativen Perspektive aussehen. Jeder Versuch, Typen aus diesen Kombinationen zu konstruieren, scheitert an der Tatsache, dass es nicht die eine unmittelbare Lösung in den Analyseergebnissen gibt, weil für

---

am nächsten kommt): Sie gewährt alle sozialen und Bürgerrechte, jedoch nicht das politische Wahlrecht. Aufgrund der lokalen Konzentration russischer Einwohner in der Hauptstadt wird befürchtet, dass selbst kommunale Wahlrechte Russland Einfluss auf die lettische Politik gewähren würde. Die lettische Regierung hat die Gesetze zur Staatsangehörigkeit geändert, um der russischen Bevölkerung einen Anreiz zur Einbürgerung zu bieten – im Gegensatz zur estnischen Regierung, die trotz der Ausweitung des Wahlrechts auf Denizens und Veränderungen, die zur Einbürgerung ermutigen sollten, an einer sehr restriktiven Einbürgerungspolitik festhält.

[20] Seit der Ausarbeitung der Datenbank für diese Analyse haben einige Länder ihre Gesetze geändert. Die zeitliche Beschränkung zwingt mich allerdings, der Forschung einen zeitlichen Rahmen zu setzen. Die Analyse in diesem Kapitel stützt sich daher auf bis 2015 geltende Daten.

jede Lösung mindestens ein Fall zu finden ist, der den anderen, die unter derselben Art von Kombinationen von Bedingungen stehen, widerspricht. In QCA
gibt es Wege, solche „Probleme in den Daten" zu lösen, aber sie alle beinhalten das Treffen willkürlicher Entscheidungen, die Ergebnisse forcieren, die so
nicht wirklich entstanden sind, oder Fälle ausschließen, die der Mehrheit widersprechen. In csQCA wurde bereits eine Vereinfachung zu einem gewissen Grad
vorgenommen (d. h. eine Dichotomisierung) zum Zweck des fallübergreifenden
Vergleichs. Anstatt also die Realität in saubere Ergebnisse zu zwängen, ist es
besser, sie so anzunehmen, wie sie wirklich ist – nämlich komplex und problematisch –, und rigoros zu interpretieren, was „das Problem" bedeutet. Die
Tatsache, dass Widersprüche die Analyse beeinträchtigen, deutet darauf hin, dass
die Einbürgerungsregeln einen sehr kleinen Teil der Geschichte der Ausweitung
der Wahlrechte von Denizens erklären können. Doch das Wissen, das wir mit dieser Übung bisher gewonnen haben, erlaubt uns, eine erste Visualisierung dieser
Erkenntnis vorzunehmen.

In qualitativen Forschungen verdeutlicht ein Eigentumsraum die Beziehungen der Fälle zueinander: So werden Kombinationspfade deutlich, die womöglich
durch die gleiche Wirkung (Äquifinalität) oder die gleichen Konditionskombina-
tionen, die zu verschiedenen Wirkungen führen können (Multifinalität), auftreten.
Dies wiederum erlaubt es, Fälle herauszufiltern, die speziell für die Entwicklung
einer Theorie bedeutend sind, um auf die Suche nach weiteren Bedingungen und
kausalen Mechanismen zu gehen, z. B. am ehesten/am wenigsten („least likely")
oder kritische Fälle (Bennett und Elman 2006a, S. 465). Abb. 3.2 unterteilt die
Bevölkerung von Ländern, die anhand dreier konzentrischer Kreise gemäß den
Stationen und Arten von Ausweitung des Wahlrechts auf Denizens und ihrer
Qualitäten analysiert wird. Diese beinhalten Schnappschüsse von Situationen,
jedoch keine Prozesse. Die Prozessskizzierung mit fokussierten Vergleichen ist
notwendig, um die Fragen, die sich aus den sich widersprechenden Kombinationen ergeben, zu beantworten (Hall 2006, S. 385) und eine Analyse der Sequenzen
und Interaktionen sicherzustellen, was z. B. in der Abbildung unzureichend dargestellt ist und in der doppelten Bedeutung von Deutschland seinen Ausdruck
findet.

Wieder erscheint in Abb. 3.2 Deutschland zweifach, weil einige Debatten
auf Bundesländerebene erfolgreich sind, jedoch die Debatte auf Bundesebene
fehlschlägt, gerade noch rechtzeitig, bevor die Reform im ersten Bundesland
implementiert werden konnte. Ist die Ausweitung des Wahlrechts auf Denizens
ein Prozess, der nach einem erreichten kritischen Zeitpunkt nicht mehr gestoppt
werden kann? Diese Frage lädt uns zu einem Exkurs über die Aberkennung oder
den Entzug von (Wahl-)Rechten ein. Der Entzug von Rechten ist in Demokratien

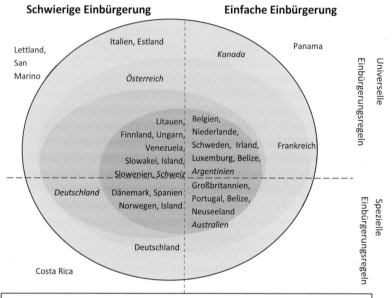

Schwierige Einbürgerung   **Einfache Einbürgerung**

Lettland,   Italien, Estland
San   Kanada   Panama
Marino   Österreich

Universelle
Einbürgerungsregeln

                   Litauen,   Belgien,
              Finnland, Ungarn, Niederlande,
                   Venezuela,   Schweden, Irland,   Frankreich
              Slowakei, Island, Luxemburg, Belize,
              Slowenien, *Schweiz* *Argentinien*
                                   Großbritannien,
     Deutschland Dänemark, Spanien Portugal, Belize,
              Norwegen, Island   Neuseeland
                                   Australien

Spezielle
Einbürgerungsregeln

                   Deutschland

     Costa Rica

Der Kasten enthält alle relevanten Fälle, d. h. Demokratien mit hohen Migrationsanteilen, die
Denizen-Wahlrechte diskutiert haben oder nicht. Der größte Kreis enthält alle Fälle von Diskussionen
und lässt Fälle von Nicht-Diskussion außen vor. Der nächstkleinere Kreis enthält Fälle von
Diskussionen, bei denen die Wahlrechtsreformen erfolgreich waren oder gescheitert sind. Der
nächstkleinere Kreis enthält vergangene Reformen, die später abgebrochen wurden (jetzt auch Fälle,
in denen Wahlrechtsdiskussionen gescheitert sind). Der letzte Kreis enthält Fälle, in denen
Wahlrechte erfolgreich umgesetzt wurden. Innerhalb der Kreise wird eine qualitative Unterscheidung
getroffen: je nachdem, ob es sich um eine nationale oder eine subnationale Reform (kursiv) handelt.

Abb. 3.2 Verteilung der Länder nach Einbürgerungsregeln. (Quelle: Eigene Zusammenstellung)

relativ selten, es gibt aber dennoch Phasen der Entrechtung seit den Ursprüngen
der Demokratie. Hirsch Ballin hat festgestellt (2014, S. 10), dass die im Jahr
1789 in vielen europäischen Staaten erteilten Rechte, dem französischen Beispiel
folgend, in der Restaurationsphase der europäischen Monarchien 1814–15 teilweise aufgehoben wurden. Da war die Katze aber bereits aus dem Sack, denn
eine vollständige Rückkehr zum alten Feudalsystem war nicht mehr vorstellbar
und durch die revolutionären Bewegungen von 1848 wurden in weiten Teilen
Europas fundamentale Rechte in größerem Maße in der Verfassung verankert. In

der Grundgesamtheit unserer Fälle erscheint Australien als ein Fall, der politische Reformen nur auf der regionalen Ebene zugelassen hat. Dies ist tatsächlich das Resultat eines Wahlrechtsgebungsprozesses, der in seinen demokratischen Überlegungen begrenzt war. Vor 1981 konnten britische Staatsangehörige auf der lokalen Ebene überall in Australien wählen. Die Berechtigung, sich zu registrieren und zu wählen, war durch eine Kombination des Vorhandenseins der britischen Staatsangehörigkeit und einer Mindestaufenthaltsdauer von sechs Monaten in Australien gegeben. Heutzutage ist das nicht möglich, aber trotzdem sind manche in Australien lebende Brit*innen, die nicht die australische Staatsangehörigkeit besitzen, auf föderaler Ebene und in Referenden wahlberechtigt, nämlich jene, die sich vor 1984 registriert haben. Als die Parlamente auf föderaler und nationaler Ebene die legislativen Bedingungen für die Wahlrechtsgebung australischer Bürger*innen reformierten, wurde es als unfair angesehen, britische Staatsangehörige zu entrechten, die bereits registriert und wahlberechtigt waren. Demnach konnten diejenigen, die sich bis zum Tag des Wechsels registriert hatten, weiterhin wählen. Außerdem haben mehrere Staaten sehr lokale Formen der Wahlberechtigung von Einwohner*innen ohne Bürgerschaftsstatus beibehalten, mit speziellen Voraussetzungen von Grundbesitz in der Region.

Selbst wenn in Demokratien stark undemokratische Regierungen die Macht übernehmen, können eingeschränkte Formen eines Wahlrechtes erhalten bleiben, wie Hongkong und Macau zeigen. Als Hongkong unter britischer Kontrolle stand, hatten z. B. Personen mit ständigem Wohnsitz ohne Staatsbürgerschaft passive und aktive Wahlrechte. Nach der Übernahme durch China wurde Hongkong eine Sonderverwaltungszone und kämpfte dafür, seine auf Wahlen basierenden Regierungsbestimmungen beizubehalten, einschließlich der Regelung, dass Personen mit ständigem Wohnsitz in der Sonderverwaltungszone Hongkong das Wahlrecht haben und das Recht, sich zu Wahl zu stellen (Art. 26 des Hongkonger Grundgesetzes). Ji Pengfei, der Vorsitzende des Entwurfskomitees für das Grundgesetz der Sonderverwaltungszone Hong Kong der Volksrepublik China, verteidigte dies heftig während der Verhandlungen über die Wiedereingliederung unter dem Standpunkt, dass so eine „multi-level protection for Hong Kong residents' rights and freedoms"[21] geboten wird.

---

[21] 'Explanations on „The Basic Law of the Hong Kong Special Administrative Region of the People's Republic of China (Draft)" and Its Related Documents', Address of Ji Pengfei to the Third Session of the Seventh National People's Congress on March 28, 1990, Zugriff über die Basic-Law-Webseite, http://www.basiclaw.gov.hk/en/, letzter Zugriff August 2015.

Die Einschränkung des Wahlrechts ist in Nichtdemokratien deutlich leichter. In Myanmar z. B. besaßen die Rohingya[22] und andere staatenlose Minderheiten, wie beispielsweise die in Burma geborenen Chines*innen und Inder*innen, eigene ID-Karten, die ihnen die Gelegenheit gaben, zweimal zu wählen. Angeblich hat die herrschende Regierung – eine Militärjunta – diesen Minderheiten ihre ID-Karten und Stimmrechte willkürlich übergeben oder aber entzogen. Im Jahr 2015 nahm die Aberkennung des Wahlrechts, angetrieben von Protesten nationalistischer Buddhist*innen, sowie darauffolgende Entscheidungen des burmesischen Parlaments, des Präsidenten und des Verfassungsgerichts, einen endgültigen Wandel (Pedroza 2015).

Bei dem Zusammenhang zwischen dem Regimetyp und der Übertragung von Stimmrechten handelt es sich jedoch um keine Gesetzmäßigkeit. Die USA sind der bekannteste Fall für die Aberkennung des Wahlrechtes von Bürger*innen in einer Demokratie. Er zeigt, dass politische Interessen, die durch einen demokratischen Prozess hervorgebracht werden, von starken Schwankungen geprägt sind. Dies ist der Fall, wenn die Mehrheit im Hinblick auf ihre Werte und Normen eine Unzufriedenheit gegenüber dem Wahlverhalten einer Partikulargruppe ausdrückt, trotz eines großzügigen Jus-soli-Zugangs zur Staatsbürgerschaft und inklusiver Staatsbürgerschaftstraditionen. In vierzig Staaten und föderalen Territorien (Bundesländern) konnten Einwohner*innen, die keinen Bürger*innenstatus hatten, seit der Gründung der Republik an lokalen, landesweiten oder manchmal sogar bundesweiten Wahlen teilnehmen. Dann aber führte eine Welle an Protesten gegen Immigration in den 1920er-Jahren zu einer Veränderung (Hayduk 2006; Schuck 1989) und der Aberkennung des Wahlrechtes für Denizens. Allerdings fordert die US-Verfassung keine Staatsbürgerschaft für die Wahlbeteiligung; die Kompetenz, darüber zu entscheiden, liegt bei den Staaten, weshalb einige Staaten wie Illinois, Maryland es Ausländer*innen wieder ermöglichten, an Vorstandswahlen

---

[22] Die Rohingya sind eine muslimische Minderheit im überwiegend Theravada-buddhistischen Myanmar, die wie illegale Einwanderer*innen behandelt werden, obwohl sie seit Generationen in Myanmar gelebt haben. Von den Behörden werden sie als „Bengalis" bezeichnet, da so ihre Selbstdefinition als Rohingya nicht offiziell als Minderheitengruppe oder „Rasse" anerkannt wird, von der es andererseits eine vom Regime klar vorgegebene Anzahl gibt. Wie eine Selbstverständlichkeit untersagt das Staatsangehörigkeitsgesetz von Myanmar die politische Einbeziehung und es scheint keinen Anlass zu geben, dies zu verändern. Im Jahr 2013 empfahl ein Sonderberichterstatter der Vereinten Nationen aufgrund der Menschenrechtssituation in Myanmar eine Änderung des Staatsbürgerschaftsgesetzes, allerdings antwortete die Regierung, dass es kein Grund dafür gäbe, das Gesetz zu überprüfen oder gar zu ändern. Eine Änderung des gegenwärtigen Staatsbürgerschaftsgesetzes von Myanmar könnte den Status der Rohingya, die derzeit ohne Staatsbürgerschaft im Staat Rakhine (Arakan) leben, verbessern.

und Kommunalwahlen teilzunehmen, andere nur an Schulräten, und weshalb auch heute manch andere Kommunen die Ausweitung des Wahlrechtes aktuell wieder diskutieren. Bei dem Versuch zu erklären, warum und wie eine Ausweitung des Wahlrechtes entsteht, wurde also immer wieder vermutet, dass sie mit den Einbürgerungsregelungen zusammenhänge. Diese These wurde allerdings nur durch ein paar Fallbeispiele bestätigt. Im Licht einer umfassenden komparativen Perspektive erscheint sie schlichtweg unbefriedigend, sodass man über die bestehenden Einbürgerungsregelungen hinausschauen muss.

Tatsächlich weisen alle empirischen Befunde in diesem Kapitel auf die Bedeutung von Prozessen, die einer Wahlausweitung auf Denizens vorausgehen: Ist es so ein unverwüstliches Thema, dass auch das Scheitern von Vorschlägen in nationalen Debatten oder ein eingeschränkter Sieg zu einer Neubewertung der politischen Diskussionen führt? Sorgt die Verabschiedung einer Reform, die nur eine Gruppe bevorzugt, immer für einen Druck, dass das Wahlrecht auch auf andere Gruppen ausgeweitet werden muss? Die Forderung, auf die Prozesse zu achten, fördert ein Verständnis der Voraussetzungen, die eine solche Reform weiterbringen können. Wie das Beispiel der USA zeigt, kann die Wahlausweitung auf Nichtbürger*innen in einer Demokratie vorkommen, auch wenn das politische Szenario sich in die Richtung des Nationalismus bewegt. Aber wie wir wissen, wurde das Thema wiederbelebt. Das bedeutet nicht, dass in einer Demokratie der Weg zurück unmöglich ist, aber dieser ist schwer zu begründen und zu implementieren.

Besonders in den föderalen Ländern kann eine Reform des Wahlrechts für Denizens, auch auf kommunaler Ebene, eine Klärung der generellen Wahlrechtsreformkompetenzen nach sich ziehen. Darüber hinaus können diese Reformen möglicherweise erhebliche Änderungen für die Organisation von Wahlen mit sich bringen, sodass die Unterscheidung zwischen Wahlbürger*innen und Nichtwahlbürger*innen nur noch für einige Ebenen gültig ist. Wahlen, die zuvor zeitgleich stattfanden, müssen umorganisiert werden, ein neuer Wahlgang muss eingeleitet werden, neue Überprüfungsmechanismen bei den Umfragen müssen entworfen werden, und natürlich müssen Bürokrat*innen und Abteilungsbeauftragte dazu ausgebildet werden, wie man die potenziellen neuen Wähler*innengruppen entsprechend identifizieren und registrieren kann. Vor diesem Hintergrund sollten die wiederholten Debatten und schrittweisen Reformen in vielen Ländern, die in Abb. 3.1 gezeigt wurden, nicht überraschen: Mehrere Schritte müssen in einem politischen Gemeinwesen gegangen werden, bevor eine erfolgreiche Reform des Wahlrechts von Denizens stattfindet.

Die Konfigurationsübung bestätigte, was das Kap. 2 theoretisch vorgebracht hat: Die Ausweitung des Wahlrechts auf Denizens stellt sehr wahrscheinlich ein Szenario dar, in dem die Frage „Was ist Staatsbürgerschaft?" sehr unterschiedliche Antworten erhalten kann. Die Einbürgerungsregelung dürfte bei der Betrachtung der Ausweitung des Wahlrechts auf Denizens von besondere Bedeutung sein, aber es ist unwahrscheinlich, dass sie die ganze Geschichte darlegt, warum einige Länder sich dafür entscheiden und andere nicht. Insgesamt bedarf es einer besseren Erläuterung darüber, *wie genau* die Bedingungen für eine erfolgreiche Wahlrechtsreform aussehen und wie sich die einzelnen Bedingungen aufeinander beziehen, und nur eine Prozessanalyse kann hierüber Aufschluss geben, auch ob uns nur Nuancen für das Verständnis fehlen (etwa, was das Timing angeht) oder ob es ganz andere Bedingungen sind, die bisher noch nicht beachtet wurden oder durch einen zu engen Fokus auf rechtliche Details überdeckt wurden. Offensichtlich haben wir neue Wege zu beschreiten, aber zuerst müssen wir einen Ausgangspunkt wählen. Im Einklang mit den Klassikern des sozialen Konstruktivismus (Berger und Luckmann 1966) schlage ich vor, über die Annahmen nach der Entwicklung eines solchen Prozessansatzes nachzudenken.

3.3 Entwicklung einer Prozessperspektive: Annahmen, Zielsetzung und Methode

3.3.1 Annahmen für eine prozessorientierte Perspektive

Meine Prozessperspektive beruht auf allgemeinen Annahmen über die Welt und spezifischen theoretischen und empirisch-vergleichenden Erkenntnissen. Die erste Annahme besagt, dass bei Diskussionen über Staatsbürger*innenschaft politische Prozesse und Inhalte von Belang sind, die aus Entscheidungsprozessen mit mehreren möglichen Interpretationen über die soziale Welt resultieren. Sie bestehen aus mehr als Folgerungen von nationalen Traditionen, die einfach auf Probleme angewendet werden. Sie sind auch mehr als das Einbeziehen von grenzüberschreitenden Normen auf nationaler Ebene. Die Frage, wie Demokratien zu den mit Aufenthalt verbundenen Rechten von Migrant*innen stehen und wie sie, im Gegensatz dazu, die Zugehörigkeit zur politischen Gemeinschaft definieren, ist zentral, um zu verstehen, welche Chancen die Ausweitung des Wahlrechts auf Denizens hat, als Alternative oder ergänzende Option zusätzlich zur Einbürgerung anerkannt zu werden. Die zweite Annahme beschreibt, dass Wahlrechtsdebatten für Politiker*innen heikel sind, sogar wenn die Ausweitung auf die lokale Ebene beschränkt ist, da sie Denizens Zugang zu einem und Einfluss auf einen politischen „Markt" gewährt, der bisher exklusiv nur aus Staatsangehörigen bestand – ein „Markt", der sie bisher gewählt hat. Wahlen sind in Demokratien als die Beteiligungsform schlechthin anzusehen. Abhängig von der wahrgenommenen Zugehörigkeit der Migrant*innengruppen heißen manche Parteien diese neue Wählerschaft von Anfang an willkommen, während andere die Beschränkung des politischen Marktes auf das bereits vorhandene Bürger*innenklientel vorziehen. Die dritte Annahme geht davon aus, dass Wahlrechtsdebatten innerhalb bestimmter institutioneller Räume stattfinden. Diese Räume beschränken die Möglichkeiten in politischen Diskursen, um zu definieren, wer welche Rechte und Ansprüche besitzt. Diese Annahme hat eine starke Nähe zu diskursiven Ansätzen, wo Termini, Kategorien und *Frames (Deutungsrahmen)* die institutionelle Ordnung und Geschichtlichkeit erklären, z. B. in Schmidts (2008) *Diskursiver Institutionalismus.*

Diese drei Annahmen dienen als Validitätsstandards: Meine Narrative können dann als valide betrachtet werden, sofern die Befunde, Annahmen und Zusammenhänge der beteiligten Mechanismen zusammenpassen. Da es unnötig ist, offensichtliche und logisch nachvollziehbare Annahmen zu überprüfen, setzen wir diese voraus und richten unsere Aufmerksamkeit auf die Zusammenhänge und Mikromechanismen, die noch unbekannt (und zu erklären) sind. Hinsichtlich der ersten Annahme werde ich den Fokus darauf setzen, wie die Ausweitung des Wahlrechts auf Denizens definiert ist – insbesondere in Bezug auf die Beziehung zu Traditionen der Einbürgerung und des Aufenthalts – und wie dieser Vorschlag zustande kommt. In Übereinstimmung mit der zweiten Annahme erwarte ich, dass bereits der Vorschlag, Denizens in einem politischen Markt zuzulassen, der sie bis dahin ausgeschlossen hatte, Befürchtungen sowohl von Wähler*innen als auch von gewählten Politiker*innen hervorbringt. Daher werde ich mich damit beschäftigen, wie Parteien sich gegenüber der Frage positionieren und, als ein Ergebnis solch einer Konstellation, welche Verhandlungen und Kompromisse notwendig sind, um eine Reform durchzuführen. Im Rahmen der dritten Annahme werde ich Gesetze zur Staatsangehörigkeit, Migrationspolitik und die Geschichte untersuchen, die für die Positionen der politischen Parteien von Bedeutung sind. Damit will ich auch den größeren institutionellen Kontext berücksichtigen, aus dem die Akteur*innen ihre politischen und diskursiven Ressourcen beziehen.

Mein nächster Schritt wird darin bestehen, in einige dieser Prozesse tiefer einzutauchen. In Kap. 2 haben wir große theoretische Erklärungen widerlegt, die bereits für eine kleine Auswahl an Fällen nicht zutreffend waren. Im vorigen Abschnitt haben wir durch verschiedene Stufen Komplexität hinzugefügt, und sind dadurch bei verschiedenen möglichen Schlussfolgerungen angekommen. Nun werden wir die Fälle im Vergleich betrachten, aber nicht, um bloß eine weitere Ebene des Vergleichens hinzuzufügen (Przeworski 1987), sondern um einen neuen Erklärungsansatz zu entwickeln, warum Reformen in Demokratien mit ähnlichen normativen Dilemmata und Verpflichtungen so unterschiedliche Ausgänge für die Partizipationsrechte von Migrant*innen genommen haben.

3.3.2 Eine kontextuelle, interpretative, komparative Methode

Fallstudienberichte präsentieren Fälle gewöhnlich nicht als Konkurrenten, sondern als unbearbeitete Zutaten, die sich zu einem Narrativ verbinden. Ihr Hauptziel ist es weniger, Theorien zu überprüfen, als vielmehr Konzepte herauszuarbeiten und Theorien zu entwickeln (Bennett 2004; Bennett und Elman 2006b; Gerring 2009). Mein Ziel ist es, aus einer Auswahl zwei Fallstudien zu entwickeln, die von den breit angelegten Vergleichen in diesem Kapitel geprägt sind. Dies soll jedoch in einer Art und Weise geschehen, die es mir erlaubt, später deren spezifische Beschreibungen in generelle analytische Erklärungen zu transformieren. Dies macht eine Spezifizierung der Aspekte erforderlich, die jeden untersuchten Fall speziell machen (Kontext), und der Aspekte, die auch für andere Fälle typisch sind. Dadurch soll die Untersuchung jedes Falles so durchgeführt werden, dass die Belege später verglichen werden können (George 1979).[23]

Ich habe argumentiert, dass die Ausweitung des Wahlrechts auf Denizens nicht nur aufgrund des Umfangs der Länder, in denen dies diskutiert, verabschiedet und implementiert wird, ein relevantes Phänomen ist, sondern auch aufgrund dessen, was die Debatten für die unser Verständnis von Staatsbürgerschaft bedeuten. Mein Anspruch ist, dass die Ausweitung des Wahlrechts auf Denizens nicht einfach aus „nationalen Traditionen" oder transnationalen Entwicklungen abgeleitet wird. Ich verstehe Politik so, dass sie auf gesellschaftliche Dynamiken reagiert, weshalb wir die Prozesse hinter diesen Reformen unter die Lupe nehmen müssen. Sowohl transnationale Einflüsse als auch nationale Traditionen sind Referenzpunkte der politischen Entscheidungsträger*innen, da sie einen bestimmten Handlungsrahmen vorgeben. Aber kontextuelle „*politics*" und „*policies*" (z. B. Migrationskontrolle, Links-/Rechtsparteienpolitik, ethnische und historische Spaltungen) spielen eine ähnliche, wenn nicht eine größere Rolle bei diesen Entscheidungen. Mein analytischer Ansatz für die Fallstudien ist daher die Politikdiskursanalyse (siehe Yanow 2006; Hajer 2003; Fischer 2003). Da Zeit

---

[23] Diese Art des *Process Tracing* wird durch den Kontext beeinflusst und unterscheidet sich dadurch fundamental von hypothetisch-deduktiven Methoden, die sich auf Kovariation stützen (Kelle und Kluge 1999, S. 99). Es setzt voraus, dass die Reihenfolge, in der sich die Fälle verbinden, wichtig für die Effekte sein könnte und dass ein Fall nicht notwendigerweise in allen Kontexten denselben Effekt hat.

und Kontext für die Untersuchung von Prozessen essenziell sind, werden meine Analysen diachronische und synchronische Vergleiche umfassen. Später werde ich einen fokussierten Vergleich zusammenstellen, um zu sehen, was Schlüsselschritte in diesem Prozess sind und wie die Ausweitung des Wahlrechts auf Denizens in den konkreten Fällen funktioniert (Checkel 2005; Hall 2006; George und Bennett 2005).

3.3.3 Ein prozesstheoretisches Argument

Lakatos (1970) bemerkte bekanntermaßen, dass eine Theorie mit starker deduktiver Aussagekraft nicht einfach deshalb zurückgewiesen werden kann, weil sie im Widerspruch zu jüngsten Beobachtungen steht. Stattdessen muss die Tauglichkeit der Beobachtungen gegen die Plausibilität der Theorie aufgewogen werden. Aus meiner Sicht sind sowohl die Hypothesen des historischen Institutionalismus als auch die des Postnationalismus zu vage, um überhaupt getestet werden zu können. Mein Ziel ist es auch, sie zu korrigieren. Auf der einen Seite verdient der historische Institutionalismus Anerkennung für seine theoretische Aussagekraft. Institutionen sind das Produkt vergangener politischer Auseinandersetzungen darüber, wie das Spiel der Politik gespielt werden soll und von wem. Politische Institutionen setzen nicht nur die Schranken dafür, was Individuen tun, sondern auch dafür, was sie denken, was möglich ist. Da die Ausweitung des Wahlrechts auf Denizens die Auslöschung des höchsten Privilegs nationaler Staatsbürger*innen als Mitglieder einer politischen Gemeinschaft impliziert, um neue Spieler in die Politik mit einzubeziehen, kann man erwarten, dass politische Akteur*innen sich in Bezug auf die schiere Möglichkeit einer solchen Reform positionieren. Deren Positionen folgen wahrscheinlich Formen der Organisation, die im Interesse bereits vergangener Gewinner*innen (oder zumindest bereits Teilnehmenden im politischen System) sind und tendieren dazu, Wandel gegenüber resistent zu sein. Wir können diese Positionen erfassen, indem wir den Einfluss von existierenden Pfadabhängigkeiten in Gesetzen betrachten (wie es in der Literatur auch bereits getan wurde), aber auch in einer diskursiven Form, da rhetorische Ressourcen und Referenzen in den allermeisten Fällen einen Bezug zu Begriffen über nationale Staatszugehörigkeit und Staatsbürgerschaft, Vorstellungen von Migration etc. aufweisen. Wenn wir uns jedoch nur von der Analyse politischer Rhetorik leiten lassen, könnte dies irreführend sein, da ähnliche rhetorische Ziele von ziemlich unterschiedlichen Mitteln und aus verschieden politischen Positionen unterstützt werden können (Hansen und Koehler 2005). Wie Isaiah Berlin (1969, S. 121) vor langer Zeit schrieb: „Politische Worte,

Vorstellungen und Handlungen sind nur im Zusammenhang mit den Themen verständlich, die die [Personen], die sie verwenden, voneinander trennen." Auch wenn ich besonders interessiert an den Argumenten bin, die während eines Entscheidungsprozesses vorgebracht werden, muss man den gesamten Gesetzgebungsprozess selbst mit seinen Institutionen, Interaktionen und Eventualitäten betrachten.

Auf der anderen Seite stellt die Ausweitung des Wahlrechts auf Denizens einen schwierigen Fall postnationaler Mitgliedschaft dar: Wie im vorherigen Abschnitt gezeigt, wird die regionale Konzentration in manchen Regionen durch eine große Heterogenität bei erfolgreichen Reformen und verschiedenen Reformtypen ausgeglichen. Wie die Literatur zu Policy-Konvergenz und Diffusion – eine Forschungsarbeit, die regionale Konzentrationen gut erklärt – aufzeigt, ist es nicht genug, von vergleichbaren Umständen auszugehen, die vergleichbare Probleme zur Folge haben, aus denen wiederum vergleichbare politische Inhalte entstehen. Häufig passen von verschiedenen Regierungen erlassene *„policies"* nicht in dieselbe Analysekategorie (Przeworski 1987). Fairerweise sah Yasemin Soysal, eine große Befürworterin der postnationalen Zugehörigkeit, dies als Transformationsprozess an, der durch politische Akteur*innen ausgehandelt und durchgesetzt wird, deren politische Agenden und Aktivitäten sich auf mehreren Ebenen abspielen. Sie hat aber dennoch keinen Erklärungsmechanismus gefunden, der darstellt, wie dieser Prozess vonstattengeht.

Statt jedoch eine Gegenposition zur nationalen und globalen Ebene einzunehmen, wie es bereits zuvor in der Staatsbürgerschaftsliteratur getan wurde, scheint es von größerem Nutzen, die Komplexität zwischen den verschiedenen Ebenen und die Interaktionen mit der Staatsbürgerschaftspolitik näher zu beleuchten. Eine prozessorientierte Perspektive sollte erklären, in welchem Ausmaß Begründungen aus Staatsbürgerschaftstraditionen oder internationalen Einflüssen in die Debatte um die Ausweitung des Wahlrechts auf Denizens eingebracht werden und wie genau das vor sich geht. Theoretische Erkenntnisse aus Politikfeldanalysen und Diskursanalysen können dabei nützlich sein. Erstere können von Nutzen sein, da wir trotz ähnlicher Herausforderungen und politischer Rahmenbedingungen gesehen haben, dass Wahlrechtsdebatten sich in manchen Staaten positiv entwickeln, in anderen aber nicht. Letztere können wertvoll sein, um herauszufinden, wie verschiedene Akteur*innen Anträge zur Ausweitung des Wahlrechts auf Denizens interpretieren, und zu vergleichen, *wie die Argumente der Bedeutung von Staatsbürgerschaft und ihre Beziehung zu Nationalität und Wahlrechten sich weiterentwickelt haben,* dort, wo die Ausweitung des Wahlrechts auf Denizens diskutiert wurde und trotz ähnlichem normativem Einsatz sowie ähnlicher Herausforderungen durch Migrant*innen die Demokratien unterschiedlich reagieren.

Im spezifischen Kontext dieses Buches zu sagen, dass der Prozess wichtig ist, heißt, dass Rahmenbedingungen in mehreren Fällen ähnlich sein können und *dennoch* das Zusammenspiel von Akteur*innen und Argumenten in einem bestimmten institutionellen Kontext in einer Zeit und einem Raum die Möglichkeiten einer bestimmten Wahlrechtsreform einschränken kann. Dies zielt auf eine mittlere Theoriebildung, da es eine Anpassung an die spezifischen Umstände erfordert: *Um zu verstehen, wie das Wahlrecht von Denizens als eine politische Sache definiert wird, muss die Spannweite von Argumenten in ihrem Kontext erforscht werden.* Ich ziele also darauf ab, eine Schilderung darüber zu entwickeln, was üblich ist, um Entscheidungsprozesse zu unterscheiden, und darüber, wie die angebotenen Rechtfertigungen für die Ausweitung des Wahlrechts einen Unterschied für die Entscheidungen machen. In dieser Art von Schilderung ist die Antwort auf eine Frage nach dem *Wie* auch eine Frage nach dem *Warum.*

3.3.4 Institutionen und Diskurse

Eine solche Perspektive[24] versucht für den Prozess der Ausweitung des Wahlrechts auf Denizens in all seinen Schritten nachzuverfolgen und zu rekonstruieren, wie diese Entscheidungen getroffen wurden. Dabei sollen die Ereignisse nicht nur einfach aufgezählt, sondern auch die vorgebrachten Argumente in ihrem institutionellen Kontext analysiert werden. Dies umfasst sowohl eine Überprüfung dessen, wie verschiedene institutionelle Kontexte möglicherweise die Diskussionen über die Änderung der Wähler*innenschaft abgrenzen und über die Relation mit der Staatsbürgerschaft abbilden. Konkret werde ich untersuchen:

- Die Regeln des formalen Prozesses der Ausweitung des Wahlrechts auf Denizens: Unterschiede zwischen verschiedenen Regierungsformen (präsidential, parlamentarisch) (siehe Apter 1958, S. 225), die vertikale Machtverteilung zwischen der Zentralregierung und anderen Ebenen (zentral oder föderal),

---

[24] Laut Checkel (2005) ist die Rückverfolgung von Prozessen geeignet, um von metatheoretischen Debatten weg- und sich in die Richtung von empirischen Studien hinzubewegen, in denen sowohl Akteur*innen als auch Strukturen eine Rolle spielen. „Prozessrückverfolger" sind typischerweise erkenntnistheoretisch im Plural. Weil sie versuchen, die Interaktion von Akteur*innen und Strukturen zu erfassen, ist es ihnen möglich, sowohl positivistische als auch postpositivistische methodologische Betrachtungsweisen anzuwenden.

Beschränkungen der Regierungsmacht[25] und die Existenz von Normenkontrolle, die häufig essenziell ist, insbesondere dort, wo Verfassungsdoktrine die Staatsbürgerschaft und das Wahlrecht regulieren (z. B. in Österreich und Deutschland).[26] Sind Verfassungsreformen, ein parlamentarischer Konsens oder lediglich eine einfache Mehrheit nötig, um die Ausweitung des Wahlrechts zu verwirklichen?

- Die Konstellation der innenpolitischen Akteur*innen und deren Gewicht in der maßgeblichen Entscheidungsfindung in Bezug auf den formalen Prozess der Ausweitung der Wahlrechte auf Denizens: Regierung und Opposition, Koalitionen, politische Parteien, Gerichte und Verwaltungen, NGOs, einzelne Parlamentarier*innen und Organisationen, die an Debatten über Wahlrechte von Denizens beteiligt sind. Wie wirken verschiedenen Typen von Akteur*innen und Argumenten im politischen Prozess der Auswertung des Wahlrechts?

- Allgemeiner Migrationskontext: Die Art und die Zusammensetzung der migrantischen Bevölkerung ist relevant, weil sie oft als Bezugspunkt für Argumente dienen. Wie werden in dem Land Migrant*innen behandelt und bezeichnet? Wie werden verschiedene Gruppen behandelt (auch im Vergleich zu den eigenen Staatsbürger*innen), die emigriert sind und in anderen Ländern das Wahlrecht besitzen oder auch nicht, d. h. gibt es Verbindungen zwischen Diskussionen über Wahlrechte für die emigrierten Staatsbürger*innen und mögliche Wahlrechte für ansässiger Immigrant*innen (Denizens)?

All dies sind soziale Konstruktionen – auch die „Fakten" in Bezug auf Migration sind oft Wege, Menschen zu klassifizieren auf der Basis sozialer Konstruktionen (nationale Herkunft, Alter und Gender). Ihre Relevanz als Kontext für eine Entscheidung hängt davon ab, was sie in dem Kontext bedeuten. Wie Fischer sagt: „die Bedeutung von Fakten, Ereignissen und Themen hängt davon ab,

---

[25] Laut Tsebelis (2002) ist ein*e Vetospieler*in ein*e individuelle*r oder kollektive*r Akteur*in, deren*dessen Zustimmung für eine Änderung der Politik erforderlich ist. Ein wirklicher Politikwechsel *(Policy Change)* ist von fünf Faktoren abhängig: der Zahl der Vetospieler*innen (das Potenzial für politische Veränderungen variiert umgekehrt zu der Gesamtanzahl der Vetospieler*innen), der Kohäsion und der ideologischen Distanz zwischen Vetospieler*innen, der Dauer einer Regierungsamtszeit und dem ideologischen Unterschied zwischen gegenwärtiger und früherer Regierung.

[26] Normenkontrolle beschreibt die verbindliche Macht von Gerichten, eine amtliche Auslegung von Recht, inklusive Verfassungsrecht, festzulegen und exekutive oder legislative Entscheidungen, die als illegal oder nicht verfassungsgemäß angesehen werden, zu kippen. Grundsätzlich sind Gerichte entscheidende Beschränkungen der Regierungsmacht, um die Rechte der Bürger*innen zu schützen. Sie sollen die Abweichungen von den demokratischen Normen korrigieren (de Tocqueville [1889] 2003, S. 287).

worum der politische Kampf in erster Linie geht" (2003, S. 61). Und dennoch, um die Dynamik einer Debatte zu analysieren, müssen wir nicht in die Köpfe der Politiker*innen auf der Suche nach ihren *Absichten oder Werten* eintauchen. Es reicht aus (und ist für mich bedeutender) zu untersuchen, wie sie die Ausweitung des Wahlrechts auf Denizens verteidigen und bewerben. Es ist nicht notwendig, tiefliegende Werte von gesellschaftlichen Vorstellungen zu teilen. Ihre Orchestrierung und Koordinierung als Argumente, die in Debatten offengelegt werden, sowie der allgemeine politische Prozess ist, was zählt. Damit dies gehandhabt werden kann, nutze ich das Konzept des *„policy framing"*. Framing bedeutet, Wahrnehmungen zu strukturieren, indem einzelne Elemente der Welt fokussiert werden, z. B. wird ein einzelner Frame von einem*r Politiker*in oder einer politischen Fraktion genutzt, um einen spezifischen Standpunkt beim diskutierten Thema aufzuzeigen. Eine Analyse des Framing beinhaltet die Suche nach Mustern: inwieweit politische Akteur*innen partikuläre Ansichten spezieller Themen vorschlagen und wie gegensätzliche *Frames* Kommunikation zwischen relevanten Gruppen verhindern (Schmidt 2008; Hajer 2005).

Als Methode umfasst die Diskursanalyse eine Vielzahl unterschiedlicher theoretischer und metatheoretischer Perspektiven. Zwei verbreitete grundlegende Prinzipien dieser Perspektiven sind, dass „Sprache performativ ist" – also dass Sprache eine Handlung ist, da sie nicht nur zum Beschreiben und Interpretieren dient, sondern auch dazu, die soziale Realität zu konstituieren – und dass alle Handlungen, Objekte und Praktiken soziale Bedeutungen haben, die durch soziale und politische Auseinandersetzungen in spezifischen Kontexten geformt werden (Fischer 2003, S. 74). Jenseits dieser gemeinsamen Prinzipien trennen sich die Wege der Diskursanalyse in mehrere verschiedene philosophische Ansätze, Methoden und Analyseebenen. Bei der vergleichenden Untersuchung von Prozessen der Ausweitung von Wahlrechten interessiere ich mich vor allem für die konkurrierenden Arten, auf die die Ausweitung von Wahlrechten auf Denizens mit Blick auf Staatsbürgerschaft portraitiert wird. Ich habe Staatsbürgerschaft bereits als mehrdimensionales Konzept vorgestellt, dessen Dimensionen erst greifbar werden, wenn wir uns auf das Feld der Analyse politischer Diskurse begeben. Wie Albert O. Hirschmann (2004) in *Denken gegen die Zukunft. Die Rhetorik der Reaktion* zeigt, ist die Wahl zwischen „reaktionären" und „progressiven" Argumenten in der Geschichte der Bürger*innenrechte bis zuletzt immer ideologisch gewesen.

Nun brauchen wir eine Reihe von Kriterien, anhand derer ein Diskurs als politisch charakterisiert werden kann. Ich werde den zu analysierenden Text auf Parlamentsdebatten beschränken; d. h. auf politische Diskurse in den Grenzen des formalen deliberativen Forums repräsentativer Demokratien. Obwohl die Verabschiedung von Gesetzen die formale Aufgabe von Parlamenten ist, dienen Parlamentsdebatten auch dem Zweck, Räume für verbindliche Neuinterpretationen zu schaffen. Dies ist meiner Meinung nach der geeignete Ort, um zu testen, ob Diskussionen über die Ausweitung des Wahlrechts auf Denizens das Reformziel sind oder lediglich anderen Absichten dienen. Weiterhin können wir fragen: Korrespondieren Vorschläge und Argumente mit traditionellen, rein kulturellen Konzeptionen des *„demos"* oder enthüllen sie eine postnationale Logik?[27] Welchen Leitbildern folgen die Diskussionen?

Ich behandle die Diskursanalyse im Sinne einer interpretativen Politikfeldanalyse. Danach beinhalten Politikentscheidungsprozesse vieles: Ideen, die Gesetzesentwürfe inspirieren, die Arbeit, die in Formulierung von Gesetzesvorschlägen einfließt, und deren Verhandlung sowie auch die Implementation in der Praxis (Przeworski 1987; Yanow 2006). Trotzdem, und im Gegensatz zu der gewöhnlichen Vorgehensweise der interpretativen Politikfeldanalyse, denke ich, dass auch die Akteur*innen selbst und die institutionellen Strukturen berücksichtig werden müssen (Heindenheimer et al. 1983; Hajer und Laws 2006), um die Bedeutung verschiedener Argumente über die Ausweitung von Wahlrechten auf Denizens zu erfassen und zu erklären, warum es zu Konflikten kommt. Wichtig ist zudem, dass auch Ort und Zeit der diskursiven Prozesse sowie die Akteur*innen, die darin eine wichtige Rolle spielen, beschrieben werden. Damit kann die Ungenauigkeit der gegenwärtigen Literatur über die Ausweitung von Wahlrechten auf Denizens ein Stück weit korrigiert werden:[28] Anstatt alle Fälle der Ausweitung des Wahlrechts zu untersuchen, fokussiere ich mich auf demokratische Systeme, weil das Legitimations- und Repräsentationsdefizit, das bei einer hohen Anzahl von Denizens zu erwarten ist, einer demokratischen Norm entspringt. Dennoch ist mir klar, dass es Eliten sind, die die Vorschläge bezüglich der Ausweitung von Wahlrechten auf Denizens bearbeiten, über sie nachdenken, beraten und letzten Endes entscheiden – und nicht ein idealisierter Gemeinwille.

---

[27] Hier muss ich erklären, dass ich nicht aus diesen breiten Theorien ideologische Positionen und politische Interessen „a priori" abstrahiere mit der Erwartung, dass es eine Übereinstimmung mit tatsächlichen politischen ideologischen Haltungen gibt und weiter mit der Unterstützung einer bestimmten Politik. Ich arbeite eher induktiv und abstrahiere die Rechtfertigungen für oder gegen die Ausweitung des Wahlrechts auf Denizens von den parlamentarischen Debatten.

[28] Zum Beispiel hat die Juraprofessorin Cristina Rodríguez (2010, S. 34) in einem einzigen Absatz auf vier verschiedene Analyseeinheiten angespielt: Demokratien, Nationen, Rechtsprechung (im Allgemeinen) und Gesellschaften. Selbst wenn sich Gesellschaften, Nationen, Demokratien und Rechtsprechung vielleicht überlappen, ist es undenkbar, dass Einheiten von solcher Tragweite über eine solch punktuelle Reform entscheiden.

3.4   Fallauswahl

Oben in Abschnitte 3.1 und 3.2 l habe ich die Breite an unterschiedlichen Fällen der Wahlrechtsausweitung in ihren wichtigsten Variationen dargestellt und gezeigt, dass diese bisherigen Erklärungen bei Weitem nicht ausreichen, um alle Formen der Ausweitung des Wahlrechts zu erläutern. Darauf aufbauend habe ich einen neuen Forschungsansatz vorgeschlagen, um das Phänomen weiter zu untersuchen. Der nächste Schritt ist es, Fälle für eine tiefergehende Analyse auszuwählen. Durch eine prozessorientierte Perspektive möchte ich Kausalzusammenhänge aufdecken, die die Unterschiede zwischen verschiedenen Wahlrechtsreformen erklären können. Hierzu kontrolliere ich die Bedingungen zu Anfang der Debatte und beobachte, wie sich diese im weiteren Verlauf verändern. Im Allgemeinen ist das „Wie" etwas, das Forscher*innen in ihren Köpfen konstruieren. Es ist häufig schwierig, den Zusammenhang von Ähnlichkeiten und Unterschieden zu erkennen: Darum habe ich zwei Fälle ausgewählt[29], die bisher unerklärte Abweichungen darstellen und die Vielfalt im Merkmalsraum für andere Fälle maximieren und damit versprechen, theoretisch fundierte Einsichten zu liefern. In der Literatur gibt es einige gut recherchierte, scheinbar repräsentative Fälle eines Typus. Ich möchte vor allem Fälle untersuchen, die bisher noch nicht ausreichend erklärt worden sind. Da wir aber grundsätzlich bereits aufgestellte Hypothesen überprüfen wollen, ist es wichtig, einen gut recherchierten Fall zu wählen.

Insofern die Theorien des historischen Institutionalismus über Selbstdefinitionen von Staatsbürgerschaft überhaupt empirisch getestet werden können, stellt das Beispiel Deutschland nicht nur eine Ausnahme, sondern auch einen methodisch geeigneten, kritischen Fall *(„crucial case")* dar (Eckstein 1975, S. 118). Deutschland ist ein wirklich problematisches Fallbeispiel zur Validierung solcher Theorien: Im Hinblick auf die rechtliche Entwicklung Deutschlands ist zu erwarten, dass die Ausweitung des Wahlrechts zurückgewiesen wird (Earnest

---

[29] Einer der Trade-offs, der in die methodische Entscheidung eingebettet ist, lautet Verallgemeinerung vs. Gültigkeit. Wäre mein Ziel die Verallgemeinerung gewesen, hätte ein ähnliches Design eine geeignete Strategie sein können; bei der gegenwärtigen Theoriebildung eines komplexeren Problems, wie bei der Ausweitung des Wahlrechts, ist es allerdings besser, gültige und strenge Anforderungen an die Theoriebildung zu stellen (Strauss und Corbin 1991, S. 191). Sozialwissenschaftliche Lehrbuchansätze warnen vor der Auswahl abhängiger Variablen. Allerdings hat Rogowski (2004) gezeigt, dass die Auswahl der abhängigen Variablen relevante Erkenntnisse liefern kann, falls der Forschungsansatz sich auf dazugehörige Anomalien konzentriert. Genau dies tue ich: ein breites Spektrum an Variationen innerhalb des Merkmalsraumes erforschen und jeden einzelnen Fall durch systematische Vergleichsfälle ergänzen.

2006). Trotzdem ist das Thema über drei Jahrzehnte hinweg noch präsent in parlamentarischen Debatten auf allen Ebenen. Die Vorteile bei der Analyse des deutschen Ausweitungsprozesses des Wahlrechts gehen weit über die Messung der Erklärungskraft des historischen Institutionalismus hinaus. In seiner langen Zeitspanne umfasst dieses Fallbeispiel die gesamte Bandbreite möglicher Ergebnisse, die wir oben dargelegt haben. Einerseits kann es als Negativbeispiel für das Scheitern einer Ausweitung des Wahlrechts für Denizens angesehen werden (Bundesebene), andererseits kann es aber auch als Positivbeispiel (auf Länderebene) für die Debatten und den Versuch, Reformen einzuführen, stehen. Aufgrund der föderalen Struktur Deutschlands erfordert die Analyse nicht nur den Einbezug der nationalen (föderalen) Debatte über die Ausweitung des Wahlrechts, sondern mehrerer Debatten in den unterschiedlichen Bundesländern. Aus manchen dieser Debatten entstanden erfolgreiche Reformen unterschiedlichster Art. Der Fall wurde erst zu einem Negativbeispiel, als das Bundesverfassungsgericht die Reform als verfassungswidrig erklärte und damit Implementierung verhinderte. Dieser besonders abweichende Fall kann uns dabei helfen, die kausalen Mechanismen und Wege zu verfeinern, die möglicherweise nicht nur diesen Fall betreffen. Trotz all seiner Besonderheiten ist der deutsche Fall nicht einzig- oder eigenartig. Im Gegenteil hat er sich im Lauf der Zeit durch verschiedene Falltypen bewegt: der Typ erfolgreiche Verabschiedung von Gesetzen, bei denen es jedoch an der Implementierung mangelt; der Typ negative Fälle; der Typ subnationale Reformen; der Typ universale Wahlrechtserweiterung auf lokaler Ebene und der Typ besonderer (auf manche Gruppen von Migranten) Wahlrechtsausweitung auf lokaler Ebene.

Der zweite Fall ist Portugal, ein Fall, der aufgrund der weitreichenden Unterschiede bei der Einteilung von Migrant*innen von allen anderen abweicht. In Portugal basiert die Wahlausweitung nicht nur auf einer strengen Gegenseitigkeitsklausel, sondern zeichnet sich auch durch eine bevorzugte Behandlung verschiedener Migrant*innen aus verschiedenen Ländergruppen aus, mit denen Portugal eine besondere Beziehung unterhält. Insgesamt ergeben sich hieraus nicht weniger als fünf Gruppen mit verschiedenen Wahlrechten. Selektive Vorzugsmerkmale, um die Wahlrechtserweiterungsreformen zu begrenzen, waren einst gewöhnlich für nordische Länder. Die Merkmale waren die Komonalität mit anderen nordischen Ländern und die rechtliche Gegenseitigkeit. Bis heute kennzeichnet Gegenseitigkeit die Wahlrechtsausweitung auf Denizens in Spanien und in Ländern des Commonwealth.

3.5 Datenerhebung und Analysemethoden

Heute gilt es als allgemeine Lehrmeinung, dass das Ausmaß öffentlicher Aufmerksamkeit und die Art der Mediendiskurse (z. B. wie Migration dargestellt wird und welche Argumente vorangebracht werden) die Art und Weise beeinflussen, wie eine Politik sich entwickelt. Trotzdem, um genau zu analysieren, wie die Gesetzgebung sich von anfänglichen Gesetzvorschlägen bis zur schlussendlichen Gesetzannahme entwickelt, gibt es bisher wenig Aufmerksamkeit für den parlamentarischen Diskurs (Bauder 2008). Dirk Jacobs ist hier eine wichtige Ausnahme: Er hat auf außergewöhnliche Weise gezeigt, wie sich parlamentarische Debatten mit einer internen Argumentationslogik entwickeln. Meine Untersuchung der Debatten ist inspiriert von seiner beispielgebenden vergleichenden Arbeit.

Die Daten, die ich verwenden werde, sind größtenteils, aber nicht ausschließlich, parlamentarische Debatten über die Ausweitung des Wahlrechts auf Denizens (Debatten, Informationsaustausch, Anfragen von Ausschüssen und die Antworten auf Anträge). Aber Entscheidungen gehen langwierige Perioden voraus, in denen vorbereitet wird, was am Ende entschieden werden soll (es gibt immer bereits Parameter für jede Entscheidung, bevor ein Vorschlag überhaupt gemacht wird). Deswegen verwende ich auch primäre und sekundäre Quellen, die in Debatten zitiert wurden oder diese beeinflussten bzw. etablierten. Außerdem verwende ich legislative Anträge und Debatten, die mit der Ausweitung des Wahlrechts auf Denizens in Zusammenhang stehen, aber nicht direkt über sie sind. Die zentrale Frage, um alle relevanten Daten auszuwählen, lautet: Zu welcher Debatte gehört die Ausweitung des Wahlrechts auf Denizens?

Man kann natürlich bezweifeln, dass parlamentarische Debatten gesamte Entscheidungsprozesse abdecken können, da viele Themen im Voraus, außerhalb des Parlaments oder hinter verschlossenen Türen, entschieden werden. Es gibt aber gute Gründe für die Fokussierung auf Parlamente, selbst wenn es sich nicht um ein Exekutivorgan handelt, sie nicht alle großen Entscheidungen treffen und sie nicht die einzigen sind, die Anträge und Gesetze initiieren. Parlamente haben je nach politischem System unterschiedliche Rollen und Einflüsse, aber eine Funktion ist allen gemein: Am wichtigsten von allen in einer Demokratie ist die legitimierende Rolle parlamentarischer Debatten, die jeder Partei dazu dienen,

einer Entscheidung vor der Öffentlichkeit ein Gesicht zu geben.[30] Parlamentarische Debatten sind eine Quelle öffentlicher Informationen über Politik, die zur
Sozialisation der Bürger*innen, und insbesondere der Elite, beitragen. Wie John
S. Mill es formuliert hat: „Ich weiß nicht, wie sich eine repräsentative Versammlung nützlicher einsetzen kann als im Gespräch, wenn das Thema des Gesprächs
das große öffentliche Interesse des Landes ist und jeder Satz davon die Meinung
eines wichtigen Körpers von Personen in der Nation darstellt [...]" (2001 [1861],
S. 69).

Und was noch wichtiger ist: Parlamentarische Debatten sind die Austra-
gungsorte für die Aggregation politischer Präferenzen *par excellence*. Parlamente
werden durch direkt gewählte Repräsentant*innen und die Parteien, durch die
sie gruppiert werden, abgebildet. Aus diesem Grund sind Parlamente Organe
der autoritativen Deliberation und Gesetzgebung in den verschiedensten Poli-
tikfeldern, mit denen sie sich befassen. Selbst wenn politische Entscheidungen
letztendlich durch deliberative Prozesse außerhalb von Parlamenten getroffen werden, geschieht dies oftmals durch die Möglichkeiten, die Parlamente
eröffnet haben: Die Formalität eines legislativen Prozesses erlaubt es Parlamentarier*innen, ihre Reden umzugestalten, aufeinander zu reagieren, Vorschläge neu
zu formulieren und Zeit zwischen anstehenden Entscheidungen zu verlangen.
In dieser Zeit können sich Parlamentarier*innen reorganisieren, neu verhandeln
oder sogar ihre Wähler*innenschaften mobilisieren, indem sie diskutierte Themen
mehr in den Fokus der Öffentlichkeit und auf die Straßen bringen – z. B. um
eine innerhalb stattfindende Diskussion durch die Androhung von oder durch
tatsächlich vollzogene Handlungen außerhalb des parlamentarischen Raums zu
steuern.

Daraus folgt, dass parlamentarische Debatten eine besondere Textart darstellen, die es zu analysieren gilt. Reden in Parlamenten werden aufgezeichnet,
somit ist die Erinnerung der Parlamente exakt. Die parlamentarischen Diskussionen zu meinen Stellvertreterinnen für den politischen Prozess zu machen, ist
insbesondere deswegen sinnvoll, da das von mir untersuchte Thema direkt die
legislative Macht betrifft: Die Möglichkeit, das Wahlrecht auf eine neue Gruppe
innerhalb der Gesellschaft auszuweiten, betrifft ganz unmittelbar diejenigen, die
ohne diese potenzielle neue Gruppe an die Macht gekommen sind. Wir können annehmen, dass bei einem derartigen Thema die meisten anderen politischen

---

[30] Das Innenleben der Legislative organisiert sich um Parteifraktionen oder formelle Unter-
gruppen wie Ausschüsse, die eine Arbeitsteilung und Spezialisierung über das Plenum als
Ort der Debatte hinaus erlauben.

Aktionen, die außerhalb der Parlamente stattfinden, das finale Ziel haben, die Entscheidungsprozesse in den Parlamenten zu beeinflussen.

Ich habe vor diesem Hintergrund Forschung in den Archiven der Assembleia da República in Lissabon betrieben, in den Internetdatenbanken des Parlamentsspiegels und in den Archiven des Deutschen Bundestages. Die Untersuchung dieser Texte umfasst eine Analyse der Argumente und Gegenargumente in Bezug auf Staatsbürgerschaft und die Ausweitung des Wahlrechts auf Denizens sowie eine Analyse und einen Vergleich aus diskursanalytischer Perspektive.[31] Ich habe insbesondere Antworten auf die Frage gesucht, warum die Ausweitung des Wahlrechts auf Denizens eingeleitet werden sollte. Ich habe Texte gelesen, kodiert und erneut gelesen, geschaut, welche Debatten Taten folgten und wie sie geschahen. Ich habe die Sätze untersucht, welche Argumente verwendet wurden, wie lang sie waren, wie sie inhaltlich aufgebaut waren und wie sie miteinander interagierten – und zwar nicht anhand einer Frequenzanalyse unabhängig vom jeweiligen Kontext, sondern vielmehr qualitativ und kontextabhängig. Ich habe mich auf das *Framing* konzentriert, also auf das Bewusstmachen des Problems und dessen, was diesbezüglich unternommen werden sollte. Während *Frames* als „besondere Möglichkeiten, aus komplexen Situationen einen Sinn zu machen, indem die Aufmerksamkeit auf einige Elemente gelenkt und gleichzeitig die Aufmerksamkeit von anderen abgelenkt wird" (Yanow 2009, S. 1) definiert werden können, hebt *Framing* als Gerundium die Tätigkeit und eine dynamische Analyse im Zeitablauf hervor (Yanow 2006). Das *Framing* zu untersuchen, ist wichtig, um einen Sinn für ein Politikfeld zu entwickeln, weil sich dadurch normative, präskriptive Geschichten bilden, die Aufschluss über ein Problem geben und darüber, was dagegen getan werden sollte.

---

[31] Da ich die Verwendung einzelner Argumente verfolgen will, fokussiere ich mich nicht auf Wort- oder Metapheranalysen. Ich meide sprachwissenschaftliche Fachsprache (z. B. Topoi). Ich beobachte schon Ausdrücke, Kategorien und Metaphern, welche entlang der Debatte benutzt werden, denn die Ausdrücke, welche sich auf neu definierte Wählerschaften beziehen, geben Aufschluss darüber, was erwähnt und verschwiegen wird, wenn transnationale Tendenzen oder nationale Staatsbürgerschaftstraditionen in der Politikgesetzgebung übertragen werden. Mein Fokus liegt jedoch nicht auf einzelnen Wörtern, sondern eher auf Argumenten, wie sie benutzt werden. Laut Hajer und Laws (2008, S. 256) sind *Frames* (Deutungsrahmen) weder vollkommen intentional noch implizit. Sie verbergen so viel wie enthüllen und sie sind mächtig, wenn sie empirisch glaubwürdig, vereinbar mit der Praxis und ideell zentral sind.

Literatur

Apter, David. 1958. A Comparative Method for the Study of Politics. *The American Journal of Sociology* 64 (3): 221–237.

Bauböck, Rainer. 2005. Expansive Citizenship. Voting beyond Territory and Membership. *PSOnline* 38 (4): 683–687.

Bauböck, Rainer. 2007. The Rights of Others and the Boundaries of Democracy. *European Journal of Political Theory* 6:398–405.

Bennett, Andrew. 2004. Case Study Methods: Design, Use, and Comparative Advantages. In *Models, Numbers and Cases: Methods for Studying International Relations*, Hrsg. Detlef F. Sprinz und Yael Wolinsky-Nahmias, 27–64. Ann Arbor: The University of Michigan Press.

Bennett, Andrew, und Colin Elman. 2006a. Complex Causal Relations and Case Study Methods: The Example of Path Dependence. *Political Analysis* 14 (3): 250–267.

Bennett, Andrew, und Colin Elman. 2006b. Qualitative Research: Recent Developments in Case Study Methods. *Annual Review of Political Science* 9:455–476.

Berger, Peter L., und Thomas Luckmann. 1966. *The Social Construction of Reality. A Treatise of the Sociology of Knowledge*. New York: Penguin Books.

Berlin, Isaiah. 1969. *Four Essays on Liberty*. Oxford: Oxford University Press.

Bloemraad, Irene. 2011. 'We the People' in an Age of Migration: Multiculturalism and Immigrants' Political Integration in Comparative Perspective. In *Citizenship, Borders, and Human Needs*, Hrsg. Rogers M. Smith, 250–272. Philadelphia: Penn Press.

Brubaker, Rogers, und Jaeeun Kim. 2011. Transborder membership politics in Germany and Korea. *Archives européennes de sociologie* 52 (1): 21–75.

Checkel, Jeffrey. 2005. It's the Process Stupid! Tracing Causal Mechanisms in European and International Politics. In *Qualitative Methods in International Relations*, Hrsg. Audie Klotz, 1–29. Working Papers ARENA 26. New York.

Cook-Martin, David, und Anahi Viladrich. 2009. The Problem with Similarity: Ethnic-Affinity Migrants in Spain. *Journal of Ethnic and Migration Studies* 35 (1): 151–170.

Council of Europe, Parliamentary Assembly – Recommendation 1500. 2001. Participation of immigrants and foreign residents in political life in the Council of Europe member states, originated in the Assembly debate on 26 January 2001 (8th Sitting), Text adopted by the Assembly on 26 January 2001 (8th Sitting).

Earnest, David. 2006. Neither Citizen Nor Stranger. Why States Enfranchise Resident Aliens. *World Politics* 58:242–275.

Europäisches Parlament. 2003. *Report on the Communication from the Commission on Immigration, Integration and Employment*, A5-0445/2003, 1.12.2003, Motion for a European Parliament Resolution.

European Economic and Social Committee. 2006. *Opinion on Immigration in the EU and Integration Policies: Cooperation between regional and local governments and civil society organizations*, SOC/219-EESC-2006-1169.

Eckstein, Harry. 1975. Case Studies in Political Science. In *Handbook of Political Science*, Bd. 7, Hrsg. Fred Greenstein und Nelson Polby, 191–214. Reading: Addison-Wesley.

Fischer, Frank. 2003. *Reframing Public Policy. Discursive Politics and Deliberative Practices*. Oxford: Oxford University Press.

Geddes, Barbara. 2010. *Paradigms and Sand Castles. [Nachdr.]. Theory Building and Research Design in Comparative Politics.* Ann Arbor: University of Michigan Press.

George, Alexander. 1979. Case Studies and Theory Development: The Method of Structured, Focused Comparison. In *Diplomacy: New Approaches in History, Theory, and Policy*, Hrsg. Paul Gordon Laure, 43–68. New York: Free Press.

George, Alexander L., und Andrew Bennett. 2005. *Case Studies and Theory Development in the Social Sciences. BCSIA Studies in International Security.* Cambridge: MIT Press.

Gerring, John. 2009. *Case Study Research. Reprinted Principles and Practices.* Cambridge: Cambridge University Press.

Geyer, Florian. 2007. Trends in the EU-27 Regarding Participation of Third-Country Nationals in the Host Country's Political Life. In-Depth Analysis. https://www.europarl.eur opa.eu/thinktank/en/document.html?reference=IPOL-LIBE_ET(2007)378303. Zugegriffen: 9. Mai 2021.

Groenendijk, Kees. 2008. *Local Voting Rights for Non-Nationals in Europe: What We Know and What We Need to Learn.* Study for the Transatlantic Council on Migration. Washington, DC.: Migration Policy Institute.

Gutiérrez Calvo, Vera, Elsa Granda, und Pablo Ximénez Sandoval. 2008. Un ensayo de reforma en 18 artículos. Expertos Constitucionalistas analizan la revisión de la Ley Fundamental. *El País.* 05 de diciembre. http://www.elpais.com/articulo/espana/ensayo/ref orma/articulos/elpepuesp/20081206elpepinac_13/Tes.

Heidenheimer, Arnold J., Hugh Heclo, und Carolyn Teich Adams. 1983. *Comparative Public Policy. The Politics of Social Choice in Europe and America*, 2. Aufl. New York: St. Martin's Press.

Hajer, Maarten. 2003. A Frame in the Fields: Policymaking and the Reinvention of Politics. In *Deliberative Policy Analysis*, Hrsg. Maarten Hajer und Hendrik Wagenaar, 88–110. Cambridge: Cambridge University Press.

Hajer, Maarten. 2005. Setting the Stage. *A Dramaturgy of Political Deliberation* 36 (6): 624–647.

Hajer, Maarten, und David Laws. 2006. Ordering through Discourse. In *The Oxford Handbook of Public Policy*, Hrsg. Michael Moran, Martin Rein, und Robert E. Goodin, 253–268. Oxford: Oxford University Press.

Hall, Peter. 2006. Systematic Process Analysis: When and How to Use It. *European Management Review* 3 (1): 24–31.

Halleskov, Louise. 2005. The Long-Term Residents Directive: A Fulfilment of the Tampere Objective of Near Equality? *European Journal of Migration and Law* 7:181–201.

Hammar, Tomas. 1990. *Democracy and the Nation State. Aliens, Denizens and Citizens in a World of International Migration.* Aldershot: Ashgate.

Hansen, Randall, und Jobst Koehler. 2005. Issue Definition, Political Discourse and the Politics of Nationality Reform in France and Germany. *European Journal of Political Research* 44 (5): 623–644.

Hirsch Ballin, Ernst. 2014. *Citizens' Rights and the Right to Be a Citizen.* Leiden: Brill Nijhoff.

Hirschman, Albert O. 2004. *The Rhetoric of Reaction. Digitally reprint. Perversity, Futility, Jeopardy.* Cambridge: Belknap Press.

Justwan, Florian. 2015. Disenfranchised Minorities: Trust, Definitions of Citizenship, and Noncitizen Voting Rights in Developed Democracies. *International Political Science Review* 36:373–392.

Kelle, Udo, und Susann Kluge. 1999. Vom Einzelfall zum Typus. Fallvergleich und Fallkontrastierung. In *Die Qualitative Sozialforschung* Bd. 4. Opladen: Leske + Budrich.

Lakatos, Imre. 1970. *Criticism and the Growth of Knowledge*. New York: Cambridge University Press.

Lee, Brianna. 2015. Puerto Rico to Debate Voting Rights for Noncitizens. *International Business Times*, February 2. http://www.ibtimes.com/puerto-rico-debate-voting-rights-noncit izens-1802860. Zugegriffen: Juni 2016.

Lusa News Agency. 2010. *Portugal's Immigrant Integration Policies 'Exemplary'* 2010.

Mahoney, James, und Gary Goertz. 2004. The Possibility Principle. *Choosing Negative Cases in Comparative Research* 98 (4): 653–669.

Ortega Giménez, Alfonso. 2011. *El derecho al voto de los ciudadanos extracomunitarios en las próximas elecciones municipales de 2011.* http://www.almendron.com/tribuna/ 33855/el-derecho-al-voto-de-los-ciudadanos-extracomunitarios-en-las-proximas-elecci ones-municipales-espanolas-de-2011/. Zugegriffen: Juni 2016.

Pedroza, Luicy. 2015. Myanmar: How the Rohingya and Other Resident Minorities Became Disenfranchised. *EUDO Citizenship Observatory News* (blog). July 17. http://eudo-citize nship.eu/news/citizenship-news/1426-myanmar-how-the-rohingya-and-other-resident-minorities-became-disenfranchised. Zugegriffen: Mai 2016.

Przeworski, Adam. 1987. Methods of Cross-National Research 1970–83: An Overview. In *Comparative Policy Research*, Hrsg. Meinolf Dierkes und Hans N. Weiler, 31–48. Aldershot: Gower.

Ragin, Charles. 2000. *Fuzzy-Set Social Science*. Chicago: University of Chicago Press.

Rodríguez, Cristina. 2010. Noncitizen Voting and the Extraconstitutional Construction of the Polity. *International Journal of Constitutional Law* 8 (1): 30–49.

Rogowski, Donald. 2004. How Inference in the Social (but Not the Physical) Sciences Neglects Theoretical Anomaly. In *Rethinking Social Inquiry: Diverse Tools, Shared Standards*, Hrsg. E. Henry und David Brady Collier, 75–83. Lanham: Rowman & Littlefield.

Hayduk, Ron. 2006. *Democracy for All: Restoring Immigrant Voting Rights in the United States*. New York: Routledge.

Schmidt, Vivien. 2008. Discursive Institutionalism: The Explanatory Power of Ideas and Discourse. *Annual Review of Political Science* 11:303–326.

Schuck, Peter. 1989. Membership in the Liberal Polity: The Devaluation of American Citizenship. *Georgetown Immigration Law Journal* 3 (1): 1–18.

Shin, Gi Wook. 2005. Asianism and Koreas politics of identity. *Inter-Asia Cultural Studies* 6 (4): 616–630.

Shin, Gi Wook. 2006. *Ethnic nationalism in Korea: Genealogy, politics, and legacy*. Stanford: Stanford University Press.

Shin, Gi Wook, James Freda, und Gihong Yi. 1999. The politics of ethnic nationalism in Korea. *Nations and Nationalism* 5 (4): 465–484.

Sinner, Michele. 2015. Luxembourg Votes Not to Give Foreigners National Voting Rights. *Reuters,* June 7. https://www.reuters.com/article/us-luxembourg-foreigners-idUSKB N0ON0PH20150607. Zugegriffen: Juli 2017.

Soysal, Yasemin Nuhoæglu. 2007. *Limits of Citizenship. Migrants and Postnational Membership in Europe*, 3. Aufl. Chicago: University of Chicago.

Strauss, Anselm L., und Juliet M. Corbin. 1991. *Basics of Qualitative Research. Grounded Theory Procedures and Techniques*, 3. Aufl. Newbury Park: SAGE.

Tharoor, Kanishk. 2015. Non-Citizens in New York City Could Soon Be given the Right to Vote. *The Guardian,* April 2, sec. US news. http://www.theguardian.com/us-news/2015/apr/02/new-york-city-non-citizens-local-elections. Zugegriffen: Juni 2016.

Tocqueville, Alexis. [1889] 2003. *Democracy in America,* Hrsg. und übersetzt von Henry Reeve. London: Regnery.

Tsebelis, George. 2002. *Veto Players. How Political Institutions Work.* New York: Russell Sage Foundation.

Yanow, Dvora. 2006. Thinking Interpretively: Philosophical Presuppositions and the Human Sciences. In *Interpretation and Method*, Hrsg. Dvora Yanow und Peregrine Schwartz-Shea, 5–26. Armonk: M. E. Sharpe.

Yanow, Dvora. 2009. *Conducting Interpretive Policy Analysis.* Qualitative Research Methods Series 47. Thousand Oaks: Sage.

Mosler, Hannes, und Pedroza, Luicy. 2014. An Unexpected Pioneer in Asia: The Enfranchisement of Foreign Residents in South Korea. *Ethnopolitics,* 1–24. https://doi.org/10.1080/17449057.2014.954318.

Pedroza, Luicy. 2019. *Citizenship beyond Nationality: Immigrant Voting Rights across the World*. Pennsylvannia: University of Pennsylvania Press.

Bauder, Harald. 2018. "Westphalia, Migration, and Feudal Privilege." *Migration Letters 15* (3) (July): 333–346.

Mill, John Stuart. 2001 [1861] Representative Government. Kitchener: Batoche Books.

Teil II
Prozesse der Ausweitung des Wahlrechts auf Denizens

In den vorherigen Kapiteln wurde dargestellt, was wir über die Ausweitung des Wahlrechts auf Denizens wissen, und auf vorhandene Wissenslücken hingewiesen. Ich habe außerdem ein anderes methodisches Vorgehen vorgeschlagen, um Ausweitungen des Wahlrechts zu untersuchen: ein prozessorientierter Ansatz, der eine Alternative zu der historisch-institutionalistischen und der postnationalistischen Schule darstellen soll. Durch die Entwicklung dieses Ansatzes verspreche ich mir ein tieferes Verständnis von, wie Heidenheimer es sagt, „subtle interactions between political culture and public policy predispositions" (1983, S. 5, in meiner Übersetzung: „subtile Wechselwirkungen zwischen politischer Kultur und politischen Prädispositionen").

Der in Kap. 4 und 5 angewandte prozessorientierte Ansatz wird sich bei der Beantwortung der *Wie*-Fragen als geeignet erweisen (Checkel 2005, S. 6). Die größte Schwäche dieses Ansatzes liegt jedoch darin, zu allgemeingültigen Erklärungen zu gelangen, in denen alles wichtig ist. Daher bemühe ich mich im Folgenden darum, zu kausalen Ergebnissen zu gelangen, indem ich verschiedene vergleichende Analysen kombiniere: Der erste Teil bildete schon die Grundlage, indem die Grundgesamtheit der Fälle abgesteckt wurde, der Umfang der Bedingungen festgelegt und eine Datensammlung angelegt sowie ein Merkmalsraum (nach Elman 2005, S. 298) konstruiert werden konnte. Dies wird uns später dabei helfen, Erkenntnisse aus den Fallstudien innerhalb eines breiteren vergleichenden Kontextes einzuordnen. So haben wir jederzeit im Kopf, zu welchem Falltyp Deutschland und Portugal gehören. Tauchen wir nun in diese Fälle ein.

In den nächsten zwei Kapiteln werde ich durch eine systematische Untersuchung von Debatten über die Ausweitung der Wahlrechte auf Denizens in Portugal und in Deutschland die folgende tiefere Frage angehen: Inwiefern stützen sich die hervorgebrachte Argumente auf ein Verständnis von Staatsbürgerschaft als exklusive Mitgliedschaft und Bündel von Rechten/Pflichten zwischen Staat und Individuum und inwiefern wird ein anderes Verständnis von Staatsbürgerschaft („citizenship") vorgeschlagen?

Die selektive Ausweitung des Wahlrechts auf Denizens in Portugal

Der Fall Portugals weicht von allen anderen Fällen der Ausweitung des Wahlrechts auf Denizens insofern ab, als dass er zwischen verschiedenen Wähler*innengruppen nach Staatsangehörigkeiten differenziert und auf strikter Reziprozität basiert. Ähnliche Bedingungen charakterisierten einst die Ausweitung des Wahlrechts auf Denizens in den nordischen Ländern in den späten 1970er- und den frühen 1980er-Jahren. Diese wurde jedoch zwischenzeitlich zurückgenommen. Als das portugiesische Parlament im Jahr 1996 entschied, die Ausweitung des Wahlrechts auf bestimmte Gruppen von Denizens anzuwenden, hatten die nordischen Länder bereits das universelle Wahlrecht für alle Denizens implementiert. Auch Schweden, die Niederlande, Neuseeland, Guyana, Barbados, Malawi, Burkina Faso sowie diverse Gemeinden in den USA und in den Schweizer Kantonen hatten zu diesem Zeitpunkt Reformen zur Ausweitung des Wahlrechts verabschiedet, die Denizens ohne jegliche Beschränkung bevorzugten.

Allein Spanien weitete im Jahr 1990 das Wahlrecht auf Denizens auf Basis der Reziprozität aus, allerdings mit einer so halbherzigen Reform, dass die Gegenseitigkeitsklausel, die bis heute besteht, erst zwanzig Jahre später, im Juli 2010, zur Umsetzung bereit war. Heute ist Portugal ein Fall, der den Fokus auf Reziprozität mit Spanien teilt und einige Denizens bevorzugt wie in den Ländern des Commonwealth. Die Ausweitung des Wahlrechts in Portugal ist jedoch insofern extrem, als dass sie gleich vier verschiedene Gruppen definiert, die unter unterschiedlichen Bedingungen das Wahlrecht ausüben dürfen: 1) europäische Bürger*innen, 2) Staatsangehörige portugiesischsprachiger (lusophoner) Länder, 3) Brasilianer*innen im Besitz eines besonderen Gleichheitsstatus und 4) andere Ausländer*innen.[1]

---

[1] Artikel 15 der portugiesischen Verfassung besagt für Ausländer*innen, staatenlose Personen und EU-Bürger*innen: 1) Ausländer*innen und Staatenlose, die in Portugal wohnhaft

Maria Ioannis Baganha und Constança Urbano de Sousa zufolge stellt die Ausweitung des Wahlrechts auf Denizens in Portugal eine Annäherung an ein Staatsbürgerschaftskonzept dar, das immer mehr von nationaler Zugehörigkeit absieht, und zwar auch über den besonderen Status der Brasilianer*innen hinaus

---

sind oder sich im Lande aufhalten, haben die Rechte und Pflichten eines*einer portugiesischen Staatsbürgers*Staatsbürgerin. 2) Von der Bestimmung des vorstehenden Absatzes ausgenommen sind die politischen Rechte, die Ausübung öffentlicher Ämter mit nicht überwiegend technischem Charakter sowie jene Rechte und Pflichten, die durch Verfassung und Gesetz ausschließlich portugiesischen Staatsbürger*innen vorbehalten sind. 3) Bürger*innen aus portugiesischsprachigen Staaten und ständigem Wohnsitz in Portugal werden Rechte zuerkannt, entsprechend der Gesetzesbestimmungen und auf der Grundlage der Gegenseitigkeit, die anderen Ausländer*innen nicht gewährt werden; davon ausgenommen sind der Zugang zum Amt des Präsidenten*der Präsidentin der Republik, des Präsidenten*der Präsidentin der Abgeordnetenkammer der Republik, des Ministerpräsidenten*der Ministerpräsidentin, der Präsidenten* Präsidentinnen der obersten Gerichte und zum Dienst in den Streitkräften und in der diplomatischen Laufbahn. 4) Durch Gesetze kann auf dem Staatsgebiet wohnhaften Ausländer*innen, auf der Grundlage der Gegenseitigkeit, das aktive und passive Wahlrecht für die Wahl der Amtsträger*innen der kommunalen Selbstverwaltungsorgane gewährt werden. 5) Das Gesetz kann auch, auf der Grundlage der Gegenseitigkeit, im Staatsgebiet wohnhaften Angehörigen der Mitgliedsstaaten der Europäischen Union das aktive und passive Wahlrecht für die Wahlen zum Europäischen Parlament gewähren. Alle Zitate der Verfassung stammen in der Originalversion dieses Textes aus der englischen Fassung der portugiesischen Verfassung, die auf der Seite der Assembleia da República (www.parlamento.pt) veröffentlicht wurde.

Die deutsche Fassung ist auf folgender Seite abzurufen: http://www.verfassungen.eu/p/. Alle Übersetzungen aus dem Portugiesischen sind von der Autorin selbst. Es ist darauf hinzuweisen, dass die Verfassungsreform von 1992 bereits Raum für die Wahlrechtsausweitung auf Denizens geschaffen hatte. Sie sah die Möglichkeit vor, den ansässigen Migrant*innen auf der Grundlage der Reziprozität das Wahlrecht zu geben, aber dafür musste ein Wahlgesetz vom Parlament verabschiedet werden. Dank der Konvention über Gleichheit der Rechte und Pflichten von 1971 zwischen Portugal und Brasilien können Brasilianer*innen, die seit mehr als fünf Jahren legal in Portugal wohnen, politische Rechte bei lokalen, regionalen und nationalen Wahlen (ohne Präsidentschaftswahlen) ausüben und können auch auf kommunaler Ebene gewählt werden, solange sie diese Rechte auch in Brasilien haben (Gesetzverordnung 126/72). Um Situationen der Ungleichheit zu vermeiden, bedeutet die Ausübung dieser Rechte in Portugal ihre Aufhebung in Brasilien. Nach Artikel 15, n. 3 der portugiesischen Verfassung können lusophone Einwanderer*innen (sprich Staatsangehörige aus Ländern, in denen Portugiesisch die offizielle Sprache ist) Rechte zuerkannt werden, die anderen Ausländer*innen nicht gewährt werden, solange die Zuweisung durch einen internationalen Vertrag erfolgt und auf Reziprozität basiert. Für diese Einwanderer*innen wird das aktive Wahlrecht von den lokalen Behörden nach zweijähriger legaler Aufenthaltsdauer erteilt; das passive Wahlrecht nach vier Jahren. Alle anderen Ausländer*innen haben nur das aktive und passive Wahlrecht für Wahlen auf der Kommunalebene, aber auch geknüpft an die Bedingungen der Reziprozität. Außerdem können sie erst wählen, wenn sie seit mehr als drei Jahren in Portugal leben, und können nur gewählt werden, wenn sie seit mehr als fünf Jahren im Land

(2006, S. 437). Dies ist allerdings eine etwas übertriebene Behauptung, da wir es hier nicht mit einer Abkopplung der nationalen Zugehörigkeit zu tun haben, wenn ein Staat selektiv bestimmten Gruppen einen privilegierten Zugang zum Wahlrecht gibt, zu denen besondere rechtliche Verbindungen bestehen oder zu denen es kulturelle Ähnlichkeiten gibt. Wieso haben die portugiesischen Gesetz-geber*innen diese Art des Wahlrechts dem bis dahin – auf internationaler Ebene, wie wir im letzten Kapitel gesehen haben – bereits bewährten Verfahren des universellen Wahlrechts vorgezogen und diese extrem selektive Ausweitung des Wahlrechts bevorzugt?

Der Prozess der Ausweitung des Wahlrechts auf Denizens begann in Portu-gal bereits 1971 mit der Unterzeichnung eines „Quasistaatsbürgerschaftsvertrags" zwischen Brasilien und Portugal. Es folgte 1976 eine Änderung der portugiesi-schen Verfassung, nach der Bürger*innen lusophoner Länder auf lokaler Ebene das Wahlrecht gewährt werden sollte, sofern portugiesischen Bürger*innen in den betreffenden Ländern dies auch gewährt würde (Prinzip der Gegenseitig-keit). 1989 wurde dies auch für andere Ausländer*innen (nicht nur lusophone) unter strikter Anwendung des Grundsatzes der Gegenseitigkeit geöffnet und 1992 auch für europäische Bürger*innen. Seit 1996 gilt die Regelung für die vier oben beschriebenen Gruppen.

Die Daten, die ich in diesem Kapitel analysiere, bestehen aus Parlamentsde-batten (Zugriff erfolgte über die Archive der *Assembleia da República,* fortan *Assembleia*), Regierungs- und Parteiprogrammen und zusätzlich journalistischen Artikeln, die über Parlamentsdebatten berichten.[2] Abgesehen von den in Kap. 3 genannten Gründen, Parlamentsdebatten als Erklärung für den Prozess der Ausweitung des Wahlrechts auf Denizens in Demokratien heranzuziehen, sind Parlamente in parlamentarischen oder semiparlamentarischen Systemen wie Por-tugal unausweichlich der Austragungsort amtlicher Entscheidungsfindung: Das Parlament hat die ausschließliche Kompetenz für Fragen der Bürger*innenrechte und Staatsbürgerschaft. Nicht einmal der Verfassungsgerichtshof, der in der Ver-fassungsrevision von 1981/82 ins Leben gerufen wurde (ein Meilenstein in der

---

leben. EU-Bürger*innen können bei Europawahlen wählen und gewählt werden, übrigens auch unter den Bedingungen der Reziprozität.

[2] Ich habe mich dabei vor allem auf das Archiv einer der meistgelesenen überregionalen Tageszeitung gestützt: *Diário de Notícias.*

Geschichte des portugiesischen Übergangs zur Demokratie), konnte zum Veto-spieler des Parlaments avancieren: Er steht unterhalb des Präsident*innenamts, das wiederum dem Parlament untersteht.[3]

Im portugiesischen Parlament sind Reden, die reich an Rhetorik sind, charakteristisch für die Kommunikation. Hinter der Fassade eines feierlichen und manchmal pompösen Stils der Sprache können die Reden auch spontan und sarkastisch sein. Der Parlamentspräsident*die Parlamentspräsidentin, der*die aus der Reihe der Fraktionschef*innen gewählt wird, organisiert die Debatte und drängt zerstrittene Abgeordnete oft dazu, Redezeiten untereinander auszutauschen. Somit können Fraktionsstellungnahmen, die ursprünglich als Reden vorbereitet wurden, schnell zu Dialogen werden. Wie es formal in den meisten Parlamenten der Fall ist, werden auch in Portugal die Parlamentsdebatten akkurat aufgezeichnet, aber Abgeordnete demonstrieren auch Professionalität und Kontrolle beim Ablauf, indem sie sehr präzise auf zurückliegende Interventionen Bezug nehmen.

Ich analysiere hier den spezifisch politischen Gesetzgebungsprozess, der das kommunale Wahlrecht für lang ansässige Migrant*innen eingeführt hat, die entweder Bürger*innen der Europäischen Union, portugiesischsprachig sind oder aus einem Land stammen, mit dem ein Gegenseitigkeitsgrundsatz abgeschlossen wurde. Die Analyse ist aber nicht nur auf den politischen Prozess vom anfänglichen Vorschlag bis zur finalen Entscheidung beschränkt, sondern geht inhaltlich über die Wahlrechtsdebatten hinaus. Ich gehe über die in Kap. 3 präsentierten institutionellen Faktoren (Eigenschaften des politischen Systems, Migrationsprofile, Einbürgerungsregeln) deswegen hinaus, weil Framinganalysen schnell einen selbstbestätigenden Bias entwickeln (Campbell 2002). Ich beziehe daher relevante Paralleldebatten mit in die Analyse ein, die mir dabei helfen sollen, unterschiedliche Framingmodelle gegeneinander abzuwägen. Dabei ist mein Ziel, jeweils die Begründungen für oder gegen eine Einführung des Denizenwahlrechts in ihrem jeweiligen Kontext herauszuarbeiten, nicht aber die spezifischen Absichten dahinter zu ermitteln.

Ich gehe dabei in vier Schritten vor: Als Erstes umreiße ich die grundlegenden institutionellen Merkmale der Demokratie Portugals. Zweitens erläutere ich das Migrationsprofil des postrevolutionären Portugal und fasse die Gesetze zur portugiesischen Staatsangehörigkeit zusammen. Diese Schritte geben uns eine

---

[3] Siehe Constituição ..., Art. 119, 169 und 278. Umfragen aus den Jahren 1978 und 1984 haben ergeben, dass Portugies*innen das Parlament als weniger wichtig als das Amt des Präsidenten*der Präsidentin, des Premierministers*der Premierministerin oder auch das Kabinett wahrnehmen. Nach dem ersten holprigen Jahrzehnt der Demokratie haben die Portugiesen ihr Parlament jedoch als die wichtigste Institution für den Erhalt des politischen Systems schätzen gelernt.

erste Idee der Themen, die auf Voraussetzungen der Wahlgesetzgebung hinweisen. In einem dritten Schritt analysiere ich den Prozess der Wahlgesetzgebung
selbst, indem ich die Debatten zum Wahlrecht in Portugal unter die Lupe nehme.
Dies erfolgt in vier Unterkapiteln. Jedes dieser Kapitel stellt einen anderen Ana-
lyseschritt vor, der darlegt, wie die *Frames* konstruiert, getestet und verändert
wurden, um in bestehende normative *Frameworks* von politischen Debatten zu
passen. Der vierte analytische Schritt sind dann diachrone und synchrone Vergleiche mit vorangegangenen, parallel verlaufenden und nachfolgenden Debatten.
Diese fallinternen Vergleiche können das Timing bei der Ausweitung des Wahlrechts auf Denizens erklären, aber auch auf spezifische *Frames* in der Debatte
und den Einfluss des institutionellen Kontexts hindeuten.

4.1   Der institutionelle Rahmen der neuen Demokratie Portugals

Die Nelkenrevolution von 1974 und die schnelle Dekolonisierung, die die Revolution begleitete, hinterließen bedeutende institutionelle Merkmale im politischen
System, den Migrationsmustern und der Identität Portugals als demokratischer,
europäischer Staat. Die Besonderheiten liegen nicht nur in den demokratischen
Idealen, sondern auch in einer militärisch geführten Revolution. Im Jahr 1976
forderte die Entstehung einer demokratischen Verfassung Kompromisse aller
postrevolutionären Kräfte. Unmittelbar nach der Revolution entstanden mehr als
fünfzig politische Parteien, wovon einige bis heute überlebten. Die parlamentarische Regierungsform wurde von der Partido Socialista, PS (die in Relation
zu europäischen Parteifamilien als sozialdemokratische Partei verstanden werden kann), der Partido Social Demócrata, PSD (die wiederum als Mitte-rechts
eingestuft werden kann), und der Centro Democrático Social/Partido Popular,
CDS/PP (die als Partei des rechten Flügels betrachtet werden kann), unterstützt.
Zudem brachte die Partido Comunista Português, PCP (kommunistische Partei),
mit ihren Alliierten sozialistische Elemente in die Verfassung ein.[4]

---

[4] Für die Klassifizierung der Parteipositionen stütze ich mich auf Costa Pinto (1998).
Anfangs beflügelte die radikalisierte Umwelt der Revolution Selbstdefinitionen der Parteien,
die ihre ideologische Ausrichtung übertrieben, um sich vom diktatorialen „*Estado Novo*"
zu distanzieren, an dem sich viele Parteieliten beteiligten. Bezeichnenderweise entschied
sich die rechteste Partei dazu, sich selbst als Centro Democrático Social zu bezeichnen;
Mitte-Rechts-Parteien (PP und CDS) betitelten sich als sozialdemokratisch, während die
sozialdemokratische Partei, die Partido Socialista, sich als radikal-links präsentierte.

Nach in zähen Verhandlungen gefundenen Kompromissen mit der Armee sicherten die Parteien das demokratische System durch grundlegende Rechte und Freiheiten ab (Constituição da República Portuguesa, Art. 288). Später ermöglichte die konsensuale Politik zwischen den politischen Parteien zusammen mit moderaten Einstellungen in der Wähler*innenschaft, militärische Akteur*innen nach und nach aus dem politischen System zu entlassen (Costa Lobo 2007, S. 8–9). Dieser graduelle Wandel hatte auch Auswirkungen auf andere Bereiche: Politische Debatten entwickelten sich auf gemäßigtere Weise, sogar bei Themen wie Migration, was die Politisierung von Themen unter den Parteien zu Wahlkampfzwecken verhinderte. Das postrevolutionäre Portugal ist ein unitaristischer Staat geblieben, mit kommunalen Regierungen, die sich bis in mittelalterliche Zeiten zurückverfolgen lassen. Diese sind mit den ersten Kommunalwahlen im Jahr 1977 funktional eingeweiht worden.[5]

4.2 Die Entstehung von Staatsbürgerschaft und Migrationspolitiken in Portugal vor dem Reformprozess

Die Revolution von 1974 ist ein Wendepunkt im Migrationsprofil von Portugal. Das Thema Auswanderung spielte während des gesamten 20. Jahrhunderts eine wichtige Rolle[6] und wurde durch die Kolonialkriege der 1960er-Jahre noch verstärkt.[7] Von 1961 bis 1974 emigrierten schätzungsweise 1,3 Mio. Portugies*innen vom iberischen Festland. Nach der Revolution wurden die Auswanderungszahlen jedoch rückläufig und Emigrant*innen begannen zurückzukehren (insbesondere in den 1990er-Jahren). Die in den ehemaligen Kolonien lebenden Portugies*innen

---

[5] Die kommunale Regierung wird als wesentlicher Bestandteil der portugiesischen Demokratie und von Staatsbürgerschaft in Portugal angesehen. Die lokale Ebene besteht aus 308 Kommunen, deren Führungen vom Volk geheim und direkt gewählt werden. Sie verfügen über eigenen Besitz und Vermögen und haben Kompetenzen im Bereich Wirtschaft, regionale Ordnung, Gesundheit, Kultur, Umwelt und Sport, Grundschulen und sozialer Wohnungsbau. Sie besitzen aber keine gesetzgeberische Macht (Constituição …, Art. 239).

[6] Die größten Zielländer der portugiesischen Emigrant*innen waren von 1950 bis 1988 Frankreich, Brasilien, USA, Deutschland und Kanada. Auf den restlichen Teil der Welt entfielen weniger Emigrant*innen als auf Brasilien (SECP, Boletim anual 1988 in Baganha 2003).

[7] Die Stationierung von mehr als 150.000 Soldat*innen in Afrika, um die Kriege für das Kolonialreich zu führen (damals noch bestehend aus Angola, den Kapverdischen Inseln, Guinea-Bissau, Mosambik und São Tomé und Príncipe), verschlang fast die Hälfte des portugiesischen Bruttoinlandsprodukts.

wurden zudem ins Heimatland rückgeführt und die Zahl neuer Zuwanderer*innen begann zu steigen (Peixoto 2000).

Im Jahr 1990 lebten ungefähr 110.000 Ausländer*innen mit Aufenthaltsgenehmigung in Portugal. Hinzu kam eine wachsende Zahl an irregulären Einwanderer*innen. Obwohl keine genauen Schätzungen existieren, entspricht ihre Zahl in etwa der Zahl an Legalisierungsanträgen des ersten Legalisierungsprogramms von 1992/1993, die bei 80.000 lag (Levinson 2005). Trotz der Veränderung des portugiesischen Migrationsprofils interessierte die höhere Zahl der Immigrant*innen die Politik nur wenig. Expert*innen stimmen in der Ansicht überein, dass die Themen Einwanderung und Einwanderer*innen bis in die Mitte der 1990er nicht debattiert wurden. Die in den Medien am meisten erwähnten Gruppen von Migrant*innen waren Osteuropäer*innen, Immigrant*innen aus lusophonen Ländern und „Zigeuner*innen" (Costa Lobo 2007). Die Wahrnehmung von Migrationsthemen konzentrierte sich auf die Emigration, was durch die neue Vorstellung verstärkt wurde, dass dem postimperialen Portugal harte Zeiten bevorstünden, um als kleines europäisches Land zu überleben, dessen Bevölkerung zu einem Drittel über den Globus verteilt war (Lloyd-Jones 2001, S. 2–4).

Das Ziel, das durch eine Reform zur Ausweitung des Wahlrechtes erreicht werden sollte, kann kaum angemessen analysiert werden, ohne auch die im gleichen Zusammenhang entstehenden Migrationspolitiken zu betrachten. Laut Maria I. Baganha (1998) hat die Migration nach Portugal das Land genauso verändert wie seine Lebensart und Mentalität. Es ist wichtig, sich eine Vorstellung von den Dimensionen und der Art der Migrationspolitik zu machen, um die nachfolgenden Diskussionen um die Ausweitung des Wahlrechts auf Denizens zu verstehen. Zwischen den Jahren 1975 und 1980 stieg die Immigration mit einer jährlichen Rate von 13 % und war gekennzeichnet durch a) die Zuwanderung aus afrikanischen Ländern mit Portugiesisch als offizieller Amtssprache (offiziell PALOP genannt, was für „países africanos de língua oficial portuguesa" steht und hier weiterhin so abgekürzt wird), die bis 1974 als „interregionale Migration" angesehen wurde und somit nicht in Statistiken über Ausländer*innen einfloss, b) die Zuwanderung aus Brasilien und c) die Zuwanderung aus Asien, zur Arbeit in Kleinbetrieben, hauptsächlich aus Pakistan, Indien und Bangladesch (Pires 2003). Während der 1980er-Jahre führte die in Portugal steigende Nachfrage nach Arbeitskräften zu einem weiteren Anstieg der ausländischen Bevölkerung. Seit den späten 1990er-Jahren gab es zudem, im Vergleich zu der Migration aus den

Tab. 4.1 Verteilung von Ausländer*innen mit legalem Status in Portugal nach Herkunftsregion (ausgewählte Länder), in Prozent. (Quelle: Serviço de Estrangeiros e Fronteiras 2001)

Herkunftsregion	1981	1991	2001
Europa	30,2	29	30
Afrika	45,7	41,9	47,3
davon PALOP-Staaten	45,1	40,2	44,7
Asien	1,9	3,9	4,3
Amerika	21,2	24,5	18,2
davon Brasilien	8,0	11,1	10,8

PALOP-Ländern, einen enormen Anstieg von Migrant*innen aus osteuropäischen Staaten (Ukraine,[8] Moldawien, Russland und Rumänien). (Tab. 4.1).

Im Falle der Arbeitsmigration ähnelte die Entwicklung der deutschen Gastarbeiter*innenerfahrung in dem Sinne, dass die Ansiedlung von Migrant*innen in einem politisch-rechtlichen Kontext auftrat, der eher abschreckend wirken sollte (Pires 2003, S. 151), mit all seinen negativen Konsequenzen. Anders verhielt es sich dagegen bei brasilianischen Zuwanderer*innen, die dank des oben erwähnten Abkommens zwischen Portugal und Brasilien viele Vorteile selbst gegenüber anderen, nichtportugiesischsprachigen Migrant*innen hatten. Interessant ist aber, dass von diesem Abkommen ursprünglich die großen Gruppen von Portugies*innen in Brasilien am meisten profitieren sollten. Sie erhielten dort sämtliche politischen Rechte, mit Ausnahme der exekutiven Führungspositionen (Peixoto 2004).

Eine unmittelbare Herausforderung bei der Immigration in das postrevolutionäre Portugal war die in Aussicht stehende Rückkehr der in den ehemaligen Kolonien lebenden Portugies*innen, die als Rückkehrer*innen („Retornados") bezeichnet wurden. Aufgrund der Dekolonialisierung und auch der militärischen und politischen Instabilität in den PALOP-Staaten drängten fast eine halbe Million Menschen zurück nach Portugal, die meisten als „Retornados", obwohl mehr als die Hälfte von ihnen die iberische Halbinsel nie zuvor betreten hatte. Die Erinnerung an diesen Exodus ist aus zwei Gründen von Bedeutung: Erstens wurden die Gesetze zur Staatsangehörigkeit radikal verändert, um auch die Rückkehrer*innen anzusprechen (Reiter 2008), zweitens waren die Rückkehrer*innen der Grund, weshalb die Väter und Mütter der Verfassung von 1976 den Quasistaatsbürger*innenstatus von Brasilianer*innen auf die Bürger*innen der portugiesischsprachigen Länder erweiterten. Dieser Status der Quasistaatsbürgerschaft machte es vor allem den Brasilianer*innen in den 1980er-Jahren

---

[8] Seit Mitte der 1990er-Jahre bildeten Ukrainer*innen nach den Kapverdier*innen und Brasilianer*innen die drittgrößte Gruppe an Ausländer*innen.

leichter, Portugal als Auswanderungsziel ins Auge zu fassen, während sich die
sozioökonomische Situation zu Hause verschlechterte und dort die Diktatur zu
Ende ging.

Die Ausarbeitung von Rechtsvorschriften zur Regulierung der Migration zeigt,
wie spät Portugal begann, Einwanderung kritisch zu betrachten. Vor 1995 war
die Einwanderungspolitik nur durch schwache Regulierungen gekennzeichnet, die
eine minimale Kontrolle der Zuwanderung vorsah. Erst später wurden Einreise-
bestimmungen verschärft und Rechte für Einwanderer*innen eingeschränkt. Das
Schengen-Abkommen aus dem Jahr 1992 zwang Portugal dazu, die Einreisebe-
stimmungen weiter zu verschärfen. Bis dahin hatten die historischen Beziehungen
zu den PALOP-Staaten und Brasilien Portugal zu einem bevorzugten Einwan-
derungsziel von Auswanderer*innen aus diesen Ländern gemacht. Laut Texeira
und Albuquerque (2005, S. 10) war Portugal in einem Dilemma, da es EU-
Bestimmungen befolgen musste und gleichzeitig die engen Beziehungen zu den
portugiesischsprachigen Ländern aufrechterhalten wollte.

Ab 1995 gewann das Thema Einwanderung in der Regierung, im Parlament und in der Verwaltung an Relevanz.[9] Eine besondere Behörde, die
Alto-Comissário para a Imigração e Minorias Étnicas (ACIME) wurde gegründet,
um Integrationsmaßnahmen zu organisieren, darunter die Unterstützung bei der
Wohnungssuche, Informationen zur Erwerbstätigkeit, Bildung und zum Gesund-
heitssystem. Die Behörde war auf allen Ebenen des politischen Systems aktiv
(Decreto-Lei N 3-A, 26. Januar 1996). Dies war der Beginn einer – im forma-
len Sinne – positiveren Phase der staatlichen Politik im Umgang mit Migration.
Damit einher gingen zwei außergewöhnliche Regulierungs- und Unterkunftspro-
gramme, nämlich Sozialhilfe auch für ausländische Haushalte in Armut und
die Abschaffung von Gesetzen zur Arbeitsbeschränkung von Ausländer*innen.
Das ACIME wurde zum politischen Mediator zwischen der Regierung und
Migrant*innenorganisationen, die wiederum Mediatoren zwischen öffentlichen
Verwaltungsämtern und Migrant*innengruppen waren.

Diese schrittweise Veränderung der vorherigen (Nicht-)Migrationspolitik ist
schon in der Darlegung der Beweggründe des ersten außergewöhnlichen Lega-
lisierungsgesetzes vom Oktober 1992 spürbar, das die Migration noch als ein
bedrohliches, unerwünschtes Phänomen dargestellt hat – das in „Wellen" vor
sich ging, was es zu verhindern gelte (Gesetz 1/92, am 9. März, GOP, 1992).

---

[9] Im Jahr 1998 wurde der Rat für Einwanderungsangelegenheiten (Conselho Consultivo para
os Assuntos da Imigração, COCAI) als Rat mit beratender Funktion gegründet, um die
ACIME in ihrer Arbeit zu unterstützen.

Außerdem unterscheidet es sich in der Ausdrucksweise von dem zweiten Lega-
lisierungsgesetz 1996. Darüber hinaus beinhaltete das Regierungsprogramm des
Jahres 1995 das erste Mal einen separaten Abschnitt über Migration und spezifische Migrationsvorgaben innerhalb der Sektion „Interne Administration" und
„Sozialpolitik".

In der Sektion 4, Sozialpolitik, heißt es: „In unserem Fall kommen Migranten überwiegend aus PALOP-Ländern, sie sind das wichtigste Bindeglied der
politischen Beziehungen des portugiesischen Staates zu diesen Ländern, die
von Freundschaft und Kooperation geprägt sind" (Programa do XIII Governo
Constitucional, 1995, Sektion 4). Dieses Zitat macht deutlich, wie sich die Migrationspolitik während der Regierung der PS (1995–2002) verändert hat und die
bevorzugte Behandlung der Migrant*innen aus lusophonen Ländern noch einmal bestärkt hat. Wenn man das Gesetz liest, das die Wahlrechte auf Denizens
in Portugal ausgeweitet hat (Gesetz 50/96), wird deutlich, dass es im Kontext
einer größeren Wende[10] in der Migrationspolitik gesehen werden muss, eine
Migrationspolitik, die weniger versucht, die *Migrationsströme* zu regulieren, als
sich vielmehr um Fragen der Integration kümmert. Im Lauf der Zeit wurden
zudem die Einwanderungspolitiken für verschiedene Visakategorien gelockert, die
Möglichkeiten der Familienzusammenführung (einschließlich einer der breitesten
Definitionen von Familie in Europa) gestärkt und Legalisierungsprogramme für
irreguläre Migrant*innen und deren Kinder aufgelegt. Im Hinblick auf die Mobilisierung von Migrant*innen sind sich die Expert*innen jedoch einig, dass dies
bis Mitte der 1990er-Jahre eher begrenzt war, aber dank der Top-down-Initiativen
der Regierung und der politischen Parteien (insbesondere der PS) an Bedeutung
gewonnen hat und eine institutionalisierte Einmischung von Migrant*innen in das
politische Leben zumindest eingeleitet wurde (Machado und Matías 1992, S. 34).

Bis   Ende   der   1980er-Jahre   gab   es   auch   nur   wenige
Migrant*innenorganisationen, deren Existenzberechtigung wegen des irregulären Status von Tausenden von Einwanderer*innen infrage gestellt wurde, was
mit sozialer Ausgrenzung und wachsenden multiethnischen Spannungen einher-
ging. Die staatlich initiierte Legalisierungskampagne war dann aber der Beginn
eines langen Prozesses, in dem der Dialog mit Migrant*innenorganisationen
institutionalisiert wurde. Fernando Ká, Präsident der Guineischen Vereinigung

---

[10] Diese Wende war allerdings nicht von Dauer. Nachdem die PSD die Wahlen im März 2002
gewonnen hatte, formte sie eine Koalition mit der CDS und kündigte in ihrem Regierungsprogramm (Programa do XV Governo Constitucional) eine neue Migrationspolitik an, die
sich auf den Stand vor 1995 bezog. Das Programm umfasste Abschiebungen ebenso wie
Beschränkungen von Einreisen. Allerdings wurde die Besserbehandlung von portugiesischsprachigen Migrant*innen beibehalten.

für Migrant*innensolidarität seit 1982 und einer der frühesten und freimütigsten
Führer von Migrant*innenorganisationen, wurde von der Sozialdemokratischen
Partei 1991 eingeladen, einen Sitz im Parlament zu übernehmen, um im Namen
der Migrant*innenverbände zu sprechen. Als portugiesischer Staatsangehöriger
durfte er auch ein solches Amt übernehmen. Im Jahr 1995 wurde sein Sitz
von der ehemaligen Präsidentin der Capeverdian Association, Celeste Correia,
übernommen, die bis dahin eine der aktivsten Migrant*innengemeinschaften in
der portugiesischen Politik repräsentierte.

Es war die neu gewählte Regierung im Jahr 1995, die die Bühne für eine
breite Integrationspolitik bereitete. Migrant*innenverbände formierten sich, blüh-
ten auf und reiften zusammen mit dieser größeren Sichtbarkeit und es wuchsen
nicht nur Organe wie ACIME im Jahr 1996: Von 1990 bis heute hat sich die Zahl
der Migrant*innenvereinigungen verachtfacht (Sardinha 2010, S. 24). Schließlich
wurde 1998 die Organisation von COCAI (*Conselho Consultivo para os Assuntos de Imigração* – Rat für Migrationsangelegenheiten) gegründet, und mit dem
Gesetz 115/99 aus dem Jahr 1999 wurden Migrant*innenorganisationen vom portugiesischen Staat offiziell als juristische Personen anerkannt. Die Geschichte der
Migrant*innenvereinigungen in Portugal ist also nicht die Geschichte eines voll-
kommenen Top-down-Prozesses, sondern in der Tat ein schrittweiser Prozess, der
mit der frühen Wahrnehmung von Migrant*innengruppen als potenzielle Wähler*innen begann und durch Schritte der Kooptation zur Etablierung der Vereine
führte, die inzwischen von Staat und Parteien als unabhängige Akteure anerkannt
werden.

Obwohl die Zuwanderungszahlen in Portugal seit dem Jahr 1985 kontinuierlich stiegen, blieben die Bedingungen, unter denen Einwanderer*innen die
portugiesische Staatsangehörigkeit erlangen konnten, sehr strikt: Der Anteil von
Ausländer*innen, die die portugiesische Staatsbürgerschaft annahmen, überstieg
zu keinem Zeitpunkt mehr als 1,5 % der gesamten (legalen) ausländischen Bevölkerung in Portugal. Dies ist kaum verwunderlich, wenn man die Geschichte der
Einbürgerungsgesetze bedenkt. Denn seit dem Verkünden des Code Civil im
Jahr 1867 basierte das Konstrukt der Staatsangehörigkeit in Portugal auf dem
Ius soli. Auch während der Salazar-Diktatur wurde das *Ius soli* im Staatsangehörigkeitsgesetz von 1959 (Gesetz 2098/59) beibehalten. Hier war festgeschrieben,
dass diejenigen, die vor der Unabhängigkeit in den Kolonien geboren worden
waren, das Recht hatten, die portugiesische Staatsangehörigkeit ihr Leben lang
beizubehalten. Tatsächlich war die Angst vor Migration als Konsequenz von
Dekolonialisierung und Bürgerkriegen in den ehemaligen Kolonien ab 1974 so
hoch, dass portugiesische Politiker*innen das entsprechende Gesetz immer wieder

änderten, damit nur die weiße Bevölkerung zurückkehren konnte.[11] Das Gesetz (Decreto-Lei) 308-A aus dem Jahr 1975 entzog deswegen der Bevölkerung in den Kolonien auch kurzerhand die Staatsangehörigkeit. Im späteren Verlauf wurde der weißen Bevölkerung durch das Staatsangehörigkeitsgesetz (Lei de Nacionalidade) 37/81 die Wiedereinbürgerung ermöglicht, während der (Wieder-)Eintritt für Schwarze deutlich erschwert wurde, um die portugiesische Nationalität qua *Ius sanguinis* zu erhalten und so mit der jahrhundertelangen *Ius-soli*-Tradition zu brechen. Der dadurch entstandene fehlende Zugang zur Staatsangehörigkeit für eine steigende Anzahl von in Portugal geborenen Kindern mit afrikanischer Abstammung zog aber keine gesetzgeberischen Konsequenzen nach sich. Eigentlich sind, wie alle europäischen Regierungen nach einer anfänglichen Phase der Migration erfahren müssen, solch restriktiven Staatsangehörigkeitsgesetze nicht mit den liberalen Normen und Werten einer Demokratie vereinbar (Weil 2001). Dennoch gab es, wie Baganha und de Sousa zeigen, weder bei der Verabschiedung des Einbürgerungsgesetzes von 1981 noch bei der Neufassung von 1994 oder selbst nicht bei der späteren marginalen Änderung von 2004 erhitzte Debatten über die Unvereinbarkeit der portugiesischen Staatsangehörigkeitsgesetze mit demokratischen Grundwerten (2006, S. 450).

Ganz im Gegenteil: Von 1981 bis zu seinen letzten Änderungen im Jahr 2006[12] fand dieses Gesetz breite Unterstützung unter den wichtigsten politischen Akteur*innen. Es bestimmte, wer portugiesisch war und sein sollte und wer nicht. Allerdings würde die normale historische, institutionalistische Lesart der Staatsbürgerschaftsforschung, die sich nur auf die erfolgreichen legislativen Handlungen konzentriert, die Bedeutung der fehlgeschlagenen Versuche der Opposition, das Staatsangehörigkeitsgesetz zu verändern, übersehen. Tatsächlich versuchte 2004 die Fraktion der Kommunistischen Partei (PCP) im Parlament, eine Änderung durch das Gesetzesprojekt 510/IX zu erreichen, wodurch folgende Aspekte entfallen wären: 1) die Voraussetzung, dass Einwohner*innen ihre Einkommensquelle nachweisen müssen, um eingebürgert zu werden, 2) die Voraussetzung, dass Antragsteller*innen ihre „tatsächliche Verbindung zur nationalen Gemeinschaft" nachweisen müssen, und 3) die Willkür der Institutionen, nach

---

[11] Nach seinem Verfasser, Almeida Santos, verdanken es die Portugies*innen dieser Anordnung, „dass die Fähigkeit von Bewohnern ehemaligen Kolonien, die portugiesische Staatsangehörigkeit zu bewahren, so restriktiv konzipiert wird, dass wir nicht gezwungen sind, wer weiß, wie viele Personen zu empfangen" (2007, S. 283).

[12] Die letzte Reform des Gesetzes zur Staatsangehörigkeit (Organgesetz 2/2006) stärkte das *Ius soli* und vereinfachte die Einbürgerung für Migrant*innen der zweiten und dritten Generation, aber das *Ius sanguinis* ist weiterhin das vorherrschende Prinzip.

Ermessen die Einbürgerung verweigern zu dürfen, obwohl alle Anforderungen erfüllt sind. Die Initiative verlief jedoch, nachdem sie monatelang nicht im Plenum behandelt worden war, im Sande. In der Regel wurden die Gesetzesvorschläge der Mitte-Rechts-Mehrheitsregierung, eine Novellierung des Gesetzes zur Staatsangehörigkeit von 1994 und ein von der PS eingebrachter Gesetzesentwurf, mit großen Mehrheiten im Parlament verabschiedet, während die Projekte der linken Parteien und der Grünen, die auf tiefergehende Änderungen des Gesetzes abzielten, abgelehnt wurden. Dies änderte sich erst mit dem Gesetz 2/2006 – wieder ein Vorschlag der PCP –, durch das Änderungen des Gesetzes zur Staatsangehörigkeit 37/81 in genau der Weise erfolgten, die die Partei schon seit Jahren vorgeschlagen hatte: Das *Ius-soli*-Prinzip wurde wieder anerkannt und Ermessensentscheidungen limitiert. Insbesondere die Abstufung nach Herkunftsländern bei der Einbürgerung wurde abgeschafft. Es wurde unisono ein Aufenthaltszeitraum von sechs Jahren von allen Antragsteller*innen verlangt, portugiesischsprachig oder nicht.

Heute hat Portugal anerkanntermaßen eines der liberalsten Gesetze zur Staatsangehörigkeit in Europa und es erfreut sich der höchsten Einbürgerungsrate in der EU. Die Zeittafel in Tab. 4.2 stellt die bedeutendsten Gesetzesänderungen[13] dar, die in diesem Kapitel genannt wurden. Die Entwicklung der Migrationspolitik und der Staatsangehörigkeitsgesetze weist darauf hin, dass diese Politik sich durch die Suche nach einem Rahmen entwickelte, der der engen Beziehung von Portugal zu seiner langjährigen Diaspora geschuldet war, um einen postrevolutionären Kontext zu erhalten. Die portugiesische Diaspora wird auf etwa 4,3 Mio. Menschen geschätzt, die – dank zweier Dekaden Einbürgerungsrecht gemäß *Ius sanguinis* und doppelter Staatsbürgerschaft – Staatsbürger*innen geblieben sind. Diese portugiesische Bevölkerung im Ausland ist fast zehnmal größer als die ausländischstämmige Bevölkerung, die in Portugal ansässig ist.[14] Dies hilft uns auch zu verstehen, welch ein großer Wähler*innenanteil in der Debatte um die Ausweitung des Wahlrechts angesichts der zwei Gruppen von Migrant*innen zu spüren wäre.

---

[13] Weiterhin stellt Tabelle A2 im Anhang alle verabschiedeten Gesetze bezüglich Migration und Angelegenheiten der Staatsangehörigkeit, die in diesem Kapitel behandelt werden, dar und veranschaulicht deren Veränderungen auf einer Zeitschiene.

[14] Im Jahr 1985 lag die Zahl der außerhalb von Portugal ansässigen registrierten Wähler*innen bei 190.818, 2006 waren es 207.005 von insgesamt 9.462.645 (Comissão Nacional de Eleições, http://www.cne.pt, abgerufen im Januar 2010).

Tab. 4.2 Bedeutendste Gesetzesänderungen in Bezug auf die Staatsangehörigkeit und die Wahlrechte von Denizens bis 2006. (Quelle: Eigene Zusammenstellung)

1971	Unterzeichnung der Konvention über *Quasistaatsbürgerschaft* mit Brasilien
1975	Verfassungsänderung für Gesetze zur Ausweitung des Wahlrechts von Denizens
1980 – (1982 … 1988)	In Staatsangehörigkeitsgesetz 37/81 dominiert das *Ius sanguinis* über das *Ius soli*, doppelte Staatsbürgerschaft wird allerdings toleriert
1989	Verfassungsänderung erlaubt Ausweitung des Wahlrechts auf Denizens auf der Basis von Gegenseitigkeit
1990	Verfassungsänderung weitet potenziell das Wahlrecht derjenigen Denizens aus, die nicht Staatsbürger*innen der PALOP-Länder sind Vorschlag der Partido Socialista (PS) 3/VI, das Wahlrecht auf alle Denizens auszuweiten, scheitert an der Regierung der Partido Social Democrata (PSD) Staatsangehörigkeitsgesetz 25/94 schränkt Erwerb der Staatsangehörigkeit gemäß *Ius soli* weiter ein
1995	– Neue PS-Regierung - Vorschlag der PS 37/VII, das Wahlrecht auf Denizens auszuweiten (portugiesischsprachig und Reziprozität) wird zu Gesetz 50/96 Verfassungsreform erweitert Wahlrechte auf portugiesische Auswanderer*innen (Vorschlag der PSD) Gesetz 13/99 beseitigt Hürden bei der Registrierung von Denizens, nachdem ein Vorschlag der **Partido Comunista Português** (PCP) gescheitert ist
2000	Neue Koalitionsregierung aus Centro Democrático e Social (CDS) und Partido Popular (PP) Geringfügige Veränderungen des Staatsangehörigkeitsgesetzes vorgeschlagen von der PS, nachdem Vorschläge der PCP gescheitert waren
2005	Neue Koalition von PSD und PP/Neue PS-Regierung Reform des Staatsangehörigkeitsgesetzes 2/2006

4.3   Der politische Prozess bei der Ausweitung des Wahlrechts auf Denizens

Die Verfassung von 1976 etablierte zudem das Prinzip der Antidiskriminierung und der Gleichstellung der Rechte zwischen Staatsangehörigen und Ausländer*innen.[15] Legal in Portugal lebende ausländische Einwohner*innen haben seither ein Recht auf Gesundheitsversorgung, Bildung, Sozialversicherung und Zugang zu Gerichten, aber nicht automatisch politische Rechte. Die Verfassung ließ jedoch Raum für eine mögliche Ausweitung des Wahlrechts auf portugiesischsprachige Bürger*innen auf kommunaler Ebene auf Basis der Reziprozität. Seitdem war die Möglichkeit einer positiven Diskriminierung von Ausländer*innen aus Ländern mit portugiesischer Amtssprache zur Ausübung des Wahlrechts, was sonst nur portugiesischen Bürger*innen vorbehalten war, eröffnet: „Staatsbürgern aus portugiesischsprachigen Ländern können durch internationale Vereinbarung und auf der Grundlage der Gegenseitigkeit Rechte zugestanden werden, die anderen Ausländern nicht gewährt werden" (Constituiçao, Art. 15, 3, in der originalen Fassung von 1976; dieser Artikel wurde bis heute nicht reformiert).

Diese Bestimmung wurde eingeführt, bevor Dänemark, Norwegen und Finnland, und später die Niederlande, das Wahlrecht bei Kommunalwahlen für Denizens nur mit Wohnsitzerfordernis ausgeweitet hatten. Trotzdem gab es bis zum Gesetz 50/96, also zwanzig Jahre später, keine Gesetzgebung, die das Wahlrecht auf Denizens ausweitete. Zu diesem Zeitpunkt hatten die nordischen Länder die Gegenseitigkeitsklausel aufgehoben und das Wahlrecht für alle Denizens geöffnet. Portugal behielt sie dagegen bei. Auf der Verfassung und deren Reformen von 1989 und 1992 aufbauend weitete das Gesetz 50/96 das Wahlrecht auf portugiesischsprachige Länder und Bürger*innen aus europäischen Mitgliedsstaaten aus, aber auch auf andere Bürger*innen, deren Herkunftsland Portugies*innen das Stimmrecht gegeben hatte (allerdings mit längeren Wartezeiten). Diese Gesetzgebung, die im Vergleich zu den nordischen Fällen überholt und beschränkt erscheint, wurde innerhalb des Parlaments als innovativ und großzügig angesehen. Um den Politikwechsel in seinem Kontext verstehen zu können,

---

[15] Gemäß Artikel 2 und 4 der portugiesischen Verfassung heißt es: „Portugal plädiert für die Abschaffung des Imperialismus, des Kolonialismus und anderer Formen der Aggression, Herrschaft und Ausbeutung in den Beziehungen zwischen den Völkern" (Art. 2) […] „Portugal pflegt privilegierte Freundschafts- und Kooperationsbeziehungen mit den portugiesischsprachigen Ländern" (Art. 4). (Constituiçao de República Portuguesa, Sétima revisao constitucional, 2005). Alle Fassungen unter http://www.verfassungen.eu/p/.

werden wir nun die Merkmale des Parlaments und die Umstände unter die Lupe nehmen, um die genügsame politische Gesetzgebung bis 1996 zu erklären.

Das portugiesische Parlament besteht aus 230 Abgeordneten, die durch direktes und universelles Stimmrecht von wahlberechtigten Bürger*innen in Portugal – und seit 1976 auch im Ausland – gewählt werden. Eine starke Parteidisziplin verlangt von den Abgeordneten, in Einklang mit der Parteilinie abzustimmen und deren Gesetzentwürfe den entsprechenden parlamentarischen Gruppen vorzulegen, die die Tagesordnung bestimmen (Opello 1986). In Portugal werden Gesetze entweder durch sog. Gesetzesprojekte (von Abgeordneten, parlamentarischen Blöcken oder Bürger*innen) oder Gesetzesvorschläge (von der Regierung) im Parlament initiiert. Der seit 1971 von Brasilianer*innen genossene Quasistaatsbürgerschaftsstatus hatte es mit der Aussicht auf Ausweitung des Wahlrechts auf portugiesischsprachige Denizens geschafft, die privilegierten Brasilianer*innen diskret in eine größere Kategorie von Personen zu mischen, die von der Gesetzgebung auch „angesprochen werden mussten": Bürger*innen aus ehemaligen Kolonien. Im Jahr 1976 wurde das Projekt der Ausweitung des Wahlrechts auf Denizens von einer sozialistischen Mehrheit (PS) initiiert und es blieb die nächsten zwanzig Jahre ein sozialistisches Projekt. Die Verfassungsreform von 1992, die die Wahlberechtigung ein wenig offener für andere Ausländer*innen gestaltete, die nicht Bürger*innen der portugiesischsprachigen Länder waren, war ebenfalls ein Vorschlag der PS (DAR II 8 / VI / 2, 15.10.1992, S. 131–146). Er brachte die Gründung der Gemeinschaft der Länder der offiziellen portugiesischen Sprache (Comunidade dos Países de Língua Portuguesa) (CPLP)[16] und des Council of Portuguese Communities voran, die zusammen mit der Ausweitung des Wahlrechts auf Denizens im Jahr 1995 Teil des PS-Regierungsprogramms wurden.

Die PS war zum ersten Mal in der Geschichte des postrevolutionären Portugal mit einer Einparteienregierung an die Macht zurückgekehrt und sowohl der Präsident, Jorge Sampaio, als auch der Premierminister, António Guterres,

---

[16] Im Jahr 2000 wurde ein Freundschaftsvertrag zur Gleichberechtigung unterzeichnet, um den Status der portugiesisch-brasilianischen Staatsbürgerschaft zu stärken, der durch das Abkommen von 1971 geschaffen wurde. Darüber hinaus wurde 2001 Art. 15 (3) umformuliert. Demnach werden Bürger*innen der portugiesischsprachigen Staaten mit ständigem Wohnsitz in Portugal gewisse Rechte zugewiesen, die nicht auf andere Ausländer*innen übertragen werden können, solange das Prinzip der Reziprozität auch erfüllt ist – das ist ein weiteres Privileg der CPLP-Mitgliedschaft.

waren PS-Mitglieder. Dadurch, dass lediglich vier Sitze bis zur absoluten Mehrheit im Parlament fehlten, konnten die Sozialisten fast alleine regieren.[17] Durch die Verabschiedung einer besonderen Regelung für portugiesischsprachige Einwanderer*innen in Portugal kehrten sie zu einem außenpolitischen Prinzip zurück, auch wenn es auf Gegenseitigkeit basierte, welches sie in die Verfassung von 1976 gebracht hatten. Die nächsten vier Unterabschnitte erklären die Ausweitung des Wahlrechts auf Denizens in Portugal. Wie Peter Hall (2003) glaube ich, dass ein Großteil der Verwirrung über relevante Faktoren für die erfolgreiche Verabschiedung eines Gesetzes einen klaren Ursprung hat: der Bias in der Literatur, nur erfolgreiche Reformen und verabschiedete Gesetze zu analysieren. Aus meiner Sicht ist es wichtig, auch die „versandeten" und abgelehnten Gesetzesvorschläge zu analysieren, um besser einschätzen zu können, warum anderen Gesetzesvorschlägen doch zugestimmt wird.

Deshalb mache ich diachrone und synchrone Vergleiche mit verbundenen Gesetzesentwürfen und Regierungsprogrammen, die vor und nach der Ausweitung des Wahlrechts auf Denizens erfolgten und scheiterten. Zuerst vergleiche ich die Regierungsprogramme, die wichtig sind, weil sie alle bedeutenden Richtlinien neuer Regierungen enthalten und der parlamentarischen Zustimmung unterliegen. Danach vergleiche ich verschiedene Stufen der Debatten über das Wahlrecht für Denizens, um den Ton über Themen zu verfolgen, die ich für potenziell kontrovers halte, und beobachte, wie sie gehalten oder geändert werden. In einem dritten Schritt stelle ich verwandte Gesetzesvorhaben einander gegenüber, um zu prüfen, wie umstritten andere Themen sind, die an das Thema der Wahlberechtigung grenzen. Viertens und abschließend vergleiche ich das Gesetz 50/96 mit seinem gescheiterten Vorgänger, um die Unterschiede in Bezug auf den institutionellen Kontext und die Ausgestaltung herauszuarbeiten.

4.3.1 Der Vergleich von Regierungsprogrammen: das „Problem" und die „Ziele"

Regierungsprogramme enthalten die wichtigsten politischen Orientierungen für alle Bereiche der Regierungstätigkeit von neu gewählten Regierungen und werden sowohl dem Parlament als auch dem Präsidenten zehn Tage vor der Ernennung einer neuen Regierung zur Zustimmung vorgelegt. Das Gesetz, das Migrant*innen

---

[17] Tabelle A3 im Anhang zeigt, wie viele Parlamentssitze jede Partei von 1976 bis 2009 innehielt.

in Portugal faktisch das Wahlrecht erteilt (Gesetz 50/96), kam als Gesetzes-vorschlag 37/VII ins Parlament, um weiterführende Gesetze am 28. Mai 1996 abzuändern.[18] In der Gesetzesbegründung des vorgestellten Vorschlags heißt es, dass dies eine Maßnahme der neuen Regierung sei, um „partizipatorische Mecha-nismen" im politischen Leben zu verbessern (Programm der 13. Regierung, S. 12). Im Gegensatz zum vorherigen PSD-Regierungsprogramm enthielt das Programm der 13. Regierung eine Liste von Maßnahmen, um „soziale Exklu-sion zu bekämpfen und Bürgerrechte zu stärken". Migration wurde als eine der „Herausforderungen" der 12. Regierung beschrieben:

> Die Anwesenheit von Immigranten sowie ethnischen und kulturellen Minderheiten hat sich zu einer Herausforderung mit wachsender Komplexität für die Solidarität der europäischen Gesellschaften entwickelt. In unserem Fall kommen die Immigran-ten größtenteils aus Ländern mit Portugiesisch als Amtssprache, was im Vergleich zu anderen Migranten eine gute Grundlage für Kooperations- und freundschaftliche Beziehungen bietet (ebd., S. 106, eigene Übersetzung).

Das Programm der 13. Regierung verband die Ausweitung des Wahlrechts für Denizens für europäische Bürger*innen mit europäischen Verpflichtungen und gab „der Integration von Ausländern, die sich bereits im Staatsgebiet aufhalten, Priorität" (ebd., S. 14). Es wurde außerdem betont, dass ein Ziel der Außenpolitik sei, „eine Gemeinschaft von Ländern mit portugiesischer Sprache in Afrika und Brasilien zu schaffen" (ebd.), mit dem Zweck der „Stärkung der Rolle Portugals in der Welt, die eine Bekräftigung der kulturellen Verbindungen zwischen allen Portugiesisch Sprechenden erfordert" (ebd., S. 28). Wenn man die Programme der 12. und 13. Regierung miteinander vergleicht, erhält man den Eindruck, dass die Initiative, das Wahlrecht auf Denizens auszuweiten, wirklich ein PS-Projekt war. Tatsächlich hat das Programm der vorherigen PSD-geführten Regierung (1991–1995) nicht einmal das Wort „Migrant" enthalten (DAR I, N°.4/VI/1, 11.11.1991, 33–43).[19] Stattdessen wurde die „ungerechte mangelnde Beteiligung von Auswanderern an den Präsidentschaftswahlen" thematisiert (ebd., S. 39).

---

[18] Diese sind das „Lei do recenseamento Eleitoral" (Wahlregistrierungsgesetz) und das „Lei Eleitoral dos Órgãos das Autarquias Locais e Legislação Complementar" (Wahlgesetz der kommunalen Körperschaften und ergänzende Gesetzgebung).

[19] Ich folge der Nomenklatur, die im Archiv des portugiesischen Parlamentes verwendet wurde. DAR meint *Diário da Assembleia da República* (Amtsblatt der Nationalversamm-lung), gefolgt von der Nummer der Serie (I oder II). Die arabische Nummer weist auf den Katalog, die römische Nummer auf die Gesetzgebung, die letzte arabische Nummer auf die Sitzung. Das Datum wiederholt sich meistens. Die letzte Nummer ist die Seitenzahl des Dokuments.

4.3.2 Die Formulierung des Gesetzentwurfs zur Ausweitung des Wahlrechts auf Denizens und ihr Gesetzgebungsprozess

Der Gesetzentwurf 37/II wurde auf drei Weisen gerechtfertigt: Erstens wurde auf die verfassungsrechtliche Vorschrift verwiesen, die den Weg freigeräumt hatte, zweitens sollte mit dem Vorhaben die Richtlinie des Europäischen Rats 94/80/CE[20] umgesetzt werden, die das Wahlrecht auf kommunaler Ebene für EU-Bürger*innen vorschrieb, und drittens sollte den „bedeutsamen Migrantenge-meinschaften aus Ländern, in denen Portugiesisch gesprochen wird, *die bereits seit Langem in Portugal leben,* Zugang zu politischen Beteiligungsrechten auf der kommunalen Ebene eingeräumt werden. Damit *sollte* der *besondere Charakter* der historischen Verbindungen, die *uns mit ihnen vereinigen, gewürdigt werden"* (DAR II A N°.45/VII/1, 31.05.1996, 862 – Hervorhebung von mir). Eine interessante Aussage schließt den Entwurf ab: „[Dieses Programm] gibt *das generelle Verständnis* wieder, dass das Recht, in kommunalen Wahlen zu wäh-len, *letztendlich* eine Wahl aller Einwohner und *nicht nur* der Staatsbürger *sein muss"* (ebd.). Somit vermischt der Entwurf Rechtfertigungen sowohl auf nationa-ler wie auf internationaler bzw. supranationaler Ebene. Der Entwurf 37/II wurde als prinzipiell „notwendig" angesehen und dafür gelobt, dass portugiesischspra-chige Länder oder „Drittstaaten, in denen Portugiesen noch keine Wahlrechte erhalten haben, aufgefordert wurden, Verfassungs- und Gesetzgebungsreformen" einzuführen, „die es Portugiesen ermöglichen, dort in einer reziproken Haltung der Offenheit Wahlrechte auszuüben" (ebd.).

Im nächsten Schritt des Gesetzgebungsprozesses bereitete der Ausschuss für Verfassungsangelegenheiten, Rechte, Freiheiten und Garantien eine Stellung-nahme vor. Dieser sicherte der Regierung eine Hauptrolle beim Gesetzentwurf zu, indem er deutlich machte, dass der Entwurf „nichts anderes" als die Verwirkli-chung der Verfassungsvorgaben von 1992 sei (DAR II, A N°.57/VII/1 13.07.1996, S. 1350). Das Argument ist nicht überraschend, da Ausschüsse zumeist die Zusammensetzung des Parlaments widerspiegeln. Da durch die Reform „der Wäh-lerzensus substanziell verändert" würde, reichte der Ausschuss den Entwurf zur Diskussion an das Plenum weiter. Um einen schnellen Durchlauf im Ausschuss

---

[20] Die Richtlinie des Europäischen Rats 94/80/CE vom 19. Dezember 1994 berief sich auf Art. 8-b,1 des Vertrags über die Europäische Union. Abgerufen auf eur-lex.europa.eu am 12. August 2009.

zu gewährleisten, war der Entwurf so konzipiert, dass er dem technischen Muster folgte, das zwei Jahre zuvor schon genutzt wurde, mit dem das kommunale Wahlrecht zum Europäischen Parlament reformiert wurde.

Im Plenum angelangt, wurde die Debatte über den Antrag mit einer leidenschaftlichen Rede des Innenministers, Alberto Costa, eröffnet, der alle Abgeordneten dazu aufforderte, einen Konsens zu finden. Er betonte, dass „von Anfang an" die Urheber*innen des Antrages die Sozialisten waren und hob auch den Zusammenhang mit „jüngsten Maßnahmen der Regierung zur Immigration"[21] hervor. Der Minister bewertete den Antrag als Beginn „eines neuen Konzeptes der zivilpolitischen Modernisierung", die es Portugal erlauben sollte, zu modernen Ländern aufzuschließen (DAR I N°.86/VII/1, 26.06.1996, S. 17). „Die Bürgerbeteiligung modernisieren, die Lebensumstände und den Wohnort als Grund für die Teilnahme zu würdigen und dabei über die klassische Kategorie der Nationalität hinausgehen" (ebd.) war die einzige Verbindung zwischen Wahlrechten und nationaler Zugehörigkeit im gesamten Gesetzgebungsprozess. Es implizierte, dass moderne zivile Länder das Konzept der nationalen Zugehörigkeit überwinden und Wahlrechte als eine andere Form der Bürger*innenbeteiligung basierend auf dem Aufenthalt konzeptualisieren könnten. Als Begründung dafür, dass die Reform über die bloße Ausweitung des Wahlrechts auf europäische Bürger*innen hinausging, wurde das Argument angeführt, aktuellen Herausforderungen entgegenzutreten und „die Stärkung Portugals in der Welt" (ebd.) voranzubringen. Um das Gegenseitigkeitsprinzip zu begründen, sagte er:

> Eine große Anzahl europäischer Länder, außerhalb von Europa, in Afrika, in Lateinamerika und selbst in Asien übertragen das Recht, bei kommunalen Wahlen zu wählen und gewählt zu werden, auf ausländische Einwohner; in manchen Fällen nur unter der Bedingung der Reziprozität. Wir verstehen, dass es richtig und fair wäre und die Möglichkeiten portugiesischer Kandidaten und portugiesischer Wähler in solchen Ländern fördern würde, wenn wir einen Schritt in diese Richtung machten, unter Beachtung des Grundsatzes der Reziprozität (ebd., eigene Übersetzung).

Bemerkenswerterweise begründete der Minister, obgleich ihm die universelle Ausweitung des Wahlrechts auf Denizens in manchen Ländern bekannt war, die selektive Ausweitung in Portugal mit der „neuen Idee von Portugal", zu der allerdings nur Portugal und *die Portugies*innen,* also nicht die Immigrant*innen, gehörten:

> ... ein nach außen willkommen heißendes Portugal und gleichzeitig offensives, selbstbewusstes, wettbewerbsfähiges Portugal, ein Portugal, das dazu in der Lage ist, offen

---

[21] Vgl. die Zeitschiene der Gesetzgebung in Tabelle A2 des Anhangs.

und einladend zu sein, das sich aus *Portugiesen zusammensetzt, die in der Lage sind,* sich stark, zielstrebig und selbstbewusst außerhalb von Portugal einzubringen (ebd., eigene Übersetzung).

Zum Abschluss seiner Rede erinnerte Costa die Abgeordneten daran, dass die für die Abstimmung notwendige Mehrheit bereits gesichert war, sodass es sich eigentlich um einen Fall von Einstimmigkeit handelte:

> Die Regierung ist zu ihren Diensten, um alles Technische und Politische glattzuschleifen, sofern es zum Vorteil des Gesetzes ist. Was auf dem Spiel steht, ist nicht die Zustimmung zu diesem Thema, [sondern] dass alle von uns, alle parlamentarischen Gruppen in dieser Versammlung diesen Schritt gemeinsam gehen, jeder von uns diese moderne Vision von Portugal teilt … (ebd., S. 18, eigene Übersetzung).

In der Tat wurde dem Gesetz einstimmig durch alle parlamentarischen Gruppen hinweg zugestimmt (DAR I série N°.96/VII/1, 13.07.1996). Bevor wir zum nächsten Schritt der Analyse kommen, ist es jedoch entscheidend, bedeutende Schritte in der Debatte, die nach Costas Intervention stattfand, aufzuzeigen. Zunächst waren die PCP-Sprecher*innen die einzigen, die nach Costas Unterscheidung von Portugiesischsprachigen und anderen Bürger*innen kritisch nachfragten. Costas Antwort war beinahe tautologisch:

> Wir wollen zwischen zwei Segmenten der neuen Wählerschaft unterscheiden, da wir uns bewusst sind, dass die Gründe, eines Venezolaners, eines Peruaners oder Israeli das Wählen zu ermöglichen, nicht mit den Gründen verwechselt werden sollten, einem Kapverder, einem Brasilianer, einem Mosambiker oder São Toméser das Wählen zu ermöglichen. Für die Regierung haben diese beiden Realitäten unterschiedliche historische Fundamente; sie könnten zukünftig unterschiedliche juristische Regime im Hinblick auf viele Angelegenheiten, die in Entwicklung sind, aufweisen. Wir reden nicht über eine Gemeinschaft, die diese Länder umfasst, die uns bereits heute Rechte geben, für die wir als Gegenleistung andere Rechte anbieten [wahrscheinlich in Bezug auf die 1971-Konvention mit Brasilien], sondern wir wollen juristische Mechanismen für mögliche Entwicklungen vorbereiten [womöglich bezüglich der Gründung der CPLP] (DAR I série N°.86 …, S. 18, eigene Übersetzung).

Maria Celeste Correia, Abgeordnete der PS, bestätigte diese Begründung, wies jedoch zugleich auf die „große Heterogenität auf europäischer Ebene" bzgl. des Wahlrechts für Ausländer*innen hin, ohne dabei jedoch universelle Wahlrechtsausweitungen zu nennen. Sie führte ihre Argumentation mit der zweiten und letzten Erwähnung der Dringlichkeit des Antrages im Hinblick auf die Integration der Migrant*innen fort: „In dem Moment, in dem das Thema Migranten im Mittelpunkt politischer und öffentlicher Debatten steht, wird Integration zur Notwendigkeit" (ebd., S. 19). Allerdings blieb sie mit ihrer Aussage deutlich hinter dem zurück, was einige Tage zuvor auf einer Europäischen Ministerkonferenz bekräftigt wurde, nämlich „die Notwendigkeit von Maßnahmen, die eine aktive Partizipation von Immigranten im Entscheidungsprozess erlauben" (ebd.). Correia beeilte sich daher auch, die Risiken, die mit dem portugiesischen Vorschlag einhergingen, zu relativieren:

> Wie aus den Zahlen hervorgeht, werden vor allem Bürger aus portugiesischsprachigen Ländern und aus der Europäischen Union von dem Vorschlag profitieren. Abgesehen davon ist es wichtig, nicht zu vergessen, dass in Portugal am 31. Dezember 1995 169.316 legale ausländische Einwohner lebten. Damit diese von dem Gesetz profitieren, wird gefordert, dass ihre Herkunftsländer dieses Recht für eingewanderte portugiesische Einwohner anerkennen. Reziprozität, die in dieser Sache ein Kennzeichen konstitutioneller Regime ist, ist eine mögliche Form, um diese Rechte für unsere Emigranten in jedem Land der Welt durchzusetzen (ebd., S. 20, eigene Übersetzung).

Ein ums andere Mal beanspruchte Correia das Anliegen für sich, für das die PS seit Langem gekämpft habe, wobei sie darauf hinwies, dass es Teil einer größeren Strategie sei, die Initiativen beinhalte, die mit den „besten Zügen des portugiesischen Kulturerbes" in Einklang stünden und „von strategischer Bedeutung für die Zukunft bilateraler und multilateraler Beziehungen" sei (ebd.).

Als Nächster kritisierte der Abgeordnete Calvão da Silva aus der größten Oppositionspartei (PSD) die Unvereinbarkeiten im Recht, die „Drittstaatenangehörigen" im Vergleich zu portugiesischen Bürger*innen mehr Vorteile verschaffen würden. Nach Ansicht der PSD verdienten portugiesische Emigrant*innen die bestmögliche Behandlung durch Portugal, „im Geist einer gemeinsamen Staatsbürgerschaft und in Zeiten der Globalisierung gibt es Versuchungen, die echte und einzige Staatsangehörigkeit, nämlich die Staatsangehörigkeit, die jeder einzelne durch Ius soli oder Ius sanguinis erworben habe, zu verwässern" (ebd., S. 21). Hier vertrat die PSD das Verständnis von Nationalität, das sie während ihrer Amtszeit propagiert hatte, bei dem sie sich Rechten von Auswanderer*innen gegenüber aufgeschlossen zeigte, gegenüber denen von Einwanderer*innen jedoch eine restriktive Haltung einnahm. Der PSD-Sprecher verkündete darüber hinaus, dass „das Bild des debattierten Phänomens so sei, dass es nur ein Vaterland und eine Nation gebe, aber dass es viele Staatsbürgerschaften geben könne" (ebd.). Er zögerte nicht, diese offenbar bahnbrechende Aussage Europa zuzuschreiben: „Wenn Europa eine Kultur aus verschiedenen Kulturen ist, lässt sich auch sagen, dass Europa eine Staatsbürgerschaft verschiedener Nationalitäten ist" (ebd.).

Der nächste Sprecher aus der CDS/PP, der am weitesten rechts liegenden Fraktion im Parlament, lobte, dass der Vorschlag mit der jüngsten Schaffung der CPLP

(Gemeinschaft portugiesischsprachiger Länder) verknüpft worden sei, forderte aber, dass die Reziprozitätsklausel nur auf Staatsangehörige portugiesischsprachiger Länder angewandt werden solle und nicht auch auf andere Staatsangehörige. Nachdem er dieses Detail hinzugefügt hatte, erklärte er, dass es für seine parlamentarische Gruppe

> Gesetze gibt, die über humanitäre Erwägungen hinausgehen und die wir zunächst für diejenigen anwenden müssen, die seit Jahrhunderten mit uns einen gemeinsamen Weg beschreiten, für die Bürger, die unsere Sprache sprechen und die sie auch in Zukunft benutzen wollen [...] Alle sind gleich, aber manche sind immer gleicher (ebd., S. 22, eigene Übersetzung).

Auf dem anderen Außenflügel des politischen Spektrums akzeptierte die PCP den breiten Konsens zu diesem Thema und äußerte nur eine Sorge: „die strikte Beachtung des Prinzips der Gegenseitigkeit zu sichern". Die PCP war auf einer Linie mit der gerade zitierten rechten Partei (ebd., S. 23) und willigte ein, dass Wahlrechte für Denizens mit einer „Wie du mir so ich dir"-Strategie mit dem Ziel zu verfolgen, auch portugiesischen Staatsbürger*innen im Ausland die Teilnahme an kommunalen Wahlen zu ermöglichen (ebd.).

Zuletzt unterstrich der Sprecher der Grünen, dass Initiativen, „Ausländern das Wahlrecht zu übertragen", in seiner Partei ihren Ursprung hätten. Die Grünen begrüßten den Schwerpunkt auf portugiesischsprachigen Bürger*innen und definierten diese als „die Gemeinschaft von Migranten, welche mit uns eine spezielle historische, linguistische und kulturelle Affinität teilen". Sie waren jedoch die einzige Fraktion, die sich insofern vom Prinzip der Gegenseitigkeit distanzierte, als dass dieses Prinzip den Umfang an Wahlrechtsausweitung einschränken würde:

> Bürger aus lusophonen Migrantengemeinschaften werden übermäßig lange warten müssen, selbst wenn sie schon seit langer Zeit unter uns leben und ihren Status jetzt legalisieren, um im Stande zu sein, vollberechtigte Bürger zu werden (ebd., S. 24, eigene Übersetzung).

Auf die verschiedenen Einwände antwortete Minister Costa, vor allem mit Blick auf die Bedenken der PCF, mit einer recht obskuren Unterscheidung von unterschiedlichen Prinzipien der Reziprozität, die es verdient, zitiert zu werden:

> [Reziprozität] ist ein Thema, das uns vereint, aber es gibt verschiedene Möglichkeiten, es zu betrachten: eine davon ist symmetrisch und restributiv in der Art von „do ut des", einer Logik, bei der man nur gibt, was man von der Gegenseite erhalten hat. In einer weiteren Logik, der der Steigerung, kann etwas angeboten werden, was noch nicht von der anderen Seite angeboten wurde. Dadurch wird ein Anreiz geschaffen, Autorität und Legitimität hinzuzugewinnen, was dazu führt, dass auch

die andere Seite ihr eigenes Angebot präsentiert, in diesem Fall ein staatsbürgerliches Angebot [sic!]. Die Regierung scheut nicht die Idee einer stimulierenden wachsenden Reziprozität. [Sie stärkt die] Autorität von Positionen, die wir in der Zukunft verteidigen wollen, um Restriktionen in anderen Ländern abzuschaffen (ebd., eigene Übersetzung).

Wenn es in dieser Stellungnahme kein klares Argument gibt, dann lag es daran, dass sich die Regierung bei dem Vorschlag eher auf die erwartete Reziprozität als auf ein konkret existierendes Abkommen bezog.

Der Vorschlag wurde in einer weiteren Kommission minimal geändert und dann am 3. August 1996 einstimmig als Gesetz 50/96 beschlossen (DAR II, Série A, N°.59/VII/1 03.08.1996, S. 1430–1436). Wie aus den Zitaten klar hervorgeht, ist während der Debatte keine eindeutige ideologische Konfliktlinie entstanden. Abgesehen von nebensächlichen Erklärungen stimmten alle Parteien dem Reziprozitätsprinzip zu, der notwendigen Wohndauer und der besonderen Verbindung zu den portugiesischsprachigen Ländern. Wie kommt es, dass der Vorschlag einen solchen Konsens zwischen den einzelnen Parteien geschaffen hat und dass dies in einer Debatte über eine durchaus strittige Ausweitung der Wahlberechtigten passierte? Kann es daran liegen, dass es nur einer Mehrheit im Parlament bedurfte, die den Vorschlag unterstützt, um das Gesetz zu verabschieden?

4.3.3 *Framing* und Parteipolitik. Der Vergleich ähnlicher Debatten über die externen Stimmrechte

Nur ein Jahr nach der Verabschiedung des Gesetzesvorschlags 37/VII und im Kontext der Verfassungsreform von 1997 schlug die PSD ein Auslandswahlrecht für die Präsidentschaftswahl vor, was einer Verfassungsänderung von Art. 124 bedurfte. Innerhalb dieser Debatte betonte die PSD die Bedeutung von Auslandsportugies*innen:

Portugal besitzt eine einzigartige Kultur. […] Ein kleines Land wie wir […] muss seine Strategie auf drei Säulen stützen: aktive Teilnahme an der Europäischen Union, Verteidigung der portugiesischsprachigen Ideale und Zustimmung und Vertrauen in die portugiesischen Gemeinschaften (DAR I, N°.100/VII/2, 24.07.1997, S. 5, eigene Übersetzung).

Die PSD kritisierte die PS-Regierung für ihre „Geringschätzung portugiesischsprachiger Ideale" und die Debatte mündete in einen Kampf um die Anerkennung der Vergabe von Stimmrechten an Auswanderer*innen, die die PSD im Laufe der Zeit konsequent fortführte.[22] Die Art und Weise der Debatte ließ vermuten, dass man die Wahlreformen immer so präsentieren musste, dass es den Anschein hatte, dass alles beim Alten blieb. Abgeordnete des PCP widersetzten sich dennoch vehement den Reformbestrebungen der PSD, weil sie der Ansicht waren, dass es nicht um das Auslandswahlrecht geht, sondern um Vorteile für die PSD. Die Auswanderungsthematik sei nur vorgeschoben:

> Die Rechten haben nie die Hoffnung verloren, die Regeln des demokratischen Spiels durch die Einführung des Wahlrechts der im Ausland lebenden [...] Bevölkerung zu ändern. Ihr eigentliches Ziel war nie das Wahlrecht der Auswanderer, sondern die Ausnutzung der objektiv unterschiedlichen Bedingungen, unter denen der Wahlprozess im Ausland implementiert wird. Dies ist keine Frage der Auswanderer oder der Auswanderungspolitik; es ist eine Frage der Organisation des Staates ... (ebd., S. 9, eigene Übersetzung).

Migrationsforscher*innen in Portugal betonen immer wieder, dass die portugiesische Migrationpolitik teilweise von den eigenen umfassenden historischen Erfahrungen mit Auswanderung geprägt ist. Dennoch steht die Debatte über die Ausweitung des Wahlrechts auf portugiesische Auswanderer*innen, die in der gleichen Gesetzgebung erfolgte, in einem starken Kontrast zur Ausweitung des Wahlrechts auf Denizens. In Bezug auf die Ausweitung des Wahlrechts auf Einwanderer*innen näherten sich die Positionen einander an oder ergänzten sich gegenseitig, da es für keine Partei eine Gefahr darstellte. Aber wann immer die Möglichkeit bestand, dass sich die Zusammensetzung der Wähler*innenschaft veränderte, wie es durch die Ausweitung des Wahlrechts auf portugiesische Auswanderer*innen der Fall war, wurden die Debatten hitzig und konfrontativ, insbesondere beim Thema Staatsangehörigkeit. Selbst das Thema der „lebendigen Verbindung" zwischen Auswanderer*innen und Portugal, normalerweise ein Tabu im politischen Diskurs, wurde angesprochen, sobald ein Risiko bestand, durch die Reform Parlamentssitze zu verlieren. Aus der Perspektive der PCP bestand die

---

[22] Im Januar 1996 hatte die PSD ein Gesetzesvorhaben vorgestellt, das allerdings nicht weiter diskutiert wurde. Für die Parlamentswahlen 1976 wurde bereits das Wahlrecht für portugiesische Bürger*innen im Ausland gewährt. Weiter wurden infolge des Eintritts Portugals in die Europäische Gemeinschaft im Jahr 1986 Wahlrechte für portugiesische Bürger*innen im Ausland für die nationalen Listen des Europäischen Parlamentes gewährt. Im Zuge der Verfassungsreform von 1997 setzten PS und PSD durch, dass auch portugiesische Staatsbürger*innen im Ausland bei Präsidentschaftswahlen und nationalen Referenden abstimmen durften. Aus Sicht von Marina Costa Lobo ist die ständige Forderung der PSD nach Präsidentschaftswahlrechten für Auswanderer*innen nicht sehr verwunderlich, da Wahlanalysen gezeigt haben, dass im Ausland lebende Portugies*innen seit 1976 mehrheitlich für die PSD gestimmt haben (2007, S. 83).

Gefahr darin, „dass ein Präsident der Republik aus dem Ausland und gegen den Willen portugiesischer Staatsbürger mit Wohnsitz in Portugal gewählt wird […], die sie ja am Ende mit den Folgen einer guten oder schlechten Amtsausübung leben müssten" (ebd., S. 11).

Die Vertreter der CDS-PP vermuteten, „wenn alle Staatsangehörigen wählen könnten, wäre jeder dritte Wähler außerhalb des Hoheitsgebiets. Aus diesem Grund sollten sie eine lebendige Verbindung zur portugiesischen Gemeinschaft haben" (ebd., S. 16). Als Antwort darauf hinterfragte die PSD sogar die Rechtmäßigkeit, die im Ausland lebenden Portugies*innen als Auswanderer*innen zu bezeichnen: „Es ist verleumderisch, dass die Portugiesen, die in der EU leben, wo sie als Bürger behandelt werden, in Portugal als Auswanderer behandelt werden […]. Es ist beleidigend, dass sie anders behandelt werden als in Portugal lebende Portugiesen " (ebd., S. 31).

Ein anderes Beispiel des hitzigen Potenzials der benachbarten Debatten ist der scheinbar zurückhaltende und technische Gesetzentwurf 594/VII, der 1999 von der PCP eingebracht worden ist, als Teil einer weiteren Überarbeitung der Wahlgesetze, und der auf den Abbau bürokratischer Hindernisse für die Registereintragung von ausländischen Wähler*innen in der Wähler*innenliste abzielte (DAR Serie I, Nº.25/VII/3, 14.01.1999, S. 31).

Auch der Gesetzentwurf 47/VII, der ebenfalls von der PSD verfasst wurde, sorgte für Diskussionen. Mit diesem Gesetz, das kurz vor der Verabschiedung des Gesetzes 50/96 in der 7. Legislativperiode diskutiert wurde, sollte es den Portugies*innen im Ausland erlaubt werden, in Botschaften und Konsulaten und nicht nur per Post zu wählen. Es wurde heftig in den Plenardebatten diskutiert und speziell von dem PCP abgelehnt. Es sei ein irreführender Versuch der PSD, durch diese bürokratischen Tricks Wähler*innenstimmen, die sie verloren hätten, wieder zurückzugewinnen. Anders, so argumentierten die PCP-Abgeordneten, sei es nicht zu erklären, warum die PSD zehn Jahre lang, während sie an der Regierung war, diesem Thema keine Aufmerksamkeit geschenkt hätte. Die CDS-PP unterstützte die Reform ein wenig, aber nicht, ohne ein ähnliches Misstrauen auszudrücken. Die Grünen behaupteten, dass die PSD versuchte, die Migrant*innen als Alibi zu nutzen. Das Projekt wurde letztendlich abgelehnt – Grüne, PCP und PS stimmten dagegen und PSD und CDS-PP dafür. Dies zeigt, wie essenziell die Wahlrechtsänderung mit potenziell Millionen von neuen Wähler*innen für Minderheitsparteien sind. Auch scheinbare Formsachen führten so zu heftigen Debatten.

4.3.4   Ein Vergleich des erfolgreichen Antrags 37/VII mit seinem gescheiterten Vorgänger

Der größte Unterschied zu einer anderen Debatte im parlamentarischen Kontext ist der zwischen der Debatte des erfolgreichen Antrags zur Ausweitung des Wahlrechts auf Denizens 37/VII (später Gesetz 50/96) und dem sehr ähnlichen Gesetzesvorhaben 3/VI, das vier Jahre früher von der PS – in der Opposition – initiiert wurde, mit der PSD an der Regierung. Nach heftigen ersten Debatten im Plenum und Kommissionsberichten (DAR II A, N°1/VI/1, 12.11.1991, S. 4–5) strandete es aufgrund von fehlender Unterstützung im Parlament. Auf den ersten Blick unterscheiden sich der Rahmen und die Argumente für den 3/VI-Vorschlag nur leicht von denen des 37/VII-Vorschlags. Beide erwähnten allgemeine Vorteile durch die Einbindung von Einwohner*innen in den politischen Gemeinwesen, in denen sie leben. Sie stellten zudem fest, dass nach der Ausweitung der Stimmrechte in Schweden, Norwegen, Dänemark und den Niederlanden dies in der EU bald für Gesprächsbedarf sorgen würde, um mehr Migrant*innen politisch einzubinden, und dass die Reform Portugal gerade dazu auffordere, einen Platz unter den Pioniernationen für die Ausweitung des Wahlrechts auf Denizens einzunehmen. Beide stellten auch fest, dass die Verfassungsreform von 1989 den Ausländer*innen (im Allgemeinen!) erlaubte, auf lokaler Ebene unter der Bedingung der Gegenseitigkeit an Wahlen teilzunehmen. Ebenso sprachen beide von zu erwartenden Reziprozitätsgewinnen für portugiesische Emigrant*innen (ebd., S. 5). Insgesamt lief die Debatte über den Vorschlag 3/VI im Kontext einer Migrationsthematik: Der Entwurf wurde zusammen mit Vorschlägen zur Verbesserung der Wohnbedingungen für Migrant*innen und einer außerordentlichen Legalisierung von undokumentierten Einwanderer*innen diskutiert. Die PS betonte immer wieder den allgemeinen Migrationskontext: „Die drei Projekte sind mit einer integrierten Einwanderungspolitik verknüpft", hieß es in der Gesetzesbegründung (DAR I, N°.21 / VI / 1, 15.01.1992, S. 507).

Bei der Bewertung des 3/VI-Vorschlags hatte der Kommissionsbericht einen Ton der Selbstzufriedenheit mit dem Erreichten ausgedrückt. Hier hieß es, dass das Stimmrecht für Ausländer*innen bei Kommunalwahlen in einer „bedeutenden Anzahl europäischer Länder" erweitert worden war, aber auch, dass es „viele Länder mit einer großen Anzahl von ansässigen Migranten in ihrem Territorium" gab, denen eine solche Möglichkeit nicht eingeräumt wurde. Seltsamerweise wurde Portugal in dem Bericht in der ersten Gruppe eingeordnet, da es bereits das Wahlrecht für brasilianische Staatsbürger*innen gewähre. Der Bericht erinnerte zudem daran, dass die Verfassung die Möglichkeit gewährt, auch anderen Ausländer*innen das Kommunalwahlrecht zu erteilen, sofern der Grundsatz der

Gegenseitigkeit vorhanden sei (DAR II A, Nr. 12 / VI / 1, 15.01.1992, S. 263–4, Relator: Luis Sá).

Der Vorschlag wurde grundsätzlich befürwortet, aber von der PSD als „zu freizügig" und von der CDS als „zu wenig sorgfältig" kritisiert. Der Kommissionsbericht wurde nur von PS- und PCP-Vertreter*innen gebilligt. Die PSD enthielt sich der Stimme und warf der PS „Opportunismus" vor, denn wenn diese so viel Besorgnis äußere, die Rechte der Ausländer*innen in Portugal zu verteidigen, wie könne sie dann so wenig Anstand besitzen, „den Ausländern im Ausland das Wahlrecht für die Präsidentschaftswahl" zu verwehren (ebd., S. 515). Die PS beantwortete dies mit dem Verweis, dass den Migrant*innen in der letzten Verfassungsreform ein Wahlrecht zugestanden worden sei und dass ein Wahlrecht für Portugies*innen im Ausland im Zuge der nächsten Verfassungsreform diskutiert werden müsse, was auf ein Verhalten zwischen den Parteien nach dem Motto „wie du mir, so ich dir" hindeutete. Später widersetzte sich die PSD auch dem Vorschlag, da es zu voreilig und unnötig wäre, wenn ein Wahlregime für Denizens ohnehin durch den europäischen Integrationsprozess aufgebaut werde (ebd., S. 523). Was hatte also der erfolgreiche Antrag 37/VII des Jahres 1996 zur Ausweitung des Wahlrechts auf Denizens, das dem gescheiterten Gesetzesvorhaben 3/VI fehlte?

Zuerst einmal wurde die Debatte über den Begriff Emigration und nicht *Im*migration geführt. Im Gegensatz zu der häufigen Verwendung des Begriffes Emigration wurde das Wort Immigration im Jahr 1996 nur selten erwähnt, und wenn, dann nur flüchtig und unbestimmt. Auf den ersten Blick mag es so aussehen, als hätten die portugiesischen Gesetzgeber*innen die Lage der Einwanderer*innen einfach ignoriert, bei genauerem Hinsehen lässt die Abwesenheit dieses Themas jedoch auf bewusstes Schweigen schließen. Wie schon aufgezeigt, war die XIII. Regierung zu dieser Zeit intensiv mit der Entwicklung einer Einwanderungspolitik beschäftigt, trotzdem wurde die fehlende Repräsentation durch Migrant*innen in der Wahlrechtsdebatte mit keinem Wort erwähnt. Der Sache am nächsten war die abstrakte Formulierung der „zivilen Modernisierung" verbunden mit dem Ziel Portugals, seinen Platz in Europa und der Welt zu finden. Im Jahr zuvor war das Thema Migration bereits im Kontext der Reform des Staatsbürgerschaftsgesetzes wiederholt angesprochen worden.[23]

---

[23] In der allgemeinen Öffentlichkeit wurde die Abwesenheit des Themas Immigration bis weit in die 1990er-Jahre hinein generalisiert. Portugiesische Intellektuelle waren in Bezug auf die Ausweitung des Wahlrechts auf Denizens nicht so stimmgewaltig wie in anderen Ländern. Bis in die 1990er-Jahre waren portugiesische Emigrant*innen und ihre Diaspora-Communitys sowohl im akademischen als auch im politischen Bereich das dominante Thema. Nicht einmal in den Medien kam Migration als Thema vor, einmal abgesehen von

Das Totschweigen von Einwanderung und die vage, diffuse Betonung der Vorteile für *Aus*wanderer*innen sowie die immer wiederkehrende Betonung des Gegenseitigkeitsprinzips haben den Antrag 37/VII in einer nicht bedrohlichen und gewinnenden Weise erscheinen lassen: Alle Parteien konnten ein Lippenbekenntnis über die Reform ablegen, sie brachte den Emigrant*innen rhetorische Vorteile in ihren Aufenthaltsländern, ohne in der Heimat viel zu ändern.

Zweitens wurden in dem Vorschlag zwei in symbolischer Hinsicht relevante Personengruppen hervorgehoben: 1) „die Portugiesischsprachigen" und 2) die „Portugies*innen im Ausland". Infolge der Reformen in mehreren nordischen Ländern, die die Reziprozität oder partikularistische Klauseln bei der Ausweitung des Wahlrechts auf Denizens aufgehoben hatten, hätte eine universale Ausweitung in Portugal dazu beitragen können, dies als allgemeinen Trend zu etablieren. Die Abgeordneten Portugals wählten jedoch bewusst einen anderen Weg: Zuallererst wurde an die eigene ausgewanderte Bevölkerung gedacht. Somit entschieden sie, die Wähler*innenschaft in vier Gruppen aufzuteilen, die alle zwingend im Prinzip der Reziprozität verankert waren, was dazu führte, den Vorschlag als eine strategische Förderung der Wahlrechte für portugiesische Auswanderer*innen in ihren jeweiligen Aufenthaltsländern einzuordnen.

Die Aufteilung war vor allem symbolisch: Auch ohne sie hätten von der Reform hauptsächlich Bürger*innen aus portugiesischsprachigen Ländern profitiert, da sie zwei Drittel aller wahlfähigen (regulären) Migrant*innen ausmachten und weil die Reziprozitätsklausel die meisten anderen Denizens ausschloss. Für portugiesischsprachige Denizens bestand das Privileg letztendlich in einer um ein Jahr kürzeren Aufenthaltserfordernis. Hinsichtlich der politischen Projekte hatte die PS-Regierung bereits im Jahr 1995 erste Schritte in Richtung der Gründung der CPLP (Gemeinschaft portugiesischsprachiger Länder) unternommen, um die Sonderbehandlung von Bürger*innen in portugiesischsprachigen Ländern zu vollenden. Neben der wiederholten Erwähnung der „zeitgemäßen Stärkung Portugals" durch alle Parteien erhielt der Versuch, durch demokratisch legitimierte Mittel (wie die CPLP) eine einflussreiche Rolle für Portugal nach dem Imperium neu zu definieren, breite Unterstützung.

Berichten über bestimmte Veranstaltungen, politische Kampagnen oder Vorfälle, die vorübergehende mediale Aufmerksamkeit erregten und wo Immigrant*innen eine zentrale Rolle spielten. Wissenschaftliche Literatur über die Beteiligung von Migrant*innen in Portugal kann nur in den 1990er-Jahren gefunden werden (vgl. die exzellente Bibliografie zusammengestellt von Albuquerque, Ferreira und Viegas 2000). Selbst Migrant*innen, die wichtige Positionen erlangten, kamen nur über institutionelle Kanäle dorthin, die von politischen Parteien, größtenteils der PS, geöffnet und verhandelt wurden.

Letztendlich kam der Gesetzesvorschlag 37/VII als ein von einer Einparteienregierung entworfenes Gesetzesprojekt ins Parlament und nicht als ein Gesetzesprojekt der Opposition. In Portugal haben sich die Migrationspolitik und die Gesetze zur Staatsangehörigkeit mit dem Wechsel von Regierungspartei oder -koalition verändert. In Portugal war die Ausweitung des Wahlrechts auf Denizens ein langsamer, schrittweiser Prozess, der durch die PS vorangetrieben wurde, und nicht eine Maßnahme, die von breiten Schichten der Gesellschaft oder einflussreichen Gruppen unterstützt wurde. Dennoch war die Ausweitung des Wahlrechts nie ein Wahlkampfthema der PS. Sie stellte einen diskreten, stillen Aspekt ihrer Agenda dar. Dass die Angelegenheit zwanzig Jahre lang stillstand, zeigt das mangelnde Interesse der Bevölkerung. Allein die Tatsache, dass sie erst dann zum Thema wurde, als die PS im Jahr 1996 an die Regierung kam, bestätigt dies. Tab. 4.3 fasst noch einmal die vier vergleichenden Analyseschritte in schematischer Form zusammen.[24]

4.4   Weitere Überprüfungen der Ausweitung des Wahlrechts auf Denizens

Aktuell bevorzugt der rechtliche Rahmen zu Partizipationsrechten von Migrant*innen immer noch portugiesische Emigrant*innen – trotz einer kurzzeitigen Aufmerksamkeit für Einwanderungsthemen während der PS-Regierungen. Die 350.000 registrierten Denizens machen etwa vier Prozent der Bevölkerung aus – d. h. ohne eingebürgerte Ausländer*innen (Peixoto und Sabino 2009). Das Prinzip der Gegenseitigkeit hat die Zahl der ausländischen Wähler*innen in Portugal gering und fragmentiert gehalten, sodass ein Denizenship-Modell befördert wurde, das wenig mit der von Marshall (1992) beschriebenen Entwicklung von Staatsbürgerrechten zu tun hat. Die aktuelle Liste der Länder, in denen Denizens ein passives Wahlrecht besitzen, lässt sich in der Deklaration 253 vom 23. Juli 2009 finden: Dies sind alle Mitgliedsstaaten der EU, Brasilien, die Kapverdischen Inseln, Peru und Uruguay. In Bezug auf das aktive Wahlrecht sind dies, neben den bisher genannten, Argentinien, Chile, Estland, Island, Israel, Norwegen, Peru, Uruguay und Venezuela.

---

[24] Im Anhang verdeutlicht Abbildung A1 die Position der Parteifraktionen bezüglich der Gesetzesvorhaben und -vorschläge, die in der Analyse Erwähnung finden, und zeigt ihre Größe im portugiesischen Parlament.

Tab. 4.3 Analyseschritte der Untersuchung der portugiesischen Wahlrechtsreformen in Portugal. (Quelle: Eigene Zusammenstellung)

	Was?	Wann?	Wie? (Framing)	Kontext
1. Schritt: Vergleich von Regierungsprogrammen	Regierungsprogramme der siebten Regierung (geführt von der PSD, 1991–95) und der achten Regierung (geführt von der PS, 1995–99)	1991 1995	Siebte Regierung erwähnt Immigration nicht Achte Regierung stellt Immigration als Angelegenheit sozialer Ausgrenzung, von Staatsbürgerschaftsrechten und europaweiter Herausforderung an die Solidarität dar	Siebte Regierung hält Mehrheit im Parlament, unter einem Präsidenten der PS Achte Regierung wird in beiden Organen von der PS geführt. Migrationspolitik gewinnt an Bedeutung
2. Schritt: Unterschiedliche Stadien der Debatte zum Recht bezüglich der Ausweitung des Wahlrechts 50/96	Rechtsvorschlag 37/VII Als Angelegenheit erwarteter Reziprozität geschildert, Übereinstimmung mit EU-Verpflichtungen durch Schaffung von vier Wähler*innengruppen	1995–1996	Einvernehmlicher Umgangston; alle Parteien wollen es bewilligen	Diskutiert nach der Schaffung der CPLP, der ACIME und dem Rat der portugiesischen Gemeinden. Migration wird zurückgestellt, Emigrant*innen und portugiesischsprachige Einheitsbestrebungen werden hervorgehoben

(Fortsetzung)

Tab. 4.3 (Fortsetzung)

Was?	Wann?	Wie? (Framing)	Kontext
3. Schritt Zugehörige Legislaturen vergleichen Gesetzesvorhaben 47/VII von der PSD (gescheitert) Verfassungsänderung in Art. 124, um Emigrant*innen bei Präsidentschaftswahlen wählen zu lassen (gescheitert) Rechtsprojekt 594/VII von der PCP, um ausländischen Ansässigen die Wahlregistrierung zu erleichtern (verabschiedet)	1996 1997 1999	Darauf abzielend, Emigrant*innen in Botschaften wählen zu lassen. Heftiger Widerspruch durch PCP und Grüne: PSD „instrumentalisiert Emigranten". Gegner wiederholen Tabu: Anzweifeln der „Verbindung zur portugiesischen Gemeinschaft" der Emigrant*innen. PSD weist Kategorisierungen von „Portugiesen im Ausland" als Emigrant*innen zurück. PSD und CDS-PP halten es für „zu liberal"	Misstrauen gegen die PSD, denn sie treibt Wahlrechte von Ausländer*innen nur als Opposition voran Misstrauen, dass die PSD Wahlrechte von Ausländer*innen fördert, um zu bekommen, was sie in den Umfragen verloren haben Schwache Unterstützung innerhalb einer Regierung, die Migrationspolitik vorantreibt
4. Schritt Mit seinem gescheiterten Vorgänger vergleichen Gesetzesvorhaben 3/VI von der PS (Wahlrechte auf lokaler Ebene an portugiesischsprachige und EU-Staatsbürger*innen unter der Bedingung von Gegenseitigkeit) (gescheitert)	1991	Als Einwanderungsangelegenheiten gemeinsam mit anderen von der PS vorgeschlagen Einwanderungsgesetzen diskutiert	PSD argumentiert gegen das Gesetzesvorhaben, dass dieses sinnlos sei, schlägt aber im Austausch für die Unterstützung von Wahlrechten von Ausländer*innen ein zukünftiges „tit-for-tat" vor

Bis heute hat die Gegenseitigkeitsklausel keine bemerkenswerten Ergebnisse hinsichtlich der erwarteten Reziprozität geliefert (nur Venezuela wurde hinzugefügt), zumindest nicht in den Ländern, wo die meisten portugiesischen Auswanderer*innen leben: Frankreich, Kanada, Deutschland und die USA. Das Fortbestehen der Reziprozität in Portugal deutet darauf hin, dass Traditionen durchaus eine Rolle dabei spielen, Arten der Ausweitung des Wahlrechts zu erklären. Die *relevanten* Traditionen und historisch entwickelte Verständnisse müssen aber nicht mit abstrakten Vorstellungen von Staatsbürgerschaft oder Nationalität zusammenhängen: Es könnten andere Traditionen sein, wie die rechtliche Reziprozität. Jedoch könnte dieses ursprüngliche Merkmal der Reziprozität bald abgelöst werden, da Stimmen laut werden, die ihre Abschaffung[25] und eine Änderung hin zu einer universellen Ausweitung der Wahlrechte fordern.

So hat die PS bekanntgegeben, dass die Unterscheidungen zwischen den von Wahlgesetzreformen kreierten verschiedenen Gruppen von Denizens irrelevant seien und in Zukunft vermieden werden sollten. In vergleichender Perspektive zeigt der Fall Portugal, dass Neukonzeptionen von Staatsbürgerschaft besser verstanden werden können, wenn Prozesse der Reinterpretation im Kontext von Wahlrechtsreformen betrachtet werden anstatt nur im Kontext nationaler Staatsbürgerschaftstraditionen oder transnationaler Trends. Portugals Einwanderungspolitik passt nicht in die dominanten Ansätze der Migrationsforschung, die davon ausgehen, dass ein allgemeiner Widerstand der Öffentlichkeit einer positiveren Sicht wirtschaftlicher und politischer Eliten gegenübersteht (Freeman 1995). Portugal hat recht konsensual ein Modell „einwanderungsfreundlicher" Politiken entwickelt. Es ist das Ergebnis eines vermittelnden Politikansatzes, der den Druck von Immigrant*innengruppen kanalisiert und einen breiten Regierungskonsens in Fragen der Einwanderung und Inklusion geschaffen hat. Dieser konsensuale Stil ist Folge eines friedlichen, demokratischen Wechsels während eines Revolutions- und Dekolonisierungsprozesses, der zur Neubewertung der portugiesischen Diaspora führte. Dies sind die Traditionslinien, durch die Politiker*innen die Herausforderungen der Migration gefiltert haben.

---

[25] Eine entsprechende Anfrage wurde ursprünglich im Jahr 2007 vom Abgeordneten Feliciano Barreiras Duarte (PSD) bei einem Treffen des Ministers für Präsidentschaftsangelegenheiten, Pedro Silva Pereira, mit der Ethikkommission des Parlaments gestellt. Die PS-Regierung stimmte zu, das Thema in die Revision von 2009 aufzunehmen, und Pedro Pereira soll gesagt haben: „Die Reziprozitätsklausel ist heute kein effizientes Instrument mehr. Es gibt gute Motive, um bei der nächsten Verfassungsänderung in diesem Bereich voranzukommen." Der linke Block, vertreten durch den Parlamentarier Luís Fazenda, soll vorgeschlagen haben, sogar noch weiter zu gehen, bis zu einer außergewöhnlichen konstitutionellen Revision, die ausländischen Bewohnern von Portugal „volle politische Rechte" geben würde (Susete, December 13 2007; Lusa/fim, March 1, 2009).

4.5   Schlussfolgerungen: die Vorrangigkeit des Emigrationsdiskurses

Die spezielle portugiesische Form der Wahlrechtsausweitung auf Denizens wurde dadurch geprägt, dass verschiedene politische Akteur*innen die Debatte auf bestimmte „relevante Themen" verengt haben und so lange Gruppen von Menschen definiert haben, die von der Reform profitieren sollten, bis schließlich ein entsprechender Vorschlag die für den politischen und institutionellen Kontext nötige Resonanz fand. Um ein Thema im Parlament zu positionieren, kommt es darauf an, wie man es präsentiert: als Resultat internationaler Einflüsse, als Ergebnis nationaler Institutionen oder als Folge der jeweiligen Staatsbürgerschaftstradition. Nach der Positionierung des Themas ging es um mehr als die schnöde Beschaffung von Mehrheiten. So wurde im Laufe der Zeit politisches Kapital durch die Debatten geschaffen, indem ausprobiert wurde, welche *„Frames"* legitimierenden und vereinigenden Charakter hatten, um dies für zukünftige Anträge zu nutzen. Die portugiesischen Volksvertreter*innen haben so wichtige Informationen darüber gesammelt, wie spätere Diskussionen *geframed* werden müssten, um andere Akteur*innen für die eigene Position zu gewinnen. Im Laufe der Zeit wurde der Erfolg dieser Framingbemühungen offenbar, so versuchten alle Parteien, sich das Thema anzueignen (Baumgartner 2009), während die Positionen parteiübergreifend überraschend nahe beieinander lagen.

Dies steht im Gegensatz zu anderen heftig geführten Debatten über vergleichsweise weniger wichtige Belange zu ähnlichen Wahlreformen. Eine Reform aus dem Jahr 1997, die den portugiesischen Einwanderer*innen das Stimmrecht für die Präsidentschaftswahlen und nationale Volksabstimmungen geben sollte, hat zudem deutlich gemacht, dass eine PS- und PSD-Vereinbarung für eine solch konsensuale Entwicklung von zentraler Bedeutung war. Dennoch verstärkt das Fehlen der zwei zentralen Aspekte, Migration und Einbürgerung, den Eindruck, dass der Erfolg der Ausweitung des Wahlrechts auf Denizens in Portugal eher auf einer befriedenden Rahmensetzung (*Framing*) innerhalb eines langen Prozesses mit vielen Schleifen als nur auf der Durchsetzungskraft einer Einparteienregierung nach dem Do-ut-des-Prinzip basiert. Das Fehlen dieser beiden Themen in der Debatte überrascht in Anbetracht der Ergebnisse aus anderen Wahlreformen aus anderen Ländern, zumal wenn man bedenkt, dass die Wahlreform zur selben Zeit stattfand, als die Regierung eine Wende zu einer offeneren Migrationspolitik vollzog. Obwohl die sich organisierenden Immigrant*innen in den Debatten zur Wahlrechtsgebung nur eine Nebenrolle spielten, stärkten diese Initiativen jedoch ihre Stimme im Parlament über die Wahl hinaus: Lobbyaktivitäten von Migrant*innenorganisationen stiegen in der zweiten Hälfte der

1990er-Jahre an (Sardinha 2010). Darüber hinaus wurde nie angenommen, dass zwischen den Thematiken ein Trade-off bestand, obwohl die PS eine entscheidende Rolle bei der Liberalisierung von Einbürgerung spielte. Ohne Zweifel setzte sie den größten Impuls bei der Ausweitung des Wahlrechts auf Denizens, und Wissenschaftler*innen in Portugal sahen die Ausweitung des Wahlrechts auf Denizens als „eine Ersetzung des Staatsangehörigkeitskriteriums durch das Aufenthaltskriterium" (Abreu da Silva Costa 2000, S. 211).

Der *Frame* von Reziprozität zum Vorteil der Emigrant*innen wurde überlagert von der Begeisterung der Beziehungen zwischen Portugiesischsprachigen. Das *Framing* einer Wahlrechtsreform zugunsten von Immigrant*innen, bei der vor allem über Emigrant*innen geredet wird, ergibt überhaupt erst einen Sinn, wenn man sich bewusst macht, dass wir es mit einem Land zu tun haben, dessen Diaspora zehn Mal so groß ist wie die ausländische Bevölkerung im Inland (Malheiros 2002), die darüber hinaus größtenteils aus ehemaligen Kolonien stammt. Zudem ist zu bedenken, in welcher Zeit die Reformen stattfanden. Zu Beginn der Debatten befand sich Portugal in einer Phase des „fine-tunings", was seine noch jungen demokratischen Institutionen betrifft. Zudem befanden sich die internationalen Beziehungen des Landes im Wiederaufbau. Dies kombiniert mit der dargestellten Überlagerung eines spezifischen Deutungsrahmens und dem Schmieden strategischer Allianzen zwischen den Parteien, um jeweils ein spezifisches Klientel zu gewinnen, führte schließlich dazu, dass das gesamte Thema zu einer Art Identitätsfindung des postimperialen Portugal wurde. Die erstaunlich einheitliche Haltung innerhalb des politischen Spektrums zu einem Thema, das an sich hoch kontrovers ist, zeigt, wie schwierig es ist, politisch-strategische Argumentationen von ihren kulturellen, emotionalen und symbolischen Begründungen zu lösen, wenn Reaktionen auf ähnliche Herausforderungen miteinander verglichen werden.

Literatur

Almeida Santos, António. 2007. *Quase Memórias -Do Colonialismo e da Descolonização.* Bd. 1. Cruz Quebrada: Casa das Letras.

Baganha, Maria Ioannis, und Constança Urbano. Sousa. 2006. Portugal. In *Country Analyses*, Hrsg. Rainer Bauböck, Eva Ersbøll, Kees Groenendijk, und Harald Waldrauch, 435–476. Amsterdam: Amsterdam University Press.

Baganha, Maria Ioannis. 2003. From Closed to Open Doors: Portuguese Emigration under the Corporatist Regime. *e-JPH* 1:1–16

Baumgartner, Frank, Sylvian Brouard, und Emiliano Grossman. 2009. Agenda-Setting Dynamics in France: Revisiting the 'Partisan Hypothesis'. *French Politics* 7 (2): 75–95.

Campbell, John L. 2002. Ideas Politics and Public Policy. *Annual Review of Sociology* 28: 21–38.

Checkel, Jeffrey. 2005. It's the Process Stupid! Tracing Causal Mechanisms in European and International Politics. In *Qualitative Methods in International Relations*, Hrsg. Audie Klotz, 1–29. New York: Working Papers ARENA 26

Heidenheimer, Arnold J., Hugh Heclo und Carolyn Teich Adams. 1983. *Comparative Public Policy. The Politics of Social Choice in Europe and America.* 2. Aufl. New York: St. Martin's Press.

Costa Lobo, Marina. 2007. Portugal: Extended Voting Rights and Decreasing Participation. *Voting from Abroad*, Hrsg. IDEA, 83–87. Stockholm: IDEA.

Freeman, Gary. 1995. Modes of Immigration Politics in Liberal Democratic States. *International Migration Review* 29 (4): 881–902.

Hall, Peter A. 2003. Aligning Ontology and Methodology in Comparative Research. In *Comparative Historical Analysis: New Approaches and Methods*, Hrsg. James Mahoney und Dietrich Rueschemeyer, 373–406. New York: Cambridge University Press.

Levinson, Amanda. 2005. *The Regularisation of Unauthorized Migrants: Literature Survey and Country Case Studies.* Oxford: Centre on Migration, Policy and Society. http://oba maimmigrationreform.org/_documents/research-and-policy/legalization-in-other-countr ies/1.%20Amanda%20Levinson%20-%20Centre%20on%20Migration.pdf. Zugegriffen am Dezember 2014.

Lloyd-Jones, Stewart. 2001. Portugal's History since 1974, no. 1. Zugegriffen: 1. Jan. 2021

Machado, Fernando Luís, und Ana Raquel Matias. 2006. *Bibliografia Sobre Imigração e Minorias Étnicas Em Portugal 2000–2006.* Lisboa: Fundacao Gulbenkian

Malheiros, Jorge. 2002. Portugal Seeks Balance of Emigration, Immigration. *Migrationpolicy.Org.* 2002. http://www.migrationpolicy.org/article/portugal-seeks-balance-emigra tion-immigration

Pinto, António Costa., Hrsg. 1998. *Modern Portugal.* Palo Alto: Society for the Promotion of Science and Scholarship.

Opello, Walter C. 1986. Portugal's Parliament: An Organizational Analysis of Legislative Performance. *Legislative Studies Quarterly* 11 (3): 291–319.

Peixoto, Joao. 2000. The Demographic Characteristics of Populations with an Immigrant Background in Portugal. In *The Demographic Characteristics of National Minorities in Certain European States*, Hrsg. Werner Haug, Paul Compton und Youssef Courbage, 363–418. Strasbourg: Council of Europe.

Peixoto, Joao und Catarina Sabino. 2009. *Immigration, Emigration and Policy Developments in Portugal.* Real Instituto Elcano. http://www.realinstitutoelcano.org/wps/portal/ rielcano_en/contenido?WCM_GLOBAL_CONTEXT=/elcano/elcano_in/zonas_in/ARI 117-2009. Zugegriffen: 30. März 2021

Pires, Rui Pena. 2003. *Migrações e Integração.* Oeiras: Celta Ed.

Reiter, Bernd. 2008. The Perils of Empire: Nationhood and Citizenship Portugal. *Citizenship Studies* 12 (4): 397–412.

Sardinha, Joao. 2010. Immigrantenverbände und Möglichkeiten der Teilhabe in Portugal: Intervention zu welchem Preis? In *Jenseits von Identität oder Integration. Grenzen überspannende Migrantenorganisationen*, Hrsg. Ludger Pries und Zeynep Sezgin, 233–264. Wiesbaden: VS Verlag.

Serviço de Estrangeiros e Fronteiras, 2001. *Estatísticas: Residentes estrangeiros em Portugal.* https://sefstat.sef.pt/Docs/Rifa_2001.pdf. Zugegriffen: 30. März 2021
Teixeira, Ana, und Rosana Albuquerque. o. D. Active Civic Participation of Immigrants in Portugal. *Country Report Prepared for the European Research Project POLITIS.* Zugegriffen: 1. Jan 2005
Weil, Patrick. 2001. Access to Citizenship: A Comparison of Twenty-Five Nationality Laws. In *Citizenship Today: Global Perspectives and Practices*, Hrsg. Alexander Aleinikoff und Douglas Klusmeyer, 17–35. Washington D.C.: Carnegie.

Primärquellen

Assembleia da República. Comissao especialidade. 1999–02–06. DAR II Série A No. 35/VII/4, S. 942.
Decreto da Assambleia 165/VI. 1994–07–09. DAR II Série A No. 52/VI/3, S. 904.
Decreto-Lei N. 3-A/96. 1996–01–26. DAR I Séria A No. 22, S. 142 a 142(2).
Discussão da Lei 25/94. 1994–02–24. DAR II Série A No. 24/VI/3, S. 376–378.
Discussão da Lei 37/VII. 1996–06–25. DAR I Série A No. 86/VII/1, S. 2891–2914.
Discussão da proposta 205/VII. 1999–02–19. DAR II Série A No. 38/VII/4, S. 1014–1033.
Discussão generalidade da proposta 47/VII. 1996–01–26. DAR I Série A No. 31/VII/1, S. 1348–1353.
Discussão na generalidade. 1991–04–14. DAR I Série A No. 57/VI/3, S. 498–499.
Discussão na generalidade. 1996–06–26. DAR I Série A No. 86/VII/1, S. 2973–3030.
Discussão na revisão constitucional. 1997–07–24. DAR I Série A No. 100/VI/2, S. 3679–3709.
Lei 2098/59. 1959–07–29. Diário do Governo Série I No. 172/1959, S. 869–874.
Lei 25/1994. 1994–08–19. DAR I Série A No. 191, S. 4822–4822.
Lei 50/96. 1996–05–16. DAR I Série A No. 114/1996, S. 1144–1150.
Lei 13/1999. 1999–03–22. DAR I Série A No. 68, S. 1594–1603.
Lei de Nacionalidade 37/81. 1981–10–03. DAR I Série No. 228.
Programa do XII Governo Constitucional. 1992–21–01. DAR II Série A No. 13S6/VI/1, S. 305–352.
Programa do XIII Governo Constitucional. 1995–11–08. DAR II Série A No. 2/VII/1, S. 1409–1454.
Programa do XV Governo Constitucional. 2002. Lisboa.
Projecto de Lei 3/VI. 1992–01–14. DAR II Série A No. 12/VI/12, S. 263.
Projecto de Lei 47/VII. 1995–12–21. DAR II Série A No. 11/VII/1, S. 206–227.
Projecto de Lei 510/IX. 2004–10–22. DAR II Série A No. 15/IX/3, S. 5–9.
Proposta de Lei 37/VII. 1996–05–31. DAR II Série A No. 52/VII/1, S. 862–865.
Proposta de Lei 37/VII. 1996–06–31. DAR II Série A No. 25/VII/4, S. 619–620.
Proposta de Lei 594/VII. 1998–12–19. DAR II Série A No. 25/VII/4, S. 619–620.
Proposta de Lei 205/VII. 1999–01–15. DAR I Série A No. 35/VII/4, S. 942–961.
Relatório Commissões. 1996–01–27. DAR II Série A No. 29/VII/1, S. 305.
Relatório da Commissão de Assuntos Constitucionais, Dir. Liberd. e Garantías. 1999–01–14. DAR II Série A No. 29/VII/4, S. 798–799.

Relatório da Commissão de Assuntos Constitucionais, Dir. Liberd. e Garantías. 1996–05–29. DAR II Série A No. 52/VII/1, S. 1014.

Relatório da Commissão sobre a Lei 25/94. 1994–06–21. DAR II Série A No. 48/VI/3, S. 854–855.

Relatório das Comissões de especialidade. 1999–01–14. DAR II Série A No. 29/VII/4, S. 798–799.

Relatório da proposta 205/VII. 1999–02–06. DAR II Série A No. 35/VII/4, S. 942–946.

Revisão Constitucional 1992. 1992–10–15. DAR II Série A No. 8-RC/VI/2, S. 131–146.

Revisão Constitucional 1997. 1997–07–24. DAR II Série A No. 100/VI/2, S. 5130–5196.

Texto da Comissão. 1999–01–14. DAR II Série No. 35/VII/4, S. 492–462.

Texto da Comissão. 1999–02–06. DAR II Série A No. 29/VII/4, S. 942–996.

Votação final global. 1996–07–13. DAR II Série A No. 57/VII/1, S. 1313–1318.

Votação na plenária. 1996–01–26. DAR I Série A No. 31/VII/1, S. 874–890.

Votação na plenária. 1996–06–25. DAR I Série No. 88/VII/1, S. 2973.

Votação na plenária. 1999–02–05. DAR I Série No. 44/VII/4, S. 1645.

Die gescheiterte Wahlrechtsausweitung auf Denizens in Deutschland

5

> „Wer ist das Volk? Das ist hier die Frage."
>
> – Josef Insensee, Verfassungsrechtler und Berater der Bundesregierung bei der Einführung seiner Bedenken gegen die Ausweitung des Wahlrechts auf Ausländer*innen in Deutschland.
>
> „… nicht ‚wer ist das Volk', sondern ‚ist nur das Volk (als deutsche Version der Nation) berechtigt, vor Ort zu wählen?', sollte als zentrales Thema der Debatte über das Ausländerwahlrecht angesehen werden."
>
> – Christian Joppke (2001, S. 40, eigene Übersetzung)

Es mag überraschen, dass hier ausgerechnet Deutschland als Fallbeispiel für eine Untersuchung der Ausweitung des Wahlrechts auf Nichtstaatsbürger*innen ausgewählt worden ist, wurden die im Jahr 1989 eingeführten entsprechenden Wahlrechtsreformen doch unmittelbar nach ihrer Einführung vom Bundesverfassungsgericht (im Folgenden *BVerfG*) für ungültig erklärt. In der Literatur wird Deutschland daher oftmals als *der* gescheiterte Fall beschrieben (David Earnest 2003; Groenendijk 2008). Der Anteil der nicht wahlberechtigten ausländischen Einwohner*innen liegt in Deutschland im Jahr 2020 bei etwa acht Prozent (wobei EU-Bürger*innen bereits herausgerechnet sind)[1]. Deswegen ist es, der Methodenliteratur folgend (Mahoney und Goertz 2004; Geddes 2010), ein *relevanter negativer Fall*.

---

[1] Statistisches Bundesamt, Destatis, „Ausländische Bevölkerung nach Geschlecht und ausgewählten Staatsangehörigkeiten am 31.12.2020", https://www.destatis.de/DE/Themen/Ges ellschaft-Umwelt/Bevoelkerung/Migration-Integration/Tabellen/auslaendische-bevoelker ung-geschlecht.html. Zugegriffen 12.05.2021.

Wie das vorhergehende ist auch dieses Kapitel in drei Abschnitte unterteilt. Die Struktur der einzelnen Abschnitte und ihre Unterkapitel sind allerdings deutlich komplexer aufgrund der föderalen Struktur Deutschlands, wo es entsprechend nicht nur eine, sondern gleich mehrere Debatten in den jeweiligen Ländern gab und gibt (und wo auch verschiedene Reformen zur Ausweitung des Wahlrechts für Denizens eingeführt wurden). Dementsprechend ist Deutschland ein Fall, der sich aus mehreren Unterfällen zusammensetzt, die wiederum jeweils eine andere Form der Wahlrechtsausweitung ausgebildet haben und in einen übergeordneten föderalen Prozess eingebettet sind. An dem deutschen Fall lässt sich daher studieren, inwiefern die jeweiligen Rahmenbedingungen und der spezifische lokale politische Kontext mit dem nationalen Gesamtrahmen zusammenhängen und wie auf den verschiedenen politischen Ebenen mit transnationalen Einflüssen umgegangen wird.

Um diesen komplexen Gesamtprozess nachvollziehen zu können, werde ich zunächst die politisch-institutionellen Rahmenbedingungen in der Bundesrepublik Deutschland der 1970er- und 1980er-Jahre vorstellen. Auf dieser Basis kann anhand verschiedener Fälle nachvollzogen werden, wie bestimmte Sichtweisen die Debatten zur Wahlrechtsausweitung in Deutschland geprägt und Veränderungen erschwert haben. Im Einzelnen untersuche ich die vier Fälle, in denen es bereits zu einer Wahlrechtsausweitung auf Bundesländerebene gekommen ist (Hamburg, Bremen, Schleswig-Holstein und West-Berlin), und zudem die entsprechende Debatte auf Bundesebene sowie die Rechtsprechung des BVerfG, die die Ausweitung des Wahlrechts wieder zurückgenommen hatte. Weiterhin erfolgt eine Analyse des politischen Diskurses in Bezug auf die Gerichtsentscheidung des BVerfG und nachfolgende Reformvorschläge.

Zuvor werde ich jedoch in das Datenmaterial einführen und einige technische und methodische Vorüberlegungen vom Beginn aufgreifen, um herauszustellen, welchen Inhalten der Debatten ich folge und wie die Ergebnisse strukturiert sind. Im Gegensatz zum portugiesischen Fallbeispiel, das einen recht überschaubaren Datensatz aufweist, war es im deutschen Fall aufgrund der gewaltigen Anzahl an relevantem Textmaterial notwendig, ein Codiersystem und entsprechende computerbasierte Auswertungsmethoden zu entwickeln, mit denen das umfangreiche Datenmaterial verwaltet und der Inhalt der Debatten analysiert werden konnte.

5.1   Die Aufbereitung des Datenmaterials

Wie im Fall Portugals geht es bei diesem Kapitel ebenfalls darum, die jeweils zentralen Themen und Argumente, die im Zusammenhang mit der Ausweitung des Wahlrechts auf Denizens vorgebracht werden, herauszuarbeiten und auszuloten, welche Rolle sie im parlamentarischen Prozess gespielt haben. Während

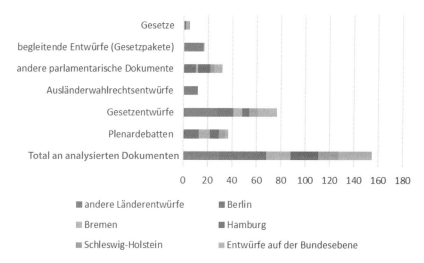

Abb. 5.1 Anzahl und Art der analysierten Dokumente. (Quelle: Eigene Zusammenstellung)

sich das Datenmaterial im portugiesischen Fall insgesamt auf 150 Seiten belief, besteht das empirische Material für die deutschen Fälle, wie Abb. 5.1 zeigt, allein aus 190 parlamentarischen Dokumenten, die jeweils zwischen 1 und 70 Seiten lang sind. Die Dokumente stammen dabei sowohl aus Debatten auf Bundesebene (Bundestag, Bundesrat und BVerfG) als auch aus Debatten in fünfzehn verschiedenen Bundesländern (meines Wissens nach gab es in Thüringen nie einen entsprechenden Gesetzesvorschlag).[2]

---

[2] Abb. A2 im Anhang stellt noch einmal die analysierten Gesetzesvorschläge zusammen, strukturiert nach Ländern bzw. Bundesebene, jeweils eingeteilt nach Parteizugehörigkeit der Antragstellenden. In Bezug auf die Zitation von Dokumenten nutze ich zwei Abkürzungen: Ds bedeutet *Drucksache*, die eine Vielzahl von parlamentarischen Kommunikationsformen einschließt, hauptsächlich Gesetzesentwürfe, aber auch Anfragen und Berichte der Ausschüsse. Die Abkürzung PlPt bezieht sich auf *Plenarprotokolle*, also die stenografische Zusammenfassung der Plenardebatten der jeweiligen Parlamente. Die Nummern, die den Abkürzungen folgen, verweisen auf die offizielle Klassifikation im Archiv der jeweiligen Parlamente. Die erste Nummer bezieht sich auf die Legislaturperiode, die zweite auf die fortlaufende Zahl des Dokuments. Für direkte Zitate wird auch die Seite des Dokuments angegeben.

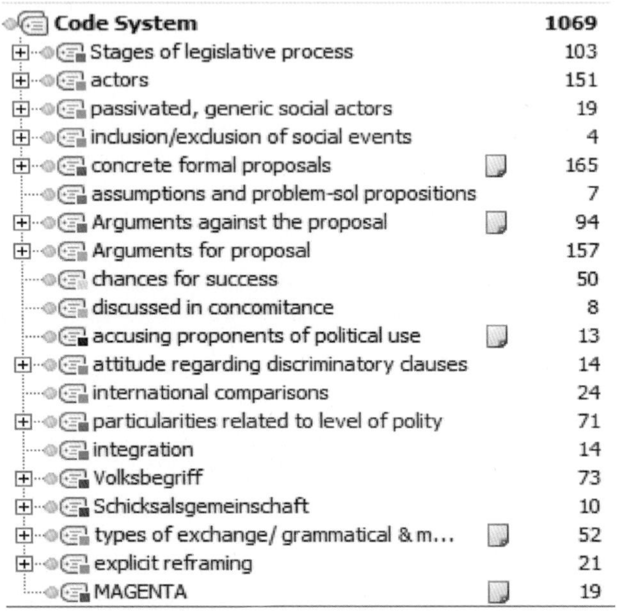

Code System		1069
⊞ Stages of legislative process		103
⊞ actors		151
⊞ passivated, generic social actors		19
⊞ inclusion/exclusion of social events		4
⊞ concrete formal proposals	▯	165
assumptions and problem-sol propositions		7
⊞ Arguments against the proposal	▯	94
⊞ Arguments for proposal		157
chances for success		50
discussed in concomitance		8
accusing proponents of political use	▯	13
⊞ attitude regarding discriminatory clauses		14
international comparisons		24
⊞ particularities related to level of polity		71
integration		14
⊞ Volksbegriff		73
⊞ Schicksalsgemeinschaft		10
⊞ types of exchange/ grammatical & m...	▯	52
⊞ explicit reframing		21
MAGENTA	▯	19

Abb. 5.2 Angewandtes Codiersystem (Englisch). (Quelle: Eigene Analyse dargestellt in MAXQDA)

Wie im portugiesischen Fall habe ich das Datenmaterial anhand der Frage untersucht, wie die Ausweitung des Wahlrechts auf Denizens jeweils konzipiert wird, wann und von wem. Die große Zahl und der Umfang der Dokumente machte es notwendig, die Argumente mithilfe des Computerprogramms MAXQDA[3] zu codieren, und zwar a) nach inhaltlichen Kriterien (was wird gesagt?), b) nach der Form/dem Ton (wie wird etwas gesagt?) und c) der Phase der Debatte, in der sie geäußert wurden oder auf die sie sich beziehen. Das Codiersystem (Abb. 5.2) wurde dabei in der Analyse von fünfzehn ausgewählten Analysetexten entwickelt und im weiteren Verlauf auf andere Dokumente angewendet und wo nötig angepasst, immer mit dem Ziel, für neue Codes und Argumente offen zu bleiben. Nach dem Lesen des kompletten Datenmaterials wurden einzelne Textsegmente, die sogenannte Argumenteinheiten bilden, den jeweiligen Codes zugewiesen. Nach der Zuordnung aller Textabschnitte folgte

---

[3] Software für qualitative Datenanalyse, 1989–2010, VERBI Software. Consult. Sozialforschung GmbH, Berlin-Marburg-Amöneburg, Deutschland.

eine Analyse innerhalb der Abschnitte und die Unterteilung in Subcodes (Kelle und Kluge 1999, S. 57). Dabei habe ich keine automatisierten Codierungen oder Wortzählungsverfahren angewendet, wie es sonst in quantitativen Inhaltsanalysen üblich ist. Die Codierung diente allein der gedanklichen Ordnung und Systematisierung des Datenmaterials und wurde von Hand durchgeführt. Das Ergebnis ist die Rekonstruktion eines Narrativs, das sich in den jeweiligen Debatten herausgebildet hat und nicht unabhängig von den jeweiligen Umständen verstanden werden kann.

5.2   Die institutionellen Rahmenbedingungen ...

Dass Deutschland über einen langen Zeitraum als Prototyp eines „ethnokulturellen Staatsbürgerschaftssystems" (Brubaker 1990, S. 379) und eines „restriktiven, nationalistischen und auf Blut und Sprache basierenden" (Palmovski 2008, S. 547) Staatsverständnisses galt, ist leicht nachzuvollziehen, wenn man bedenkt, dass zu der Zeit, als die ersten Debatten um Wahlrechtsausweitung aufkamen, die Einbürgerungsquote in Deutschland zu den niedrigsten in ganz Europa gehörte – unter 0,5 % im Jahr 1980 und immer noch unter einem Prozent in den Jahren zwischen 1980 und 1990 (Statistisches Bundesamt Juni 2012, S. 15).[4] Obwohl die Anzahl der Einwanderer*innen seit dem ersten Gastarbeiterabkommen mit Italien 1955[5] kontinuierlich anstieg, und zwar um Hunderttausende jährlich, initiierte Deutschland erst ab den 1990er-Jahren echte, staatlich organisierte Integrationsmaßnahmen für seine Migrant*innen.

Bereits im Jahr 1970 lag die Zahl der ausländischen Bevölkerung bereits bei fast drei Millionen[6], was die politischen Eliten jedoch nicht davon abhielt, die offensichtliche Einwanderungssituation weiterhin beharrlich zu bestreiten. Die

---

[4] Die Einbürgerungsquoten stiegen zwischen 1990 und 2000 auf durchschnittlich drei Prozent, sanken dann aber wieder auf 1,7 % im darauffolgenden Jahrzehnt. Zwischen 2010 und 2014 lag die Quote dann bei 1,6 %. Die Berechnung der Quoten setzt sich dabei aus der Teilpopulation der Ausländer*innen, die die rechtlichen Kriterien für Einbürgerung erfüllen, und der Gesamtpopulation der Ausländer*innen zusammen (Statistisches Bundesamt, „Bevölkerung und Erwerbstätigkeit: Einbürgerungen 2014", DESTATIS Fachserie 1, Reihe 2.1, Wiesbaden 2015).

[5] Andere bilaterale Abkommen wurden später mit Spanien und Griechenland 1960, der Türkei 1961, Portugal 1964, Tunesien und Marokko 1965 und Jugoslawien 1968 geschlossen.

[6] Im Jahr 1985 stieg die Zahl der Ausländer*innen auf fünf Millionen, 1994 auf sieben Millionen (Bundesamt für Migration und Flüchtlinge, Ausländerzahlen 2009. Nürnberg, S. 18). Bis 1990 beziehen sich alle Zahlen lediglich auf die Bundesrepublik Deutschland (im Folgenden BRD).

Einwanderer*innen wurden als *Gastarbeiter*innen*[7] kategorisiert und es wurde fest die Erwartung formuliert, dass sie – früher oder später – wieder in ihr Heimatland zurückkehren würden. Diese Ansicht spiegelte sich in der Unterbringung in barackenartigen Gebäuden auf Fabrikgeländen und einer Pauschpraxis bei der Erteilung von Aufenthaltsgenehmigungen wider, die unterschiedliche Status der Migrant*innen nicht reflektierte. Erst nach 1978 wurde es Migrant*innen erlaubt, nach einem fünfjährigen Aufenthalt eine unbeschränkte Aufenthaltsgenehmigung und nach einem achtjährigen Aufenthalt eine unbefristete Aufenthaltserlaubnis zu beantragen, sofern sie entsprechende Sprachkenntnisse und einen „hohen Grad an sozioökonomischer Integration" aufweisen konnten („Umstrittenes Ausländerrecht". *Die Zeit,* 12. Mai 1978).

Allerdings gab es parallel dazu zwei andere Kategorien von Einwanderer*innen, die im Vergleich zu den Gastarbeiter*innen klar privilegiert waren: 1) die *Aussiedler*innen,* die vor dem Krieg als Deutsche östlich der heutigen Grenze zu Polen geboren worden waren und nach 1945 dort blieben und später ggf. mit ihren Nachkommen nach Deutschland aussiedelten, und 2) die *Vertriebenen,* die nach dem Zweiten Weltkrieg aus den ehemaligen deutschen Ostgebieten vertrieben worden waren (Thränhardt 2002).[8] Nach Artikel 116 GG können Personen, die unter eine dieser beiden Kategorien fallen, im Gegensatz zu anderen Migrant*innen, sofort – ohne Wartezeit – die deutsche Staatsbürgerschaft beantragen. Ihnen wurde sogar die Möglichkeit eingeräumt, eine doppelte Staatsangehörigkeit zu haben, und zwar ohne die Bedenken einer „geteilten Loyalität", da sie ja „Deutsche" waren. Zudem wurden für sie spezielle Integrationsprogramme aufgelegt, da ja angenommen wurde, dass *sie* dauerhaft in Deutschland bleiben würden (Anil 2005, S. 457). Zwischen den 1960ern und 1990ern kamen viele Hunderttausende Aussiedler*innen nach Deutschland, wobei sie vornehmlich von der CDU/CSU unterstützt wurden. Ihre Zahl war bis zum Jahr 2016 auf über drei Millionen angestiegen (BpB 2018).

---

[7] „Die Bundesrepublik Deutschland ist kein Einwanderungsland, sondern ein Land, in dem Ausländer für eine bestimmte Zeitspanne leben, bevor sie wieder in ihr Heimatland zurückkehren" (Vorschläge der Bund-Länder-Kommission zur Fortentwicklung einer umfassenden Konzeption der Ausländerbeschäftigungspolitik", Februar 1977, zitiert nach Katzenstein 1987, Policy and Politics in West Germany. Philadelphia, Temple University Press.

[8] Neben dem einfachen bzw. direkten Zugang zur Staatsbürgerschaft für Aussiedler*innen und Vertriebene können nach Art. 116, Abs. 2 Grundgesetz auch Personen, die nachweisen können, dass ihnen oder ihren Vorfahren aus politischen, ethnischen oder religiösen Gründen zwischen 1933 und 1945 die Staatsbürgerschaft aberkannt wurde, die „Wiederherstellung ihrer Staatsbürgerschaft" beantragen.

Für alle anderen Migrant*innen wurde der Zugang zur Staatsbürgerschaft durch das 1965 eingeführte *Ausländergesetz,* das zunächst nur die Arbeits- und Aufenthaltsberechtigungen regeln sollte, bestimmt. 1977 wurden zudem sogenannte *Einbürgerungsrichtlinien* unter der damaligen sozialliberalen Bundesregierung beschlossen. Beide Gesetze förderten die Einbürgerung von Ausländer*innen jedoch ganz eindeutig nicht:

> Die Bundesrepublik Deutschland ist kein Einwanderungsland. Es strebt nicht an, die Zahl der deutschen Staatsbürger durch Einbürgerung anzuheben. [...] Persönliche Wünsche und ökonomische Interessen der Antragsteller sind dabei nicht maßgeblich (Einbürgerungsrichtlinien des BMI, Dez. 1977, 2.2–2.3).

Vor diesem Hintergrund kamen die ersten Forderungen, die Einbürgerung von in Deutschland lebenden Ausländer*innen stärker zu fördern, überraschend. Sie kamen auch nicht von politischer Seite, sondern von den christlichen Wohlfahrtverbänden (katholisch und evangelisch), insbesondere in Hamburg und Bremen, und der Arbeiterbewegung.[9] Die erste politische Partei, die auf diese Forderungen in den frühen 1970ern reagierte, war die SPD. Rund hundert Jahre, nachdem die deutsche Nationalbewegung vereinzelte Wahlpraktiken,[10] bei denen auch ausländische Einwohner*innen das Recht hatten, an Wahlen teilzunehmen, mit einem Streich weggewischt hatte, war die Frage des Wahlrechts für Ausländer*innen wieder auf der politischen Tagesordnung gelandet.

Die ersten Schritte zur Erarbeitung einer formalen Gesetzesinitiative wurden im Rahmen von Konferenzen gemacht. Das Ziel war es, die Ausweitung des Wahlrechts auf Denizens zunächst auf *Landesebene* zu diskutieren und damit eine notwendige Grundgesetzänderung von Art. 28 GG zu umgehen, wo die Gruppe der Wahlberechtigten relativ unspezifisch als *Volk* definiert wurde. Ohne dass die rechtlichen Feinheiten an dieser Stelle diskutiert werden sollen, nicht zuletzt, weil es auch eine Unmenge juristischer Fachliteratur zu diesem Thema gibt,[11] so ist es

---

[9] So die Caritas Deutschland 1971, das Diakonische Werk der Evangelischen Kirche Deutschlands (EKD) und die Evangelische Akademie Arnoldshain 1981 sowie die Konferenz der Arbeiterwohlfahrt und des Deutschen Gewerkschaftsbunds 1986.

[10] Vor 1824 galt Nationalität im Übrigen noch nicht als Voraussetzung für die Ausübung politischer Rechte. Vielmehr waren Kriterien wie Eigentum, Steuerzahlungen, langfristige Niederlassung oder der Heirat eines Einheimischen maßgeblich. Die ersten Kodifikationen von Staatsbürgerschaftsregeln, die das „Deutschsein" als Bedingung zur Ausübung politischer Rechte vorsahen, entstanden in den 1830er-Jahren. In den Wahlrechtsdebatten der Frankfurter Nationalversammlung im März 1849 waren eher Bildungsmangel oder Manipulierbarkeit disqualifizierende Kriterien (Niedermayer-Krauß 1989, S. 8–11).

[11] Vgl. Isensee-Schmidt-Jortzig (1993) und Weigl (1992).

doch notwendig, kurz auf die Kontroverse um den Begriff des „Volks" einzugehen, da dies in den Debatten um die Ausweitung des Wahlrechts auf Denizens und
auch um Migration generell von zentraler Bedeutung ist. Der Begriff wird in der
deutschen Verfassungsrechtsprechung und über die verschiedenen Regierungsebenen immer wieder uneindeutig verwendet. So setzen verschiedene Artikel des
Grundgesetzes *das Volk* „mit deutschen Staatsangehörigen" gleich, andere Quellen verstehen es als Summe der „Bürger", „Einwohner" oder „Personen". Aus
diesem Grund wurde die *Interpretation* des Volksbegriffes zu einem entscheidenden Faktor der gesamten Debatte in Deutschland. Grundlage der Streitigkeiten
sind insbesondere Art. 20 Absatz 2, wo es heißt: „(2) Alle Staatsgewalt geht
vom Volke aus. Sie wird vom Volke in Wahlen und Abstimmungen […] ausgeübt" und Art. 28, der sagt: „In den Ländern, Kreisen und Gemeinden muß das
Volk eine Vertretung haben, die aus allgemeinen, unmittelbaren, freien, gleichen
und geheimen Wahlen hervorgegangen ist" (Grundgesetz 1949 zuletzt geändert
15.11.2019).

In Bezug auf die genannten Artikel äußerten Vertreter*innen aus dem konservativen Spektrum die Ansicht, dass das *Volk* nach Art. 116 GG definiert werden
sollte. Hier heißt es: „Deutscher im Sinne dieses Grundgesetzes ist vorbehaltlich
anderweitiger gesetzlicher Regelung, wer die deutsche Staatsangehörigkeit besitzt
oder als Flüchtling oder Vertriebener deutscher Volkszugehörigkeit oder als dessen Ehegatte oder Abkömmling in dem Gebiete des Deutschen Reiches nach
dem Stande vom 31. Dezember 1937 Aufnahme gefunden hat" (Grundgesetz
1949 zuletzt geändert 15.11.2019). Sie argumentierten, dass dieser Artikel ein
Verbot der Ausweitung des Wahlrechts auf Ausländer*innen beinhalten würde.
Vertreter des linksliberalen Spektrums verwiesen demgegenüber darauf, dass es
durchaus im Sinne des Grundgesetzes sei, den Volksbegriff nicht allein auf deutsche Staatsangehörige zu beschränken, sondern im Sinne des demokratischen
Prinzips der Selbstbestimmung (Art. 28 GG) auch auf dauerhaft in Deutschland
lebende Ausländer*innen ausgeweitet werden könne, zumindest auf kommunaler
Ebene, da sich diese Ebene funktional und rechtlich von der Bundes- und Landesebene unterscheide (Weigl 1992, S. 32). Beide Positionen stehen sich in ihrer
unterschiedlichen Interpretation der Verfassung bis heute diametral gegenüber.

Ein Markstein in der Debatte um die Ausweitung des Wahlrechts auf
Denizens in Deutschland stellt das 1978 veröffentlichte Memorandum des damaligen Bundesbeauftragten für Ausländerangelegenheiten, Heinz Kühn, dar – das

„Kühn-Memorandum".[12] In dem Memorandum forderte Kühn einen vereinfach-
ten Zugang für Personen, die in Deutschland geboren und aufgewachsen sind,
zur deutschen Staatsbürgerschaft und die Einführung des Wahlrechts für lange
in Deutschland lebende Ausländer*innen auf kommunaler Ebene. Dies sollte
ein wichtiger erster Schritt zur Entwicklung einer kohärenten Integrationspolitik sein, die auch schlussendlich einsieht, dass Deutschland längst zu einem
Einwanderungsland geworden war.

In den 1980er-Jahren nahm die Debatte an Fahrt auf und verschiedenartigste
Veranstaltungen und Publikationen zur Ausweitung des Wahlrechts auf Denizens
sprossen aus dem Boden. Insbesondere Jurist*innen stellten ihre Ansichten zur
Durchführbarkeit eines Ausländer*innenwahlrechts auf lokaler Ebene öffentlich
zur Debatte. Dies alles nahm sogar noch weiter an Fahrt auf, als Schweden 1975
Pläne zum kommunalen Wahlrecht für Denizens in die Tat umsetzte. War anfäng-
lich eine Mehrheit der Expert*innen skeptisch hinsichtlich der Chancen einer
Reform, so überwogen Mitte der 1980er-Jahre die Stimmen, die einer „progressi-
veren Interpretation der Verfassung" das Wort redeten und von einem Erfolg der
Reformvorschläge ausgingen.[13]

---

[12] Stand und Weiterentwicklung der Integration der ausländischen Arbeitnehmer und ihrer
Familien in der Bundesrepublik Deutschland. Memorandum des Beauftragten der Bundesregierung Heinz Kühn, Bonn (1979).

[13] Beispiele hierfür sind Birkenheimer (1976), Götze (1985), Löwisch (1985), Zuleeg (1981).
Auch Dietrich Thränhardt schrieb im Jahr 1981 einen Aufsatz, der an die allgemeine Öffentlichkeit gerichtet war, und erläuterte, warum die Deutschen die Ausweitung des Wahlrechts
auf Ausländer*innen aus Eigeninteresse heraus unterstützen sollten. Seine Erwartungen
waren: 1) effektivere Konfliktlösungen durch formale Mittel, demokratische Reformen und
Selbstregierung, 2) Verbesserung der Kontrollen der Verwaltung, 3) Stärkung der Verhand-
lungsfähigkeit aller Bürger*innen, 4) Vorbeugung gewalttätiger Auseinandersetzungen und
Senkung der Kriminalität, 5) größere Stabilität und Gleichheit. Andere Autor*innen schlugen partizipative und aktivistische Ansätze vor: Diskussionen in Ausschüssen, Unterschrif-
tenlisten, Straßenfeste und Wahlsimulationen (Kroes 1985; Kempen 1989). Jurist*innen
schlugen über die bloße Ausweitung des Wahlrechts und die Erleichterung der Einbürgerung hinaus weitere Maßnahmen vor, wie die Möglichkeit einer „kleinen Einbürgerung",
die lange in Deutschland lebende Ausländer*innen mit ähnlichen Rechten, aber einer geringeren Reichweite ausstatten sollte, oder die Möglichkeit einer doppelten Staatsbürgerschaft
(Niedermayer-Krauß 1989, S. 231). Darüber hinaus ermutigte der 53. Deutsche Juristentag
die Bundesländer, sich für einen verfassungsrechtlichen Wandel einzusetzen, um Deutschlands Demokratieverpflichtungen einzulösen. Sie argumentierten, dass ausländische Einwohner*innen mit fortschreitender Aufenthaltsdauer mit deutschen Bürger*innen das Schicksal
einer „rechtlichen Abhängigkeit" teilten (Ausländerrechtliche Abteilung des 53. Deutschen
Juristentages 1980, Sitzungsbericht L: 289). All diese Ideen entstanden allerdings außerhalb
der parlamentarischen Debatten, in zivilgesellschaftlichen Zirkeln und akademischen Foren.

Der evangelischen Kirche fiel dabei eine bedeutende Rolle zu, da sie als Koordinationsinstanz und Sammelstelle für Reformer*innen fungierte. Interessanterweise engagierten sich dabei nicht nur Wissenschaftler*innen aus Deutschland, sondern auch aus benachbarten Ländern, wie den Niederlanden, wo das Thema ebenfalls debattiert wurde. Unter dem Strich war man sich, was die *Notwendigkeit* einer Verfassungsreform angeht, nicht immer einig, jedoch war allen klar, dass alle Lösungen nur annehmbar wären, wenn sie volle Entscheidungskompetenzen auch für Denizens implizieren würden. Reine Beratungsgremien wurden abgelehnt. Dabei sollte das Thema so gesehen werden, dass die Reform auch im Eigeninteresse der deutschen Bevölkerung liege, wie es schon im Kühn-Memorandum formuliert worden war (Franz 1981, S. 45).

Die SPD war die erste Partei, die sich des Themas „Ausländerwahlrecht" annahm, was aufgrund ihrer Nähe zu den Gewerkschaften, die sich schon früh für die Belange ihrer ausländischen Kolleg*innen einsetzten, nicht überraschend ist. Über Jahrzehnte hat sich die SPD in der Regierungsbildung mit der zweiten großen Volkspartei, der CDU/CSU, mit der sie gemeinsam die Mitte des politischen Spektrums abbildet und zeitweise über drei Viertel der Stimmen auf sich vereinigte, abgewechselt. Beide Parteien sind tief verwurzelt im deutschen Parteiensystem. Erst in den 1980er-Jahren hat sich das deutsche Parteiensystem von der Dominanz der beiden großen Parteien ein Stück weit gelöst und besteht seitdem aus vier, dann aus fünf und jetzt aus sechs Parteien. Diese sind (von links nach rechts): Die Linke, Grüne/Bündnis 90, SPD, FDP, CDU/CSU (Saalfeld 2002, S. 108–113) und heute die AfD. Wie wir noch sehen werden, gibt es – auch auf lokaler Ebene – in den letzten Jahren einen deutlichen Zuwachs insbesondere am rechten Ende des Spektrums (NPD, Republikaner, DVU und in letzter Zeit die AfD).

Zur Frage, welche Parteien die Denizens wählen würden, wenn sie denn das Wahlrecht besäßen, gibt es keine eindeutige Datenlage, aber über Jahrzehnte wurden von verschiedenen Meinungsforschungsinstituten immer wieder – auf der Basis unterschiedlicher Methoden und geografischer Schwerpunkte – Umfragen durchgeführt.[14] Am Anfang des 21. Jahrhunderts war es immer noch so, dass die meisten davon ausgingen, dass die Mehrheit der Denizens in Deutschland für Parteien des linken Spektrums stimmen würden.[15] Mittlerweile zeigen andere

---

[14] Tabelle A6 im Anhang zeigt die Ergebnisse von öffentlichen Meinungsumfragen zur Ausweitung des Wahlrechts auf Ausländer*innen auf kommunaler Ebene aus den Jahren 1988/89.

[15] Andere Wahlforscher*innen weisen dagegen darauf hin, dass diese Ergebnisse nicht auf Stichproben der ausländischen Gesamtpopulation, sondern zumeist auf Teilstichproben basieren (Wüst 2003). So würden die meisten Umfragen zwar zu der Erkenntnis gelangen,

Studien, dass eine Mehrheit der potenziellen Wählerschaft konservative Parteien (vor allem die CDU) wählen würde (Neu 2021).

5.3 Die Ausweitung des Wahlrechts auf Denizens in Deutschland: viele Debatten, vier Gesetzesinitiativen, zwei verabschiedete Reformen und eine Gerichtsentscheidung

Vor dem soeben aufgespannten rechtlichen, politischen und historischen Hintergrund haben sich die Debatten um eine Wahlrechtsausweitung in Hamburg, Bremen, Schleswig-Holstein und West-Berlin in unterschiedliche Richtungen entwickelt. In Hamburg, dem Pionierfall, hat es lange gebraucht, bis die Debatte um die Ausweitung des Wahlrechts eine Eigendynamik entwickelte. Es gingen ihr zähe Verhandlungen zwischen den Parteien und eine Vielzahl von Sachverständigenanhörungen voraus, die letztlich den Rahmen und die Richtung der hamburgischen Debatte setzten und auch die Debatten in den anderen Bundesländern prägten. In Bremen wurde die Debatte ebenfalls lange vorbereitet, allerdings ging die Initiative hier eher von zivilgesellschaftlichen Akteuer*innen aus. Die Debatte fand lange Zeit außerhalb des parlamentarischen Spektrums statt und bekam erst größere Aufmerksamkeit, als in Hamburg die Reform Tempo aufnahm. Allerdings befand sich zu diesem Zeitpunkt eine rechtsextreme Partei in Bremens Bürgerschaft, sodass der Reformprozess mehr und mehr ins Stocken geriet und die inhaltliche Debatte mehr und mehr in politische Machtkämpfe überging.

In Schleswig-Holstein kam das Thema ebenfalls erst nach den Reformbemühungen in Hamburg auf die politische Agenda. Hier wurde die Hamburger

---

dass zwei Drittel der *türkischen* Migrant*innen Parteien des linken Spektrums bevorzugten (SPD, Grüne, PDS). Stichproben, die Migrant*innen anderer Herkunft mit einbezogen, kämen jedoch zu einem anderen Bild. Eine andere Hypothese besagt, dass ein großer Teil der türkischen Migrant*innen auch konservative Werte vertreten würde, sodass auch die CDU eine politische Heimat für diese Menschen bieten könnte (Hunger 2001). Insgesamt sind die verlässlichsten Daten zur Parteienpräferenz von Migrant*innen die der Eingebürgerten. Hier findet man jedoch im Durchschnitt kaum einen Unterschied im Wahlverhalten gegenüber Deutschen qua Geburt. Unterschiede gibt es nur, wenn man nach Herkunft differenziert: So wählen Bürger*innen aus der früheren Sowjetunion und den postkommunistischen Ländern (Aussiedler*innen vor allem aus Russland und Polen) mit einer großen Mehrheit die CDU/CSU (Wüst 2009; Bauer 2008), was im Übrigen noch einmal andeutet, warum diese beiden Parteien den einfacheren Zugang von Aussiedler*innen und Vertriebenen zur Staatsangehörigkeit bevorzugen.

Reform als lange erwartetes Signal für ein überfälliges Anliegen im nördlichs-
ten Bundesland wahrgenommen, nämlich die Ausweitung des Wahlrechts auf die
rechtlich anerkannte dänische Minderheit. Vor diesem Hintergrund gestaltete sich
die Debatte hier auch wesentlich weniger hitzig. Durch die begrenzte Verwendung von einzelnen Begrifflichkeiten verlief der legislative Prozess hier deutlich
schneller als im gesamten Rest der Republik, sodass die Reform zügig und ohne
große Schwierigkeiten verabschiedet werden konnte. Schließlich folgte mit West-
Berlin noch ein weiteres Bundesland der Initiative. Dies war der letzte Fall vor der
Entscheidung des Bundesverfassungsgerichts. Die Debatte dort verlief wiederum
deutlich kontroverser, mit verschiedenen Gesetzentwürfen und Argumentationen. Die Debatte hielt sogar noch an, nachdem das Bundesverfassungsgericht
die erfolgreich verabschiedete Reform in Schleswig-Holstein gestoppt hatte und
im Begriff war, eine endgültige Entscheidung in Bezug auf die allgemeine
Verfassungskonformität von Wahlrechtsausweitungen zu fällen.

Alle vier deutschen Fälle unterscheiden sich hinsichtlich ihrer politischen
Grundgegebenheiten ebenso wie in Bezug auf den Migrant*innenanteil in den
jeweiligen Staatsgebieten: Hamburg und Bremen sind kleine, dicht besiedelte
Stadtstaaten mit einer sehr speziellen Regierungsstruktur, während Berlin zu
Beginn der Debatte noch eine geteilte Stadt war mit einem besonderen Verwal-
tungswesen und einem hohen Anteil an Migrant*innen. Eine gewisse Ausnahme
stellte Schleswig-Holstein dar, da es sich hier als einziger Fall um einen
„normalen Flächenstaat" handelte. Die Existenz einer rechtlich anerkannten
ausländischen Minderheit macht diesen Fall jedoch ebenfalls außergewöhnlich.

5.3.1 Der Prozess der Wahlrechtsausweitung in Hamburg: der Pionierfall

In Hamburg wurde bereits im Jahr 1980 zum ersten Mal im Hamburger Senat die
Absicht erklärt, dass man sich langfristig für das Wahlrecht dauerhaft in Hamburg
lebender Ausländer*innen einsetzen wolle (Ds 9/2431). Dennoch kam es erst
Ende der 1980er-Jahre, genauer gesagt ab dem Jahr 1988, zu einer substanziellen
inhaltlichen Debatte. In den dazwischenliegenden Jahren hatten zwar die Grünen
verschiedene Versuche unternommen, das Thema auf die politische Tagesordnung
zu bringen, sie scheiterten jedoch immer wieder, zunächst am Widerstand der
damals alleine regierenden SPD und später an der Regierungskoalition aus SPD
und FDP, die beide dem Ansinnen grundsätzlich offen gegenüberstanden, aber
u. a. der von den Grünen vorgeschlagenen Mindestaufenthaltsdauer von (nur)
drei Jahren sehr skeptisch gegenüberstanden. Die Gesetzesinitiative der Grünen

kam daher immer wieder zum Erliegen. SPD und FDP nahmen das Thema jedoch später in ihre Koalitionsvereinbarung auf.

Die CDU stand dem Ansinnen dagegen grundsätzlich ablehnend gegenüber, schließlich hätten Ausländer*innen in Hamburg bereits eine beratende Funktion in den damaligen Ausländerbeiräten der Stadtteile. Der Senat antwortete darauf, dass eine beratende Stimme nicht mit einem echten Wahlrecht vergleichbar wäre, und bereitete einen entsprechenden Gesetzentwurf vor, in dem auch das Kühn-Memorandum zitiert wurde: Die Ausweitung des Wahlrechts auf lange in Hamburg lebende Ausländer*innen könne als Integrationsmaßnahme gesehen werden, als Brücke auf dem Weg zur Einbürgerung, die für viele Migrant*innen oftmals mit großen Schwierigkeiten und Vorbehalten verbunden sei. Dabei wurde eine Mindestaufenthaltsdauer von acht Jahren vorgeschlagen, die als geeignet empfunden wurde, um ein Zugehörigkeitsgefühl für die Gemeinschaft zu entwickeln (PlPt. 13/45).

Strategisch entscheidend war dabei das Vorgehen des Senats, das Wahlrecht von Beginn an auf die kommunale Ebene zu beschränken, da man eine grundlegende Verfassungsreform auf Bundesebene aufgrund der Mehrheitsverhältnisse als unrealistisch einstufte. Der Senat wies dabei darauf hin, dass auf Bundesebene größere Loyalitätskonflikte bestehen würden und das offensichtliche „Demokratiedefizit" auf einer unteren Ebene schneller angegangen werden könne.

Der Senat brachte dementsprechend einen „Entwurf eines Gesetzes zur Einführung des Wahlrechts für Ausländer zu den Bezirksversammlungen (nachfolgend BV)"[16] in die Bürgerschaft ein (Drs. 13/1680). Im Gesetzentwurf wurde dabei argumentiert, dass der Begriff des Volkes im Grundgesetz nicht abschließend definiert und deswegen von Fall zu Fall einer Interpretation in den Ländern unterworfen sei. Als Definition schlug der Hamburger Senat daher vor: „die Lebens- und Schicksalsgemeinschaft auf deutschem Boden, die im Kern aus den Deutschen bestehe, am Rande aber erweiterungsfähig" sei (Drs. 13/1680). Der Senat berief sich dabei auf Rechtsexpert*innen und Wissenschaftler*innen, die diese Auffassung im Einklang mit den höchsten demokratischen Prinzipien des Grundgesetzes sahen. Der Begriff *Volk* bedürfe einer Anpassung an die deutsche Lebensrealität, die sich infolge der Zuwanderung grundlegend verändert habe und die nicht ohne entsprechende rechtliche Konsequenzen bleiben könne (Drs. 13/1680, S. 14).

Die Grünen hofften, dass nach vier gescheiterten eigenen Versuchen nun die Chance bestehe, die angestrebte Reform durchzusetzen, da nun ja der Senat

---

[16] Insgesamt gibt es sieben Bezirke in Hamburg. Die dort angesiedelten Bezirksversammlungen treffen Entscheidungen, die sich größtenteils auf lokale Fragen und Probleme beziehen.

selbst die Initiative ergriffen hätte. Dennoch brachten sie noch einen eigenen – ähnlichen – Gesetzentwurf ein (Drs. 13/2245). Die oppositionelle CDU machte von Beginn an klar, dass sie nur sehr bedingt gesprächsbereit sei und letztlich auch nicht vor einer juristischen Auseinandersetzung zurückscheuen würde. Interessanterweise wählten sie einen der wenigen Nichtjuristen aus ihren Reihen als Plenarredner aus, wahrscheinlich um deutlich zu machen, dass sie sehr wohl auch an einer politischen Debatte interessiert seien. Im November 1988 wurde die Debatte schließlich zunächst vertagt, bis die dazugehörigen Beratungen in den beteiligten Ausschüssen („Rechtsausschuß" und „Ausschuß für die Situation und die Rechte der Ausländer") abgeschlossen sein würden und entsprechende Empfehlungen auf dem Tisch lägen.[17] In den Ausschüssen fanden fortan entsprechende Sachverständigenanhörungen statt, für die die Parteien jeweils Experten vorschlugen.[18]

Diese Anhörungen sind für das Verständnis des Gesamtprozesses in Deutschland unheimlich wichtig, da hier die Argumente herstammen, auf die auch in den Debatten nach Hamburg immer wieder rekurriert wurde und denen – wegen ihres wissenschaftlichen Ursprungs – eine gewisse Autorität und Legitimation anhaftete. Jeder Experte erhielt einen Fragebogen, der vor der Anhörung beantwortet zum Parlament zurückgesandt werden musste. Im Fragebogen wurde die Diskussion damit ein Stück weit vorstrukturiert. Die Fragen lauteten, ob Ausländer*innen Teil des Volkes im verfassungsrechtlichen Sinne seien, ob weiter zwischen Bürger*innen der Europäischen Union (damals: Europäische Wirtschaftsgemeinschaft) und anderen Ausländer*innen unterschieden werden sollte, ob es unter Einbeziehung der Praktiken in anderen Staaten eine Gegenseitigkeitsklausel geben sollte, ob Hamburgische Bezirksversammlungen mit Kommunen

---

[17] Der Gesetzgebungsprozess ist notwendigerweise in zwei Lesungen aufgeteilt bzw. drei Lesungen, wenn es keine qualifizierte Mehrheit gibt, um die Verfassung zu ändern. Wenn das Gesetz nach zwei Lesungen eine Mehrheit erhält, wird es abschließend überarbeitet und veröffentlicht. Die zweite Lesung hat die Funktion, Organisationen und Behörden die Möglichkeit zu geben, Änderungsvorschläge einzubringen und auf mögliche Schwächen und Fehler im Gesetz hinzuweisen.

[18] Für die SPD waren dies Prof. Dr. Brun-Otto Bryde, Universität Gießen, Prof. Dr. Helmut Rittstieg, Universität Hamburg, und Prof. Dr. Schneider, Universität Hannover, für die FDP Hans Rau, Hamburg, und Prof. Dr. Hans Meyer, Universität Frankfurt, für die CDU Prof. Dr. Peter Badura, Universität München, Prof. Ulrich Karpen, Universität Hamburg, Prof. Hans-Jürgen Papier, Universität Bielefeld, und für die Grünen Michael Böttcher, Hamburg, und Dr. Fritz Franz, Coburg.

in anderen Bundesländern gleichzusetzen seien und zuletzt ob acht Jahre eine geeignete Residenzpflicht für die Gewährung des Wahlrechts seien.[19]

Interessant ist, dass im Zusammenhang mit den formulierten Fragen neue Begriffe in die Debatte eingebracht wurden, die zuvor so noch nicht verwendet worden waren:

> Ist es mit dem grundgesetzlichen Demokratieverständnis vereinbar, einen nicht unerheblichen Teil der Bevölkerung, der der in der Bundesrepublik Deutschland ausgeübten Hoheitsgewalt ebenso unterworfen ist wie deutsche Staatsangehörige, auf Dauer von jeglicher demokratischer Teilhabe auszuschließen – mit anderen Worten als „Untertanen auf Zeit und Widerruf" (Isensee) zu behandeln? (Drs. 13/3115, Anlage 1, S. 5)

Die Formulierung „Untertanen auf Zeit und Widerruf" von Isensee spielt auf die Idee des Demokratiedefizits an, bei dem eine Gruppe in der regierten Bevölkerung nicht wie Bürger*innen behandelt wird und quasi jederzeit des Landes verwiesen werden könnte. Manche Sachverständige relativierten jedoch in der Anhörung die Folgen eines vermeintlichen Demokratiedefizits und zogen den Vorschlag teilweise ins Lächerliche. Andere betonten die Bedeutung des Hamburger Vorschlags im Kontext einer „größeren Debatte" um Staatsbürgerschaft und Zugehörigkeit, die bereits seit fünfzehn bis zwanzig Jahren stattfinde. Interessanterweise relativierte ein von der SPD einberufener Experte (Prof. Bryde) die im Gesetzesvorschlag erwarteten Verbesserungen, da die Bezirksregierungen so unwichtig wären, dass ein Wahlrecht von Denizens praktisch keine Auswirkungen auf die Souveränität von Entscheidungsorganen habe. Diese Argumentation einer Art „Risikominimierung" ist alles andere als trivial. Im portugiesischen Fall verhalf sie doch dazu, auch die Parteien zu überzeugen, die vorher gegen den Vorschlag waren. Im hamburgischen Fall argumentierte derselbe Redner jedoch gleich in eine andere Richtung, indem er es als „traurig" beschrieb, „sich auf diese Begründung zu beschränken", deshalb müsse man das Problem grundsätzlicher betrachten und das „Kriterium der Staatsangehörigkeit" bei Wahlrechtsreformen grundsätzlich infrage stellen, da es einem *Staatsvolk* erlaube, über ein *Untertanenvolk* zu herrschen (Drs. 13/3115, S. 10).

Insgesamt entsprachen die Ausführungen der Experten, mit einer Ausnahme[20], den Positionen der jeweiligen Partei, die sie berufen hatte. Die von der CDU

---

[19] „Fragenkatalog für die Sachverständigenanhörung des Rechtsausschusses am 1. November 1988 über ein Gesetz zur Einführung des Wahlrechts für Ausländer zu den Bezirksversammlungen", Bericht des Rechtausschusses, Ds 13/3115, 12.08.89.

[20] Ein von der SPD einberufener Experte kritisierte, dass trotz des auf dem SPD-Kongress 1975 erklärten Willens, den „ausländischen Arbeitern" das Wahlrecht zu geben, nichts

eingeladenen Sachverständigen erklärten den Vorschlag als mit der Verfassung unvereinbar und prophezeiten ein entsprechendes Veto gegen das Gesetz durch den Bund, falls es erlassen werden sollte. Sie fügten hinzu, dass – obwohl in den versendeten Fragebögen die Themen „Integration" und „Einbürgerung" nicht angesprochen worden waren – die Folgen für die langfristige Integration von Ausländer*innen durch die Ausweitung des Wahlrechts eher negativ seien, da so weniger Anreize zur Einbürgerung bestünden.

Des Weiteren argumentierten sie, dass eine Nichtbeteiligung von dauerhaft in Hamburg lebenden Menschen an kollektiven Entscheidungen keineswegs illegitim sei, da sie bereits unter dem Schutz der deutschen Rechtsstaatlichkeit stünden. Die von der CDU benannten Sachverständigen brachten zudem zwei weitere Argumente ein, die sich in allen folgenden Debatten zur Ausweitung des Wahlrechts auf Denizens in Deutschland als prägend herausstellten: 1) die sogenannte Exitoption von Ausländer*innen im Gegensatz zu deutschen Bürger*innen und 2) die Nichtzugehörigkeit zur deutschen Schicksalsgemeinschaft, solange Ausländer*innen nicht ihre ursprüngliche Staatsbürgerschaft zugunsten der deutschen aufgeben würden – eine Tatsache, die der weitreichenderen, soziologischen Interpretation des Volksbegriffes im Grundgesetz erheblich im Wege stehe. In diesem Sinne sei allein die Einbürgerung der einzig legitime Weg, volle Bürgerrechte zu erlangen. Alternative zur Einbürgerung gäbe es daher keine: „Der Gesetzgeber habe einen Gestaltungsspielraum. Den benötige er auch, um das Wahlrecht zu konkretisieren. Er dürfe jedoch nicht von der Radizierung der Aktivbürgerschaftsrechte an die Staatsangehörigkeit abweichen. Der Bezug auf die Staatsangehörigkeit bilde die obere und untere Grenze des Gestaltungsspielraums" (Drs. 13/3115, S. 17).

Einige gingen sogar so weit, dass sie sagten, es gäbe auch keine Einwanderung, solange keine Einbürgerung stattfinde: Von Einwanderung könne nur die Rede sein, wenn die zuwandernden Menschen auch *die Absicht* hätten, in ihrem neuen *Heimatland* zu bleiben und *sich als Bürger zu integrieren,* mit allen dazugehörigen Rechten und Pflichten, wozu auch die Annahme der deutschen Staatsbürgerschaft gehöre. Vor dem Hintergrund, dass eine große Mehrheit der Ausländer*innen dies nicht tat, wie ein Blick auf die Einbürgerungsstatistiken zeige, war Einwanderung also auch kein Thema.

Die CDU-Sachverständigen gingen dabei auch auf die Erfahrungen in Ländern ein, die das Wahlrecht auf Denizens ausgeweitet hatten. Sie übertrugen den deutschen „Volksbegriff" dabei auf andere Staaten und leiteten daraus ab,

---

geschehen sei, vor allem wohl deshalb, weil die SPD Angst vor einer negativen Reaktion der deutschen Wählerschaft hatte.

dass jeder Staat (der nicht notwendigerweise auch eine liberale Demokratie sein müsste) das Recht hätte, sein Staatsvolk selbst zu definieren, und zogen dabei die demokratische Forderung nach einer Kongruenz von Staats- und Wahlvolk ins Lächerliche, indem sie daran erinnerten, dass sich kein Volk der Erde jemals nach demokratischen Prinzipien ursprünglich selbst konstituiert hatte: „Es sei nicht so, daß sich eine Demokratie oder wie immer demokratisierte Gesellschaft das Volk demokratietheoretisch schaffe. Vielmehr schaffe sich das Volk eine Demokratie" (Drs. 13/3115 Anlage 2, S. 12). Sie schlussfolgerten daraus, dass der Volksbegriff im Sinne des Grundgesetzes durchaus so belassen werden könne und verwiesen in diesem Zusammenhang auch auf andere Staaten, wie die USA und andere „wichtige Staaten der Welt", die ihr Wahlrecht nicht auf Ausländer*innen ausgeweitet hätten (ebd).

Demgegenüber betonten die von der SPD einberufenen Sachverständigen den Spielraum des Gesetzgebers bei der Neuinterpretation des Volksbegriffes, der weit über alte Nationalitätsvorstellungen hinausreichen würde:

> Auch wenn man das „Volk" durch die Staatsangehörigkeit definiere, bestimme der Gesetzgeber, wer zur Aktivbürgerschaft gehöre. Es sei dem Gesetzgeber unbenommen, das Volk zu vergrößern, indem er z. B. zum „ius soli" übergehe. Warum solle er dann nicht auch den Kreis der Aktivbürger durch Verleihung des Wahlrechts erweitern können? Die Definition des Volks durch das Innehaben von Bürgerrechten sei viel älter als die durch die Staatsangehörigkeit. [...] Selbst wenn man sagen würde, „Volk" seien nur die Staatsbürger, scheine es – nach irischem Beispiel – nicht ausgeschlossen, zu sagen: Das Volk (also nur die Staatsangehörigen) sei souverän. Und trotzdem wolle man unter Berufung auf die Volkssouveränität das Volk hindern durch seine Repräsentanten, andere an den Wahlen zu beteiligen. Die Gegenansicht sage, in dem Augenblick, wo nicht mehr allein das Volk wähle, sondern es andere einlade mitzuwirken, werde ihm etwas weggenommen. Damit werde demokratische Freiheit unzulässigerweise als etwas gesehen, das weniger werde, wenn man es mit anderen teile (ebd).

Im Kern wurden dabei immer wieder zwei Argumente ins Feld geführt. Zum einen wurde die Ausweitung des Wahlrechts für Denizens als wichtiger Zwischenschritt auf dem Weg zur Einbürgerung gesehen: „Vielleicht sei die Verleihung des Wahlrechts die kleine Einbürgerung. Durch die Verleihung des Wahlrechts werde man Aktivbürger" (ebd.). Zum anderen wurde die Ausweitung des Wahlrechts für Denizens auch deswegen als notwendig erachtet, da es auf Bundesebene aufgrund der bestehenden Mehrheitsverhältnisse unmöglich sei, die Einbürgerungsgesetze so zu ändern, dass mehr Denizens die deutsche Staatsbürgerschaft annehmen könnten bzw. Staatsbürgerschaft nicht das einzige Kriterium für die Wahlberechtigung sei: „Das Konzept der engen Verbindung zur Staatsangehörigkeit stimmt in einer multikulturellen internationalisierten Gesellschaft nicht mehr (Drs. 13/3115, S. 19) [...] Deshalb ist es überholt, auf die Staatsangehörigkeit als alleiniges Kriterium für das Wahlrecht abzustellen" (Drs. 13/3115, S. 11). Es wurde dazu aufgerufen, endlich dem Wandel in der deutschen Gesellschaft und dem Beitrag der Migrant*innen beim Wiederaufbau des Landes in der Nachkriegszeit Rechnung zu tragen (Drs. 13/3115, S. 40).

Die Sachverständigen waren vor allem in der Frage der tatsächlichen rechtlichen Umsetzbarkeit des Vorschlags gespalten: Die Frage, ob der Volksbegriff ausgerechnet auf Länderebene (neu) definiert werden könne und ausgerechnet die Bundesländer das Recht hätten, das Wahlrecht auf Ausländer*innen auszuweiten, ohne gegen das übergeordnete Wahlrecht auf Bundesebene zu verstoßen, war sehr umstritten. Befürworter*innen argumentierten, dass es bei der Gleichheitsnorm von Wahlen nicht nur darum gehe, die Gleichheit von Wahlen in Bezug auf territoriale Einheiten zu gewährleisten, sondern auch in Bezug auf soziale Gruppen. Sie sprachen Wahlen in dem Sinne eine für eine demokratische Gesellschaft existenzielle Funktion zu, dass eine Gesellschaft nur gut funktionieren und am Leben gehalten werden könne, wenn auch alle in ihr lebenden Menschen das Recht der Beteiligung hätten. Sie gingen sogar so weit, dass Ausländer*innen das Wahlrecht als etwas erhalten, das man ihnen ohnehin schon lange schulde (ebd.), nicht *wegen* sondern *trotz* ihres Ausländer*in-Seins. Außerdem haben sie argumentiert, dass die Ausweitung des Wahlrechts auf Ausländer*innen insbesondere für Stadtstaaten wie Hamburg ein besonders drängendes Thema sei, da der stetig wachsende Migrant*innenanteil mehr und mehr zu einer Belastung „unseres Demokratieverständnisses" werde.[21]

Diese kurz zusammengefassten Argumente aus den Sachverständigenanhörungen[22] dienten als Grundlage für die weiteren parlamentarischen Beratungen, die am 1. Februar 1989 begannen. Die Begriffe, um die sich die Debatte nun drehte, veränderten sich deutlich. Da nun ausschließlich Parlamentarier*innen anwesend waren, verschwanden akademische Diskussionen wie die um den Volksbegriff, die in den Sachverständigenanhörungen noch vorherrschend waren, fast vollständig. Stattdessen entwickelte sich ein Streit um einen möglichen Präzedenzfall in Bezug auf die Ausweitung von Wahlrechten auf Ausländer*innen in ganz

---

[21] Vgl. Tabelle A4 und A5 für Bundesländer und Städte mit den höchsten Ausländer*innenanteilen im Anhang.

[22] Ich habe zusätzlich die schriftlichen Ausführungen der Experten analysiert, bei denen es sich zumeist um wissenschaftliche Texte auf der Basis weitergehender Publikationen handelt, in denen die vorgebrachten Argumente weiter ausgeführt wurden. Die meisten der dort entwickelten Argumente kamen auch in den Anhörungen zur Sprache.

Deutschland.[23] Es war bekannt, dass die Regierungen in Nordrhein-Westfalen und Bremen ebenfalls in Erwägung zogen, das Wahlrecht für Ausländer*innen auf kommunaler Ebene auszuweiten.[24] Zudem arbeitete auch die Europäische Kommission an einer entsprechenden Richtlinie zum kommunalen Wahlrecht für Ausländer*innen auf europäischer Ebene (Ds 13/3160).

Wie schon dargestellt, vertrat die CDU von Anfang an eine klare Position: Aus ihrer Sicht gab es kein Demokratiedefizit, das adressiert werden müsste. Die Adressat*innen der Reform wurden weiterhin als „Gäste" betrachtet (gemeint waren also die, die eingeladen worden waren und sich legal in Deutschland aufhielten). Gäste genießen soziale und zivile Bürger*innenrechte und das reichte. Deshalb entbehrte die Debatte aus ihrer Sicht im Grunde jeder Grundlage (Drs. 13/3160). Im Gegenteil, die Partei drückte ihre Sorge darüber aus, dass der Gesetzentwurf und seine mögliche Verabschiedung zu Enttäuschungen und falschen Erwartungen bei Ausländer*innen führen würde. Darüber hinaus würden das Ansehen Hamburgs und der Demokratie selbst Schaden nehmen, da es durch die Reform letztlich zu einer Einführung unterschiedlicher Wähler*innenklassen kommen würde, die unterschiedliche Bevölkerungsgruppen mit unterschiedlichen Rechten und Verantwortlichkeiten ausstatten würde. In der Verwendung von Begriffen wie „Demokratie", „Gleichheit" und „Ausweitung des Wahlrechts auf Ausländer" von CDU-Abgeordneten war immer eine stärkere Betonung der Pflichten anstelle von Rechten zu bemerken. Die CDU betonte dabei immer wieder, dass Ausländer*innen anders als andere Wähler*innen immer den Konsequenzen ihrer Entscheidungen entfliehen konnten, indem sie in ihr Herkunftsland zurückkehrten (ein Argument, das ebenfalls häufig gegen die doppelte Staatsangehörigkeit verwendet wird). Aus diesen Gründen könnte das Wahlrecht für Ausländer*innen nicht als „erster Schritt" auf dem Weg zur vollen Staatsbürgerschaft und noch viel weniger als ernst zu nehmende Alternative dazu begriffen werden: Deswegen „sage ich auch, daß dieses kommunale Wahlrecht, das Sie hier einführen wollen, in erster Linie eine Alibifunktion hat" (PlPt. 13/45, S. 2782).

---

[23] Dies kann auch grafisch nachvollzogen werden durch den Vergleich von Textportraits aus Anhörungsdokumenten auf der einen und Plenarprotokollen auf der anderen Seite, wie in Abb. A3 im Anhang. Textportraits sind mithilfe von MAXQDA generierte Bilder, die das Verhältnis der codierten Abschnitte in jedem Text darstellen.

[24] Allgemein herrschte zu diesem Zeitpunkt eine große Unsicherheit im Hinblick auf eine mögliche Entscheidung des Bundesverfassungsgerichts vor. Abgesehen von einer Gerichtsentscheidung des Landgerichts Lüneburg, das eine Ausweitung des Wahlrechts auf langjährig aufhältige Ausländer*innen als verfassungskonform ansah, gab es zu diesem Zeitpunkt noch keinen Präzedenzfall.

Aus Sicht der CDU folgt aus dem Wahlrecht nicht die Integration. Vielmehr ist Integration eine Vorbedingung für das Wahlrecht.

Nachdem die Grünen hatten mitansehen müssen, wie ihre Vorschläge vier Mal in Folge vom Parlament abgewiesen wurden, sahen sie sich nun nicht in der Verantwortung, den SPD-Vorschlag vollends zu unterstützen. Stattdessen holten sie zu einem Rundumschlag gegen alle anderen Parteien aus und forderten, angesichts des aktuellen Wahlerfolgs der Republikaner in Berlin (7,5 %), dass nun etwas getan werden müsse. In Bezug auf die Ausweitung des Wahlrechts sahen sie die CDU auf einer Linie mit den Republikanern.[25] Die SPD versuchte dagegen, ihren Vorschlag gegen die Kritik von rechts und links zu verteidigen und wies ihrerseits auf Widersprüche in der Haltung der CDU hin, insbesondere mit Verweis auf den bevorzugten Umgang mit *Aussiedler*innen* (ebd., S. 2782):

> Hier gibt es ja die Arbeitsgruppe, in der ein CDUler sich ganz stark dafür macht und sagt, diese Leute, die in dieses reiche Land – da ist die Bundesrepublik auf einmal reich – kommen, können wir alle aufnehmen. Und das Schöne an diesen Menschen ist, die haben so viele Kinder. Wie toll! Bei allen anderen Nationalitäten heißt es immer, „die vermehren sich wie die Karnickel". Jetzt sind es deutsche Aussiedler, da wird es plötzlich total begrüßt.

Die FDP zeigte sich offen für die Sache, ohne sich jedoch klar zu bekennen: „Die FDP geht davon aus, daß sich die ausländischen Mitbürgerinnen und Mitbürger nach längerjährigem Aufenthalt mit ihrem unmittelbaren Wohnumfeld, mit ihrem Ortsteil und mithin mit den politischen Themen im Bezirk aufgrund unmittelbarer Betroffenheit auseinandersetzen und somit ein großes Interesse an aktiver politischer Mitgestaltung und Mitbestimmung vorhanden ist" (PlPt. 13/45, S. 2772). Sie sahen in dem Vorschlag ein Indiz für einen allgemeinen Trend „weg von einem staatsangehörigkeitsgebundenen, hin zu einem territorialen Kommunalwahlrecht" (ebd. S. 2772). Damit ordnete sich die FDP zwischen den Positionen von SPD und CDU ein, immer mit dem Verweis, dass ihre Unterstützung Teil der Koalitionsvereinbarung gewesen sei, wobei das Wahlrecht auch immer erst nach erfolgter Integration garantiert werden könne (ebd.). In der Rede von Ingo von Münch, der die FDP 1988 erst ins Parlament und dann in eine Koalition mit der SPD geführt hatte und seitdem zweiter Bürgermeister der Hansestadt war, wird die Position der Partei am deutlichsten. In seiner Rede erweckte er den Eindruck, als würde seine Partei objektiv zwischen den beiden opponierenden Seiten abwägen:

---

[25] „Was Sie hier tun ist *schönhubern*" (PlPt. 13/45, S. 2769), ein Wortspiel, das nur im Kontext des damaligen Parteivorsitzenden der rechtsextremen Republikaner, Franz Schönhuber, zu verstehen ist und hier so viel wie „mit rechtem Gedankengut spielen" heißen soll.

Diese Bürgerschaft [steht] vor einer der wichtigsten politischen Entscheidungen, die sie nach meiner Auffassung seit vielen Jahren getroffen hat. Hier ergibt sich die Frage, ob Hamburg als erstes Bundesland ausländischen Bürgern ein Wahlrecht gibt. Das kann bedeuten, daß Hamburg Pilot für andere Bundesländer wird. Es kann aber auch sein, wenn sich die gegenteilige Meinung durchsetzt, daß hier ein für allemal eine Tür zugeschlagen wird. [...] Ich gebe offen zu, die Sache ist umstritten. Die Stimmen, die sich für dieses kommunale Wahlrecht für Ausländer unter Juristen ausgesprochen haben, waren am Anfang sehr vereinzelt. Es werden immer mehr. Und bei den Anhörungen hier vor dem Ausschuß der Bürgerschaft waren ja die Befürworter eindeutig in der Mehrheit. Das ist eine Entwicklung, das ist der Trend (PlPt. 13/45, S. 2784).

Der von der SPD eingebrachte Vorschlag 13/1680 wurde schließlich nach erster Lesung mit 68 zu 47 Stimmen angenommen. Das Gesetz hätte noch am selben Tag verabschiedet werden können, hätte die CDU-Fraktion nicht Einspruch gegen eine direkt im Anschluss stattfinden sollende zweite Lesung erhoben. Zwei Wochen später eröffnete die CDU die Debatte erneut mit der Aussage, Hamburg solle nun zunächst die europäische Entwicklung abwarten, da andernfalls das Gesetz höchstens eine „Lex Hamburg" wäre, ohne die Möglichkeit einer bundesweiten Anerkennung. Die CDU warf den Befürworter*innen vor, eine Scheindiskussion zu führen, die eine „Emotionalisierung" gegenüber Ausländer*innen auslöse und das Demokratiedefizit als Argument ad absurdum führe. Die Debatte glitt ins Polemische ab, als die CDU eine Verbindung zwischen Ausländer*innen und Arbeitslosigkeit herzustellen begann, was die SPD zu einer starken Gegenreaktion provozierte:

... jetzt reklamiert Herr Perschau für sich, die [Immigrant*innen und Geflüchteten] in Wirklichkeit zu schützen, weil das Ausländerwahlrecht die Ausländerfeindlichkeit schüren würde, wo er angeblich die Mehrheit hinter sich weiß. Deshalb muß man als aufrechter Demokrat natürlich gegen dieses Wahlrecht sein. Herr Perschau, wissen Sie, daß Sie bei dem Zynismus, der Demagogie und den Verdrehungen, die Sie im Zusammenhang mit dieser Debatte geleistet haben, noch nicht einmal rot werden? Dabei wird mir wirklich schlecht (PlPt. 13/46, S. 2850).

Die SPD beteuerte ihre Zuversicht, dass das Gesetz verabschiedet und „als politisches Signal verstanden werden" würde. Die Sprecher*innen der FDP versicherten ebenfalls ihr Engagement in der Sache, wurden von Parlamentarier*innen der CDU jedoch immer wieder darauf hingewiesen, dass die FDP in den anderen Bundesländern gegensätzliche Positionen vertreten würde. Die hamburgische FDP mahnte die CDU dagegen, den Gesetzesvorschlag nicht mit allgemeinen Themen der Migration und Integration in einen Topf zu werfen. Sie stimmten dem Argument „Einbürgerung zuerst" zwar grundsätzlich zu, werteten es aber als scheinheilig, da prominente CDU-Politiker*innen alle Versuche, Einbürgerung zu erleichtern, wiederholt abgeblockt hätten. Die CDU versuchte in den Debatten, das Thema immer wieder mit dem Thema der Integration zu verbinden, indem z. B. gesagt wurde:

> „Das kommunale Ausländerwahlrecht ist – um das noch einmal sehr deutlich zu sagen – kein Mittel zur Integration. Vielmehr setzt die Gewährung des Wahlrechtes nach unserer Auffassung voraus, daß Integration erfolgt ist. Das Recht, durch die Teilnahme an Wahlen gleichberechtigt politische Dinge mitzugestalten, betrifft die Mitwirkung an Entscheidungen, die das Leben der Betroffenen oftmals über Jahrzehnte und länger mitbestimmt. Eine derartige Entscheidung angemessen zu fällen, setzt das Bewußtsein voraus, für eine Gesellschaft zu handeln, deren Mitglied man ist und dauerhaft bleiben möchte" (PlPt. 13745, S. 2840 f.).

Die SPD stimmte zwar zu, dass kommunales Wahlrecht nicht automatisch Integration bedeuten würde, sprach jedoch von einem „konkreten Schritt in diese Richtung, nicht mehr und nicht weniger" (PlPt. 13/45, S. 2845). Somit rückten sie ein Stück weit von ihrer ursprünglichen Prämisse ab, dass lange in Deutschland bzw. Hamburg lebende Ausländer*innen bereits integriert seien.

Das Gesetz wurde schließlich am 20. Februar 1989 in zweiter Lesung mit 66 zu 45 Stimmen von der Hamburger Bürger*innenschaft verabschiedet und weitete damit das aktive Wahlrecht, auf Ebene der Bezirksversammlungen, erstmals auch auf seit mindestens acht Jahren in Hamburg lebende Ausländer*innen aus. Damit erhielten über Nacht mehr als 150.000 Personen das aktive Wahlrecht zugesprochen.

Blickt man auf die Debatte zurück, sieht man vor allem drei zentrale Konfliktlinien, die die Parteien spalteten:

- Erstens die Frage, ob die seit vielen Jahren in Deutschland lebenden Ausländer*innen bereits als „integriert" angesehen werden könnten oder nicht. Die Grünen bejahten dies durchgehend und begründeten die Ausweitung des Wahlrechts genau mit diesem Argument, auch um die Kongruenz von Staatsvolk und Wahlvolk zu wahren und auf eine demokratische Gleichbehandlung zu pochen. Andererseits verneinte die CDU, und zwar von Beginn bis zum Ende der Debatte, eine automatische Integration bei langem Aufenthalt in Deutschland. Zugeständnis von Wahlrechten würden die Integrationsbemühungen im Gegenteil untergraben. SPD und FDP veränderten im Verlauf der Debatte ihre Einschätzung.
- Zweitens die Frage, ob überhaupt eine Notwendigkeit zur Ausweitung des Wahlrechts bestehe, wenn sie von der Allgemeinheit gar nicht gefordert werde.

Denn im Gegensatz zu früheren Zeiten (etwa bei der Ausweitung des Wahlrechts auf Frauen) wurde sie in der Tat nicht vehement von den angeblich
Betroffenen gefordert. Die Grünen sahen daher in dem Vorstoß der SPD auch
nur eine reine Symbolpolitik, zumal Migrant*innen an dem gesamten Prozess
auch nur marginal beteiligt wurden und der Impuls, für ihre ureigenen Rechte
einzutreten, nicht von ihnen selbst ausging. Aus Sicht der CDU war der Vorstoß ebenfalls illegitim, weil er schlicht den Willen der deutschen Bevölkerung
ignorierte, die sich klar dagegen aussprach.[26] Die SPD hielt dem entgegen,
dass die ausländischen Mitbürger*innen sich, aufgrund ihrer marginalisierten
Lebenssituation und aus Angst vor Benachteiligungen, kaum öffentlich äußern
würden bzw. könnten und die SPD daher eine Fürsprecherrolle einnehmen
müsse.[27] Die SPD – wie später auch die FDP – versuchte damit Argumente für
die Reform zu liefern, indem sie auf die Bedürfnisse der Betroffenen verwies.
Diese Argumentation ähnelte auf eine Art auch der Position der CDU, die
Ausländer*innen als generell „bedürftig" beschrieb (PlPt. 13/45, PlPt. 13/46).

• Eine dritte wichtige Konfliktlinie bestand in der Bezeichnung der neuen Wähler*innengruppe. Die Parteien hatten unterschiedliche Bezeichnungen, ohne
dass ein gemeinsamer Nenner sich herausgebildet hätte: Die SPD wies den
Begriff „Gäste" (PlPt. 13/46 S. 2832, 2837, 2838.) ausdrücklich zurück und
verwendete stattdessen neutrale Begriffe wie „Personen", „Nachbarn", „Mitbürger" und „Arbeitnehmer", die sich nicht auf die Herkunft bezogen. Die
CDU hielt dagegen an den Begriffen „Gäste" und „Ausländer" fest, vereinzelt auch „ausländische Mitbürger" (vermied aber den Begriff „Migranten"!).
Die Grünen favorisierten den Begriff „Mitbürger" und lehnten fast jede andere
Bezeichnung ab, da für sie die Ausweitung des Wahlrechts in erster Linie ein
Akt der sozialen Anerkennung und der Gerechtigkeit war.

Abb. 5.3 fasst die Positionen der Parteien entlang zweier Dimensionen zusammen: Die Beurteilung der „Integration der Migrant*innen" (von „nicht integriert"

---

[26] Es konnte allerdings nicht auf entsprechende Umfragedaten verwiesen werden, da die ersten Umfragen hierzu erst durchgeführt wurden, als die Debatte in Hamburg kurz vor ihrem
Ende stand (vgl. Tabelle A6 im Anhang).

[27] Diese Debatte hatte ihren Vorläufer in der wissenschaftlichen und zivilgesellschaftlichen
Diskussion. Der Begriff „ausländische Mitbürger" fand bereits im Kühn-Memorandum Verwendung, wurde allerdings insbesondere von der Linken stark kritisiert, da dieser Ausdruck
suggeriere, dass Ausländer*innen bereits Bürgerrechte in Deutschland besäßen, auch wenn
die generelle Stoßrichtung, Migrant*innen mehr und mehr gleichzubehandeln und sie vor
allem nicht mehr als „Gastarbeiter", sondern als „ausländische Arbeiter" zu bezeichnen,
begrüßt wurde.

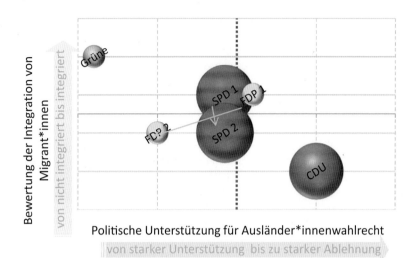

Abb. 5.3 Hamburg: Parteipositionen von Anfang bis Ende der Debatte (entlang zweier Dimensionen und der Größe der Fraktionen). (Quelle: Eigene Darstellung)

bis „integriert") und die grundsätzliche Haltung zur Ausweitung des Wahlrechts auf Ausländer*innen im Laufe der Debatte. Die Größe der Kugeln symbolisiert dabei die Größe der Fraktionen in der Bürgerschaft. Die Lage der Kugeln im zweidimensionalen Raum bezieht sich auf die *relative* Unterstützung der Fraktionen für oder gegen die Ausweitung des Wahlrechts auf Ausländer*innen. Die gepunktete vertikale Linie in der Mitte verweist auf eine neutrale Position. Alles, was links der Linie abgebildet ist, steht für eine Befürwortung, alles, was rechts davon steht, für Ablehnung.

Die Debatte zur Ausweitung des Wahlrechts auf Denizens in Hamburg endete jedoch nicht an diesem Punkt. Nach der Entscheidung des Bundesverfassungsgerichts im Frühjahr 1990, die beschlossene Ausweitung des Wahlrechts für Ausländer*innen in Schleswig-Holstein vorläufig außer Kraft zu setzen, befasste sich die Hamburger Bürger*innenschaft am 25. April 1990 erneut mit diesem Thema. Die CDU machte dabei den Vorschlag, das Wahlrechtsgesetz einfach zu annullieren und den Status quo ante wiederherzustellen (Ds 13/5620), um damit vor dem entscheidenden Urteil des Bundesverfassungsgerichts das „Gesicht wahren" zu können (PlPt. 13/76 S. 4687). Erst zu diesem Zeitpunkt des

Gesetzgebungsverfahrens verteidigte die FDP das Gesetz mit einer verblüffenden Verbissenheit, die zuvor in dieser Form nicht zu erkennen gewesen war. Sie beschuldigte die CDU, eine Kampagne für ihr „übliches Klientel" zu inszenieren, und betonte, dass die politischen Gründe für das Gesetz letztendlich schwerer wiegen würden als die möglichen Hindernisse. Auch für die SPD war der Vorstoß der CDU scheinheilig. Sie unterstellte der CDU, das Gesetz in Hamburg nur deswegen vorzeitig aufheben zu wollen, weil sie Angst vor einer positiven Entscheidung des Bundesverfassungsgerichts hätte. Würde die Bürgerschaft das Gesetz vorzeitig von sich aus zurückziehen, würde sich das Bundesverfassungsgericht gar nicht damit beschäftigen müssen und könnte es so ggf. auch nicht bestätigen, was die CDU insgeheim befürchten würde (ebd., S. 4692).

5.3.2   Bremen: Die längste Suche nach einem Wahlrecht für Denizens

Bremen hatte seit 1985 still und leise auf die Ausweitung der Wahlrechte für Denizens hingearbeitet, und zwar vor allem unterhalb der kommunalen Ebene. In dem Gesetz zur Änderung des Ortsgesetzes über Beiräte und Ortsämter im Gebiet der Stadtgemeinde Bremen vom 17. Dezember 1985 (BremGBl. S. 236 – Änderungsgesetz 1985) wurde Ausländer*innen, die länger als fünf Jahre legal in Bremen ansässig waren, das Recht gewährt, sich in Beiräte wählen zu lassen.[28] Da es sich primär um beratende Organe ohne verbindliche Entscheidungsgewalt handelte (mit deutlich weniger Befugnissen und geringerer Autonomie als die Hamburger *Bezirksversammlungen*), wurde die Verfassungsmäßigkeit dieses Gesetzes von juristischer Seite nicht infrage gestellt (Weigl 1992, S. 83). Erst mit dem am 20. Juni 1989 verabschiedeten „Beiratsgesetz", das die Befugnisse der Beiräte erweiterte, den Wahlvorgang stärkte und die Mitbestimmungsrechte von Ausländer*innen bis hin zum aktiven Wahlrecht ausbaute (Brem. GBl, S. 236), kamen verfassungsrechtliche Bedenken auf. In der öffentlichen Debatte wird zumeist nur von dem 1989 verabschiedeten Gesetz gesprochen. Wenn man jedoch das frühere, bescheidenere *Ortsgesetz* von 1985 hinzunimmt, so kann Bremen durchaus als der heimliche Pionier bei der Ausweitung des Wahlrechts auf

---

[28] Die 22 Bremer Beiräte waren insofern einzigartig in Deutschland, als dass sie zwar den Status eines Verwaltungsrates innehatten, aber direkt von den Bürger*innen gewählt wurden. Im Laufe der Zeit übernahmen sie die Funktion von städtisch-institutionalisierten Stadtteilparlamenten mit Elementen politischer Selbstregierung, trotz hauptsächlicher Beratungszuständigkeiten (Landesportal Bremen, „Was macht der Beirat im Stadtteil?", https://landesportal.bremen.de/was-macht-der-beirat-im-stadtteil, zugegriffen am 27.11.2020).

Ausländer*innen in Deutschland angesehen werden. Mit Sicherheit ist aber das politische Thema in Bremen am längsten auf der Tagesordnung geblieben. So gab es erst in den Jahren 2013/2014 den letzten ernsthaften Versuch, das Wahlrecht abermals auszuweiten.

Die zu diesem Zeitpunkt relativ weit fortgeschrittene Diskussion in Bremen ist eine Folge einer umfassenderen Sozialdebatte in den 1980er-Jahren, bei der die Bremer SPD den Schulterschluss mit zivilgesellschaftlichen Organisationen gesucht hat. Mehr als zwei Jahre wurde versucht, einen programmatischen Leitfaden zu entwickeln, wie das Problem der demokratischen Kongruenz von Staatsvolk und Wahlvolk und das Problem der Integration von Migrant*innen durch kommunale Mitbestimmung gelöst werden könnte. Die daraus entstandenen Veröffentlichungen zogen Parallelen zu Erfahrungen anderer Länder, wie Dänemark, Irland, den Niederlanden, Schweden und der Schweiz, die allesamt ein Bekenntnis zur Demokratie und zur Verfassung als Grundlage der Zugehörigkeit zum Staatsvolk unterstellten, was in Hamburg „soziologische Auslegung des Volksbegriffes" genannt wurde. In diesen Berichten wurden auch die möglichen Argumente der Gegner*innen einer Reform vorweggenommen, um die Kritik im Keim zu ersticken.[29] Die Ausweitung des Wahlrechts auf Denizens wurde letztlich als reine „Willensfrage" dargestellt und Bedenken „aus rechtlichen Gründen" wurden als ideologisch motiviert „enttarnt".

Die erste formale Gesetzesinitiative wurde im Februar 1987 von den Grünen auf den Weg gebracht und richtete sich an Ausländer*innen, die seit mehr als drei Monaten in Bremen und seit mehr als drei Jahren in Deutschland lebten. Ihnen sollte das Wahlrecht sowohl für das Stadtparlament (Bremische Bürgerschaft und Bremerhavener Stadtverordnetenversammlung) als auch für das

---

[29] Diese waren: 1) Das Wahlrecht darf nicht unabhängig von der Nationalität/Staatsangehörigkeit betrachtet werden; 2) Diejenigen, die an einer Wahl teilnehmen wollen, müssen vorher eingebürgert sein; 3) Die Bundesrepublik Deutschland sollte Ausländern nur unter dem Vorbehalt der Reziprozität und durch bilaterale Verträge das Wahlrecht gewähren; 4) Für den Fall, dass Deutschland Ausländern das Wahlrecht einräumt, gilt dies nur für Staatsbürger der Europäischen Gemeinschaft (EG); 5) Diejenigen, die Wahlrechte erhalten, müssen vorher den Wehrdienst absolviert haben; 6) Ausländer haben die Möglichkeit, genügend Einfluss über Parteien, Gewerkschaften und Vereinigungen auszuüben; 7) Die speziellen Ausländerparlamente und -beiräte in vielen Bundesländern sind ausreichend als Form der Teilnahme für Ausländer; 8) Die meisten Ausländer haben kein Interesse daran, Wahlrechte zu erlangen; 9) Kommunale Wahlrechte sind Rechte „zweiter Klasse", die keinerlei Integrationswirkung haben (Dittbrenner 1986). Tatsächlich kamen alle genannten Argumente in den Debatten zur Sprache (SPD Bürgerschaftsfraktion des Landes Bremen, Kommunales Wahlrecht für Ausländer: Wahlrecht zu den Ortsamtsbeiräten als erster Schritt. Eine Argumentationshilfe, Bremen 1986).

Bundesland (Bremische Bürgerschaft) zuerkannt werden (Ds 11/853, Abs. 1). Von der ersten Lesung an war die Debatte thematisch sehr breit angelegt und emotional aufgeladen. Die Grünen sahen dies als „ein deutliches Signal für die Bereitschaft dieser Gesellschaft, auf dem Weg zum Ziel einer multikulturellen Gesellschaft voranzukommen" (PlPt. 11/76, S. 4608–9). Sie stellten immer wieder Einzelschicksale in den Vordergrund, sodass die Adressat*innen des Gesetzes als Individuen erschienen und nicht als abstrakte, passive Masse:

> Kadri ist Betriebsrat beim Vulkan, seit 20 Jahren hier. Seine Kinder sind groß, Arbeit gibt es für ihn im kulturellen Zusammenhang mit deutschen und türkischen Menschen. Wählen darf er nicht. Ali ist Sozialarbeiter in Walle, schmeißt den ganzen Laden der sozialen Betreuung dort, hilft sehr vielen seiner eigenen Landsleute, spricht Deutsch wie Türkisch. Wählen darf er nicht. Gülen, ein Vorstandsmitglied im Dachverband ausländischer Vereine in Bremen! Sie ist Kontrahent und Gesprächspartner in manchen Auseinandersetzungen über dieses Leben der Ausländer in Deutschland, um Fertigwerden mit der Situation. Wählen darf sie nicht. [...] Gülbahar, die junge Türkin, realisiert in sich diese Doppelkultur, wählen darf sie nicht. Mit der Zahl 4,5 Mio. Ausländer in der BRD ist eine anonyme Masse Mensch erfaßt. Aber sie löst sich, wenn man den einzelnen Menschen ansieht, in lauter Schicksale auf. Sehr viele sind gefüllt mit Bitternis, mit Enttäuschung, mit Wut manchmal über die Ungerechtigkeit, in der sie hier mit uns leben müssen. Vor diesem Hintergrund ist unsere Forderung nach Wahlrecht für Ausländer zu sehen. Demokratieverständnis und Humanität sind nicht vereinbar mit diesem Zweiklassensystem von Menschen in unserer Gesellschaft (PlPt. 11/76, S. 4609).

Die Bremer SPD wollte anders als in Hamburg keine Zweideutigkeiten in der Frage aufkommen lassen und bezog zum Thema „Integration" und „Wahlrecht" eindeutig Stellung: „Wir Sozialdemokraten bekennen uns nicht nur zur sozialen Integration, sondern wissen, daß politische Integration die Voraussetzung für soziale Integration ist" (PlPt. 11/76 S. 4611). Den Vorschlag der Grünen nannten sie naiv und schlugen einen anderen Weg vor:

> Es kommt darauf an, wie man den politischen Handlungsspielraum bestimmt, und dies muß im Mittelpunkt einer Debatte im Parlament stehen. Es reicht nicht aus, daß man einfach eine Forderung aufstellt und sich überhaupt keine Gedanken darüber macht, wie denn eine solche richtig empfundene Forderung in der Praxis umgesetzt werden kann. [...] Es ist blauäugig und geht an den politischen Realitäten vorbei, wenn man herrschende Verfassungsinterpretationen mit einem Federstrich als Juristengequatsche und als politisch irrelevant abtut. Dies ist ein entscheidender taktischer Fehler. [...] Eine herrschende Verfassungsinterpretation ist nichts anderes als das Spiegelbild der tatsächlichen politischen Machtverhältnisse in diesem Bereich. [...] Wenn man zu früh startet ... dann vertut man die Chance einer Veränderung,

weil dann nämlich Verhältnisse – juristische, verfassungsrechtliche, verfassungsge-
richtliche Verhältnisse – geschaffen werden, die letztendlich einen Rechtszustand
manifestieren, den man doch gerade verändern will! (PlPt. 11/76, S. 4611).
So sehr ich Sie schätze in Ihrem Engagement, aber es ist Schaumschlägerei, ein Landtagswahlrecht zu fordern. Keine andere Fraktion der Grünen tut das, keine andere
Fraktion fordert dies, weil sie genau wissen, welche verfassungsrechtlichen und welche politischen Risiken mit der Durchsetzung dieser Position verbunden sind. Es liegt
bisher kein Antrag vor, mir ist kein Antrag bekannt, ein solches Landtagswahlrecht
einzuführen, und ich denke, das ist auch bisher die Lage. Unabhängig von den konkreten Bremer Schwierigkeiten – Verknüpfung beider Wahlgänge – besteht aber auch
hier ein erhebliches Risiko, welches man nicht einfach durch plakative Ausführungen beiseite schieben kann, sondern wo man eine konkrete Überzeugungsarbeit weiter
vorantreiben muß ... nach einem langen Diskussionsprozeß ... ein großes, ein breites
Bündnis dafür zu schaffen, einschließlich auch der bürgerlichen Parteien. […] Es muß
uns politisch darum gehen, auch hier solche Verhältnisse, solche breiten Bündnisse
herzustellen, um dann sicher und ohne daß wir Rückschläge zu befürchten haben,
einen solchen Schritt wagen zu können. [...] Ich verstehe Ihren Antrag nicht so, daß
Sie selbst davon ausgehen, man könne, ganz abgesehen von der Zeitfrage, die da noch
eine Rolle spielt, zu den nächsten Wahlen das Landtagswahlrecht für Ausländer einführen. Ich verstehe Ihren Antrag vielmehr als einen Beitrag, dieses Thema auch auf
dieser politischen Ebene weiterhin in der Diskussion zu halten, dieses Forum zu nutzen, um Überzeugungsarbeit zu leisten, damit wir dem Ziel näherkommen, politische
Mitwirkungsrechte von Einwanderern zu stärken. So ist dieser Antrag auch richtig,
und so wird diese politische Aktion – nicht dieser Antrag – auch von uns unterstützt.
[...] Wir lehnen diesen Antrag nicht ab, sondern wir überweisen ohne gemeinsam an
die Innendeputation […]. Die Innendeputation berät über die nächste Legislaturperiode hinaus auch die Frage einer möglichen Novellierung des Beiratsgesetzes (ebd., S.
4612).

Von rechter Seite wurde der Gesetzentwurf der Grünen ebenso wie das mode-
ratere alternative Vorgehen der SPD von der CDU und der damals in der Bremischen Bürgerschaft vertretenen rechtsradikalen Deutschen Volksunion (DVU)
strikt zurückgewiesen (PlPt. 11/76, S. 4613). Von linker Seite kritisierten die Grünen den Vorschlag der SPD, die Entscheidung zu vertagen und die Debatte in die
Ausschüsse zu verlagern, als halbherzig und feige. Die SPD-Regierung selbst rief
immer wieder zu einer größeren Sachlichkeit auf und erläuterte im Parlament
noch einmal ihren Standpunkt. Ein verfrühter Reformversuch ebenso wie eine
Entscheidung ohne parteiübergreifende Unterstützung könne tiefgreifendere negative Konsequenzen haben als eine kurzfristig erwirkte positive Entscheidung:
„Wir meinen, daß unser Bundesland das allein nicht aushalten würde, daß wir am
Ende die Risiken eines solchen Vorgehens auf den Ausländern abladen und der
Sache nicht dienen würden!" (PlPt. 11/76, S. 4618). Während die SPD also mit
ihrer Parlamentsmehrheit die Beratungen an die Innendeputation verwies, ergrif-
fen die anderen Parteien Initiative: Die DVU brachte einen Antrag ins Parlament

ein, der die Einführung des Wahlrechts von Ausländer*innen grundsätzlich als verfassungswidrig einstufte (Drs. 12/289), dem der deutsche Volkswille entgegenstehe (PlPt. 12/27), die Grünen brachten die Anträge Drs. 12/509 und Drs. 12/452 ein, um ihre „Solidarität mit Ausländern und Asylsuchenden" auszudrücken, und auch die CDU gab noch einmal in ihrer Stellungnahme (Drs. 12/516) ihre grundsätzliche Haltung zur Ausländer- und Integrationspolitik zu Protokoll:

> Die Bundesrepublik Deutschland ist kein Einwanderungsland. [...] Die Einbürgerung soll am Ende des Integrationsprozesses der schon lange hier lebenden Ausländer stehen. Die Einbürgerungsvoraussetzungen sollen erleichtert werden (zum Beispiel Herabsetzung der Mindestaufenthaltzeit, Höhe der Gebühren). Ein Ausländer muß sich entscheiden, ob er Deutscher werden oder seine bisherige Staatangehörigkeit behalten möchte. [...] Wer in der Bundesrepublik Deutschland wählen will, muß deutscher Staatsbürger werden. Das Ausländerwahlrecht wird daher abgelehnt. Dies gilt auch für das Kommunalwahlrecht einschließlich der Beiräte (ebd., S. 3).

Die SPD nahm dieses CDU-Statement zum Anlass, um auf die Nähe der Argumentation von CDU und DVU hinzuweisen (ebd., Abs. 38–42). So von linker wie rechter Seite unter Druck gesetzt, wurde im Verlauf der Debatte klar, dass die CDU unter Integration in Wirklichkeit Assimilation verstand: „[Es hat sich] gezeigt, daß Konzepte, die auf Assimilation und Integration setzen, ihr Ziel deshalb nicht erreichen, weil die Ausländer in der Bundesrepublik ihre nationale und kulturelle Identität möglichst ungeschmälert behalten wollen. Aus diesem Grund haben sie kaum Interesse an der Einbürgerung, die ihnen mit der Staatsangehörigkeit auch das Wahlrecht geben würde. [...] Wahlrecht ist kein Mittel der Integration, sondern das Wahlrecht setzt die Integration voraus, also Reihenfolge muß sein: Integration, Staatsangehörigkeit, Wahlrecht (PlPt. 12/41, S. 2653)."

Der Vorschlag 12/492 der Grünen wurde letztendlich abgewiesen, der Vorschlag 12/509 der SPD über die Bekämpfung ausländerfeindlicher Tendenzen verabschiedet – mit den Stimmen von SPD und Grünen, einer Enthaltung der FDP und der CDU als Gegenstimme. Abb. 5.4 fasst die Positionen der Parteien noch einmal entlang zweier Dimensionen zusammen.

Die Bremer Debatte hatte, wie wir gesehen haben, einen großen Vorlauf, einen weit größeren als in Hamburg. Die Ideen für eine entsprechende Gesetzesänderung lagen lange in der Schublade und warteten im Grunde nur darauf, umgesetzt zu werden. Als es jedoch so weit war, stand allein Hamburg im Mittelpunkt des öffentlichen Interesses, obwohl die Wahlrechtsreform in Bremen deutlich ambitionierter war. Die Bremer Parteien wurden ihrer Verantwortung letztlich nicht gerecht: Die Grünen machten kaum einen Hehl daraus, dass ihr Vorschlag kaum Aussicht auf Erfolg haben würde und letztlich nur politischen Charakter hatte;

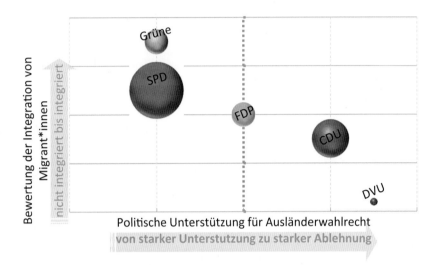

Abb. 5.4 Bremen: Parteipositionen von Anfang bis Ende der Debatte (entlang zweier Dimensionen und der Größe der Fraktionen). (Quelle: Eigene Darstellung)

die SPD hätte zwar aufgrund ihrer komfortablen parlamentarischen Mehrheit eine Ausweitung des Wahlrechts auf Ausländer*innen beschließen können, es zeigte sich jedoch, dass eine Mehrheit allein noch nicht ausreicht, wenn man Angst hat, diese durch möglicherweise unpopuläre Maßnahmen zu verlieren. Die CDU zeigte eine noch deutlich klarere Haltung gegen die Reform als in Hamburg.

5.3.3 Schleswig-Holstein: ein Kompromiss zulasten von Universalität und zugunsten von Reziprozität

Die ersten Vorschläge, das Wahlrecht in Schleswig-Holstein auf Ausländer*innen auszuweiten, gehen bis in die Zeit der Gründung des Südschleswigschen Wahlverbandes (SSW) zurück, eine Partei, die die in Schleswig-Holstein lebende dänische Minderheit repräsentiert und bekennende Anhängerin des skandinavischen Wohlfahrtsstaatsmodells und der dortigen politischen Entwicklungen ist. Die Partei war aufgrund der Sondersituation der dänischen Minderheit von jeher von der in Deutschland sonst üblichen Fünfprozenthürde befreit und hat seit 1947 immer einen Sitz im Parlament inne, der von 1971 bis 1996 über 25 Jahre durch Karl-Otto Meyer besetzt war. Aufgrund ihrer Minderheitenposition benötigte sie immer die Unterstützung anderer Parteien, um einen Gesetzesvorschlag ins Parlament einzubringen. Wenig überraschend, orientierten sich die Reformbemühungen um die Ausweitung der Wahlrechte auf Ausländer*innen in Schleswig-Holstein stark an den erfolgreichen Reformen in Skandinavien, die Mitte der 1980er-Jahre eingeführt worden waren und auf dem oben beschriebenen Prinzip der Gegenseitigkeit beruhten. Der ursprüngliche schleswig-holsteinische Vorschlag war jedoch auf die Ausweitung des Wahlrechts auf *alle* Ausländer*innen ausgerichtet. Wie ich in diesem Abschnitt darstellen werde, wurde erst im Verlauf der Debatte aus dem Prinzip der Universalität (alle Ausländer*innen) das der Reziprotät (nur Ausländer*innen, deren Heimatländer ebenfalls das Wahlrecht für deutsche Staatsbürger*innen gewähren). Hintergrund war ein Kompromiss zwischen SSW und SPD, um das Gesetz überhaupt auf den Weg bringen zu können. Im Zuge der Verhandlungen wurde die Spanne der Residenzpflicht, bevor ein Wahlrecht gewährt wurde, von drei auf fünf Jahre ausgeweitet und der Zeitpunkt der Implementation wurde leicht von November 1989 auf März 1990 verschoben.

Die schleswig-holsteinische Debatte verlief anders als andere deutsche Debatten zur Einführung des Denizenwahlrechts, selbst wenn man die Entscheidung über die Gegenseitigkeitsklausel außen vor lässt. Die Debatte war relativ kurz und wurde in einem durchweg gemäßigten Tonfall geführt, nachdem man vor Beginn der Debatte parteiübergreifend übereingekommen war, das Thema zu entideologisieren. In Schleswig-Holstein war über Jahre ein erheblicher Bevölkerungsanteil von Dän*innen von der politischen Partizipation ausgeschlossen, während Deutsche im benachbarten Dänemark wählen durften und sich auch zur Wahl aufstellen lassen konnten. Nach jahrzehntelangen vergeblichen Versuchen des SSW, das Wahlrecht auch für Dän*innen in Schleswig-Holstein einzuführen, brachte schließlich der damalige Ministerpräsident des Landes Schleswig-Holstein, Björn Engholm (SPD), das Thema in seiner Antrittsrede wieder zur Sprache. Er argumentierte, das Wahlrecht für Ausländer*innen könne nicht länger warten. Ein erster Schritt auf diesem Weg könne darin bestehen, das Gesetz zunächst auf dem Grundsatz der Reziprozität aufzubauen:

> In dieser Frage hat man ja von Seiten der SPD in Hessen, in Bremen und in Nordrhein-Westfalen Unterschiedliches in Regierung und Opposition, von Land zu Land verschiedene Haltungen oder gar nichts gehört. Wenn es nun in der Regierungserklärung heißt, man wolle erst einmal die Voraussetzungen für die Akzeptanz des Kommunalwahlrechts für Ausländer schaffen und dann nach sorgfältiger verfassungsrechtlicher Prüfung […] den Entwurf eines Gesetzes vorlegen, muß ich sagen, es klingt für uns nicht überzeugend, nicht engagiert genug, erst die Akzeptanz in der Bevölkerung schaffen zu wollen. Da können wir unter Umständen auf den Sankt-Nimmerleins-Tag warten. Sie können davon ausgehen, daß der SSW seinen Vorschlag, in einem ersten

Schritt wenigstens das Kommunalwahlrecht für Ausländer auf Gegenseitigkeit einzuführen, erneut vorlegen wird. Dann können wir im Parlament darüber abstimmen – zuletzt hatte die heutige Mehrheitsfraktion der SPD ja zugestimmt – und eventuell erforderliche verfassungsrechtliche Prüfungen können nach der politischen Willenserklärung des Parlaments durchgeführt werden. Diesen Weg halte ich für konsequenter, auch was das in diesem Zusammenhang mehrdeutige Argument der Akzeptanz betrifft (PlPt. 12/2, S. 44).

Die SSW brachte gleichzeitig zwei verschiedene Gesetzesvorschläge ein, um einerseits die Ausweitung des Wahlrechts für mindestens drei Jahre in Schleswig-Holstein lebende Ausländer*innen auf kommunaler Ebene durchzusetzen (Drs. 12/72) und andererseits die Regierung Schleswig-Holsteins zur Unterstützung der Sache im Bundesrat zu bewegen (Drs. 12/37). Eine Woche später brachte die SPD einen Gegenvorschlag ins Parlament ein, der zwar auch eine allgemeine Ausweitung der Wahlrechte für alle Ausländer*innen vorsah, allerdings mit einer deutlich längeren Residenzpflicht von fünf Jahren (Drs. 12/74). Die Initiative wurde mit der politischen Aussage untermauert, dass dieser Schritt „politisch notwendig und rechtlich möglich" sei (ebd., S. 1). Nachdem die Debatte an Fahrt gewonnen hatte, erklärte die SPD den Vorschlag zu einer Frage der demokratischen Glaubwürdigkeit (PlPt. 12/9, S. 392) und sah es als notwendige Ergänzung zur Einbürgerungsoption (eine „kleine Einbürgerung"), solange die doppelte Staatsangehörigkeit nicht ermöglicht würde (ebd., S. 393). Zudem betonte die SPD die positiven Effekte für die deutsche Gesellschaft, was sogar von noch größerer Wichtigkeit sei:

Ein Ausländerwahlrecht wird nämlich dazu führen, daß die Ausländer wirklich als Mitbürger akzeptiert werden, denn als Wahlgruppe können sie nicht mehr so ohne Weiteres zum Spielball politischer Machtkämpfe degradiert werden. Fremdenfeindlichen Kampagnen, von wem immer sie auch kommen, wird der Boden entzogen (ebd. S. 393).

Obwohl der Vorstoß mit Blick auf das benachbarte Dänemark schwer zurückzuweisen war, regte die CDU dennoch an, nicht nur auf Dänemark zu schauen, sondern andere Vergleiche anzustellen und auf die Praxis mit dem europäischem Ausland (konkret: Frankreich, England, Portugal) zu schauen (ebd., S. 396). Die SPD bezichtigte die CDU daraufhin, mit ihrer zur Schau gestellten Ablehnung nur auf „Stimmen von rechts außen ab[zu]zielen" (ebd., S. 404). Überraschenderweise reagierte der SSW angesichts dieser Provokationen mit großer Zurückhaltung, verweigerte der SPD die Zustimmung zu ihrem Gesetzesvorschlag (ebd., S. 395) und schlug stattdessen ein Vorgehen auf der Basis des

Gegenseitigkeitsprinzips vor, um den Dän*innen wenigstens die Beteiligung an den Wahlen 1990 zu sichern:

> Wären wir wenigstens einen Schritt weitergekommen zu einem Kommunalwahlrecht für alle Ausländer. In den kommenden Jahren müssen dann die nächsten Schritte folgen: das kommunale Wahlrecht für alle sogenannten EG-Bürger und schließlich für alle Ausländer, unabhängig von ihrer Herkunft. Ich habe einfach in dieser Frage den Eindruck, daß wir, um Mehrheiten in der Bevölkerung für das generelle Wahlrecht für alle Ausländer zu gewinnen, schrittweise vorgehen müssen. Dies ist ohne Zweifel bedauerlich. […] Es mag im ersten Augenblick richtig klingen, wenn gesagt wird, dies schaffe Ausländer erster und zweiter Klasse. Ich frage jedoch: Haben wir nicht heute bereits deutsche Staatsbürger erster und zweiter Klasse? (ebd., S. 395).

Angesichts der Dringlichkeit des Themas folgte die SPD dem Vorschlag des SSW und drängte darauf, den Vorschlag unverzüglich an die Ausschüsse zu überweisen. Die anderen Parteien warnte sie, das Thema nicht zu hochzuspielen und zu einem konstruktiven Dialog bereit zu sein (ebd., S. 401). Auch die CDU plädierte für einen gemäßigten Umgang mit dem Thema:

> Wir werden in den Ausschußberatungen beweisen, daß wir unsere Verantwortung als demokratische Fraktion wahrnehmen. Aber wir lassen uns nicht den gebotenen Respekt vor den rechtlichen Bedenken, die erörtert und auch ausgeräumt werden müssen, durch eine teilweise aggressive Polemik nehmen. In diesem Sinne […] bitte ich Sie, darauf hinzuwirken, daß das nicht die öffentliche Diskussion in den kommenden Monaten bestimmt. [...] Gehen wir nicht diesen Weg, weil er uns nicht weiterhilft (ebd. S. 405).

Der SSW hatte keine andere Möglichkeit, als das von der SPD vorgeschlagene Vorgehen zu akzeptieren, allerdings nicht ohne die Inkonsistenzen in den Positionen der SPD vor und nach der Wahl zu kritisieren, (ebd., S. 406). Letztlich kam dem SSW aber ein historischer Vergleich mit den Aussiedler*innen zu Hilfe, den die SPD in einer Plenardebatte zog:

> Einige sagen mir: Karl Otto, du willst ja nur zur Kommunalwahl 1990 für den SSW ein paar mehr Stimmen der dänischen Staatsbürger haben. Aber die Stimmenzahlen in den letzten Jahren haben ja bewiesen, daß wir auch ohne diese Stimmen auskommen können. Das ist nicht das Problem. Das Problem, das wir hier im Grenzland haben, ist doch, daß wir hier dänische Staatsbürger im Landesteil Schleswig haben, die nicht Einwanderer sind, die also nicht Dänemark verlassen haben und hier als Einwanderer ins Land gekommen sind. Deren Eltern, Großeltern, Urgroßeltern und so weiter haben im Landesteil Schleswig gelebt. Deren Vorfahren haben 1864, als der Landesteil Schleswig zum ersten Mal in der Geschichte zu Deutschland, beziehungsweise zu Preußen kam, für Dänemark optiert. Sie haben ihre dänische Staatsbürgerschaft behalten, genauso wie es nach 1920 Leute gab, die in Nordschleswig die deutsche

Staatsbürgerschaft behalten haben. Das sind also Menschen, die wirklich hier in der Heimat verwurzelt sind. Wir haben Leute […], die 85 Jahre alt und deren Vorfahren alle im Landesteil Schleswig geboren sind […] und niemals in ihrem Land gewählt [haben] (PlPt. 12/9, S. 406).

Erstaunlicherweise erklärte die CDU danach, nicht wie 1979 und 1985 abzustimmen, „soweit es die Verfassung zulässt", was zunächst nach einer Unterstützung der Reform aussah (ebd., S. 408). Später stellte sich aber heraus, dass lediglich die Ausweitung des Wahlrechts auf EU-Bürger*innen (damals EG-Bürger*innen) gemeint gewesen sei, da das Wahlrecht grundsätzlich nur den Deutschen zustünde: „Die Zeit dafür, daß Türken, Tamilen und Inder und, was weiß ich, alle liebenswerter Mitbürger, die bei uns wohnen, ein Wahlrecht auf kommunaler Ebene erhalten, ist noch nicht da; ich halte das nicht für richtig (PlPt. 12/9, S. 410).

Die zwei Vorschläge des SSW und der Vorschlag der SPD wurden schließlich einem beratenden Ausschuss vorgelegt, der vier Sitzungen abhielt, Ratschläge von kommunalen Vereinigungen einholte und schließlich empfahl, den Vorschlag 12/72 des SSW auf die Kommunalwahlen im März 1990 anzuwenden (Ds 12/194, Abs. 4, 35). Zu diesem Zeitpunkt hatte der damalige Bundesjustizminister Engelhard (FDP) allerdings die Verfassungsmäßigkeit des Ausländerwahlrechts infrage gestellt und so die laufenden Prozesse in Hamburg und Schleswig-Holstein unterminiert. Der damalige Bundesinnenminister Zimmermann[30] sprach sogar von einem Angriff auf die Verfassung.

Die Debatte wurde anschließend mit einer überarbeiteten Version des Gesetzesvorschlags wieder aufgenommen. Die Ausweitung des Wahlrechts auf Ausländer*innen war nun an Gegenseitigkeit geknüpft. Es wurden die Länder aufgelistet,

---

[30] Minister Zimmermann (CSU) war seit den frühen 1980ern für seine Tiraden gegen Einwanderung bekannt. Er zeichnete ein Szenario der Bedrohung und versuchte 1988, u. a. ein Ausländergesetz einzuführen, um eine „dauerhafte Einwanderung" ein für alle Mal zu unterbinden. Dieser Versuch sickerte zur Presse durch, was zur Bildung einer breiten Oppositionsbewegung führte, die sich vehement gegen dieses Vorhaben stemmte. Hieran lässt sich ablesen, wie hitzig und ideologisch Ende der 1980er-Jahre die Debatte in Bezug auf die Ausweitung des Wahlrechts auf Ausländer*innen in Deutschland geführt wurde. Die Stimmung war so aufgeheizt, dass Zimmermanns Nachfolger Schäuble nur ein moderat novelliertes Ausländergesetz verabschieden konnte, das unter dem Motto „Pragmatismus" und „Deideologisierung" stand, um das Thema aus der Parteipolitik herauszuhalten (Joppke 1999, S. 82–85). Das Gesetz erlaubte es Ausländer*innen, die seit fünfzehn Jahren rechtmäßig in der Bundesrepublik Deutschland lebten, nun die Einbürgerung unter erleichterten Bedingungen zu beantragen. Außerdem konnte die doppelte Staatsangehörigkeit bei „schwierigen Bedingungen" anerkannt werden oder wenn ansonsten „unzumutbare Härte" entstünde (Gesetz zur Neuregelung des Ausländerrechts vom 9. Juli 1990, §86 und §87 – Bundesgesetzblatt Jahrgang 1990, Teil I, Nr. 34 vom 14.07.1990, S. 1375–6).

deren Staatsbürger*innen nun wählen dürfen sollten, und die Mindestaufenthaltspflicht wurde erhöht (von drei auf fünf Jahre, vgl. Gesetz zur Änderung
des Gemeinde- und Kreiswahlgesetzes vom 21. Februar 1989. Gesetz- und
Verordnungsblatt für Schleswig–Holstein 819/1989, Nr. 3, S. 12). Die Zustimmung zu dem Vorschlag war an die Bedingung geknüpft, dass der SSW seinen
ursprünglichen Vorschlag zurückzog. Die CDU empörte sich zunächst über den
Zeitdruck, die Reform noch vor den Wahlen verabschieden zu müssen (PlPt.
12/17), und brachte dann interessanterweise zum ersten Mal auch Argumente
gegen die Ausweitung des Wahlrechts auf Ausländer*innen auf, die zuvor bereits
in Hamburg ins Feld geführt worden waren, nämlich dass sich die Wahlrechtsausweitung negativ auf den Integrationsprozess auswirken würde. Zudem sei
eine Enttäuschung aufseiten der Ausländer*innen vorprogrammiert, sollte das
Bundesverfassungsgericht das Gesetz für verfassungswidrig erklären.

Im Vergleich zu Hamburg hatte die SPD aber diesmal eine klare Haltung zur
Frage des Verhältnisses von Einbürgerung und Ausländerwahlrecht: [Die Politik
ist jetzt gefordert,] endlich einer umfassenden Integration der Ausländerinnen und
Ausländer den Rahmen zu geben, und zwar mit dem kommunalen Wahlrecht, mit
der Reform des Ausländerrechts und mit der Erleichterung der Einbürgerung. Das
gehört zusammen; da kann nicht eines das andere ersetzen" (ebd. S. 869). Für sie
stellte die Ausweitung des Wahlrechts auf Ausländer*innen gerade in Schleswig-
Holstein eine unausweichliche Entwicklung dar, weshalb die anderen Parteien
auch damit aufhören sollten, Argumente zu wiederholen, die zwar für Hamburg gelten mochten, sich aber nicht auf die spezifisch schleswig-holsteinische
Situation bezogen (ebd., S. 869). Wie in Hamburg spielte die SPD die politische
Bedeutung der Reform jedoch insgesamt herunter und rechtfertigte ihre Kompromissbereitschaft in Bezug auf den Vorschlag des SSW, die Erweiterung des
Wahlrechts erstmal auf das Prinzip der Gegenseitigkeit zu begrenzen:

> Wir stimmen dem vom SSW eingebrachten Gesetzentwurf nicht etwa deshalb zu – aus
> diesem Grunde hat der SSW den Gesetzentwurf auch nicht eingebracht –, weil wir es
> für politisch und juristisch weniger heikel halten, erst einmal im wesentlichen – so
> sage ich es einmal – blonden Nordeuropäern das Wahlrecht zu geben und dann später
> oder am St-Nimmerleins-Tag vielleicht auch den Türken. [...] Die Sache ist eigentlich
> nicht so komisch, wenn man einmal bedenkt, daß solche und ähnliche Überlegungen
> in der ersten Lesung bei Ihnen, Herr Claussen [CDU] angeklungen sind, als Sie die
> EG-Bürger auseinanderdividierten mit den „Türken, Tamilen, Indern und was weiß
> ich". Das haben Sie wörtlich so gesagt: das ist im Protokoll nachzulesen (PlPt. 12/17,
> S. 868).

Die SSW demonstrierte auch ihre Kompromissbereitschaft und wandte sich gegen
die Weltuntergangsszenarien der CDU-Opposition:

[Wir] sind mit der Dauer von fünf Jahren einverstanden. Wichtiger war die Akzeptanz durch die Mehrheit (PlPt. 12/17, S. 865). [...] Wir können mit dieser Regelung auch erste Erfahrungen sammeln, und die Bevölkerung wird ganz sicherlich entdecken, daß es eben nicht zu den großen politischen Umwälzungen kommen wird, wie das immer befürchtet wird. Die Erfahrungen in Dänemark und Schweden zeigen dies doch ganz deutlich. [...] Die Ausländer haben nicht eigene Parteien gegründet, sondern die etablierten Parteien gewählt, und sie wurden von den etablierten Parteien auch als Kandidaten aufgestellt (ebd., S. 866).

Zudem setzte die SPD die CDU weiterhin unter Druck, indem sie auf die Widersprüche in ihrer Argumentation hinwies:

Sie, meine Damen und Herren, bieten zwischen Äußerungen wie „Wir wollen das kommunale Wahlrecht nicht, und überhaupt geht es verfassungsmäßig nicht" und „es geht nicht, darum wollen wir das auch nicht" eine ganz breite Palette von politischen Ausflüchten und juristischen Einwänden an. [...] Wenn Sie das kommunale Wahlrecht auf EG-Ebene wirklich wollen, politisch wollen, werden Sie heute wohl begründen müssen, warum Sie es jetzt in Schleswig-Holstein der dänischen Minderheit nicht geben wollen (ebd. S. 870). [...] Nehmen wir allerdings Ihr Argument, daß Sie glauben, das Ausländerwahlrecht diene nicht der Integration, sondern werde die Ausländerfeindlichkeit noch steigern. Dies [...] ist mit Sicherheit nicht die Folge des Ausländerwahlrechts an sich, aber es kann natürlich die Folge eines falschen und unverantwortlichen Umgangs mit dem Thema sein. Ich hoffe, daß Sie Ihre falsche Befürchtung nicht zu einer self-fulfilling-prophecy machen wollen (ebd., S. 872).

Die CDU reagierte ausgesprochen sachlich auf die Vorwürfe und wies abermals darauf hin, dass der SPD-Vorschlag der falsche Weg wäre, um die „echte Integration der bei uns auf Dauer lebenden Ausländer" voranzutreiben (ebd., S. 872). Sie drohten außerdem mit einer Normenkontrollklage durch die CDU-Bundestagsfraktion (ebd., S. 872–873). Spätestens zu diesem Zeitpunkt wurde noch einmal deutlich, dass die Reform mit juristischen Widerständen zu kämpfen haben würde. Die befürwortenden Parteien waren jedoch offensichtlich bereit, diese Grenzen auszutesten:

Man kann als juristischer Bedenkenträger viel schlechte Politik begründen, und [...] verhindern, daß es eine Weiterentwicklung unserer parlamentarischen Demokratie gibt. [...] 1975 hat es die erste Debatte hier im schleswig-holsteinischen Landtag gegeben, 1979 eine Beschlußfassung. Nein, das erste war 1976. 1985 hat es dann wieder eine Beschlußfassung gegeben. Und was ist aus alldem gefolgt? Überhaupt nichts [...], weil die Mehrheit dieses Landtages immer davon ausgegangen ist: juristische Bedenken, und deshalb können wir nichts tun. [...] Das, was Sie uns heute bekanntgegeben haben, daß die CDU nämlich vor das Bundesverfassungsgericht ziehen will, bedeutet auch nichts anderes, als daß Sie mit allen Mitteln der Politik – in diesem

Fall mit dem Instrument der Juristerei – verhindern wollen, daß unsere ausländischen Mitbürger die gleichen Rechte bekommen (PlPt. 12/17, S. 879).

Der SPD-Gesetzesvorschlag 12/194 wurde schließlich mit den Stimmen von SPD und SSW verabschiedet. Das *Gesetz zur Änderung des Gemeinde- und Kreiswahlgesetzes* wurde am 21. Februar 1989 veröffentlicht, einen Tag nachdem bereits die hamburgische Bürgerschaft ihre Reform zur Wahlrechtsausweitung verabschiedet hatte. Schleswig-Holstein weitete das Wahlrecht damit auf mehr als 5.500 in Schleswig-Holstein lebende Dän*innen, Ir*Innen, Norweger*innen, Niederländer*innen, Schwed*innen und Schweizer*innen aus.

„Meine Damen und Herren von der CDU. Sie haben bisher diesen Weg [die Einbürgerung] als den Königsweg der Integration gepriesen. Ich meine, das bleibt ein Lippenbekenntnis, wenn Sie nicht bereit sind, mit uns zusammen weg von der Ermessenseinbürgerung hin zu einem Anspruch auf Einbürgerung mit der Möglichkeit der Doppelstaatsangehörigkeit zu gehen" (PlPt. 12/64, S. 3768).

Die CDU schlug, wie wir sehen konnten, im Vergleich zu früheren Debatten deutlich gemäßigtere Töne an. Dies wurde insbesondere daran deutlich, dass sie die Frage der Wahlrechtsausweitung nicht mehr *allein* an rechtlichen Kriterien bemaß, sondern auch politische Argumente in die Diskussion miteinschloss. Gleichwohl kamen zum Ende der Debatte dieselben Argumente wie in Hamburg auf, sodass die anfänglichen Unterschiede zur CDU-Position in den anderen Bundesländern immer mehr nivellierten.

Der erfolgreichere Ausgang in Schleswig-Holstein kann möglicherweise auf die klarere Haltung der SPD zurückgeführt werden, die anders als in Hamburg und Bremen vor allem auf den demokratischen Gerechtigkeitsaspekt abhob. Dies kann auch das insgesamt gemäßigte Verhalten aller im Parlament vertretenden Parteien erklären. Interessanterweise vermieden die reformbejahenden Parteien den umstrittenen Begriff „Migranten". Der SSW weigerte sich sogar explizit, über „Migration" zu debattieren. Als kleine, anerkannte Minderheitenpartei war der SSW aufgrund seiner langjährigen und beharrlichen Politik ein sehr glaubwürdiger Verfechter des Wahlrechts für Ausländer*innen in Schleswig-Holstein und anders als etwa Kleinparteien mit maximalistischen Haltungen zu dem Thema bereit, Kompromisse einzugehen, etwa bei der Frage der Universalität des Wahlrechts oder der Aufenthaltsdauer, um das Wahlrecht zu bekommen, solange die Reform verabschiedet wurde. Weniger war mehr, solange es die Dän*innen berücksichtigte. Abb. 5.5 fasst die Positionen der Parteien in Schleswig-Holstein noch einmal entlang zweier Dimensionen zusammen.

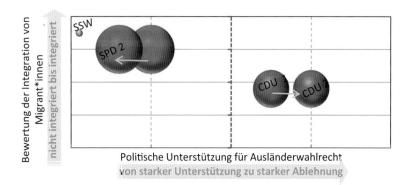

Abb. 5.5 Schleswig-Holstein: Parteipositionen vom Anfang bis Ende der Debatte (entlang zweier Dimensionen und der Größe der Fraktionen). (Quelle: Eigene Darstellung)

5.3.4 West-Berlin: eine Debatte, um ein Signal zu senden

Als die Diskussionen um die Ausweitung des Wahlrechts in Deutschland begannen, war Berlin noch eine geteilte Stadt und hatte ein so komplexes Verwaltungsrecht, das jede Änderung des Wahlrechts größte Schwierigkeiten nach sich ziehen würde, weit mehr als in den ebenfalls besonderen Fällen Bremen und Hamburg. Aus diesem Grund waren die Bestrebungen, das Wahlrecht auf Ausländer*innen auszuweiten, in West-Berlin eine lange Geschichte von Versuch und Irrtum. Vor allem aber zeigt dieser Fall, wie wichtig auch die zeitliche Abfolge der Geschehnisse ist. So ging dieser Fall sogar auch nach der Entscheidung des Bundesverfassungsgerichts, die Reform in Schleswig-Holstein auszusetzen, noch weiter, um, wie es hieß, „ein Signal zu geben" an die nichtdeutschen Berliner, dass sie dazugehören und akzeptiert werden (Abgeordnetenhaus von Berlin, PlPt. 11/39, S. 1984e). Ein Anliegen, das vielleicht nirgendwo so dringlich war wie in Berlin, wo kurz zuvor die *Republikaner* (REP) ins Parlament eingezogen waren.

Das Thema wurde zuerst von der sogenannten Alternativen Liste (AL) – einer Koalition grüner Parteien in Berlin – im Jahr 1985 in die parlamentarische Debatte (PlPt. 10/19) eingebracht, und zwar als „Große Anfrage der Fraktion der Grünen/AL über Einwanderungspolitik in Berlin (West)" (Drs. 10/465). Das Resultat dieser Anfrage waren mehrere Gesetzesinitiativen zur Änderung der Wahlgesetzgebung in der Berliner Bezirksverwaltung und auf Landesebene, darunter eine, die zum dreißigsten Jahrestag des ersten Gastarbeitervertrages mit Italien vorgestellt wurde (Drs. 10/488 und 10/489). Auch die aus SPD und

Alternativer Liste bestehende Regierung arbeitete an einem gemeinsamen Gesetzesvorschlag, um Denizens in Berlin ein Wahlrecht für die sogenannte Bezirksverordnetenversammlungen (BVV)[31] zuzuerkennen. Dieser wurde jedoch erst im Jahr 1987 eingebracht (Drs. 10/1667, von der SPD; Drs. 10/1668, von der Alternativen Liste). Die Initiative wurde als Teil eines tiefgreifenden und immer bedeutsamer werdenden gesamtgesellschaftlichen Wandels verstanden (PlPt. 10/58, S. 3395). Wie in den anderen Bundesländern stellte sich die CDU gegen das Vorhaben, u. a. mit dem wiederholten Verweis auf die rechtlichen Schwierigkeiten, der die Debatte im Keim ersticken sollte. Und die FDP fragte ironisch die SPD, warum sie die Ausweitung des Wahlrechts nicht auch in allen Bundesländern auf die Tagesordnung setzte, in denen sie eine Mehrheit besäße – also auch im Saarland, in Bremen, Hessen und Nordrhein-Westfalen (ebd. S. 3397).

Am 29. April 1988 brachte die SPD schließlich einen umfassenden Gesetzesvorschlag ein, der das Wahlrecht auf langjährig in Berlin lebende Ausländer*innen ausweiten und das Wahlrecht auch im Grundrechtekatalog der Berliner Verfassung aufnehmen sollte (Drs. 10/2183). Ließ die schriftliche Fassung des Gesetzesvorschlags keinen Zweifel an der Verfassungsmäßigkeit und dem Erfolg des Vorhabens, so war in der Plenardebatte am 5. Mai 1988 davon nichts mehr zu spüren: „Freilich wissen wir, […] das kommunale Wahlrecht für Ausländer wird sicherlich nicht einmal die Spur einer Realisierungschance haben, und das nicht etwa nur wegen rechtlicher Bedenken, die man vorbringen könnte" (PlPt. 10/74, S. 4377). Diese Kehrtwende provozierte die Alternative Liste, die nicht verstand, warum die SPD diese Zweifel hegte: „[Es bedarf] keiner Verfassungsänderung, um das kommunale Wahlrecht einzuführen, sonst würde in Hamburg verfassungwidrig gehandelt, und wer glaubt das schon von SPD und FDP" (ebd., S. 4379).

Es verging ein Jahr, bevor die zweite Lesung eingeleitet wurde, allerdings ohne dass sich die Positionen der beteiligten Parteien geändert hätten. Die CDU blieb nicht nur davon überzeugt, dass eine Wahlrechtsausweitung verfassungswidrig sei und der Einbürgerung Vorrang zu geben sei („die Reihenfolge ist die: erst Deutscher werden, dann wählen können, nicht aber wählen wollen und nicht Deutscher werden wollen"), sie setzten ihrer Argumentation sogar noch eins drauf: „Wir müssen davon ausgehen, daß, wenn eine Gruppe von 13 % der Berliner das Wahlrecht hat, dann die Entwicklung auch dahin geht, ausländische Parteien in Berlin zu gründen. Es ist ganz natürlich, daß dann Parteien

---

[31] Wie in Hamburg handelt es sich formal um ein Verwaltungsorgan, die Mitglieder müssen aber über das Wahlrecht verfügen.

gebildet werden, weil sich die Ausländer natürlich nicht alle in die deutschen Parteien integrieren werden. Das ist aber nicht ohne Einfluß auf das Bild dieser Stadt und dieses Landes. Ich möchte ganz deutlich sagen: Ich möchte kein Berlin und keine Bundesrepublik haben, deren politisches Erscheinungsbild von ausländischen Parteien geprägt wird" (PlPt. 10/84, S. 4980). SPD und Alternative Liste verteidigten ihren Vorschlag und versuchten einen Brückenschlag zwischen Einbürgerung und Wahlrechtsreform: „Wir [setzen] uns intensiv für die Verbesserung der Möglichkeit der Einbürgerung ein, aber man kann doch bei der Frage der Gewährung politischer Mitwirkungsmöglichkeiten nicht allein auf dem nationalen Weg marschieren; es muß doch auch noch andere Wege geben" (ebd., S. 4982).

Die FDP machte weiterhin keinen Hehl aus ihrer Ablehnung, da ohnehin kein Interesse an dem Thema bestehe („das Interesse der Ausländer am kommunalen Wahlrecht [ist] leider fast null", ebd., S. 4983), ohne dies jedoch zu belegen. Schließlich empfahl der Ausschuss für Inneres, Sicherheit und öffentliche Ordnung die Ablehnung der Vorschläge (Drs. 10/2525, Drs. 10/2526, Drs. 10/2527) aus Verfassungsgründen.

Am 12. Oktober 1989 erließ das Bundesverfassungsgericht im Eilverfahren eine einstweilige Verfügung gegen die Wahlrechtsausweitung in Schleswig-Holstein (BVerfGE Urt. V. 12.10.1989, Az.; 2 BvF 2/89, Einstweilige Anordnung: Kommunalwahlgesetz). Angesichts der bevorstehenden Kommunalwahlen im März 1990 argumentierte das Gericht, dass der entstehende Schaden bei einer Aussetzung der Reform deutlich geringer sei als im Falle einer Anwendung, sofern später festgestellt würde, dass die Reform nicht verfassungskonform gewesen war. Wörtlich heißt es: „Mit seinem Urteil hat das Bundesverfassungsgericht keine Entscheidung darüber getroffen, ob das Kommunalwahlrecht von Ausländern mit dem Grundgesetz in Einklang steht. Das Urteil lässt – wie in den Entscheidungsgründen ausdrücklich betont ist – auch keine Rückschlüsse auf den voraussichtlichen Ausgang des Hauptsacheverfahrens zu" (Verlautbarung der Pressestelle des Bundesverfassungsgerichts Nr. 14/89 vom 12.10.1989, zitiert in Drs. 11/395 vom Abgeordnetenhaus von Berlin, 11 Wahlperiode, S. 2).

Obwohl klar war, dass die Wahlrechtsreformen noch einmal grundsätzlich juristisch aufgearbeitet würden, brachten sowohl die Grün-Alternative Liste (Drs. 11/370) als auch die SPD (Drs. 11/370, Drs. 11/982) zusätzliche Vorschläge für eine Wahlrechtsreform in Berlin ein. Damit versuchten sie nun die Ausweitung des Wahlrechts auf Ausländer*innen primär mit einem Argument zu legitimieren, das auf einem Demokratieverständnis von Betroffenheit und Recht auf Mitbestimmung in dem Gebiet, wo Personen ihren Lebensmittelpunkt haben, fußt („weil es unserem Demokratieverständnis entspricht, Menschen, die ihren Lebensmittelpunkt in Berlin haben, ihre Steuern und Abgaben entrichten,

deren Kinder hier zu Schule gehen, politische Mitbestimmung zu gewährleisten", Drs. 11/395, Abs. 51). Im Zuge der Debatte über diese Vorschläge drängte
die Grün-Alternative Liste vehement auf einen „politischen, keine[n] juristischen" Willen und machte deutlich, dass sie die Überzeugung, Einbürgerung
ohne Möglichkeit auf doppelte Staatsangehörigkeit sei der einzige Weg, an volle
demokratische Rechte zu kommen, für eine „menschenunwürdige Alternative"
und „Zwang zur Germanisierung" hielt (PlPt. 11/16, S. 738).

Im Gegenzug warf die CDU der SPD Radikalismus vor, weil sie offenbar einer
Koalitionsvereinbarung mit den Grünen (bzw. der AL) mehr Bedeutung zumaß als
der folgenden Grundsatzüberlegung: „daß man nicht zur Unzeit politisch schwierige […] und polarisierende Diskussionen führen sollte". Sie warf der Grünen/AL
und SPD vor, mit ihrem Verhalten das Bundesverfassungsgericht unter Druck zu
setzen (ebd., S. 740).

Die Existenz der oben erwähnten Republikaner (REP) im Parlament kann
als bedeutsamer Faktor für das Zusammenrücken der mittleren Parteien gesehen werde. So wie sich früher die CDU als einzige Wahrerin des Wahlrechts
für Deutsche präsentiert hat, präsentierten sich jetzt die Republikaner als einziger
uneingeschränkter Gegner einer Wahlrechtsausweitung: „[Die CDU] argumentiert
aus taktischen Gründen mit doppeltem Boden. […] Sie könnten nur mit guten
Gründen den Zeitplan von SPD und Grünen/AL kritisieren. Wenn Sie das aber
tun würden, würden Ihnen Ihre Wähler in noch größeren Scharen weglaufen,
als sie das ohnehin schon tun, und das wollen Sie natürlich vermeiden" (ebd.,
S. 749).

Im Blick auf den Zeitpunkt der Debatte (und wahrscheinlich den Zeitgeist in
der Stadt) argumentierten die REP auch, dass das Wahlrecht für Ausländer*innen
unvereinbar mit der Wiedervereinigung sein würde:

> Hier ist eine politische Entscheidung gefordert: Es gibt den Weg der multikulturellen
> Gesellschaft, wo schließlich ein Wahlrecht für Ausländer nur eine Selbstverständlich-
> keit ist, oder aber es gibt den Weg eines deutschen Nationalstaates mit der Perspek-
> tive der Wiedervereinigung, und darin sind eine multikulturelle Gesellschaft und ein
> Wahlrecht für Ausländer ausgeschlossen. Und ich bitte alle Parteien – auch die CDU
> –, sich hier für einen dieser beiden Wege politisch zu entscheiden (ebd., S. 749).

Im Gegensatz zur CDU erkannten die Republikaner zudem an, dass Migration
nach Deutschland stattfinde, was sie allerdings grundsätzlich missbilligten. Dabei
sprachen sie negativer über Ausländer*innen, als es irgendeine andere Partei in
diesen Debatten gewagt hatte. Demokratiebasierte und selbstbestimmungsbasierte
Argumente für die Erweiterung des Wahlrechts, wie sie die Grünen/AL und die
SPD vorbrachten, drehten sie kurzerhand um:

Undemokratisch haben unsere Politiker und Regierungen gehandelt, als sie Millionen von Ausländern aus den entferntesten Winkeln der Welt in unser Land geholt oder hereingelassen haben, ohne die Deutschen zu befragen, ob sie damit einverstanden sind. Dadurch wurde in erschreckendem Maße die Bevölkerung verändert. In einzelnen Bezirken hat man nicht mehr den Eindruck, in Mitteleuropa zu sein. In einzelnen Schulen sind deutsche Kinder bereits in der Minderheit. Zu solch dramatischen Eingriffen in die Bevölkerungsstruktur hatten die Regierenden nicht das mindeste Recht. Die sind Verwalter und Treuhänder unseres Landes und nicht seine absoluten Herrscher. Sie können mit ihm nicht nach Belieben verfahren und es einfach an fremde Eigentümer ausliefern. Durch ihre maßlose Ausländer- und Asylpolitik haben sie das Selbstbestimmungsrecht des deutschen Volkes grob mißachtet. [...] Sie haben auch ein erhebliches Konfliktpotenzial erschaffen, durch das Sicherheit und Ordnung und der innere Frieden auf das schwerste gefährdet werden. Neben vielen anständigen und fleißigen Ausländern, die wir als Gäste sehr achten und schätzen, tummeln sich in der Masse der Millionen Fremden auch Hunderttausende von Asozialen, Betrügern, sonstigen Kriminellen und politischen Extremisten, die hier ihren Glaubenskampf führen. Drogenhandel und Bandenkriminalität sind durch Ausländerbeteiligung sprunghaft gestiegen (ebd., S. 744).

Dadurch gaben die Republikaner der Debatte eine völlig neue Dimension. Ihre Botschaft war, dass die Deutschen alles Recht hätten, ihr Land vor Einwanderung abzuschotten und – im Kontrast zur CDU – sogar auch die Einbürgerung der ansässigen Ausländer*innen zu verhindern:

Mit dem Ziel, die Zahl der Ausländer in Deutschland erheblich zu verringern, verträgt sich nicht die Verleihung des Wahlrechts, weil dieses nämlich den Aufenthaltsstatus verfestigen würde. Deshalb kommt es für uns Republikaner nicht in Betracht, die Einbürgerung zu erleichtern oder gar Millionen von Ausländern die deutsche Staatsbürgerschaft zu verleihen, wie SPD und Grünen/AL es gerne möchten: Derartige Schritte können erst erwogen werden, wenn die Gefahr einer Überfremdung gebannt ist (ebd., S. 744).

Schließlich versuchten die Republikaner, (vermeintlich) demokratische Begründungen der Wahlrechtsausweitung zu diskreditieren, und unterstellten pures politisches Kalkül als „wahres Motiv" hinter dem Gesetzesvorschlag:

Untersuchungen und Probeabstimmungen haben ergeben, daß Ausländer zu über 90 % SPD und Grüne wählen würden. […] Für die Republikaner bedeutet die Einführung des Ausländerwahlrechts die politische Entmündigung des Deutschen (ebd., S. 745).

Die Kluft zur CDU-Position wurde damit immer größer, je weiter die Debatte voranschritt: Während die Mitbestimmung von Ausländer*innen für die CDU nach der Einbürgerung akzeptabel war, blieb sie für die Republikaner nicht akzeptabel. Sie sahen in der Einbürgerung ein Nullsummenspiel, bei dem die

Deutschen notwendigerweise verlieren würden. Nach den Einlassungen von CDU und REP verteidigten die Grünen/AL ihren Vorschlag in einem zunehmend resignierenden Tonfall, riefen aber auch die grundsätzlich unterstützende Haltung der Berliner Zivilgesellschaft in Erinnerung:

> Das kommunale Wahlrecht ist […] ein Schritt auf dem […] sehr langen Weg zur vollen politischen Gleichberechtigung der ausländischen Bürger. Es soll in einem ersten Schritt auf kommunaler Ebene verwirklicht werden, damit wenigstens auf kommunaler Ebene die ausländischen Berliner über wichtige Fragen, die ihr Alltagsleben betreffen, mitreden und mitentscheiden können. Das sind keine weltbewegenden Maßnahmen, aber sie sind für die Lebensgestaltung der Menschen meist wichtiger als viele der Debatten, die wir hier im Abgeordnetenhaus mit etwas weltpolitischem Augenaufschlag führen. Als die Kampagne für das kommunale Wahlrecht vor zehn Jahren am 10. März 1979, das damalige Berliner Wahldatum erreichte, haben sich viele Ausländer mit zugepflastertem Mund, weil sie kein Stimmrecht hatten, vor Berliner Wahllokale gestellt, und sie haben damit bewußt stumm auf die Verweigerung aufmerksam gemacht, ihnen ein Stimmrecht zu geben. Diese Aktionen wurden bei den nächsten Wahlen in Berlin, das letzte Mal am 29. Januar dieses Jahres, wiederholt. Viermal ist dies ein stummer und auch für die Deutschen, die dabei waren, ein bewegender Protest gewesen. Dieses Parlament hat jetzt die Chance, die nächsten Wahlen in Berlin wenigstens auf kommunaler Ebene in den Bezirken anders zu gestalten; es hat die Chance, etwa zehn Prozent der Berliner wenigstens nicht vom Wahlrecht in den Bezirken auszuschließen. Wir sollten diese Chance nutzen! (PlPt. 11/16, S. 746–7).

Die CDU erinnerte die SPD an ihre früheren Vorschläge, als sie noch die Berliner Verfassung ändern wollte […] und ihre Unsicherheit zeige, ob eine Ausweitung des Wahlrechts auf Ausländer*innen wirklich der richtige Weg sei. Die SPD antwortete mit dem Zitat des CDU-Politikers Lummer: „Verfassungswidrig – mit diesem Wort kann man politische Gegner zum Schweigen bringen und Ideen kaputt machen." In ihrer abschließenden Erklärung stellte die SPD die Signalfunktion ihres Vorschlags dar:

> Das kommunale Ausländerwahlrecht ist kein Allheilmittel, und ich bin mir auch über die Begrenztheit der damit verbundenen Möglichkeiten durchaus bewußt. Aber es ist ein Signal für diese Gesellschaft, ihre Bereitschaft auszudrücken, auch Menschen, die hier länger leben, die wir zum großen Teil mal für unsere Wirtschaft hierher geholt haben, – zumindest schrittweise – als gleichberechtigte zu akzeptieren. Insofern hat die Gewährung des kommunalen Wahlrechts über die inhaltliche Bedeutung hinaus eine viel stärkere politische Bedeutung: daß wir diese Menschen in der Tat nicht mehr lediglich als Objekte deutscher Politik betrachten, sondern auch als Subjekte in dieser Gesellschaft (ebd., S. 743).

Nach der ersten Lesung berieten unterschiedliche Ausschüsse über den Entwurf über einen Zeitraum von drei Monaten und unterbreiteten eine Reihe von Empfehlungen. Die zweite Lesung fand am 30. August 1990 statt (Drs. 11/982) und in der abschließenden Abstimmung stimmten 71 Abgeordnete für und 58 gegen den Gesetzesantrag (PlPt. 11/39). Obgleich der Vorschlag formal verabschiedet worden war, musste aus formalen Gründen (ein Detail in Bezug auf das Wahlalter war fehlerhaft) eine dritte Lesung angesetzt werden. Die Grünen/AL-Fraktion versuchten, die Debatte auf eine Entschuldigung für den entstandenen Fehler zu beschränken, die CDU nutzte die Gelegenheit jedoch, das Gesetz noch einmal grundsätzlich zu kritisieren, indem sie sich auch Argumenten bediente, die zuvor nur von den Republikanern geäußert worden waren:

> [Die] Berliner CDU wird zum Bundesverfassungsgericht gehen und dieses Gesetz überprüfen lassen. Davon können Sie ausgehen! […] Wahlrecht ist Bürgerrecht, und ist es das vornehmste Bürgerrecht, und es ist in unserem Verfassungsverständnis eben an die Staatsangehörigkeit gebunden. […] Mit Ihrer Politik – ich sage einmal: die immer als Politik einer multikulturellen Gesellschaft verkauft wird –, die Einwanderung fast grenzenlos zuläßt, die den Mißbrauch des Asylrechts nicht bekämpft, die kriminelle Ausländer nicht abschiebt und die den Ausländern ein Wahlrecht gibt, spaltet die Bevölkerung unseres Teils der Stadt und auch drüben in Ost-Berlin (PlPt. 11/42, S. 2181).

Die Republikaner beschuldigten die CDU daraufhin, ihre Argumente gestohlen zu haben und darüber hinaus in Bezug auf die Beurteilung des Gesetzesantrags inkonsequent gewesen zu sein. Sie strichen noch einmal ihre eigenen politischen Gründe heraus:

> Ein Ausländer, der jederzeit die Möglichkeit hat, in sein Heimatland zurückzukehren, kann sich den Folgen seiner Wahlentscheidung jederzeit durch Ausreise entziehen. Daher provozieren Sie eine Verbesserung der Stellung der Ausländer gegenüber den Deutschen, wenn Sie ein Wahlrecht für Ausländer einführen. Was aber wesentlich schlimmer ist. Sie erzeugen eine Polarisierung in dieser Stadt, denn Sie fördern das Entstehen rechts- und linksextremer Parteien aus den Herkunftsländern der Ausländer auch in Deutschland. Sie handeln sich die italienischen Neofaschisten ein, Sie handeln sich die spanischen Franco-Anhänger ein, Sie handeln sich die griechischen Kommunisten ein. […] Sie handeln sich die türkischen Kommunisten ein. Das ist aber bei weitem noch nicht das Schlimmste. Sie handeln sich außerdem radikale islamische Gruppen ein, die auch in Deutschland bereits Parteien gebildet haben. […] Was wird Frau Künast, was werden die anderen Abgeordneten der AL sagen, wenn plötzlich alle Frauen in der Öffentlichkeit immer fünf Schritte hinter ihrem Mann gehen und außerdem verschleiert sein müssen? Sie werden sich noch an die schönen Stunden erinnern, die Sie mit einer solch liberalen und fortschrittlichen Parteien wie den Republikanern hier verbringen durften. Der Islam wird für Sie tausendmal schlimmer. Der

wirkliche Hintergrund für die Einführung des Ausländerwahlrechts ist nicht, daß die SPD und die AL den Ausländern etwas Gutes tun wollen. Es ist allgemein bekannt, daß die Mehrheit der Ausländer das Ausländerwahlrecht nicht wahrnehmen will. Tatsächlich haben Sie das Vertrauen in den deutschen Wähler verloren, deswegen wollen Sie sich – zumindest im Rahmen der Bezirksverordnetenversammlungen – neue Wähler bewilligen (ebd., S. 2183).

Schließlich kritisierte ein einzelner FDP-Abgeordneter die SPD, sich aus Koalitionsräson zu sehr den Wünschen der Grünen-AL gebeugt zu haben, was die SPD umgehend zurückwies und die FDP daran erinnerte, dass ihr Standpunkt seit Langem bekannt gewesen sei (ebd., S. 2184). Die SPD wendete sich nochmals gegen die Kritik, das Gesetz komme zu einem schlechten Zeitpunkt, und argumentierte, dass dies im Gegenteil auch „ein schöner Beitrag zur Vereinigung der Stadt" sei, denn in Ost-Berlin hatten, gerade kurz vor der Wende, auch Nichtdeutsche, die dort länger wohnten, das Wahlrecht bekommen (PlPt. 11/42, S. 2182). Das Gesetz wurde schließlich noch einmal mit 72 zu 57 Stimmen bei namentlicher Abstimmung (von den REP beantragt, „denn wir wollen die Namen der Verfassungsbrecher auch festgehalten wissen" (ebd., S. 2184)) verabschiedet (PlPt. 11/42, S. 2185). Abb. 5.6 fasst die Positionen der Parteien in West Berlin und ihre Verschiebung über die Zeit (durch die verschiedenen Entwürfe und Vorschläge) zusammen.

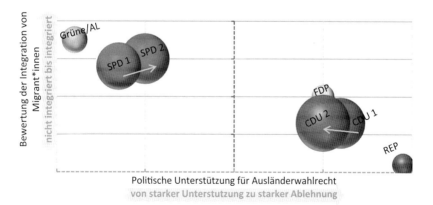

*In der 1989er-Wahl im Januar verlor die FDP ihre Sitze im Parlament und die REP zogen zum ersten Mal ein.

Abb. 5.6 West-Berlin: Parteipositionen vom Anfang bis zum Ende der Debatte (entlang zweier Dimensionen und der Größe der Fraktionen). (Quelle: Eigene Darstellung)

Zwölf Tage später erklärte das Bundesverfassungsgericht die Reformen in Schleswig-Holstein und Hamburg für verfassungswidrig, woraufhin die Berliner CDU wie auch die Berliner Republikaner entsprechende Aufhebungsanträge im Berliner Parlament stellten (Drs. 11/1332 und Drs. 11/1350), nicht zuletzt, um die Schmach der SPD und der Grünen/AL noch einmal deutlich zu machen. Die Befürworter einer Ausweitung des Wahlrechts für Ausländer*innen hatten in West-Berlin also auf verschiedenen Wegen versucht, den Gesetzesvorschlag zu verabschieden. Letztes Endes mussten sie sich aber dem Urteil des Bundesverfassungsgerichts unterwerfen und das Thema verschwand nach und nach in den alles überlagernden Verhandlungen zur deutschen Wiedervereinigung.[32]

In Vergleich zu den anderen Debatten zeigte der West-Berliner Versuch, dem bereits andere vorangingen und der sich während des Prozesses im Bundesverfassungsgericht entwickelte, dass dort die SPD viel besser darauf vorbereitet war, die Ausweitung des Wahlrechts auf Denizens mit anderen Argumenten zu stützen, und sich die geplante Reform damit nicht auf ein bloßes Integrationsinstrument reduzieren ließ. Dennoch verengte sich die Debatte schnell auf das Timing des Gesetzentwurfes und, wie oben schon einmal gesagt, auf seine Funktion als „Signal". Die Grün-Alternative Liste verhielt sich vergleichsweise staatstragend, im Vergleich zu den Fraktionen der Grünen in Bremen und Hamburg. Wie in Bremen trug besonders die Anwesenheit einer rechtsradikalen Partei

---

[32] Es ist kaum bekannt, dass die Volkskammer der Deutschen Demokratischen Republik (DDR) am 6. Mai 1989 ebenfalls ihr Wahlrecht reformierte und ihren 85.000 ausländischen Bürger*innen das passive und aktive Wahlrecht auf der kommunalen Ebene zusprach, sofern sie mehr als sechs Jahre im Gebiet der DDR gelebt hatten, ein überraschend großzügiges Gesetz, nur vergleichbar mit der Rechtslage in Irland. Interessanterweise fand die Reform kurz nach der Kontroverse um das Gesetz in Schleswig-Holstein statt. Es ist nicht unwahrscheinlich, dass dieses Gesetz dazu diente die Ausländerfreundlichkeit der DDR-Gesellschaft zu unterstreichen, im Gegensatz zu einer rigiden BRD (Barley 1999, S. 41). Trotz des niedrigen Ausländer*innenanteils wurden in den letzten Kommunalwahlen der DDR 112 Ausländer*innen gewählt, eine Wahl, die als am meisten diskreditierte in die Geschichte eingehen würde. In der BRD fanden die Anhörungen des Bundesverfassungsgerichts zur Ausweitung des Wahlrechts auf Ausländer*innen außerdem am Vorabend des Mauerfalls statt. Das Gesetz wurde in die Gemeinsame Verfassungskommission als Teil des rechtlichen Besitzstands der DDR eingebracht, mit einer Mindestaufenthaltspflicht, die höher war als die ursprünglichen zwei Jahre, aber nicht den Art. 28 GG ändern sollte. Diese Entwicklung fand später kaum Erwähnung. Die CDU/CSU wollte schnell die Abweisung der Sache erwirken, während SPD, Grüne und PDS/Linke sowie Teile der FDP sie befürworteten. Das Bundesland Bremen merkte sogar an, dass diese Klausel möglicherweise eine Lösung für die Stadtstaaten bedeuten könnte. Als Hamburg dies aber ablehnte, verloren die Bremer Impuls und Einfluss.

zu einer gewissen Radikalisierung der Debatte bei, was die ansonsten mode-ratere CDU zu einer radikaleren Rhetorik verleitete, obwohl es immer noch einen wahrnehmbaren Unterschied zwischen den Argumenten der CDU und der Republikaner gab.

Wir haben nun vier Prozesse auf Bundesländerebene analysiert, deren Debat-ten zur Ausweitung des Wahlrechts auf Denizens in Deutschland am weitesten vorangeschritten sind. Die Argumente, die für eine Einführung des Wahlrechts ins Feld geführt wurden, waren insgesamt recht ähnlich. Sie unterschieden sich vor allem hinsichtlich ihrer Gewichtung, des Tonfalls, in dem sie vorgetragen wurden, und ihrer Reihenfolge, was aber zumeist auf die unterschiedlichen his-torischen und politischen Umstände vor Ort zurückgeführt werden kann.[33] Es wurde durch das Urteil des Bundesverfassungsgerichts von 1990 zudem deutlich, dass die Bundesländer ihre Wahlgesetze nur nach einer grundlegenden Verfas-sungsreform auf Bundesebene auf Ausländer*innen ausweiten können, was eine Zweidrittelmehrheit im Bundestag *und* im Bundesrat erfordert. Erwartungsgemäß

---

[33] Es soll noch darauf hingewiesen werden, dass auch in anderen Bundesländern verschie-dene Vorstöße zur Ausweitung des Wahlrechts auf Denizens unternommen wurden. So unter-breiteten bereits im Jahre 1984 die Grünen in Baden-Württemberg einen ambitionierten Vorschlag (Drs. 9/256) zur Ausweitung des Wahlrechts auf Ausländer*innen – allerdings eher symbolisch und ohne jede Aussicht auf Erfolg. Sie nutzten dabei nicht nur die Argu-mente, die aus anderen Bundesländern bekannt waren, sondern bezogen sich auch auf die konkrete Situation vor Ort. Sie verstanden ihren Vorstoß auch als Reaktion auf die in ihren Augen „restriktive[n] Bundesgesetze und eine noch weiter einengende Verwaltungspraxis der Ausländerbehörde des Landes, [die] Menschen zum bloßen Objekt staatlichen Handelns" degradierten (Drs. 9/256, S. 4). In den Jahren 1986 und 1987 unterbreiteten zudem die hes-sischen Grünen einen weiteren Vorschlag und bezogen sich dabei ebenfalls sehr stark auf die Situation vor Ort. Dabei stellten sie den Nutzen für die deutsche Gesellschaft in den Vordergrund (Drs. 11/6323, Drs. 12/836). Ebenfalls 1986 brachten die Grünen in Nieder-sachsen einen Antrag zur Ausweitung des Wahlrechts auf Denizens in den Landtag ein, der Teil einer größeren Reform der Wahlbezirke in Niedersachsen sein sollte (Drs. 11/80). Es handelte sich dabei um ein eher vages Dokument, das ebenfalls geringe Chancen auf Umsetzung besaß. Dort wurde ein Bezug zum preußischen Wahlrecht hergestellt, nach des-sen Maßgabe „Ausländer" heute nicht Bürger „zweiter, sondern vierter Klasse" seien. Zu dem Zeitpunkt, als das Bundesverfassungsgericht die Reformen in Schleswig-Holstein und Hamburg zurückwies, waren zudem die Grünen in Nordrhein-Westfalen dabei, einen ent-sprechenden Gesetzesvorschlag zu formulieren, der ein Ausländer*innenwahlrecht nach drei Jahren Aufenthalt vorsah und den alten Grundsatz der amerikanischen Unabhängigkeits-bewegung „no taxation without representation" zitierte und das Wahlrecht als Klassenproblem rahmte (Drs. 11/535). Bereits die Grünen in Rheinland-Pfalz hatten 1987 ein ähnliches Argu-ment vorgebracht (Drs. 11/573). Im Jahr 1989 brachten schließlich auch die Grünen in Bayern entsprechende Vorschläge ins Parlament ein (Drs. 11/9645 und 11/13.438), die auf dem Argument des Demokratiedefizits basierten, aber so neutral formuliert waren, dass sie fast der CDU-Position entsprachen.

hat im Anschluss an das Bundesverfassungsgerichtsurteil auch die überwiegende Mehrheit in der Wissenschaft die Entscheidung bestätigt bzw. verteidigt (Weigl 1992, S. 81; Isensee und Schmidt-Jortzig 1993, S. 51–55), sodass es für eine Weile keine neuen Vorschläge zur Ausweitung des Wahlrechts gab, zumindest nicht in der Form parlamentarischer Entwürfe. Wir schauen uns nun noch kurz die Grundzüge der Gerichtsentscheidung aus Karlsruhe an.

5.4   Das Urteil des Bundesverfassungsgerichts (BVerfG)

Das deutsche Bundesverfassungsgericht gehört zu den stärksten weltweit. Es interveniert in beachtlichem Maße sowohl in die Bundes- als auch die Landesgesetzgebung. Es weist fünf Prozent der Gesetze aus verfassungsrechtlichen Gründen zurück (Lijphart 1999). Neue Gesetze können, sogar noch bevor sie in Kraft treten, von den Mitgliedern des Deutschen Bundestages angefochten werden, im Rahmen einer „abstrakten Normenkontrolle". Ohne in die rechtlichen Details des Urteils einzutauchen, das alle Anstrengungen, das Wahlrecht in Deutschland auf Denizens auszuweiten, zunichte machte, sind die grundlegenden Argumente der Entscheidung doch eine genauere Betrachtung wert, denn hierdurch können die zentralen Begrifflichkeiten zurückverfolgt werden, die zuerst in den Reformprozessen in Hamburg und Schleswig-Holstein aufkamen.

Während sich die einstweilige Verfügung vom 12. Oktober 1989 im Zuge der Umsetzung des Wahlreformgesetzes in Schleswig-Holstein auf generelle Wahlreformprozesse in Deutschland bezog, zielte die erste Gerichtsentscheidung des Bundesverfassungsgerichts nur auf den Fall Schleswig-Holstein ab (BVerfG, 31.10.1990–2 BvF 2/89, 2 BvF 6/89), galt danach aber auch für den Fall Hamburg (BVerfG, 31.10.1990 2 – BvF 3/89).[34] Das Gericht war durch die gesamten 224 Abgeordneten der CDU/CSU-Bundestagsfraktion aufgefordert worden, sich mit der Reform zu beschäftigen. Der Jurist Josef Isensee vertrat die Klage zusammen mit der Bayerischen Landesregierung. Nach Äußerungen

---

[34] Zur selben Zeit erhoben 25 CDU-Abgeordnete der Bremischen Bürgerschaft eine Normenkontrollklage vor dem Bremer Oberlandesgericht, um das Bremer *Beiratsgesetz* verfassungsrechtlich zu überprüfen (Staatsgerichtshof der Freien Hansestadt Bremen, Entscheidung vom 8. Juli 1991, St 2/91). Der Klage wurde stattgegeben und das Gesetz als verfassungswidrig eingestuft. Eine Folge hiervon war, dass die Bremer Reform nun im Bundesverfassungsgerichtsurteil nicht mehr adressiert werden konnte, weil das Bundesverfassungsgericht auf entsprechende Normenkontrollklagen nur „antworten" darf, wenn noch kein Landesgericht, Verwaltungsorgan oder Bundesorgan es bisher für verfassungswidrig erklärt hat.

des schleswig-holsteinischen Landtags, der Landesregierung Schleswig-Holsteins, der Bundesregierung, der Landesregierung von Baden-Württemberg, des Bundesverwaltungsgerichts und des Deutschen Städte- und Gemeindebunds und einer Stellungnahme des Max-Planck-Instituts für ausländisches öffentliches Recht und Völkerrecht entschied das Bundesverfassungsgericht nach der mündlichen Verhandlung vom 26. Juni 1990 (BVerfG 2 BvF 2, 6/89), dass „dem Landesgesetzgeber [es] verwehrt ist, auch Ausländern das Wahlrecht zu den Vertretungen des Volkes in den Gemeinden einzuräumen. Das schleswig-holsteinische Gesetz zur Änderung des Gemeinde- und Kreiswahlgesetzes vom 9. Februar 1989 ist daher mit Art. 28 Abs. 1 Satz 2 GG unvereinbar und nichtig". Das Urteil wurde damit begründet, dass eine Erweiterung des Begriffs des Volkes über das deutsche Volk hinaus einer ausführlicheren Diskussion bedürfe (Bundesgesetzblatt I, 15. November, 1990).

Das Gericht erklärte, dass trotz der Verfassungswidrigkeit der Reform in Schleswig-Holstein daraus nicht automatisch folge, dass eine Wahlrechtsreform auf Basis des Art. 79 GG, die ein Wahlrecht für EU-Bürger*innen (damals EG-Bürger) einführe, nicht möglich wäre. Wie wir weiter unten sehen werden, wurden diese Reformen 1992 auch ohne viel Aufsehen beschlossen. In einem zweiten Teil des Urteils adressierte das Bundesverfassungsgericht den hamburgischen Fall (BVerfG 83, 60). Der Hamburger Senat hatte sein Gesetz mit dem Argument verteidigt, Deutschland wäre ein Einwanderungsland und die von dem Gesetz betroffenen Personen keine „Fremden" mehr, sondern „Inländer", denen lediglich die deutsche Staatsangehörigkeit fehlte. Dieser Grund mache es erforderlich, „den Volksbegriff von der Staatsangehörigkeit zu lösen" (BVerfG 83, 60, S. 6). Dies war im Einklang mit dem Argument einer „soziologischen Neuinterpretation des Volksbegriffs", das in der Hamburger Debatte zuerst zu hören gewesen war. In diesem Urteil erkannte das BVerfGE aber die demokratietheoretischen Bedenken hinter der Argumentation an und lobte – vier Wochen nach der Wiedervereinigung – die Absicht der Gesetze, Millionen von Menschen eine politische Mitbestimmung zu ermöglichen, die bisher von Wahlen ausgeschlossen waren. Es sprach sich allerdings gegen die in Anschlag gebrachte soziologische Sichtweise auf den Volksbegriff aus („Es trifft nicht zu, daß wegen der erheblichen Zunahme des Anteils der Ausländer an der Gesamtbevölkerung des Bundesgebietes der verfassungsrechtliche Begriff des Volkes einen Bedeutungswandel erfahren habe", BverfGE 83, 37, Abs. I, S. 11) und legte den zu beschreitenden Weg folgendermaßen fest:

Hinter dieser Auffassung steht ersichtlich die Vorstellung, es entspreche der demokratischen Idee, insbesondere dem in ihr enthaltenen Freiheitsgedanken, eine Kongruenz zwischen den Inhabern demokratischer politischer Rechte und den dauerhaft einer bestimmten staatlichen Herrschaft Unterworfenen herzustellen. Das ist im Ausgangspunkt zutreffend, kann jedoch nicht zu einer Auflösung des Junktims zwischen der Eigenschaft als Deutsche und der Zugehörigkeit zum Staatsvolk als dem Inhaber der Staatsgewalt führen. Ein solcher Weg ist durch das Grundgesetz versperrt. Es bleibt unter diesen Umständen nach geltendem Verfassungsrecht nur die Möglichkeit, auf eine derartige Lage mit entsprechenden staatsangehörigkeitsrechtlichen Regelungen zu reagieren, etwa dadurch, daß denjenigen Ausländern, die sich auf Dauer in der Bundesrepublik Deutschland niedergelassen, sich hier rechtens aufhalten und deutscher Staatsgewalt mithin in einer den Deutschen vergleichbaren Weise unterworfen sind, der Erwerb der deutschen Staatsangehörigkeit erleichtert wird (ebd., BverfGE 83, 37, Abs. I, S. 11).

Das Bundesverfassungsgericht entschied, dass der Satz „Alle Macht geht vom Volke aus" nicht nur die Volkssouveränität begründete, sondern auch klar mache, wer das Volk ist: „das Volk […], das in Wahlen, Abstimmungen und durch besondere Organe der Gesetzgebung […] Staatsgewalt ausübt […] ist das Staatsvolk der Bundesrepublik Deutschland" (BverfGE 83, 37, Abs. I, S. 10). Allerdings stellte das Bundesverfassungsgericht auch fest, dass der Gesetzgeber die Bestimmung des Volkes neu festlegen könnte: „So überläßt das Grundgesetz […] die Regelung der Voraussetzungen für Erwerb und Verlust der Staatsangehörigkeit und damit auch die Kriterien, nach denen sich die Zugehörigkeit zum Staatsvolk des näheren bestimmt, dem Gesetzgeber. Die Staatsangehörigkeit ist daher auch der Ort, an dem der Gesetzgeber Veränderungen in der Zusammensetzung der Einwohnerschaft der Bundesrepublik Deutschland im Blick auf die Ausübung politischer Recht Rechnung tragen kann" (BverfGE 83, 37, Abs. I, S. 11). Nach dem Bundesverfassungsgerichtsurteil begannen die Debatten in Hamburg und Schleswig-Holstein von Neuem.

5.5   Die Ausweitung des Ausländerwahlrechts nach der Gerichtsentscheidung

5.5.1   Der Kampf um die Deutungshoheit

Nach dem Bundesverfassungsgerichtsurteil forderte zuerst die CDU in Hamburg eine parlamentarische Debatte (PlPt. 13/89), in der sie zunächst noch einmal die ursprünglichen Argumente gegen die Reform wiederholte und dann die Niederlage der Regierung genüsslich auskostete:

Das Urteil des Bundesverfassungsgerichts zum Ausländerwahlrecht ist eine schwere
politische und juristische Niederlage des Senats, aber auch seiner beiden Bürgermeister, die ihr politisches und juristisches Gewicht, ihre Kompetenz und Autorität in
die Waagschale dieses Gesetzes geworfen haben. Das Verfassungsgericht hat gewo-
gen und sie für zu leicht gefunden. [...] Der Schaden, den Hamburg erlitten hat, geht
weit über den Anlaß hinaus. Hamburg hat mal wieder einmal negative Schlagzeilen
gemacht. [...] Sie haben Politik gemacht in Kenntnis möglicher oder wahrscheinlicher
Verfassungswidrigkeit. [...] Eine Politik, die im Übrigen über Jahre hinaus gegenüber
Ausländern Hoffnungen erweckt hat, die enttäuscht werden mussten. Die Warnungen
waren genauso eindeutig wie das Urteil, und das ist das, was ich für verantwortungslos
halte (PlPt. 13/89, S. 5319).

Die SPD gestand ihre Niederlage, dankte aber denen, die für „den richtigen politischen Weg" gekämpft hatten, und mahnte, dass nun die Alternative eine Mehrheit
im Bundestag wäre, um Einbürgerungen zu erleichtern: „… und das gilt für alle
Deutschen und Nichtdeutschen in der SPD, außerhalb der SPD, in anderen Regierungen und Parteien: zu sagen, daß der Weg noch immer der richtige ist, er ist
nur länger geworden" (PlPt. 13/89, S. 5331).

Die Grünen/Frauenfraktion kritisierte die Entscheidung dagegen mit deutlichen Worten:

Überlegen Sie doch einmal, wer gewonnen und wer verloren hat. Verloren haben in
erster Linie die 4,5 Millionen Ausländerinnen, die hier seit zehn Jahren oder zwanzig Jahren leben und arbeiten und denen wieder einmal gezeigt wurde, daß sie hier
nur als Arbeiter und Steuerzahler geduldet werden. [...] Das Bundesverfassungsgericht hat den bereits im Grundgesetz angelegten Geburtsfehler entsprechend juristisch
interpretiert. Im Grundgesetz wird ja zwischen „jedem", dem Menschenrechte zugestanden werden, und den „Staatsbürgern", denen Staatsbürgerrechte zugestanden werden unterschieden. Und die müssen deutscher Abstammung sein, und das ist ein Ver-
fassungsverständnis aus dem letzten Jahrhundert. Das ist die Idee des konservativen
Nationalstaates (ebd., S. 5323).

Fraktionslose Abgeordnete haben eine ähnliche Interpretation gemacht:

Das wiedervereinigte Staatsvolk, die herrschende Nation, blickt auf Millionen Unter-
tanen herab, die hier nichts zu melden haben, sondern parieren müssen. Die im
Rahmen des geltenden Verfassungsrechts angeblich unüberwindliche Kluft zwischen
Staatsvolk und Untertanenverband legitimieren die Richter kuriorserweise mit dem
Satz: Alle Staatsgewalt geht vom Volke aus (ebd., S. 5323).

Und die Grünen/Frauenfraktion ging noch weiter:

Es geht hier [darum], einen überholten Begriff des Nationalstaats zu korrigieren,
der den Staatsbürger aus seiner deutschen Abstammung, aufgrund seines deutschen

Blutes, her interpretiert. Das ist genau die Frage, um die es bei dieser Verfassungs-diskussion geht und bei der keiner von Ihnen mit einem Wort hilfreich war. [...] Ich hoffe, daß sich die Kolleginnen und Kollegen von der SPD diesbezüglich dazu äußern und vielleicht der Ausländerbeauftragte Initiativen dazu anschiebt, da es jetzt tatsäch-lich darum geht, praktische Konsequenzen zu zeigen [wie] zum Beispiel, ganz massiv eine Kampagne für Einbürgerungen auf der Grundlage der Möglichkeit der doppelten Staatsbürgerschaft zu starten (ebd., S. 5328).

In Schleswig-Holstein griff die CDU in der parlamentarischen Aufarbeitung des Bundesverfassungsgerichtsurteils die Regierungsparteien ebenfalls scharf an und beschuldigte sie, die Reform nur angestrengt zu haben, um „sich ihr eigenes Wahlvolk zu schaffen" (PlPt. 12/64, S. 3769). Im Gegensatz zur hamburgischen SPD blieb die SPD in Schleswig-Holstein aber ihrer Überzeugung treu und unter-strich noch einmal, von der Richtigkeit der Sache überzeugt zu sein. Sie blieb bei der Idee, dass eine Ausweitung des Ausländer*innenwahlrechts unabhängig von etwaigen Einbürgerungsreformen notwendig sei (ebd., S. 3771–2), womit sie sich gegen die Begründung des Bundesverfassungsgerichtsurteils wandte: „Das, was in sechs oder sieben anderen Ländern Europas – zum Teil ohne Verankerung in der jeweiligen nationalen Verfassung –, in Ländern mit uralten Demokratien, zulässig ist, kann in einer modernen Demokratie wie in Deutschland nicht verfassungs-widrig sein" (ebd., S. 3780). Die SPD warf der CDU in diesem Zusammenhang zudem Doppelzüngigkeit vor, da sie auf der einen Seite Einbürgerung als Weg zur Integration preise, auf der anderen Seite jedoch Erleichterungen bei der Einbürgerung verhindere.

Im Gegenzug beschuldigte die CDU die SPD, die Debatte durch ihre Spra-che unnötigerweise emotionalisiert zu haben:[35] „Sie haben versucht […] uns in dieser Auseinandersetzung zu stigmatisieren. Es sind Vokabeln wie ‚reaktionär', ‚Herrenmenschenmentalität' gefallen. Sie haben versucht, uns in die ausländer-feindliche Ecke zu stellen. Wer solche Themen so emotionalisiert wie Sie, der trägt in der Tat dazu bei, daß Schaden entsteht, der nicht wiedergutzumachen ist, daß Porzellan zerschlagen wird, daß die politische Kultur dieses Landes Schaden nimmt. […] Wenn ich mir angucke, wie Sie bei der Beratung anderer Gesetzentwürfe mit der Opposition dieses Hauses umgehen, wie Sie weiterhin in den Ausschüssen Tischvorlagen unterbreiten, kurzfristig weitgehende Änderungs-anträge einreichen, verfassungspolitische Bedenken, die sorgfältig erwogen sind und sorgfältig vorgetragen werden, hinwegwischen […], dann kann ich Ihnen nur sagen: Sie haben bis heute nicht begriffen, welch schwere Niederlage Sie

---

[35] Die SPD hatte der CDU eine „Herrenmenschen"-Mentalität vorgeworfen. Diese Begriff-lichkeit war während der Nazizeit verwendet worden, um eine überlegene Rasse zu beschrei-ben, und übermittelt somit die Idee einer rassistischen Mentalität.

erlitten haben" (ebd., S. 3775). Die Anschuldigungen der CDU führten jedoch zu einer überraschenden Antwort der SPD. In Erwiderung des Bundesverfassungsgerichtsurteils sagte sie: „Damen und Herren, das Ziel ist vom Verfassungsgericht nicht bestritten worden; der Weg ist es. Das Ziel wird uns bei unseren weiteren Bemühungen lenken. Wir werden von jetzt an prüfen, welche Chancen eine Veränderung des Staatsbürgerrechts ermöglicht" (ebd., S. 3781).

Zudem brachte die SPD einen weiteren, neuen Vorschlag ein, der die Konsequenzen des Bundesverfassungsgerichtsurteils aufnahm (Drs. 12/1143). Gleichzeitig ermahnte sie Bundestag, Bundesrat und Bundesregierung, das Grundgesetz zu ändern: „Eine Änderung des Grundgesetzes der Bundesrepublik Deutschland ist notwendig geworden, nachdem das Verfassungsgericht den derzeit im Grundgesetz enthaltenen ‚Volks'-Begriff allein dem deutschen Volk zugeordnet und damit die mögliche demokratische Weiterentwicklung durch Verfassungsinterpretation ausgeschlossen hat" (Drs. 12/1143, S. 1).[36]

Unmittelbar nach dem Bundesverfassungsgerichtsurteil wiesen die Befürworter*innen der Ausweitung des Wahlrechts für Denizens darauf hin, dass das Bundesverfassungsgericht trotz seiner insgesamt abweisenden Entscheidung die demokratietheoretischen Bedenken grundsätzlich anerkannt hätte und loteten

---

[36] In der späteren Debatte über die Wahlrechtsausweitung für EU-Bürger*innen (PlPt 13/100) erklärten SPD und SSW, dass die Beteiligung von ausländischen Mitbürger*innen an den Kommunalwahlen eben nicht den Volkswillen verzerren oder die Volkssouveränität untergraben würden. Der SSW stellte daher noch einmal die Legitimität der Bundesverfassungsgerichtsentscheidung infrage: „Ich erinnere daran, daß wir damals ein Wahlgesetz verabschiedet haben, nach dem Ausländer auf der Basis der Gegenseitigkeit das Wahlrecht haben sollten. Ausländer aus Ländern also, in denen Deutsche das Kommunalwahlrecht haben, sollten hier das Wahlrecht haben. Das haben wir beschlossen. Dann haben die CDU/CSU-Bundestagsfraktion und das Land Bayern geklagt, und das Verfassungsgericht hat unser Gesetz abgelehnt. Es ist für mich aber verflixt schwer zu verstehen, daß das Bundesverfassungsgericht sagt, daß das dann möglich ist, wenn die EU so etwas macht. […] Unverständlich ist auch […], daß ein Amerikaner, der 25 Jahre hier gewesen ist und in all den Jahren wirklich Garant für die Freiheit Deutschlands gewesen ist, bei Kommunalwahlen nicht wählen darf, während ein Grieche das darf." Gerade in Schleswig-Holstein, wo die Debatte eigentlich am sensibelsten geführt worden war, kam 1995 mit der *Deutschen Liga für Volk und Heimat* auf kommunaler Ebene eine extrem rechte Stimme ins Spiel, die auch die Ausweitung des Wahlrechts auf EU-Bürger*innen (bzw. EG-Bürger) ablehnte, mit der Begründung, es handele sich um einen weiteren „Baustein in den Bemühungen der Eurosozialisten, die Nationen und die Völker auszulöschen" (PlPt 13/100, S. 5981). Die im Landtag vertretene DVU brachte ebenfalls einen Vorschlag ein, der die EU- bzw. EG-Richtlinie stoppen sollte (Ds 13/3088). Ein anderer Vorschlag „zum Thema Ausländerwahlrecht" lautete „Ausländerwahlrecht stoppen" (Drs. 13/3346). Hier findet sich der Hinweis, dass im Zentrum dieses Gedankengangs die Absicht stehe, „Deutschland zu entdeutschen" (PlPt 13/114, S. 8101).

sofort neue Wege aus, wie in Zukunft ein Wahlrecht für lange in Deutschland lebende Ausländer*innen erreicht werden könnte. Die CDU wurde trotz des vordergründigen Erfolgs ebenfalls unter Druck gesetzt, da nun die Notwendigkeit für eine Änderung der Einbürgerungsgesetze wuchs. In den bisherigen Debatten hatte sie ein mögliches „Demokratiedefizit", wenn überhaupt, mit dem mangelnden Interesse der Ausländer*innen, die deutsche Staatsangehörigkeit anzunehmen, erklärt. Darüber hinaus wurde die „gescheiterte" Reform zur Ausweitung des Wahlrechts für Ausländer*innen mehr und mehr zu einem Referenzpunkt unzähliger Debatten über die „Integration" von Migrant*innen.[37]

5.5.2   Vorstöße auf Bundesebene

Die Grünen hatten, während die Debatten in Hamburg und Schleswig-Holstein noch liefen, bereits mehrere Versuche auf Bundesebene unternommen, das Wahlrecht auf Denizens auszuweiten. Bereits im Mai 1989 hatten sie einen Gesetzesentwurf in den Bundestag eingebracht, der ein kommunales Wahlrecht für ausländische Bürger*innen vorsah, die seit mehr als fünf Jahren in Deutschland lebten (Drs. 11/4462). Die Begründung blieb inhaltlich sehr nahe an den Vorschlägen der Grünen in den Landesparlamenten und verwies erstens auf das Demokratiedefizit mit Blick auf eine fehlende Repräsentation – 1989 lebten mehr als 4,5 Mio. Ausländer*innen in Deutschland, die seit mehr als fünf Jahren im Land waren. Zweitens machten die Grünen die Bedeutung des Wahlrechts für die Verminderung von sozialen Ungleichheiten deutlich und unterstrichen noch einmal, dass das Wahlrecht unabhängig von der Frage der Einbürgerung gesehen werden sollte. Dieser Vorschlag wurde jedoch niemals im Plenum debattiert.

Nur ein halbes Jahr nach dem Bundesverfassungsgerichtsurteil versuchte zudem die Berliner PDS mit der „Berliner Bundesratsinitiative zur Neudefinition des Staatsbürgerbegriffes im Grundgesetz" (Drs. 12/403) eine bundesweite Debatte zur Ausweitung des Ausländerwahlrechts auf den Weg zu bringen. In ihrer Begründung verwies die PDS aber nur auf die Situation in Berlin. Dieser Vorschlag wurde bereits im Rechtsausschuss geblockt (12/1496). In den folgenden drei Jahren brachte noch Hamburg einen (halbherzigen) Vorschlag

---

[37] Vgl. in diesem Zusammenhang die schriftliche Anfrage der CDU an den Hamburger Senat vom November 1990 (Drs. 13/7060), bei der gefragt wird, warum die Ausweitung des Wahlrechts auf Ausländer*innen ein Thema im Lehrplan der Sommerschulen für politische Bildung für ausländische Einwohner*innen war. Der Senat erwiderte, dass Ausländer*innen über die Wahlrechte in anderen Ländern und über die Kontroverse in Deutschland informiert werden müssten (ebd.).

(Drs. 69/92) in den Bundesrat und die PDS/Linke eine Gesetzesinitiative in den Bundestag ein (Drs. 12/5227), gefolgt von drei weiteren Vorschlägen der PDS eine Legislaturperiode später (Drs. 12/5128 und Drs. 12/5131), die jedoch ohne jegliche Konsequenz blieben (Drs. 13/3519, Drs. 13/3520 und Drs. 13/3521). Zu diesem Zeitpunkt hatten sich PDS und Grüne weitgehend der SPD-Position angeschlossen. Die Vorschläge zur Einführung des Kommunalwahlrechts für EU-Bürger*innen wurden einstimmig verabschiedet (Ds 12/5651, Drs. 12/5498, Drs. 12/5499; PlPt. 12/86).[38]

Im August 1997 brachte die PDS zudem einen weiteren Vorschlag zur Änderung des Art. 28 GG in den Bundesrat ein (Drs. 13/1924), der später

---

[38] Die EU-Richtlinie 94/80/EG vom 19. Dezember 1994 „über die Einzelheiten der Ausübung des aktiven und passiven Wahlrechts bei den Kommunalwahlen für Unionsbürger mit Wohnsitz in einem Mitgliedstaat, dessen Staatsangehörigkeit sie nicht besitzen" verlangte eine Reform des Art. 28 Grundgesetz und der verschiedenen Landesverfassungen. Überall, wo linke Regierungen an der Macht waren, wurde die Ausweitung des Wahlrechts auf EG-Bürger*innen als erster Schritt auf dem Weg zu einer universellen Ausweitung reklamiert. Der konservative Gegner wurde bei dieser Gelegenheit daran erinnert, wie falsch er mit seiner Einschätzung aus dem Jahre 1990 lag, die Änderung des Art. 28 GG sei verfassungswidrig. Auf der anderen Seite brachte sich die CDU im Grunde nur ein, wenn es darum ging, die generelle Ausweitung des Wahlrechts auf EU-Bürger*innen doch noch ein Stück weit einzuschränken, wo es möglich war, wie etwa im Stadtstaat Bremen. Aufgrund seiner Stadtstaatenstruktur gibt es in Bremen keinen rechtlichen Unterschied zwischen lokalen und regionalen Wahlen, weshalb die Einführung des kommunalen Wahlrechts für EU-Bürger*innen in Bremen zugleich das Wahlrecht für EU-Bürger*innen auf Landesebene bedeutet hätte, wogegen sich die CDU jedoch vehement sträubte. Obwohl die CDU die Idee eines Kommunalwahlrechts für EU-Ausländer*innen also im Grundsatz unterstützte, wollte sie mit allen Mitteln ein Wahlrecht auf Landesebene verhindern. Sie schlug daher vor, die Bremer Verfassung entsprechend zu ändern, wozu es allerdings einer Zweidrittelmehrheit bedurfte. Auf der anderen Seite sprachen sich aber insbesondere die Grünen für die Beibehaltung des Bremer Modells aus und beide Parteien brachten einen eigenen Gesetzentwurf ins Parlament ein. In diesem Fall waren also die Grünen die Bewahrer*innen des rechtlichen Status quo, während die CDU eine Verfassungsänderung anstrebte, was sie in anderem Zusammenhang auf Bundesebene so vehement ablehnte. Dieser Fall zeigt daher, wie wenig die Skepsis der CDU gegenüber dem Wahlrecht für Drittstaatsangehörige mit juristischem Konservatismus zu tun hat. Am Ende stimmten die Grünen zwar einer Verfassungsänderung zu, wonach nun zwischen Stadt- und Landtagswahl unterschieden wird, wobei die EU-Bürger*innen nur das Wahlrecht auf kommunaler Ebene besitzen (Drs. 14/400, Abs. 27). Die Grünen machten dabei aber immer wieder deutlich, dass dies aus ihrer Sicht gegen das Prinzip der Nichtdiskriminierung verstoße (Drs. 14/419). In einer notwendig gewordenen dritten Lesung wurden die Grünen dabei von der SPD u. a. als „Verfassungs-Puristen, die hier Maximalforderungen stellen, und anschließend aber nichts politisch erreichen" beschrieben (PlPt. 14/25, S. 1522).

von den Ländern Hessen, Sachsen-Anhalt, Saarland, Nordrhein-Westfalen, Brandenburg, Niedersachsen und Schleswig-Holstein unterstützt wurde (Bundesrats-Drs. 515/97). Der Bundesrat präsentierte daraufhin einen Gesetzentwurf zur Änderung des Grundgesetzes an den Bundestag (Bundestags-Drs. 13/9338), um Art. 28 Abs. 1 des Grundgesetzes so zu ändern, dass „diejenigen hier lebenden Ausländerinnen und Ausländer, die nicht die Staatsangehörigkeit eines Mitgliedstaates der Europäischen Gemeinschaft besitzen, nach Maßgabe von Landesrecht bei Wahlen in Kreisen und Gemeinden wahlberechtigt und wählbar" sein dürfen. Obwohl der Antrag abgelehnt wurde, erkannte der Bundesrat seine Begründung doch schlussendlich an. Den Ländern sollte diese Möglichkeit eingeräumt werden, die Ungleichbehandlung zwischen Unionsbürgerinnen und Unionsbürgern sowie den übrigen Ausländerinnen und Ausländern zu beseitigen (Bundestags-Drs. 13/9338/97 und Drs. 515/97).

Mit diesem Teilerfolg ausgestattet, hofften die Grünen 1998, nachdem sie auf Bundesebene eine Koalitionsregierung mit der SPD eingegangen waren, auf einen Neubeginn der Debatte im Deutschen Bundestag (Drs. 13/2034), um das Wahlrecht auf Landes- und Kommunalebene endlich auf alle Bürger*innen auszuweiten. Eine von dem damaligen Parteivorsitzenden der CDU, Wolfgang Schäuble, initiierte Unterschriftenkampagne gegen die von SPD und Grünen ebenfalls angekündigte Einführung der doppelten Staatsangehörigkeit im Kontext der gleichzeitig stattfindenden Landtagswahlen in Hessen, bei der mehr als fünf Millionen Unterschriften gesammelt wurden, brachte dieses Vorhaben jedoch jäh zum Erliegen. Die CDU gewann die Wahlen deutlich, womit sich auch die Machtverhältnisse im Bundesrat veränderten.[39] Anschließend starteten noch einmal die Länder Rheinland-Pfalz, Brandenburg und Schleswig-Holstein im Jahr 1999 einen Anlauf zur Änderung des Art. 28 GG (Bundesrats-Drs. 45/99). Aber auch ihre Bemühungen waren erfolglos und wurden zudem von der kontroversen Diskussion um die Reform des deutschen Staatsangehörigkeitsrechts überschattet. Hierbei wurde der Zugang zur deutschen Staatsangehörigkeit zwar deutlich erleichtert, u. a. durch die Einführung von *Ius-soli*-Elementen für in Deutschland geborene Kinder ausländischer Eltern und die Reduzierung der Mindestaufenthaltsdauer von fünfzehn auf acht Jahre, allerdings bei gleichzeitiger Neueinführung von nicht unerheblichen Sprachvoraussetzungen und eines

---

[39] Der Wahlsieg der CDU in Hessen gab der CDU/CSU eine Vetomacht im Bundesrat. SPD und Grüne hatten keine andere Möglichkeit, als die Unterstützung der FDP zu suchen und dabei ihr Vorhaben, eine doppelte Staatsangehörigkeit einzuführen, aufzugeben. Der Kompromissvorschlag wurde im Mai 1999 angenommen und am 1. Januar 2000 im Bundesgesetzblatt veröffentlicht (vgl. hierzu Morjé Howard 2008; Green 2005; Hansen und Koehler 2005).

Treuebekenntnisses zum Grundgesetz für Neustaatsbürger*innen (Hailbronner 2006). Es handelte sich aber insgesamt um eine stark abgeschwächte Version des ursprünglichen Vorschlags von SPD und Grünen.

Die Verkündung des neuen Staatsangehörigkeitsgesetzes brachte die Debatte um Wahlrechte für Denizens für mehrere Jahre fast völlig zum Erliegen. Erst im Jahr 2007 brachte Rheinland-Pfalz das Thema erneut in den Bundesrat (Bundesrats-Drs. 623/07), nicht ohne auf die vorsichtige Zustimmung des Bundesrats von vor zehn Jahre hinzuweisen. Der Antrag wurde von Berlin, dem Saarland, Sachsen-Anhalt und Mecklenburg-Vorpommern unterstützt. Die Bundestagsfraktionen der Linken und der Grünen brachten das Thema zudem in den Bundestag ein und unterbreiteten einen Vorschlag, der weitgehend auf der Argumentation der Entwürfe von Grünen und PDS aus den späten 1990ern beruhte, aber explizit auf die demokratietheoretischen Bedenken des Bundesverfassungsgerichts verwies (Ds 16/5904, Abs. 7). Zudem gab es verschiedene parlamentarische Anfragen an die Bundesregierung, die sich mit Fällen der Aberkennung des Wahlrechts von Drittstaatsangehörigen befassten, zumeist im Zusammenhang mit anderen Fragen die „Integration" von Migrant*innen betreffend (z. B. Brandenburg an Bundesregierung, Drs. 4/7067). Im Jahr 2008 brachten Grüne und Linke erneut Gesetzesvorlagen ein (Drs. 13/2006, Drs. 13/2017) und stellten sich als Partner*innen der gemeinsamen Sache dar, im Schulterschluss mit Gewerkschaften, verschiedenen zivilgesellschaftlichen Organisationen, Kirchen und Migrant*innenvereinen. Im Jahr 2009 forderten schließlich die Grünen in Bayern die bayerische Staatsregierung dazu auf, sich im Bundesrat und bei der Bundesregierung für die Ausweitung des Kommunalwahlrechts auf Drittstaatsangehörige einzusetzen. Sie verwiesen dabei auf die liberale Handhabung in einer Reihe neuer EU-Mitgliedsstaaten (insbesondere Litauen und Slowakei) und die Empfehlung des Europäischen Parlaments, diesem Beispiel zu folgen.

Auf den ersten Blick wirken die Argumente, die für eine Reform vorgebracht wurden, sehr ähnlich zu den Begründungen aus den 1980er-Jahren. Bei genauerer Betrachtung unterschieden sie sich jedoch in zwei wichtigen Punkten: Erstens wiesen sie immer wieder auf die ungerechte Behandlung zwischen EU-Bürger*innen und anderen legal in Deutschland lebenden Migrant*innen hin, die ja in gleicher Weise einen Beitrag zur deutschen Gesellschaft leisten würden, und zweitens rekurrierten die verschiedenen Vorschläge immer auf das Bundesverfassungsgerichtsurteil von 1990, das damals den Weg aufgezeigt habe, wie das Wahlrecht für (Nicht-EU-)Ausländer*innen in Deutschland doch eingeführt werden könnte. Der Prozess der Ausweitung des Wahlrechts auf Denizens war mit dem Urteil des Bundesverfassungsgerichts also keineswegs abgeschlossen.

Obwohl die strengen Einbürgerungsregeln nie ganz prominent als Begründung für die Vorschläge zur Ausweitung des Wahlrechts auf Denizens in Deutschland angeführt wurden, bedeuteten die Liberalisierungen in den Einbürgerungsbestimmungen, in Kraft seit dem 1. Januar 2000,[40] doch, dass die Dringlichkeit des Themas etwas abzunehmen schien. Die Diskussion fokussierte sich fortan vor allem auf die demokratietheoretischen Bedenken, vor allem der fehlenden Kongruenz zwischen Bevölkerung und wahlberechtigten Bürger*innen. Im Jahr 2009 ermahnte die Linke die Bundesregierung erneut, angesichts sinkender Einbürgerungsraten[41] entsprechende Maßnahmen einzuleiten, die Verfassung zu ändern und das Kommunalwahlrecht endlich auf Drittstaatsangehörige auszuweiten – aus Respekt gegenüber der Demokratie (Bundestags-Drs. 16/13558). Die Bundesregierung wies jedoch alle Ansinnen dieser Art zurück, mit der Begründung, die Reform des Einbürgerungsgesetzes habe das Demokratiedefizit bereits korrigiert. Zudem benötigten weitreichende Verfassungsänderungen einen parteiübergreifenden Konsens in Bundestag und Bundesrat, was zu dem Zeitpunkt nicht realistisch erschien (ebd., S. 3). Im Laufe der Zeit kristallisierte sich immer mehr heraus, dass das Bundesverfassungsgerichtsurteil das Bestreben, das Wahlrecht in Deutschland auf Denizens auszuweiten, zwar im Sinne einer schnellen Implementierung behindert, in langfristiger Perspektive jedoch den Diskussionsprozess politisch unterstützt hat. Die fehlgeschlagenen Reformen in Hamburg und

---

[40] Eine sehr wichtige Änderung im Staatsangehörigkeitsgesetz (StAG) war die Einführung des Ius-soli-Prinzips, wonach ein Kind ausländischer Eltern die deutsche Staatsbürgerschaft nach dem „Optionsmodell" erwerben kann, sofern ein Elternteil acht Jahre seinen legalen und gewöhnlichen Aufenthalt in Deutschland und eine entsprechende Aufenthaltserlaubnis hat. Der Einbürgerungsprozess wurde ebenfalls erleichtert. Nach dieser Reform haben Ausländer*innen nach einer Aufenthaltsdauer von acht statt fünfzehn Jahren Anspruch auf Einbürgerung, sofern sie sich zur freiheitlich-demokratischen Grundordnung der Bundesrepublik Deutschland bekannt haben, über eine Aufenthaltserlaubnis verfügen, generell ohne öffentliche Unterstützung oder Arbeitslosengeld für ihren Lebensunterhalt aufkommen können, nicht strafrechtlich verurteilt wurden und schließlich den Verlust oder Verzicht auf die frühere Staatsangehörigkeit akzeptieren (obwohl die doppelte Staatsangehörigkeit in mehreren Fällen akzeptiert wird) (vgl. Staatsangehörigkeitsgesetz (StAG), Gesetz zur Reform des Staatsangehörigkeitsrechts, vom 15. Juli 1999, Bundesgesetzblatt, Bd. I, S. 1618). Für eine ausführliche Beschreibung dieses Gesetzes im Vergleich zu früheren und späteren Fassungen vgl. Anuscheh Farahat und Kay Hailbronner, Report on Citizenship Law: Germany. RSCAS/GLOBALCIT-Country Report 2020/5, Florenz, EUI, März 2020.

[41] Zum Ende des Jahres 2007 betrug die durchschnittliche Aufenthaltslänge von Ausländer*innen in Deutschland 17,7 Jahre. 35 % aller Ausländer*innen lebten seit mehr als zwanzig Jahren in Deutschland und über 70 % mehr als acht Jahre, also länger als nötig, um sich entsprechend der Änderung des Staatsangehörigkeitsgesetzes aus dem Jahr 2000 für eine Einbürgerung in Deutschland zu qualifizieren (BSA Ausländerzahlen 2009).

Schleswig-Holstein wurden neu bewertet und im Nachhinein als geschickte politische Schachzüge dargestellt. Zudem einte der immer mehr als unausweichlich angesehene Kampf um die Ausweitung des Wahlrechts auf Denizens alle anderen Parteien jenseits der CDU/CSU, die dieses Thema für einen so langen Zeitraum blockiert hatte.

Achtzehn Jahre nach der Entscheidung des Bundesverfassungsgerichts und einer Vielzahl von Anträgen der kleinen Oppositionsparteien gelangte das Thema im Mai 2009 wieder auf die politische Tagesordnung des Deutschen Bundestages, nachdem die SPD die CDU/CSU in den Koalitionsvereinbarungen 2005 dazu gebracht hatte, Anhörungen zu dem Thema durchzuführen.[42] Auf Ausschussebene wurden daher zunächst Sachverständigenvoten eingeholt, darunter auch von Dietrich Thränhardt, der bereits zwanzig Jahre zuvor zu den ersten Unterstützern der Ausweitung des Wahlrechts auf Ausländer*innen gezählt hatte. Für die Antragsteller*innen, die Fraktionen der Linke und Grüne (Bundestags-Drs. 16/13036 und Drs. 16/13165) stellte sich die Ausweitung des Wahlrechts auf Drittstaatsangehörige schlicht als unausweichlich dar, insbesondere angesichts des drastischen Rückgangs bei den Einbürgerungszahlen. CDU/CSU zeigten sich aber weiterhin skeptisch und erklärten stattdessen, dass Integration ein komplexes Thema sei und man könne „nicht so tun, als ob infolge der Gewährung des Wahlrechts Integration funktionieren" sollte (PlPt. 16/224, S. 24679). Sie hielten an ihrer Überzeugung fest: „Im Gegensatz zu den Befürwortern des kommunalen Ausländerwahlrechts hält unsere Fraktion die Integration für einen Prozess, an dessen Ende die Erteilung des Wahlrechts steht, geknüpft an die Verleihung der Staatsbürgerschaft." Das Wahlrecht sei sozusagen das größte Privileg einer Demokratie, das auch nur von denen genossen werden könne, die sich hätten einbürgern lassen. „Nur wer sich nach einer gelungenen Integration zu unserem Land, zu unserer Werteordnung, zu unserem Grundgesetz bekennt und sich deshalb einbürgern lässt, kann auch mit das größte Privileg unserer Demokratie, das Wahlrecht nämlich, für sich in Anspruch nehmen" (ebd., S. 24679). Oder kürzer gesagt: „Die Verleihung des politischen Mitbestimmungsrechtes ist die Krone der Einbürgerung" (ebd., S. 24680).

Die Grünen sahen im Wahlrecht dagegen einen integralen Bestandteil eines umfassenden Integrationsprozesses:

> Integration ist mehr als nur Sprachförderung. Es geht um eine gleichberechtigte Teilhabe für die Menschen, die hier eine Heimat gefunden haben. Das kommunale Wahlrecht fördert die Identifikation mit unserem Gemeinwesen und sorgt damit für mehr

---

[42] Gemeinsam für Deutschland mit Mut und Menschlichkeit. Koalitionsvertrag zwischen CDU, CSU und SPD, 11.11.2005, S. 119.

Integration. [...] Integration kann auf verschiedenen Wegen gelingen. Beim einen gelingt Integration dadurch, dass er sich am Ende eines langen Prozesses einbürgern lässt, während ein anderer aus verschiedensten Gründen, die man nachvollziehen kann oder nicht, eine fremde Staatsangehörigkeit behalten und gleichwohl den Rest seines Lebens in unserem Land verbringen möchte. Wir wollen das ermöglichen und sind der Meinung, dass man sich trotz Beibehaltung der anderen Staatsbürgerschaft in unserem Gemeinwesen auf kommunaler Ebene engagieren können soll (ebd., S. 24685).

Auch die SPD entdeckte im Zuge der Bundesdebatte das Thema wieder für sich (ursprünglich hatte es sich auch um eine sozialdemokratische Debatte gehandelt, bevor es die Grünen und die Linken gab). Sie wies die Gesetzesvorschläge der Linken und Grünen aber aus Gründen der Koalitionsräson zurück: „Wir haben einen Koalitionspartner, der trotz langen Drängens und trotz aller Versuche in den Koalitionsvereinbarungen nicht mitgemacht hat" (ebd., S. 24682). Die Linke wunderte sich, dass die SPD den Vorschlag nicht während ihrer Regierungszeit mit den Grünen eingebracht hatte. Die SPD versuchte in ihrer Antwort abzulenken und verwies auf die Zukunft: „[Wir können sicher sein, dass wir] nach der Bundestagswahl die ausreichende Mehrheit in diesem Hause haben werden, um einen wichtigen und konkreten Schritt für die Integration von Nicht-EU-Ausländern zu machen und das kommunale Wahlrecht auch für sie durchzusetzen" (ebd., S. 24683). Die CDU brachte das Argument ein, dass die Ausweitung des Wahlrechts sogar „kontraproduktiv" sei, weil sie „zu einer schlechteren Integration" führen würde, „weil es überhaupt keine Veranlassung mehr für in Deutschland lebende Ausländer gäbe, sich zu bemühen, die deutsche Staatsangehörigkeit zu erwerben, deren Bestandteil dann auch das kommunale Wahlrecht ist" (Bundestags-PlPt. 16/120, S. 12544). Beide Vorschläge (Ds 16/6628 und 16/13033) wurden abgewiesen.

Im März 2010 brachte die Linke (Bundestags-Drs. 17/1146) einen erneuten Gesetzesentwurf ein, der noch einmal auf die Unabweisbarkeit des Themas aufmerksam machte, „da Einbürgerungen [...] gerade nicht wirksam erleichtert wurden" (S. 2). Sie beschuldigte den Bundestag die demokratische Kultur in Deutschland zu beschädigen, weil er einige Monate zuvor, im Mai 2009, einen entsprechenden Antrag zurückgewiesen hatte: „An diesem Tag entschied in namentlicher Abstimmung die Mehrheit der Fraktionen der SPD, CDU/CSU und FDP, weiterhin über 4 Mio. Menschen vom Kernstück der Demokratie, dem Wahlrecht, auszugrenzen" (ebd., S. 3). Zu diesem Zeitpunkt hatten sich aber bereits die Mehrheitsverhältnisse im Deutschen Bundestag verändert. Die SPD war nicht mehr in der Regierung, sondern führende Oppositionspartei. Dementsprechend fühlte sie sich nun frei, eine Änderung des Art. 28 GG vorzuschlagen

(Bundestags-Drs. 17/1047). Schließlich brachten die (linken) Oppositionsparteien, SPD, Grüne und Linke, 2009 einen entsprechenden Gesetzesvorschlag ein (Bundestags-Drs. 17/1146 und Drs. 17/1150), sodass die Ausweitung des Wahlrechts auf Drittstaatsangehörige wieder im Bundestag diskutiert wurde, allerdings erst am 25. März 2010. In der Debatte ließ es sich die Linke nicht nehmen, der SPD Opportunismus vorzuwerfen: „Noch vor zehn Monaten haben Sie hier im Bundestag bei einer namentlichen Abstimmung gegen das kommunale Wahlrecht für Drittstaatenangehörige gestimmt. Aber jetzt, kurz vor den Landtagswahlen in Nordrhein-Westfalen, meinen Sie Ihr vermeintliches Herz für Migrantinnen und Migranten entdecken zu müssen. […] Wo war die SPD in diesen elf Regierungsjahren? Warum haben Sie keine Initiative ergriffen, um Drittstaatenangehörigen das Wahlrecht zumindest auf der kommunalen Ebene zu geben? Sie haben nichts getan" (Bundestags-PlPt.17/34, S. 3240). Die Linke attackierte auch die CDU/CSU angesichts ihrer starren Position scharf:

> Sie sagen – insbesondere von der Union, aber auch von der FDP hört man das immer wieder –, die Menschen sollen sich einbürgern lassen und deutsche Staatsangehörige werden; dann können sie auch von ihrem Wahlrecht Gebrauch machen. Ich frage mich: In welcher Welt leben Sie eigentlich? Sie haben das Staatsangehörigkeitsgesetz in den letzten Jahren immer weiter verschärft. Im September 2008 haben Sie den Einbürgerungstest eingeführt, [der] zur Folge [hatte], dass die Zahl der Einbürgerungen im Jahr 2009 im Vergleich zu 2008 um 19 % gesunken ist. Die vorherige rot-grüne Regierung hat das Staatsangehörigkeitsgesetz im Jahre 2000 reformiert. Auch diese Reform hat übrigens zu einem Rückgang der Zahl der Einbürgerungen geführt [um] 55 % (ebd., S. 3240–3241).

Die FDP saß zwischen allen Stühlen: Auf der einen Seite war sie der Meinung, dass faktisch kein großer Bedarf an einer weiteren Ausweitung des Wahlrechts für Ausländer*innen bestehe, hoffte auf der anderen Seite aber auf einen Kompromiss („Wir als FDP können uns durchaus vorstellen, dass ein Ausländerwahlrecht in bestimmten Kommunen sinnvoll ist. Es muss dann allerdings an Bestimmungen geknüpft sein", ebd., S. 3241). Letzten Endes gingen beide Vorschläge in die Ausschüsse und versandeten dort. Das Thema verschwand jedoch nicht von der Bildfläche. Es wurde mehr und mehr zu einem Referenzpunkt, um die Glaubwürdigkeit der Bundesregierung bei ihren Bestrebungen in puncto Integration zu unterminieren, wie verschiedene kleine Anfragen zeigen (Drs. 17/1660, Drs. 17/1881).

Die weiteren Debatten auf Bundesebene 2009 und 2010 brachten die ohnehin wackelige Unterstützung der SPD vollends zum Einsturz: Während sie in der Regierung war, stimmte sie gegen die Ausweitung des Wahlrechts, unterstützte die Sache aber in der Opposition oder wenn wichtige Landtagswahlen anstanden. Sie verabschiedete außerdem das verwässerte Staatsangehörigkeitsgesetz von 2000, ohne die Frage des Kommunalwahlrechts für Denizens damit zu verknüpfen. Letztendlich verschärften sich die Einbürgerungsvorschriften sogar, indem Staatsbürgerschaftstests eingeführt und Integrationskurse zur Pflicht wurden. Die SPD rechtfertigte ihre wechselnden Positionen jedes Mal mit Details in den Entwürfen. Insgesamt blieb sie jedoch eine, wenn auch diffuse, Unterstützerin des Vorhabens. Die Grünen und die Linke brachten 2011 weitere Gesetzesinitiativen in den Bundestag ein (Drs. 17/5896; Drs. 17/7266), und es gab auch auf Landesebene weitere Vorstöße, so von den Grünen in Berlin (Drs. 16/3860 und Drs. 17/0043) und Bayern (Drs. 16/6123) sowie von der Piratenpartei in Nordrhein-Westfalen (Drs. 16/3244), die aber folgenlos blieben.

Mit der Rückkehr der SPD in die Regierungsverantwortung 2013, erneut als Koalitionspartnerin der CDU/CSU, wurde im selben Jahr eine weitere Bundesdebatte zum Thema abgehalten, die Vorschläge der Grünen (Bundestags-Drs. 17/1150) und der Linken (Bundestags-Drs. 17/1146) zum Gegenstand hatten. Nachdem die SPD vor dem Eintritt in die Koalition den Gesetzesvorschlag noch verteidigt hatte, musste sie sich als Koalitionspartnerin erneut der Stimme enthalten, während CDU/CSU geschlossen gegen den Vorschlag stimmte und das Gesetz damit abwies. Aber auch die FDP stimmte gegen das Gesetz, allerdings mit unklaren Argumenten (Bundestags-PlPt. 17/222, S. 27595). Die Grünen wiesen in der Debatte darauf hin, dass sie sich statt einer Ausweitung des Wahlrechts für Drittstaatsangehörige lieber eine größere Toleranz beim Thema doppelte Staatsangehörigkeit wünschen würden (ebd., S. 27599).

In den letzten zwei Jahrzehnten gab es also eine Vielzahl an Vorschlägen, das Wahlrecht für Denizens in Deutschland weiter auszuweiten. Sie alle versuchten, das Bundesverfassungsgerichtsurteil entweder im Sinne ihrer Sache zu deuten oder aber einen Weg zu finden, das Urteil zu umgehen. Bei all diesen Bemühungen war das Bundesland Bremen am stärksten involviert. Überhaupt fungierte die Bremer Diskussion, auch aufgrund der besonderen Stadtstaatenstruktur Bremens mit seinen einzigartigen *Beiräten,* die Elemente der Selbstregierung und Selbstverwaltung umfassen, als Referenzpunkt der gesamten Debatte. Der bisher ernsthafteste Versuch in den letzten Jahren ging auch von Bremen aus, wo eine Mehrheit von SPD und Grünen einen weiteren Vorschlag ins Parlament einbrachte, der Drittstaatsangehörigen auf Kommunalebene und EU-Bürger*innen auf Landesebene das Wahlrecht zusprechen sollte. Diesmal war der Versuch jedoch vorsichtiger formuliert. Vor der ersten Lesung kam es zudem zu einer Sachverständigenanhörung, zu der auch langjährige Befürworter des kommunalen Ausländer*innenwahlrechts, wie Klaus Sieveking, Dietrich Thränhardt und Ulrich

K. Preuß, zählten. Sie gaben zu Protokoll, dass die in der Vergangenheit geäußerten verfassungsrechtlichen Bedenken als nicht mehr relevant angesehen werden könnten und ein entsprechendes Gesetzesvorhaben daher durchaus realisierbar sei (PlPt. 18/34, S. 2277). Zur Anhörung war neben den alten Vertreter*innen auch eine neue Generation von Sachverständigen geladen, die sich aus neuen Integrationsorganen, wie dem Bremer Rat für Integration, und Botschafter*innen zusammensetzte, deren Länder bereits Wahlrechte für Denizens eingeführt hatten (wie etwa Luxemburg) (ebd., S. 2282).

Die erste Abstimmung erzielte eine Mehrheit im Parlament (Drs. 18/731), vor der zweiten Lesung und endgültigen Abstimmung versicherte sich das Parlament jedoch zunächst der Verfassungsmäßigkeit seines Vorgehens (auf Bundes- und Landesebene) und beantragte beim Bremer Staatsgerichtshof eine „präventive Normenkontrolle". Mit ihrem ausbalancierten und insgesamt gemäßigteren Gesetzentwurf versuchten die Befürworter*innen eines Ausländer*innenwahlrechts, das rechtlich Maximale umzusetzen, ohne die Verfassung zu verändern. Nach dem SPD-Abgeordneten Schöpe war dies nicht ein Versuch, „das Grundgesetz zu ändern – Sie wissen, dass diese Versuche mehrfach aufgrund der Mehrheitsverhältnisse gescheitert sind –, sondern das Wagnis, die Frage einer zeitgemäßen Interpretation der Verfassung neu aufzuwerfen und den Verfassungsgerichten die Möglichkeit einer kritischen Selbstüberprüfung zu geben. Natürlich kennen wir das Ergebnis nicht, aber wir sind überzeugt, es gibt dafür gute Argumente, eine breite gesellschaftliche Unterstützung und deswegen auch eine Chance" (PlPt. 18/34, ebd., S. 2278).

Zwei Monate später entschied der Bremer Staatsgerichtshof jedoch – mit einer Gegenstimme der Richterin Ute Sacksofsky –, dass der Vorschlag mit der Bremer Verfassung unvereinbar war. Nach Auffassung des Bremer Gerichts dürften die Bundesländer das Wahlvolk nicht unterschiedlich definieren, weshalb der Gesetzgeber auf Landesebene auch keinen Spielraum für eine Neuinterpretation des Begriffs habe. Sinngemäß wiederholte es damit die Begründungen der Entscheidungen des Bremer Staatsgerichtshofes und des Bundesverfassungsgerichts von 1990 und 1991. Die Reaktionen auf dieses Urteil waren ernüchtert (Bremische Bürgerschaft, PlPt. 18/70), da die Niederlage vor Gericht nun nur noch den Weg offenließ, tatsächlich eine Verfassungsänderung auf Bundesebene mit der notwendigen Zweidrittelmehrheit anzustreben.

Auf der Bundesebene wiederholten entsprechende Vorschläge der Grünen und Linken 2014 (z. B. Drs. 18/2088 und Drs. 18/3169) die Argumente aus den früheren Debatten im Deutschen Bundestag und den verschiedenen Ländern sowie aus dem jüngst gescheiterten Versuch in Bremen. Während der Debatten wurde klar, dass die CDU/CSU seit drei Jahrzehnten keinen Jota von ihrer Position abgerückt war, als sie gebetsmühlenartig wiederholten: „Wir von der CDU/CSU sind der Auffassung, dass das Wahlrecht am Ende eines Integrationsprozesses stehen sollte" (Bundestags-PlPt. 18/176, S. 17419). Gleichzeitig wuchs die Unterstützung der Ausweitung des Kommunalwahlrechts für Drittstaatsangehörige im Bundesrat aber weiter an. Immer mehr Bundesländer verlangten eine Reform, die es ihnen ermöglichen würde, selbst über die Gesetzgebung zu bestimmen (Niedersachsen: Drs. 17/3119, Drs. 17/2885; Schleswig-Holstein: Drs. 18/748). In den Länderparlamenten (Landtagen) wurden in den letzten drei Jahren weitere Gesetzentwürfe und kleine Anfragen eingebracht und Länderregierungen aufgefordert, aktuelle Zahlen zu den Ausländer*innen, die ohne Repräsentation in ihrem Land lebten, zu haben.[43]

5.6   Ein unvollendeter politischer Prozess

Die bisherige Literatur zur Ausweitung des kommunalen Wahlrechts für Denizens hat den deutschen Fall wegen der negativen Verfassungsgerichtsurteile und einer fehlenden Mehrheit für eine Verfassungsänderung im Bundestag als gescheitert bewertet. Wie wir gesehen haben, könnte dies aber etwas zu vorschnell geschehen sein, da der Prozess einer Wahlrechtsausweitung für Denizens in Deutschland durchaus noch am Leben ist.

Die Analyse hat vor allem gezeigt, welch tiefergehender Konflikt hinter der Debatte steht: ein fehlendes gemeinsamen Verständnis, was Staatsbürgerschaft in Deutschland bedeutet. Sollte es jemals ein gemeinsames Verständnis über die Frage gegeben haben, so gab es dies zumindest nicht in den letzten vier Jahrzehnten. Dass aufgrund dieses fehlenden gemeinsamen Verständnisses von Staatsbürgerschaft die Erweiterung des Wahlrechts auf Ausländer*innen auf sich warten lässt, heißt aber nicht, dass die Debatte konsequenzlos gewesen

---

[43] Zum Beispiel Rheinland-Pfalz, Kleine Anfrage (BÜNDNIS 90/DIE GRÜNEN) vom 09.08.2018, Drs. 17/6978 Niedersächsischer Landtag, „Deine Chance, unsere gemeinsame Zukunft. Einführung des Ausländerwahlrechts für Drittstaatsangehörige bei Kommunalwahlen nach fünfjährigem rechtmäßigem Aufenthalt in Deutschland", Drs. 17/6893; Landtag Nordrhein-Westfalen, Gesetzentwurf der Fraktion der SPD der Fraktion BÜNDNIS 90/DIE GRÜNEN und der Fraktion der PIRATEN, Gesetz zur Änderung der Verfassung für das Land Nordrhein-Westfalen, Drs. 16/13314; Bayerischer Landtag, Gesetzentwurf (SPD) zur Änderung des Bezirkswahlgesetzes. Einführung des aktiven und passiven Wahlrechts für Bürger eines anderen Mitgliedstaats der Europäischen Union bei der Wahl der Bezirksräte in Bayern, Drs. 17/12345; Schleswig-Holsteinischer Landtag, Antrag der Fraktionen von PIRATEN, SPD, BÜNDNIS 90/DIE GRÜNEN und der Abgeordneten des SSW, Kommunales Wahlrecht auch für Nicht-EU-Bürgerinnen und Bürger einführen, Drs. 18/729.

ist. Die Debatte selbst hat Kompromisse ermöglicht dort, wo sie sehr lange unmöglich schienen. Die plötzliche Änderung des Staatsbürgerschaftsrechts in Deutschland Ende der 1990er-Jahre, als die gemeinsamen Prinzipien der Staatszugehörigkeit grundlegend infrage gestellt wurden, lässt sich besser erklären, wenn wir die Debatten um das Ausländer*innenwahlrecht verfolgen. Die Analyse des Verlaufs der parlamentarischen Debatten und ihrer Vorläufer hat vor allem deutlich gemacht, dass die grundlegenden Änderungen im Staatsangehörigkeitsrecht Ende der 1990er-Jahre eine Folge davon waren, dass die CDU/CSU auf Bundesebene unter allen Umständen die Ausweitung des Kommunalwahlrechts auf Ausländer*innen verhindern wollte und deswegen Kompromisse auf dem Feld der Staatsbürgerschaft und der Einbürgerung anbieten musste, die dann einzige Möglichkeit, Einwanderer*innen in Deutschland das Wahlrecht zu eröffnen. Interessanterweise hat vor allem die CDU in letzter Zeit Migrationsthemen zunehmend für sich in Anspruch genommen und sie mit Themen verknüpft, bei denen ihnen große Vertrauenswerte vonseiten der Wähler*innen entgegengebracht werden, wie etwa Sicherheits- und Wirtschaftspolitik (Schmidtke 2015). Im Sommer 2015 kurz vor der „Flüchtlingskrise" schlug die aus SPD und CDU/CSU bestehende Große Koalition zudem vor, die Einwanderung und dazugehörende Visaregulierungen in ein einziges Einwanderungsgesetz zu überführen, um so weitere Einwanderung nach Deutschland zu fördern. Dies war der bis dahin weitreichendste Versuch der CDU, Einwanderung zu fördern, seit der „Blauen Karte EU" für hochqualifizierte Migrant*innen. Seit März 2020 ist das Fachkräfteeinwanderungsgesetz in Kraft, das auf mehr Einwanderung von mittel- und hochqualifizierten Menschen zielt und die bisher geltende Beschränkung auf Engpassberufe und Vorrangprüfung, ob nicht auch Deutsche oder EU-Bürger*innen für die Stelle infrage kommen, entfallen lässt. Politisch umstritten, dennoch ohne breite Diskussionen in der Öffentlichkeit wurde dieses Gesetz innerhalb von fünf Monaten debattiert und verabschiedet (Fachkräfteeinwanderungsgesetz vom 15.08.2019, Bundesgesetzblatt, Jahrgang 2019 Teil I, Nr. 31, vom 20.08.2019). Es verkörpert endlich eine Antwort auf den langjährigen Druck verschiedener Sektoren der Wirtschaft, Einwanderungsregeln zu vereinfachen, um Deutschland attraktiver zu machen für junge Migrant*innen im erwerbsfähigen Alter, und bezeichnet, auf welche Art von Migrationspolitik sich die Koalition von SPD und CDU/CSU einigen kann. Interessanterweise wurde es nicht nur von den Grünen sondern auch von der FDP als nicht mutig genug gewertet. Kaum überraschend, aber die AfD hielt der Koalition vor, damit übermäßige Zuwanderung zu ermöglichen (n-tv. 09.05.2019, „Parteien streiten über Einwanderungsgesetz").

Es ist zudem wichtig herauszustellen, dass immer Mehrheiten und entsprechende Koalitionsvereinbarungen notwendig sind, um parlamentarische Prozesse zur Ausweitung des Wahlrechts auf Denizens erfolgreich zu Ende zu führen, aber sie sind nicht ausreichend. Wenn es politisch möglich gewesen war (weil Parteien, die angeblich Befürworter*innen einer solchen Reform in Regierungskoalitionen waren), wurde der einfachste Weg genommen, um die mangelnde Repräsentation von Ausländer*innen zu reduzieren: eine Reform des Ausländerrechts, welche die Einbürgerung etwas erleichtert (und somit den traditionellen Weg zu Wahlrechten durch die Staatsangehörigkeit eröffnet), anstatt eine Reform des Art. 28 des Grundgesetzes, um den Ländern eigene Ausweitung der Definition des Wahlvolks zu erlauben und eine Reform des Begriffs Stadtbürgerschaft zu ermöglichen. Wie ein Bundestagsabgeordneter der Grünen es im Jahr 2016 ausdrückte: „Zu einer Grundgesetzänderung ist es ein weiter Weg. Dafür müssten wir 2/3-Mehrheiten in Bundestag und Bundesrat bekommen. Aber das Staatsangehörigkeitsrecht könnten wir mit einer Mehrheit hier im Hohen Haus jederzeit ändern" (Bundestags-PlPt.18/176, S. 17420). Immerhin hat die konsistente Diskussion, auch durch Minderheiten und Oppositionsparteien, über die formale Partizipation von Denizens in Deutschland in den letzten vier Jahrzehnten die Bedeutung entsprechender Reformen verdeutlicht und in einem langwierigen politischen Prozess Zustimmung dafür gesammelt, die aber noch Zeit braucht, weil die parlamentarische Zweidrittelmehrheit, die für eine Verfassungsreform notwendig ist, auf Überzeugung, Kompromisse und politische Vorarbeit bauen muss. Dies wird klar, wenn man sich die verschiedenen Parlamentsdebatten dazu anschaut und vor allem, wie sie miteinander in Verbindung stehen. Das Urteil des Bundesverfassungsgerichts verlangsamte den politischen Prozess zwar, jedoch ohne ihn zu beenden. Im Gegenteil, es hielt ihn am Leben und legitimierte sogar seine Ziele. Vor allem nach der Ausweitung des Kommunalwahlrechts auf EU-Bürger*innen (zusammen mit dem Wahlrecht für das Europäische Parlament) ist es unmöglich, auf den gleichen eisernen Argumenten zu verharren wie 1990. Der Vergleich der Debatten auf Länder- und auf Bundesebene hat zudem deutlich gemacht, dass die Haltung des Bundesverfassungsgerichts zu keinem Zeitpunkt für die beteiligten Akteur*innen offen zu erkennen gewesen wäre: Sowohl die Parteien als auch Expert*innen – von rechts wie von links – waren sich jeweils bis wenige Tage vor der Entscheidung völlig unsicher bezüglich des Ausgangs des Vorhabens. Die Tendenz in der Literatur, sich nur erfolgreiche Prozesse der Wahlrechtsausweitung anzuschauen, hat dazu geführt, dass wir uns mit dem Offensichtlichen zufriedengeben, aber das Wichtige übersehen haben. Welche parteiinternen Überlegungen erklären beispielsweise, warum Debatten in langwierigen parlamentarischen Prozessen letztlich zu keinem Ergebnis führen oder nicht umgesetzt werden? Im Nachhinein ist es immer leicht zu behaupten, dass die Ausweitung des Wahlrechts auf Denizens, aufgrund des vorherrschenden Verständnisses von Staatsbürgerschaft, niemals eine Chance gehabt habe. Der deutsche Fall (bzw. die Fälle) zeigt, dass die verschiedenen Staatsbürgerschaftsverständnisse nicht immer mit den Parteipositionen einhergingen bzw. noch weniger mit der grundlegenden Parteiideologie (Hirschman 2004). Parteien bestimmen ihre Position sehr stark in Abhängigkeit von anderen Parteien und den jeweiligen Kontexten, in denen sie agieren: Immer dann, wenn eine rechtsradikale Partei im Parlament vertreten war und an der Auseinandersetzung teilnahm, verlagerte die CDU ihre Position nach rechts, und auch die Parteien im linken Teil des politischen Spektrums wurden lauter. Darüber hinaus zeigt der deutsche Fall, dass Debatten um die Ausweitung des Kommunalwahlrechts für Denizens für sich genommen schon wertvoll sind. Als die gesellschaftliche Debatte über dieses Thema in Deutschland begann, wurde die Tatsache, dass Deutschland ein Einwanderungsland ist, sowohl von Jurist*innen als auch von der Politik noch geleugnet. Ab dem Kühn-Memorandum diente die Debatte zunehmend dazu, unterschiedliche Begrifflichkeiten zu diskutieren, also wie Migration, Integration und Migrant*innen begrifflich am besten zu fassen und zu bezeichnen sind. In der Zeit, als die Debatte in Deutschland anfing, hatten elf Länder auf die eine oder andere Art ein Wahlrecht für Denizens eingeführt. Heute sind es allein in Lateinamerika elf Länder – auf der ganzen Welt Dutzende.

In einem Prozess, der so lange andauert wie in Deutschland, ist es nicht verwunderlich, wenn das eine oder andere Argumente in den Zwischenwelten von Zivilgesellschaft und Politik verloren geht (z. B. auch kreative Lösungen, die sich nicht allein in der Einbürgerung oder in der Ausweitung des Wahlrechts erschöpfen). Dennoch kann man nicht sagen, dass wir es, wie es oft in der Literatur beschrieben wird, mit einer „gescheiterten Reform" oder einem „gescheiterten Fall" zu tun haben. Im Nachhinein wurden die Reformen in Hamburg und Schleswig-Holstein sogar als „erfolgreich" bezeichnet und das Bundesverfassungsgerichtsurteil als anerkennend in der politischen Sache und wegweisend für den weiteren legislativen Prozess. Letzten Endes gab es auch selten parlamentarische Mehrheiten für das Vorhaben, was aber auf eine Art auch nicht weiter verwunderlich ist, da das Thema letztlich keine Priorität hatte. Das kommunale Wahlrecht für Denizens war letztlich kein Thema, weswegen man neue Regierungen bilden oder alte platzen lassen würde. Dies erklärt die letztlich opportunistische Haltung der SPD (insbesondere nach 1989), aber auch das kompromisslose Vorgehen der Grünen, die das Thema immer mit Maximalforderungen versehen hatten. Auch der kompromisslose Unwille der CDU, das Thema politisch anzugehen, kann damit erklärt werden, und auch, warum die FDP immer auf eine achselzuckende Art und Weise Niederlagen hinnahm. Zu keinem Zeitpunkt wurde das Thema als so dringlich angesehen, dass man einen Kompromiss hätte suchen müssen. Nur linke Parteien hatten etwas zu gewinnen, da für sie die Perspektive im Vordergrund stand, nicht nur ihre Wähler*innenschaft mit der Ausweitung des Wahlrechts für Denizens zu erweitern, sondern auch den bestehenden Wähler*innen mit dem Thema zu gefallen.

Letztlich kann die Debatte so interpretiert werden, dass man über vier Jahrzehnte hinweg versucht hat, das Thema Staatsangehörigkeit von den inneren Prinzipen der Demokratie zu entflechten: die Staatsbürgerschaft über die nationale Staatsangehörigkeit hinaus zu definieren. Insofern sind die „gescheiterten" Debatten in Deutschland weniger wichtig im Hinblick auf die (auf Kommunen beschränkte und von der jeweiligen Gesellschaft akzeptierte) Ausweitung des Wahlrechts für Denizens als vielmehr für den politischen Diskurs über Staatsbürgerschaft an sich. Wie weit diese Akzeptanz jeweils geht, hängt in dem Fallbeispiel von den Bedingungen im jeweiligen Bundesland ab.

Literatur

Anil, Merih. 2005. No More Foreigners? The Remaking of German Naturalization and Citizenship Law, 1990–2000 *Dialectical Anthropology* 29 (3/4):453–70.
Barley, Katarina. 1999. *Das Kommunalwahlrecht für Ausländer nach der Neuordnung des Art. 28, Abs. 1, S. 3 GG.* Berlin: Dunckner und Humboldt.
Bauer, Werner T. 2008. Das kommunale Ausländerwahlrecht im europäischen Vergleich. Bonn: Firedrich-Ebert-Stiftung.
Birkenheimer, Manfred. 1976. *Wahlrecht für Ausländer – Zugleich ein Beitrag zum Volksbegriff des Grundgesetzes.* Berlin: Duncker & Humblot.
Brubaker, William Rogers. 1990. Immigration, citizenship, and the Nation-State in France and Germany: A comparative historical analysis. *International Sociology* 5 (4): 379–407.
Bundeszentrale für politische Bildung. 2018. *Interaktive Grafiken: Die Wahlbeteiligung bei Europawahlen.* https://www.bpb.de/dialog/europawahlblog-2014/185215/interaktive-grafiken-die-wahlbeteiligung-bei-europawahlen. Zugegriffen: 10. Mai 2021.
Earnest, David. 2003. *Voting rights for denizens: A comparison of 25 democracies.* Washington, DC: The George Washington University.
Franz, Fritz. 1981. Volksouveränität kontra Demokratie? In *Integration Ohne Partizipation? Ausländerwahlrecht in der Bundesrepublik Deutschland zwischen verfassungsrechtlicher Möglichkeit und politischer Notwendigkeit*, Hrsg. Ulrich Sievering. Frankfurt a. M.: Haag und Herchen.
Geddes, Barbara. 2010. *Paradigms and Sand Castles. Theory Building and Research Design in Comparative Politics.* Ann Arbor, Mich.: Univ. of Michigan Press.

Götze, Lutz. 1985. Kommunales Wahlrecht für Ausländer – Ein Vergleich mit den Niederlanden und Schweden. In *Wahlrecht für Ausländer. Stand und Entwicklung in Europa*, Hrsg. Faruk Şen und Gerhard Jahn. Frankfurt a. M.: Dağyeli.

Groenendijk, Kees. 2008. *Local Voting Rights for Non-Nationals in Europe: What We Know and What We Need to Learn*. Study for the Transatlantic Council on Migration. Washington, DC.: Migration Policy Institute.

Hunger, Uwe. 2001. Party competition and inclusion of immigrants in Germany. *German Policy Studies* 3:302–330.

Isensee, Josef, Hrsg. 1993. *Das Ausländerwahlrecht vor dem Bundesverfassungsgericht*. Bd. 63. Dokumentation der Verfahren. Heidelberg: Müller Jur. Verl.

Joppke, Christian. 1999. *Immigration and the Nation-State. The United States, Germany and Great Britain*. Oxford: Oxford Univ. Press.

Joppke, Christian. 2001. The evolution of alien rights in the United States, Germany, and the European Union. In *Nationality law in Europe*, Hrsg. Randall Hansen und Patrick Weil, 36–62. London: Macmillan.

Katzenstein, Peter. 1987. *Policy and politics in West Germany*. Philadelphia: Temple University Press.

Lijphart, Arend. 1999. *Patterns of democracy. Government forms and performance in thirty-six countries*. New Haven: Yale Univ. Press.

Liegmann, Gabriele. 1990. *Kommunales Recht für Ausländer in den Bundesländern und Europa*. Dokumentation and Stellungnahmen, Kommunalforschung für die Praxis. Kommunalwissenschaftliches Forschungszentrum Würzburg. Stuttgart: Boorberg.

Löwisch, Peter-Christian. 1985. Politische Mitbestimmung für Ausländer – Eine Notwendigkeit jetzt. In *Wahlrecht für Ausländer. Stand und Entwicklung in Europa*, Hrsg. Faruk Şen und Gerhard Jahn. Frankfurt a. M.: Dağyeli.

Mahoney, James, und Gary Goertz. 2004. The possibility principle. Choosing negative cases in comparative research. *The American Political Science Review* 98 (4): 653–669.

Niedermayer-Krauß, Sabine. 1989. Kommunalwahlrecht für Ausländer und Erleichterung der Einbürgerung. In *Schriften zum Staats- und Völkerrecht*, Hrsg. Dieter Blumenwitz. Frankfurt a. M.: Lang.

Neu, Viola. 2021. "Demokratische Einstellungen und Wahlverhalten. Eine repräsentative Analyse von Einstellungen und Wahlverhalten von Deutschen mit und ohne Migrationshintergrund und in Deutschland lebenden Ausländerinnen und Ausländern". 422. Analysen & Argumente. Konrad-Adenauer Stiftung.

Palmovski, Jan. 2008. In search of the German nation: Citizenship and the challenge of integration. *Citizenship Studies* 12 (6): 547–563.

Saalfeld, Thomas. 2002. The German party system – Continuity and change. *German Politics* 11 (3): 99–130.

Statistisches Bundesamt. 2012. *Einbürgerungen 1991–2011*. Fachserie 1 Reihe 2.1. Wiesbaden: Statistisches Bundesamt. https://www.destatis.de/DE/Publikationen/Thematisch/Bevoelkerung/MigrationIntegration/Einbuergerungen2010210117004.pdf?__blob=publicationFile. Zugegriffen: 16. Mai 2021.

Stand und Weiterentwicklung der Integration der ausländischen Arbeitnehmer und ihrer Familien in der Bundesrepublik Deutschland. Memorandum des Beauftragten der Bundesregierung Heinz Kühn, Bonn.1979.

Thränhardt, Dietrich. 1981. Das Eigeninteresse der Deutschen am Wahlrecht für Ausländer. In *Integration Ohne Partizipation? Ausländerwahlrecht in der Bundesrepublik Deutschland zwischen verfassungsrechtliche Möglichkeit und politische Notwendigkeit*, Hrsg. Ulrich Sievering. Frankfurt a. M.: Haag und Herchen.

Thränhardt, Dietrich. 2002. Konflikt oder Konsens. Einwanderungs- und Integrationspolitik in Deutschland und den Niederlanden. In *Politische Kulturen im Vergleich: Beiträge über die Niederlande und Deutschland seit 1945*, Hrsg. Frieso Wielenga, 17–44. Bonn: Haus der Geschichte der Bundesrepublik Deutschland.

Weigl, Michael. 1992. *Verfassungsrechtliche Aspekte eines Wahlrechts für Ausländer in der Bundesrepublik Deutschland unter besonderer Berücksichtigung des Kommunalrechts*. München: VVF.

Wüst, Benjamin. 2009. Deutsch-Türken würden SPD wählen. DW. https://p.dw.com/p/HIc9. Zugegriffen: 16. Mai 2021.

Zuleeg, Manfred. 1981. Ausländerwahlrecht ohne Verfassungsänderung? In *Integration Ohne Partizipation? Ausländerwahlrecht in der Bundesrepublik Deutschland zwischen verfassungsrechtliche Möglichkeit und politische Notwendigkeit*, Hrsg. Ulrich Sievering. Frankfurt a. M.: Haag und Herchen.

Primärquellen

Bürgerschaft der Freien und Hansestadt Hamburg, Drs. 13/3115. 12.08.89. „Fragenkatalog für die Sachverständigenanhörung des Rechtsausschusses am 1. November 1988 über ein Gesetz zur Einführung des Wahlrechts für Ausländer zu den Bezirksversammlungen" (Bericht des Rechtsausschusses).

Drs. 13/168. 27.07.87. Antrag der Grünen: Gesetz über die Wahl zu den Bezirksversammlungen.

Drs. 13/1012. 20.01.88. Schriftliche Kleine Anfrage der CDU: Wahrnehmung demokratischer Rechte durch Ausländer.

Drs. 13/1749. 01.06.88. Schriftliche Kleine Anfrage der SPD über den Beschluß des Senats zur Einführung des kommunalen Wahlrechts in Hamburg zu den Bezirksversammlungen.

Drs. 13/2245. 24.08.88. Antrag der Grünen: Befreiung von der 5-Prozent-Klausel für „Ausländer"-Wählervereinigungen.

Drs. 9/2431. 10.07.1980. Grundsatzentscheidungen des Senats und Sofortmaßnahmen zur Verbesserung der Lage ausländischer Arbeitnehmer und ihrer Familien in Hamburg, Hamburger Bürgerschaft. Mitteilungen des Senats an die Bürgerschaft.

Drs. 13/3115. 12.01.89. Bericht des Rechtsauschußes Gesetz zur Einführung des Wahlrechts für Ausländer zu den Bezirksversammlungen (Senatsvorlage).

Drs. 13/3116. 12.01.89. Bericht des Rechtsauschußes über Drs. 13/2245.

Drs. 13/2245. 24.08.1988. Mitteilungen des Senats an die Bürgerschaft: Antrag zu Drucksache 13/1680 Antrag zur „Befreiung von der 5-Prozent-Klausel für Ausländerwählervereinigungen" (GRÜNE/GAL).

Drs. 13/3160. 20.01.89. Bericht des Rechtsauschußes: über die Situation und die Rechte der Ausländer; über Drs. 13/1680 und 13/2245.

Drs. 13/3224. 01.02.89. Antrag der SPD: Änderung des Gesetzes über die Wahl zur Hamburgischen Bürgerschaft.

Drs. 13/3235. 01.02.89. Antrag der Grünen: Einführung des Wahlrechts für „Ausländer(innen)" zu den Bezirksversammlungen.
Drs. 13/5620. 01.03.90. Antrag CDU: Aufhebung der Vorschriften zur Einführung des Wahlrechtes für Ausländer zu den Bezirksversammlungen.
Drs. 13/7060. 27.11.90. Schriftliche Kleine Anfrage der CDU und Antwort des Senats: Bildungsurlaubsveranstaltungen der Volkshochschule „Kommunales Wahlrecht und Ausländerpolitik" für Ausländer.
Drs. 13/7092. 04.12.90. Schriftliche Kleine Anfrage der CDU: Kosten für die Vorbereitung der Wahlen zu den Bezirksversammlungen.
Mitteilung des Senats. 06.06.88 über die Drs. 13/1680.
PlPt. 13/7. 20.09.87. Debatte des Antrags Drs. 13/168.
PlPt. 13/28. 22.06.88. Debatte über Drs. 13/3224.
PlPt. 13/37. 10.11.88. Debatte über die Drs. 13/2245.
PlPt. 13/45. 01.02.89. Erste Debatte über Drs. 13/3235 und Drs. 13/3224.
PlPt. 13/46. 15.02.89. Zweite Debatte über 13/3235 und 13/3224.
PlPt. 13/5580. 25.04.90. Debatte über Drs. 13/5620.
PlPt. 13/89. 07.11.90. Debatte über das Urteil des Bundesverfassungsgerichts.

Schleswig-Holstein

Drs. 12/73. 04.09.1987. Antrag. Schaffung von Verfassungsrechtlichen Voraussetzungen für das kommunale Wahlrecht für Ausländer.
Drs. 12/72. 18.10.1988. Gesetzentwurf zur Änderung des Gemeinde- und Kreiswahlgesetzes. Gesetz- und Verordnungsblatt für Schleswig-Holstein 819/1989, Nr 3.
Drs. 12/74. 25.10.1988. Antrag. Einführung des Kommunalen Ausländerwahlrechts.
Drs. 12/194. 02.02.1989. Bericht und Beschlußempfehlung des Innen- und Rechtsausschuß zu 12/72
Drs. 12/1143. 22.11.1990. Entschließung zum Tagesordnungspunkt: Kommunales Ausländerwahlrecht – Konsequenzen aus dem Urteil des BverfG.
Drs. 12/1157. 27.11.1990. Antrag. Entschließung zum Tagesordnungspunkt: Kommunaleswahlrecht.
Drs. 13/2975. 06.09.1995. Gesetzentwurf der Landesregierung: EU-Kreiswahlreform.
Drs. 13/3138. 23.11.1995. Beschlußempfehlung und Bericht über 13/2975.
Drs. 13/3346. 08.02.1996. Ausländer Wahlrecht stoppen.
Drs. 14/2867. 05.04.2000. Kunstprojekt im nördlichen Lichthof des Reichstagsgebäudes von Hans Haacke „Der Bevölkerung."
Drs. 17/937. 05.10.2010. Einrichtung eines kommunalen Wahlrechts auch für Nicht-EU-Bürger – Schleswig-Holstein (SPD).
Drs. 18/748. 17.04.2013. Kommunales Wahlrecht auch für Nicht-EU-Bürgerinnen (SPD, Grüne, SSW).
Drs. 18/729. 24.04.2013. Kommunales Wahlrecht für alle Nichtdeutschen einführen (Piraten, SPD, Grünen, SSW).
Gesetz 819/1989. 21.02.1989. Gesetz zur Änderung des Gemeinde-und Kreiswahlgesetzes.
PlPt. 12/2. 28.06.1988. Ministerpräsident stellt Regierungsprogramm vor.
PlPt. 12/9. 08.11.1988. Debatte über Drs. 12/72, 12/73, und 12/74.

PlPt. 12/17. 14.02.1989. Debatte kommt zu Ende.
PlPt. 12/61. 18.09.1990. Konsequenzen vom BVerfG ziehen.
PlPt. 13/100. 27.09.1995. Debatte über EU-Regel-Umsetzung.
PlPt. 13/106. 06.12.1995. Wahl gegen fraktionsloser Antrag 13/3088 and Zweite Lesung des Entwurfs eines Gesetzes zur Änderung wahlrechtlicher Vorschriften.
PlPt. 18/59. 16.05.2014. Landtagsbeschlüsse vom 26. April 2013 zum Kommunalwahlrecht für Nicht-EU-Bürgerinnen und -Bürger Drs. 18/729.

Bremen

Beiräte und Ortsämter im Gebiet der Stadtgemeinde Bremen (Bremer Bürgerschaft).
Drs. 11/853. 23.02.1987. Antrag der Fraktion der Grünen. Gesetz zur Änderung des Bremischen Wahlgesetzes (Wahlrecht für ausländische Bürger).
Drs. 12/289. 16.09.1988. Landtag. Antrag (Entschließung) des Abgeordneten Altermann ablehnt. Einfürung eines Wahlrechts für Ausländer an den Wahlen zu den Ortsbeiärten.
Drs. 12/452. 14.02.1989. Verbesserung Soziale Betreuung Auländer, mehr humane Ausländerpolitik, Ausländerwahlrecht, „Solidarität mit Ausländern und Asylbewerber".
Drs. 12/516. 19.04.1989. Antrag. Asyl verschärfen, Flüchtlingdruck differenzieren zwischen Ausländer, Asylbewerber und Aussiedler, neue differenzierte Ausländerpolitik für jede Gruppe.
Drs. 14/74. 18.10.1995. Antrag Gesetz zur Einführung des Kommunalwahlrechts für Unionsbürger.
Drs. 14/78. 23.10.1995. 1. Lesung des Antrags 14/74: Gesetz zur Einführung des Kommunalwahlrechts für Unionsbürger.
Drs. 14/294. 09.05.1996. Mitteilungen Senats (EU) Gesetz zur Umsetzung der Richtlinien 94/80 EG.
Drs. 14/400. 12.08.1996. Bericht zu DRS. 14/78 und 14/294 nichtsständigen Ausschusses gemäß Art. 125 der Landesverfassung.
Drs. 14/419. 28.08.1996. Prüfung des Gesetzentwurfes zum Kommunalwahlrecht durch die EU-Kommission.
Drs. 18/214. 24.01.2012. Das Wahlrecht erweitern (SPD, Grüne).
Drs. 18/731. 16.01.2013. Bericht und Antrag des nichtständigen Ausschusses Ausweitung des Wahlrechts.
Gesetzblatt 46. 16.10.1996. Gesetz zur Umsetzung der Richtlinie 94/80/EG.
Gesetz zur Änderung des Ortsgesetzes über Beiräte und Ortsämter im Gebiet der Stadtgemeinde Bremen vom 17. Dezember 1985 (BremGBl. S. 236 – Änderungsgesetz 1985).
Gesetzblatt 46. 08.11.1996. Gesetz über die Einzelheiten der Ausübung des aktiven und passiven Wahlrechts bei den Kommunalwahlen für Unionsbürger mit Wohnsitz in einem Mitgliederstaat, dessen Staatsangehörigkeit sie nicht besitzen.
PlPt. 11/76. 11.02.1987. Debatte über Drs. 11/853.
PlPt. 12/27. 02.11.1988. Debatte über Drs. 12/289. Antrag des Angeordneten Altermann (CDU).
PlPt. 12/41. 11.05.1989. Asyldiskussion: Grenze der Belastbarkeit.
PlPt. 14/8. 09.11.1995. Landtagwahl für Unionsbürger.
PlPt. 14/15. 20.03.1996. 1. Lesung Drs. 14/294 (EU).

PlPt. 14/22. 13.06.1996. 1. Lesung Drs. 14/294 and 14/8.

PlPt. 14/24. 29.08.1996. 2. Lesung Drs. 14/78, Bericht, Umsetzung, Prüfung des Gesetzentwurfs durch die EU-Kommission.

PlPt. 14/25. 25.09.1996. 3. Lesung.

PlPt. 18/34. 24.01.2013. Erste Lesung Drs. 18/731.

SPD Bürgerschaftsfraktion des Landes Bremen. 1986. Kommunales Wahlrecht für Ausländer: Wahlrecht zu den Ortsamtsbeiräten Als erster Schritt. Eine Argumentationshilfe, Bremen.

BremGBl.—Änderungsgesetz 1985. 17.12.1985. Gesetzes zur Änderung des Ortsgesetzes über Beiräte und Ortsämter im Gebiet der Stadtgemeinde Bremen vom 17. Dezember 1985

St 1/13. 24.03.2014. Staatsgerichtshof der Freien Hansestadt Bremen. „Eine Ausweitung des Wahlrechts zur Bremischen Bürgerschaft (Landtag) auf Unionsbürgerinnen und Unionsbürger und eine Ausweitung des Rechts zur Wahl der Beiräte auf Angehörige von Drittstaaten widersprechen der Bremischen Landesverfassung."

Berlin

Drs. 10/465. 16.01.1986. Gesetz über Änderung des Landwahlgesetzes.

Drs. 10/488. 24.01.1986. Antrag der Fraktion der AL über Gesetz über Änderung des Landeswahlgesetzes.

Drs. 10/489. 24.01.1986. Antrag Gesetzänderung des Bezirkversammlungsgesetz.

Drs. 10/1677. 04.09.1987. Antrag Gesetz zur Änderung der Verfassung von Berlin „Wahlberechtigten Deutschen und Ausländern" ergänzen.

Drs. 10/1668. 04.09.1987. Antrag Gesetz zur Änderung des Bezirkverwaltunggesetzes.

Drs. 10/1677. Antrag der Fraktion der SPD über (21.) Gesetz zur Änderung der Verfassung von Berlin.

Drs. 10/2183. 29.04.1988. Antrag Gesetz zur Änderung der Verfassung von Berlin.

Drs. 10/2525. 21.10.1988. Beschlußempfehlung des Rechtauschusses zum Antrag der SPD, Drs. 10/1677.

Drs. 10/2526. 21.10.1988. Beschlußempfehlung des Ausschusses für Inneres zum Antrag Drs. 10/1668 der AL.

Drs. 11/370. 06.10.1989. Antrag über Gesetz zur Einführung des Wahlrechts für Ausländer zu den Bezirkverordnetenversammlungen.

Drs. 11/395. 17.10.1989. Antrag über Gesetz zur Einführung des Wahlrechts für Ausländer zu den Bezirkverordnetenversammlungen mit Begründung.

Drs. 11/982. 05.07.1990. Beschlußempfehlung des Ausschusses für Inneres, Sicherheit und Ordnung zum Antrag Drs. 11/370 der AL.

Drs. 11/1187. 26.09.1990. Beschlußempfehlung des Rechtausschusses zum Antrag der AL Drs. 11/370 und 11/1982.

Drs. 11/1332. 12.11.1990. Antrag über Aufhebung des Wahlrechts für Ausländer zu den Bezirksversammlungen.

Drs. 11/1350. 22.11.1990. Annahme einer Entschließung über Kommunales Ausländerwahlrecht gegenüber der BVerfG-Entscheidung.

Drs. 12/403. 05.06.1991. Antrag über Berliner Bundestagsinitiative zur Neudefinition des Staatsbürgerbegriffes im Grundgesetz.

Drs. 12/1496. 25.06.1991. Beschlußempfehlung des Rechtausschusses zum Antrag des PDRS. über Berliner Bundesinitiative zur Neudefinition des Staatsbürgerbegriffes im Grundgesetz.

Drs. 12/5499. 19.12.1994. Vorlage zur Beschlußfassung über fünftes Gesetz zur Änderung des Landeswahlgesetzes.

Drs. 12/5498. 26.04.1995. Vorlage zur Beschlußfassung über 29. Gesetz zur Änderung der Verfassung von Berlin.

Drs. 12/5650. 07.06.1995. Beschlußempfehlung des Rechtausschusses über 5. Gesetz zur Änderung des Landeswahlgesetzes.

Drs. 12/5651. 07.06.1995. Beschlußempfehlung des Rechtausschusses über 5. Gesetz zur Änderung des Landeswahlgesetzes.

Drs. 13/1924. 14.08.1997. Antrag über Bundesratinitiative zum Kommunalrecht für Migranten.

Drs. 16/0676. 26.06.2007. Kommunales Wahlrecht für Nicht-EU-Bürgerinnen und Bürger (SPD und Linke).

Drs. 16/3860. 19.02.2011. Gesetz zur Änderung der Verfassung von Berlin (Wahlrecht für Drittstaatsangehörige zu Bezirksverordnetenversammlungen) (Grüne).

Drs. 17/0043. 30.11.2011. Kommunales Wahlrecht fir Nicht-EU-Bürgerinnen und Bürger (Grüne).

Gesetzblatt Heftnr. 30. 14.06.1995 A 3227 Änderung der Verfassung von Berlin: EU-Bürger.

Gesetzblatt Hetfnr. 33. 28.06.1995. Fünftes Gesetz zur Änderung des Landeswahlgesetzes (EU).

PlPt. 10/19. 16.01.1986. Debatte über Große Anfrage der AL über Einwanderungspolitik in Berlin und Anträge Drs. 10/488 und Drs. 10/489.

PlPt. 10/58. 10.09.1987. Debatte über Drs. 10/1528 (FDP) and Drs. 10/1667 (AL Landeswahlgesetzes).

PlPt. 10/58. 10.09.1987. 1. Lesung des Antrags 10/1667 und 10/1668.

PlPt.10/74. 05.05.1988. 1. Lesung SPD des Antrags zur Verfassungänderung Drs. 10/2183.

PlPt. 10/84. 10.11.1988. 2. Lesung 10/2525, 10/2526, und 10/2527.

PlPt. 11/16. 26.10.1989. 1. Lesung des Antrags 11/395 (SPD) and 11/370 (AL).

PlPt. 11/39. 30.08.1990. 2. Lesung des Antrages der AL über Gesetz zur Einführung des Wahlrechts für Ausländer 11/370.

PlPt. 11/48. 22.11.1990. Debatte über Drs. 11/1350.

PlPt. 11/42. 27.11.1990. Dritte Lesung Drs. 11/370.

PlPt. 12/85. 05.01.1995. Beschluß über Drs. 12/5498 (Rechtsausschuss).

PlPt. 12/85. 11.05.1995. Debatte über Drs. 12/5498 und 12/5499.

PlPt. 12/86. 08.06.1995. Debatte über Drs. 12/5651.

PlPt. 13/34. 30.10.1997. Debatte über Drs.13/2034.

Entwürfe aus anderen Ländern

Abkürzungen für die Länder, Datum, Name des Entwurfs und Autor*innen sind wie folgt: BR: Brandenburg; BW: Baden-Württemberg; BY: Bayern; HE: Hessen; MV:

Mecklenburg-Vorpommern; NI: Niedersachsen; NW: Nordrhein-Westfalen; RP: Rheinland-Pfalz; SH: Schleswig-Holstein; SL: Saarland; SN: Sachsen und ST: Sachsen-Anhalt.

BR. 26.09.1995. Drs. 2/1517 Gesetzentwurf zur Änderung des Brandenburgischen Kommunalwahlgesetzes zur Umsetzung der Richtlinie 94/80/EG. Landesregierung.

BR. 26.09.1999. Umsetzung der Richtlinie. Landesregierung.

BR. 10.12.2008. Große Anfrage an die Landesregierung zur Integrationspolitik des Landes Brandenburg. Die Linke.

BW. 23.06.1984. Drs. 9/256 Gesetz zur Einführung des Kommunalwahlrechts für Ausländer Baden-Württemberg. Grüne.

BW. 27.01.1995. Drs. 11/5326 Gesetz zur Änderung der Verfassung des Landes Baden-Württemberg. CDU/CSU.

BY. 19.01.1989. Drs. 11/9645. Gesetzentwurf zur Änderung des Gemeindewahlgesetzes. Grüne.

BY. 18.10.1989. Drs. 11/13438. Gesetzentwurf Sechstes Gesetz zur Änderung der Verfassung des Freistaates Bayern. Grüne.

BY. 14.02.1995. Drs. 13/469. Änderung des Gesetzes über die Wahl der Gemeinderäte, Bürgermeister, Kreistag und Landesräte. Grüne.

BY. 28.03.1995. Sen-Drs. 13/195. Gesetz zur Änderung des Gemeinde- und Landkreiswahlgesetzes. Staatsregierung.

BY. 29.01.1998. Drs. 13/10085. Gesetzentwurf zur Änderung des Gemeinde- und Landeskreiswahlgesetz. Grüne.

BY. 04.02.98 Drs. 13/10227. Dringlichkeitsantrag: Kommunales Wahlrecht für Drittstaatangehörige. Grüne.

BY. 27.10.2010. Drs. 16/6123. Demokratische Weiterentwicklung des Kommunalwahlrechts. Grüne.

BY. 10.02.2015. Drs. 17/5204. Gesetzentwurf eines Bayerischen Partizipations- und Integrationsgesetzes und zur Änderung von Rechtsvorschriften zur Verbesserung der Partizipation und Integration von Menschen mit Migrationshintergrund. SPD.

HE. 08.07.1986. Drs. 11/6323. Gesetz zur Einführung des Kommunalwahlrechts für Ausländer. Grüne.

HE. 20.10.1987. Drs. 12/836. Gesetz zur Einführung des Kommunalwahlrechts für Ausländer. Grüne.

HE. 18.04.1989. Drs. 12/4374. Gesetz zur Einführung des Kommunalen Wahlrechts für EG-Bürger und Bürgerinnen. SPD.

HE. 19.05.1995. Drs. 14/93. Gesetzentwurf der Landesregierung für ein Gesetz zur Einführung des Kommunalwahlrechts für Unionsbürgerinnen und Unionsbürger. Landesregierung.

MV. 10.08.1995. Drs. 2/674. Gesetzentwurf eines Ersten Gesetzes zur Änderung wahlrechtlicher Vorschriften. Landesregierung.

MV. 17.01.2001. Drs. 3/1816. Antrag: Bundesinitiative für Kommunalwahlrecht für Nicht-EU-Bürgerinnen mit ständigen Wohnsitz im Gebiet der Bundesrepublik. PDRS. und SPD.

MV. 01.11.2007. Drs. 5/991. Antrag Entschließung „Ja zu einem kommunalen Wahlrecht für Drittstaatenangehörige in der Bundesrepublik Deutschland." Linke.

MV. 14.11.2007. PlPt. 5/28. Debatte zu Drs. 5/991.

MV. 09.04.2009. Drs. 5/2407. Kleine Anfrage Kommunalwahlrecht für Migrantinnen und Migranten. Linke.

MV. 26.05.2010. Drs. 5/3477. Kein Kommunalwahlrecht für Ausländer – verfassungswidrigen Bestrebungen von Sozialdemokraten, Grünen und Linken entgegentreten! NPD.

NI. 08.09.1986. Gesetzentwurf zur Änderung des Wahlgesetzes. Grüne.

NI. 29.07.1995. Gesetz zur Einführung des aktiven und passiven Wahlrechts bei den Kommunalwahlen für nichtdeutsche Staatsbürger von Mitgliederstaaten der EU. Ministerpräsident.

NI. 10.02.2015. Entschließung: Kommunales Wahlrecht für Drittstaatsangehörige einführen. SPD und Grüne.

NI. 10.02.2015. Drs. 17/2885. Kommunales Wahlrecht für Drittstaatsangehörige einführen. SPD und Grüne.

NI. 10.03.2015. Drs. 17/3119. Einführung des Ausländerwahlrechts für Drittstaatsangehörige bei Kommunalwahlen, Chance zur Mitgestaltung des Lebensumfelds für Menschen mit einem mindestens fünfjährigen rechtmäßigen Aufenthalts in Deutschland. FDP.

NI. 10.03.2015. Drs. 17/3119. Entschließung. Kommunales Wahlrecht für Drittstaatsangehörige einführen. FDP.

NW. 17.10.1990. Drs. 11/535. Gesetz zur Änderung des Gesetzes über Kommunalwahlen im Lande Nordrhein-Westfalen (Kommunalwahlgesetz für AusländerInnen). Grüne.

NW. 18.09.1995. Drs. 12/175. Gesetz zur Einführung des Kommunalwahlrechtes für Ausländer. Landesregierung.

NW. 11.06.2013. Drs. 16/3244. Kommunales Wahlrecht auch für Nicht-EU-Bürgerinnen und Bürger einfuhren. Piraten.

RP. 30.11.1987. Drs. 11/573. Gesetzentwurf. Einführung des Kommunalwahlrechts für Ausländer. Grüne.

SL. 30.08.1995. Drs. 11/397. Gesetzentwurf der Regierung des Saarlandes zur Änderung des Kommunalwahlrechtes. Regierung.

SL. 14.08.2008. Drs. 13/2006. Antrag: Kommunales Wahlrecht für Drittstaatangehörige einführen. Grüne und unabhängige Abgeordnete.

SL. 20.08.2008. Drs. 13/2017. Antrag: Kommunales Wahlrecht für Drittstaatangehörige einführen. Barbara Spaniol (fraktionslos).

SL. 14.08.2008. Drs. 13/2006. Kommunales Wahlrecht auch für Ausländerinnen und Ausländer aus Drittstaaten! Grüne.

SN. 02.06.1995. Drs. 2/1168. Gesetzentwurf zur Einführung des aktiven und passiven Wahlrechts für Bürger der EU im Freistaat Sachsen. SPD.

SN. 14.06.1995. Drs. 2/1248. Gesetz zur Umsetzung der Richtlinie 94/80 EG. CDU.

ST. 27.04.1985. Drs. 2/869. Gesetzentwurf zur Einführung des aktiven und passiven Wahlrechtes bei Kommunalwahlen für ausländische Bürgerinnen und Bürger. P

ST. 26.05.1995. Drs. 2/981. Gesetzentwurf über das Kommunalwahlrecht für nichtdeutsche Unionsbürger. Landesregierung.

ST. 18.06.2008. Drs. 5/1323. Bundesratsinitiative zur Änderung des Grundgesetzes mit dem Ziel der Einführung des kommunalen Wahlrechts für alle hier lebenden Ausländerinnen und Ausländer. Linke.

Bundestag und Bundesrat

Bundesrats-Drs. 69/92. 29.01.1992. Gesetzesantrag der Freien und Hansestadt Hamburg. Entwurf eines Gesetzes zur Einführung des passiven Wahlrechts für Ausländer bei den Sozialversicherungswahlen.

Bundesrats-Drs. 515/97. 09.07.1997. Gesetzesantrag der Länder Brandenburg, Hessen, Niedersachsen, Nordrhein-Westfalen, Saarland, Sachsen-Anhalt, Schleswig-Holstein für ein Gesetz zur Änderung des Grundgesetzes.

Bundesrats-Drs. 45/99. 26.01.99. Entwurf eines Gesetzes zur Änderung des Grundgesetzes.

Bundesrats-Drs. 623/07. 05.09.2007. Gesetzesantrag des Landes Rheinland-Pfalz.

Bundesrats-Drs. 13/9338, 03.12.97. Entwurf eines Gesetzes zur Änderung des Grundgesetzes.

Bundesrats-Drs. 142/10. 12.03.2010. Gesetzantrag Berlin und Bremen: Entwurf eines Gesetzes zur Änderung des Staatsangehörigkeitsgesetzes.

Bundesrats-PlPt. 17/868. 26.03.2010. Debatte, um die Optionsregelung abzuschaffen.

Bundestags-Drs. 11/1974. 09.03.1988. Antrag der Fraktion der SPD: Kommunales Wahlrecht für Ausländer.

Bundestags-Drs. 11/4462. 03.05.1989. Gesetzentwurf der Grünen. Entwurf eines Gesetzes zur Änderung des Bundeswahlgesetzes.

Bundestags-Drs. 12/5127. 15.06.1993. Gesetzentwurf der Gruppe der PDRS./Linke Liste. Entwurf eines Gesetzes zur Änderung des Artikels 38 des Grundgesetzes.

Bundestags-Drs. 12/5128. 15.06.1993. Gesetzentwurf Linke und P Entwurf eines Zwölften Gesetzes zur Änderung des Bundeswahlgesetzes.

Bundestags-Drs. 12/5131. 15.06.1993. Gesetzentwurf der Gruppe der PDRS./Linke. Entwurf eines Zweiten Gesetzes zur Änderung des Europawahlgesetzes.

Bundestags-Drs. 13/3519. 17.01.1996. Gesetzentwurf der P Entwurf eines Gesetzes zur Änderung des Artikels 38 des Grundgesetzes.

Bundestags-Drs. 13/3520. 17.01.1996. Gesetzentwurf der P Entwurf eines Dreizehnten Gesetzes zur Änderung des Bundeswahlgesetzes.

Bundestags-Drs. 13/3521. 17.01.1996. Gesetzentwurf der PDRS. für ein Viertes Gesetz zur Änderung des Europawahlgesetzes.

Bundestags-Drs. 13/9301. 26.11.1997. Gesetzentwurf der BÜNDNIS/DIE GRÜNEN: Entwurf eines Gesetzes zur Änderung des Grundgesetzes (Einführung des kommunalen Wahlrechts für Ausländerinnen und Ausländer).

Bundestags-Drs. 16/11815. 24.06.2009. Antwort der Bundesregierung auf die Große Anfrage der Abgeordneten Sevim Dagdelen, Wolfgang Neskovic, Ulla Jelpke, weiterer Abgeordneter und der Fraktion DIE LINKE.

Bundestags-Drs. 16/4361. 21.02.2007. Kleine Anfrage (Linke) Umsetzung des Prüfauftrages zur Einführung des kommunalen Wahlrechts für Drittstaatenangehörige.

Bundestags-Drs. 16/5904. 03.07.2007. Antrag der LINKEN. Kommunales Wahlrecht für Drittstaatenangehörige einführen.

Bundestags-Drs. 16/6628. 10.10.2007. Gesetzentwurf der Fraktion BÜNDNIS 90/DIE GRÜNEN. Entwurf eines Gesetzes zur Änderung des Grundgesetzes (Kommunales Ausländerwahlrecht).

Bundestags-Drs. 16(4)459. 22.09.2008. Anhörung des Innenausschusses des Deutschen Bundestages, „Kommunales Wahlrecht für Ausländer".

Bundestags-Drs. 16/11815. 28.01.2009. Große Anfrage der Fraktion DIE LINKE. Staatsangehörigkeitsrecht und Einbürgerungspraxis als Maßstab der Integrationspolitik.

Bundestags-Drs. 16/13033. 14.05.2009. Beschlussempfehlung und Bericht des Innenausschusses zu dem Gesetzentwurf der Fraktion BÜNDNIS 90/DIE GRÜNEN.

Bundestags-Drs. 16/13165. 26.05.2009. Antrag der Abgeordneten der Fraktion DIE LINKE. Teilhabe ermöglichen – Kommunales Wahlrecht einführen.

Bundestags-Drs. 16/13558. 24.06.2009. Antwort der Bundesregierung auf die Große Anfrage der Fraktion DIE LINKE.

Bundestags-Drs. 17/1047. 16.03.2010. Gesetzentwurf der Fraktion der SPD: Entwurf eines Gesetzes zur Änderung des Grundgesetzes (Artikel 28 Absatz 1).

Bundestags-Drs. 17/1146. 23.03.2010. Antrag der LINKEN. Kommunales Wahlrecht für Drittstaatenangehörige einführen.

Bundestags-Drs. 17/1150. 23.03.2010. Gesetzentwurf der Grünen: Entwurf eines Gesetzes zur Änderung des Grundgesetzes (Artikel 28 Absatz 1; Kommunales Ausländerwahlrecht).

Bundestags-Drs. 17/1660. 07.05.2010. Kleine Anfrage der LINKEN über die Umsetzung des Nationalen Aktionsplans gegen Rassismus.

Bundestags-Drs. 17/1881. 28.05.2010. Antwort der Bundesregierung auf die Kleine Anfrage der LINKEN über die Umsetzung des Nationalen Aktionsplans gegen Rassismus.

Bundestags-Drs. 17/5896. 25.05.2011. Entwurf eines Gesetzes zur Änderung des Grundgesetzes und zur Reformierung des Wahlrechts (Die Linke).

Bundestag 17/6712. 25.07.2011. Schriftliche Frage von Sevin Dagdelen (Die Linke) über Konsequenzen der Inkongruenz zwischen den Inhabern demokratischer politischer Rechte und den dauerhaft einer bestimmten staatlichen Herrschaft Unterworfenen.

Bundestags-Drs. 17/7266. 04.10.2011. Kleine Anfrage zur Position der Integrationsbeauftragten des Bundes zu intergrationspolitischen Gesetzesvorhaben (Grünen).

Bundestags-Drs. 18/2088. 11.07.2014. Entwurf eines Gesetzes zur Änderung des Grundgesetzes (Artikel 28 Absatz 1 – Kommunales Ausländerwahlrecht (Bündnis 90/Die Grünen).

Bundestags-Drs. 18/3169. 12.11.2014. Entwurf eines Gesetzes zur Änderung des Grundgesetzes und zur Einführung eines allgemeinen Wahlrechts für alle Einwohnerinnen und Einwohner der Bundesrepublik Deutschland (Die Linke).

Bundestags-PlPt. 16/120. 24.10.2007. 120. Sitzung, Berlin.

Bundestags-PlPt. 16/224. 28.05.2009. Antrag der LINKEN: Teilhabe ermöglichen – Kommunales Wahlrecht einführen.

Bundestags-PlPt. 17/34. 25.03.2010. Antrag der LINKEN: Kommunales Wahlrecht für Drittstaatsangehörige einführen.

Bundestags-PlPt. 17/222. 21.02.2013. Zweite und dritte Beratung Entwurfs eines Gesetzes zur Änderung des Grundgesetzes (Art. 28 Abs. 1 – Kommunales Ausländerwahlrecht) Drs. 17/1150 – Beschlussempfehlung und Bericht des Innenausschusses (4. Ausschuss) Drs. 17/12424.

Bundesverfassungsgericht. Urt. v. 12.10.1989, Az.: 2 BvF 2/89, Einstweilige Anordnung; Kommunalwahlgesetz.

Bundesverfassungsgericht. Urt. v. 31.10.1990, Az.: 2 BvF 2, 6/89, BVerfGE 83, 37 – Ausländerwahlrecht I.

BVerfGE. 12.10.1989. Voraussetzungen für den Erlaß einer Einstweiligen Anordnung zur Aussetzung des Vollzugs eines Kommunalwahlgesetzes, 2 BvF 2/89.

BVerfGE 04.04.1990. Wiederholung einstweiliger Anordnung: vorläufige Außervollzugsetzung des Ausländerwahlrechts gem. KomWGÄndG SH 1989, 2 BvF 2/89.

BVerfGE Urteil 31.10.1990. Rechtsprechung Ausländerwahlrecht I, File Number 2 BvF 2, 6/89 (Schleswig-Holstein). Vol. 83, S. 37–59.

BVerfGE Urteil 31.10.1990. 2 Rechtsprechung Ausländerwahlrecht II, Aktennummer BvF 3/89 (Hamburg). Kommunales Ausländerwahlrecht nicht verfassungsgemäß. Bd. 83, S. 60–80.

Bundesamt für Migration und Flüchtlinge. 2009. *Ausländerzahlen.* Nürnberg: 18.

Council of Europe. 2009. *Additional Protocol to the European Charter of Local Self-Government on the right to participate in the affairs of a local authority,* CETS 207, Utrecht.

Dittbrenner, Claus. 1986. „Kommunales Wahlrecht Für Ausländer in Bremen." In *Kommunales Wahlrecht für Ausländer: Wahlrecht zu den Ortsamtsbeiräten als erster Schritt. Eine Argumentationshilfe,* edited by SPD Bürgerschaftsfraktion des Landes Bremen, Bremen.

EU-Richtlinie 94/80/EG vom 19. Dezember 1994.

Eurostat. 2017. *Eurostat—Data Explorer:* Bevölkerung am 1. Januar 2016 nach Altersgruppen, Geschlecht und Staatsangehörigkeit.

Eurostat. September 2017. Bevölkerung am 1. Januar nach Altersgruppen, Geschlecht und Staatsangehörigkeit.

Gemeinsam für Deutschland mit Mut und Menschlichkeit. Koalitionsvertrag zwischen CDU, CSU und SPD, 11.11.2005.

Green, Simon. 2005. "Between Ideology and Pragmatism: The Politics of Dual Nationality in Germany." *International Migration Review 39* (4).

Grundgesetz für die Bundesrepublik Deutschland in der im Bundesgesetzblatt Teil III, Gliederungsnummer 100–1, veröffentlichten bereinigten Fassung, das zuletzt durch Artikel 1 u. 2 Satz 2 des Gesetzes vom 29. September 2020 (BGBl. I S. 2048) geändert worden ist

Hailbronner, Kay. 2006. "Germany." In *Acquisition and Loss of Nationality,* edited by R. Bauböck, E. Ersbøll, K. Groenendijk, and H. Waldrauch. Amsterdam.

Hansen, Randall, and Jobst Koehler. 2005. "Issue Definition, Political Discourse and the Politics of Nationality Reform in France and Germany." *European Journal of Political Research 44* (5):623–44.

Hirschman, Albert O. 2004. *The Rhetoric of Reaction.* Digitally reprint. Cambridge, Mass.: Belknap Press.

Kelle, Udo, und Susann Kluge. 1999. Vom Einzelfall Zum Typus. Bd. 4. Opladen: Leske + Budrich.

Kempen, Otto Ernst. 1989. "Kommunalwahlrecht Der Ausländer - Schutz Für Die Nationale Provinz Oder Baustein Für Ein Soziales Europa?" *Gewerkschaftliche Monatshefte* 7: 414–22.

Kroes, Friedrich. 1985. "Mögliche Aktionsbeispiele Zur Durchsetzung Des Kommunalen Wahlrechts Für Ausländer." In *Wahlrecht für Ausländer. Stand und Entwicklung in Europa,* edited by F. Secen und Gerhard Jahn. Frankfurt a.M.

Morjé Howard, Marc. 2008. "The Causes and Consequences of Germany's New Citizenship Law." *German Politics 17* (1): 41–62.

Parliamentary Assembly of the Council of Europe. 2001. *Recommendation Participation of immigrants and foreign residents in political life in the Council of Europe member states.* Brüssel.

Parliamentary Assembly of the Council of Europe. 2015. Resolution 2043 "Democratic participation for migrant diasporas." Brüssel.

Schmidtke, Oliver. 2015. "Between Populist Rhetoric and Pragmatic Policymaking: The Normalization of Migration as an Electoral Issue in German Politics." *Acta Politica 50* (October): 379–98.

Statistisches Bundesamt. 2012. *Bevölkerung und Erwerbstätigkeit:Einbürgerungen 2011.* DESTATIS Fachserie 1, Reihe 2.1. Wiesbaden.

Statistisches Bundesamt. 2015. *Bevölkerung und Erwerbstätigkeit: Einbürgerungen 2014.* DESTATIS Fachserie 1, Reihe 2.1. Wiesbaden.

Statistisches Bundesamt. 2017. *Bevölkerung und Erwerbstätigkeit Ausländische Bevölkerung. Ergebnisse des Ausländerzentralregisters.* Fachserie 1, Reihe 2. Wiesbaden.

United Nations, Department of Economic and Social Affairs. 2013. Trends in International Migrant Stock: Migrants by Age and Sex (United Nations database, POP/DB/MIG/Stock/Rev.2013).

Wüst, Andreas M. 2003. "Das Wahlverhalten Eingebürgerter Personen in Deutschland." *APuZ* B52: 29–38.

Teil III

Vergleich und theoretische Überlegungen

Dieses Buch untersucht, wie sich die Ausweitung des Wahlrechts auf Denizens auf das moderne Verständnis von Staatsbürgerschaft auswirkt und warum es in Fällen, die es eigentlich mit ähnlichen Herausforderungen zu tun haben, immer wieder zu so unterschiedlichen Ergebnissen kommt. Als ich mich auf diese „vergleichende Reise" begeben habe, habe ich mich an den Rat von Rogers Smith gehalten, Politikwissenschaft mit einem besonderen Augenmerk auf die politischen Prozesse zu betreiben, da erst hier klar wird, welche politischen Grundüberzeugungen dem Handeln zugrunde liegen, welche Allianzen sich herausbilden und wie sich auch Überzeugungen verändern können.

Bisher gibt es nur wenige Studien, die Prozesse der Wahlrechtsausweitung mit einem speziellen Fokus auf politische Prozesse und Diskurse untersuchen. Die ausgewählte Methode erlaubt es mir nun aber, die vorgestellten Argumente miteinander zu vergleichen und zu untersuchen, inwiefern sie kontextabhängig sind oder unabhängig davon Gültigkeit für sich beanspruchen. Mit der Untersuchung von Portugal und Deutschland habe ich zudem zwei Fälle dem bisherigen Wissensstand hinzugefügt, die trotz ihrer jeweiligen Besonderheiten idealtypisch auch für andere Fälle stehen können, sodass Ergebnisse aus dieser Arbeit in einem gewissen Maße auch auf andere Fälle übertragen werden können. In Portugal wurde nur portugiesischsprachigen Ausländer*innen und solchen aus Ländern, in denen auch Portugiesen wählen dürfen, das Wahlrecht zuerkannt. Es war eine selektive Ausweitung des Wahlrechts auf vermeintlich kulturell näher stehende Migrant*innen. Diese Entwicklung ist vergleichbar mit aktuellen Entwicklungen in Spanien und den Ländern des Commonwealth sowie mit vergangenen Entwicklungen in skandinavischen Ländern. Deutschland, als (in der Sprache vergleichender Politikwissenschaft) negativer Fall, kann trotz des vermeintlichen Scheiterns auf subnationaler (Länder-)Ebene mit anderen Gesetzgebungsprozessen, die ebenfalls auf regionaler Ebene stattgefunden haben, verglichen werden, was für Länder mit ebenfalls föderalistischer Struktur weiterführend sein kann (z. B. es ist ein Fall mit eingebetteten Fällen).

Die nachfolgenden vergleichenden Ausführungen in Kap. 6 und 7 orientieren sich dabei weiterhin an Smiths Richtlinie, uns nicht nur mit dichten Beschreibungen politischer Prozesse oder mit Narrativen einzigartiger historischer Prozesse zufriedenzugeben, sondern zu versuchen, eine Logik zu suchen, die über reine kontextuale und interpretative Nacherzählungen hinausgeht (Smith 2004, S. 59). In diesem Sinne geht es in den folgenden Kapiteln darum, nicht nur einen systematischen Vergleich der beiden Fallstudien aus Kap. 4 und 5 anzustrengen, sondern neue Erkenntnisse zu gewinnen, die über die beiden Fälle hinausweisen und ein Stück weit verallgemeinert werden können. Kap. 6 beschränkt sich zunächst einmal darauf, die Schritte des Prozesses der Ausweitung des Wahlrechts für Denizens in Deutschland und Portugal systematisch miteinander zu vergleichen. Kap. 7 wird dann die gewonnenen Erkenntnisse mit anderen Fällen der Wahlrechtsausweitung auf Denizens, die bereits gut erforscht worden sind (z. B. die Niederlande, Belgien, Schweden), vergleichen. Schließlich werde ich meine Befunde zum Ende des Buches noch einmal selbst infrage stellen, um so blinde Flecken und mögliche Tautologien aufzudecken, mit denen Studien mit geringer Fallzahl immer zu kämpfen haben. Es wird offensichtlich, dass es empirisch keine normativen „Rezepte" für diese Art Inklusion gibt. Trotzdem werde ich in Kap. 8 meine Befunde mit den normativen Fragen zusammenbringen, die ich am Anfang dieses Buches gestellt habe, während ich eine letzte Frage beantworte: Was bedeutet die Ausweitung des Wahlrechts auf Denizens für unser Verständnisses von Staatsbürgerschaft?

Die Schritte des Prozesses der Ausweitung des Wahlrechts auf Denizens

6

Every regime lives on a body of dogma, self-justification and propaganda about itself. In the United States this body of dogma centres about democracy. The hero of the system is the voter […]. Yet, the struggle for the vote was almost bloodless, almost completely peaceful, and astonishingly easy. The bulk of the newly enfranchised won battles they never fought. It is hard for Americans to believe how easy it was because their hopelessly romantic view of the history of democracy attributes a revolutionary significance to the extension of the right to vote (Schattschneider 1975, S. 97–98).

6.1 Ein systematischer Vergleich der politischen Prozesse der Wahlrechtsausweitung auf Denizens in Deutschland und Portugal

Der nachfolgende Vergleich beginnt mit den Unterschieden und besonderen Spezifika[1] beider untersuchten Fälle und vergleicht anschließend die Abzweigungen, die beide Länder genommen und an denen sie sich auseinanderentwickelt haben. Dabei werden unvollständige Analogien („partial analogies", Tilly 2001, S. 25) aufgezeigt, aus denen dann am Ende analytische Kategorien gewonnen werden können, die wir auch auf andere Fälle übertragen können.

---

[1] Man könnte dieses Verfahren auch als *abduktiv* anstelle von induktiv bezeichnen, da es Schlussfolgerungen aus dem Vergleich abweichender Fälle entwickelt, die durch die bisherige Theoriebildung nicht zufriedenstellend erklärt werden konnten. Abduktive Schlussfolgerungen zielen nicht darauf ab, alle Phänomene eines bestimmten Typs zu erklären, sondern die bisher unerklärten Teile besser als andere Theorien zu erklären (Kelle und Kluge 1999, S. 23).

Die beiden untersuchten Fälle zur Ausweitung des Wahlrechts auf Denizens unterschieden sich in Bezug auf ihren politischen Prozess und den zugrunde liegenden politischen Diskurs vor allem hinsichtlich der rechtlichen Rahmenbedingungen und des letztendlichen Erfolgs, überhaupt Gesetz zu werden. Darüber hinaus gab es aber noch weitere wichtige Unterschiede: die *Häufigkeit und die Art und Weise,* wie die Debatte angeregt wurde, die *Dauer,* wie lange die parlamentarische Debatte noch angehalten hat, nachdem sie gestartet worden war, ihr intellektueller *Tiefgang,* das Spektrum der *ideologischen und parteipolitischen Standpunkte,* die in der Debatte deutlich wurden, sowie die erklärten *politischen Ziele,* die mit der Ausweitung des Wahlrechts auf Denizens verbunden wurden. In beiden Ländern waren bereits die Gründe, die eine Debatte um die Ausweitung des Ausländer*innenwahlrechts jeweils ausgelöst haben, bereits alles andere als trivial und von unterschiedlichen Begleitumständen geprägt. Wenn ich oben betont habe, dass es in der Tat auf das Prozesshafte in diesem Kontext ankommt, so wollte ich damit die Bedeutung von sich verändernden Darstellungen des Themas, den Umgang mit unvorhergesehenen Wendungen und bedeutenden zeitlichen Abfolgen hervorheben, die die untersuchten Fälle teilweise entscheidend beeinflusst haben.

Die Debatten in beiden Ländern hatten eine unterschiedliche Tiefe, Reichweite und Tonlage. In Deutschland hat das Thema inzwischen fast jedes Bundesland erreicht. Teilweise wurden Erfolge verbucht, teilweise kam es aber auch zu Rückschlägen. Die politischen Standpunkte umfassten dabei das gesamte parteipolitische Spektrum, haben sich im Laufe der Zeit immer wieder verändert, teilweise zwischen den Parteien und teilweise sogar innerhalb der Parteien. Außerdem wurde das Thema in den verschiedenen politischen Debatten immer wieder als ein zutiefst moralisches – zum Wohle der Einwanderer*innen – dargestellt. Die Chancen standen zudem immer dort besser, wo keine extremen politischen Parteien im Parlament vertreten waren und die Diskussion entsprechend moderat und leise verlief.[2]

In Portugal führte das Scheitern des ersten ambitionierten Gesetzesvorhabens dazu, dass man sich auf einen Kern von Begründungen konzentriert hat, die zwischen und innerhalb der betroffenen Parteien wenig kontrovers waren. Als deutlich wurde, dass eine Verbindung des Themas mit den Fragen von Einwanderung und Integration zu Emotionalisierungen und Polarisierungen führen könnte,

---

[2] Dies entspricht der Erkenntnis von Howard (2009), dass die Chancen für eine Liberalisierung der Staatsbürgerschaftsregeln größer sind, wenn keine Mobilisierung der öffentlichen Meinung (vor allem von rechter Seite) stattfindet.

hat man sich schnell darauf geeinigt, das Thema in Zusammenhang mit den Interessen Portugals und den im Ausland lebenden Portugies*innen zu rahmen, wobei man sich auf die rechtliche Tradition der Gegenseitigkeit stützen und so diese Argumentation plausibel darstellen konnte.

Der Prozess der Ausweitung des Wahlrechts auf Denizens unterschied sich auch in der Länge und dem Ergebnis, was unmittelbar mit der Differenziertheit der Debatte, dem Durchhaltevermögen der beteiligten Akteur*innen und ihres Engagements zu tun hat. In Deutschland haben sich die Debatten über drei Jahrzehnte erstreckt, ohne bis heute ein verabschiedetes Gesetz hervorzubringen. In Portugal genügten ein paar Jahre, um das Wahlrecht zumindest auf bestimmte Gruppen auszuweiten, wenn auch auf Basis von Reziprozität und angeblichen kulturellen und historischen Gemeinsamkeiten. Diese Debatte wurde zehn Jahre später im portugiesischen Parlament wiederbelebt, mit dem Ziel, das Wahlrecht auf alle lange in Portugal lebende Ausländer*innen auszuweiten, was darauf hindeutet, dass die Reform von 1996 nur ein erster Schritt innerhalb eines größeren Prozesses war. Eine ohne großes Aufsehen verabschiedete Reform des portugiesischen Staatsangehörigkeitsgesetzes im Jahr 2005 beseitigte zudem die Bevorzugung für Portugiesischsprachige und erleichterte die Einbürgerung für Migrant*innen der zweiten und dritten Generation deutlich,[3] was ferner darauf

---

[3] Das Gesetz von 2006 macht nun keinerlei Unterscheidungen mehr, und jede*r Einwanderer*in ist berechtigt, die Staatsbürgerschaft nach sechs Jahren des rechtmäßigen Aufenthalts zu beantragen. Hiervon profitierten u. a. über 100.000 ukrainische Arbeitsmigrant*innen, die inzwischen die zweitgrößte Einwanderungsgruppe in Portugal, einem Land von 10,2 Mio. Einwohner*innen, darstellen. Auch 120.000 brasilianische Enkelkinder von Einwanderer*innen früherer Jahrzehnte haben nun das Recht auf die portugiesische Staatsbürgerschaft, wenn einer ihrer Elternteile in Portugal geboren wurde. Kinder der zweiten Generation haben ebenfalls das Recht, die portugiesische Staatsangehörigkeit zu beantragen, sofern ein Elternteil legal seit mindestens fünf Jahren in Portugal lebt, auch wenn sie selbst nicht in Portugal geboren wurden. Die regierende Sozialistische Partei und die oppositionelle Sozialdemokratische Partei stimmten zusammen mit der Kommunistischen Partei für dieses Gesetz. Die Linke (Bloco Esquerda) enthielt sich der Stimme, weil sie ein noch liberaleres Gesetz wollte, die Fraktion der Rechten (Centro Democrático e Social zusammen mit dem Partido Popular) enthielt sich, weil sie mehr Beschränkungen wünschte (DAR Série I – X Legislatura, Número 091, 17 de Fevereiro de 2006, S. 4312). Seither hat sich die Einbürgerung in fünf weiteren Reformen des Staatsangehörigkeitsgesetzes (Lei da Nacionalidade) in 2013, Juni 2015, Juli 2015, 2018 und 2020 vereinfacht, für portugiesischsprachige Migrant*innen und für die zweite Generation, unabhängig vom Aufenthaltsstatus der Eltern, wenn nur ein Elternteil mindestens ein Jahr in Portugal gelebt hat. Als kleine postkoloniale Korrektur des originalen Staatsangehörigkeitsgesetzes von 1981 (Lei 37/81), das den Einbürgerung für Personen, die keine fünf Jahre in Portugal gelebt haben (vor allem Einwanderer*innen aus den Kolonien), verhindert hat, steht seit 2020 ein neuer Zugang zur

hindeutet, dass eine bevorzugte Behandlung einzelner Gruppen mehr und mehr an Legitimität verliert.[4]

Mit Blick auf Deutschland stimme ich Simon Green (2004) zu, dass das Urteil des Bundesverfassungsgerichts eine beeindruckende Fähigkeit hatte, die Auswahlmöglichkeiten für politische Entscheidungsträger*innen einzuschränken. Was Green jedoch ausspart, ist, dass die Debatten nach dem Urteil weitergegangen sind. Was Benhabib (2004, S. 207) in einem allgemeineren Sinne für Debatten über Inklusion in demokratischen Gesellschaften auf brillante Art und Weise „demokratische Iterationen" nennt, kann auf diesen Fall angewendet werden: Die Ideen, die in den Debatten zur Ausweitung des Wahlrechts auf Denizens eingeführt worden waren, wurden in den weiteren politischen Diskurs getragen und immer wieder wiederholt, und so sind sie auch für die weitreichenden Änderungen des deutschen Staatsangehörigkeitsrechts im Jahr 1999 verantwortlich.[5] Doch mit Ausnahme von Shaw (2007, S. 295) übersehen die meisten Autor*innen, die über den deutschen Fall schreiben, dass die Debatte um die Ausweitung des Ausländer*innenwahlrechts bis heute weiterlebt.

Natürlich müssen beim Vergleich beider Fälle auch die unterschiedlichen politisch-administrativen Rahmenbedingungen berücksichtigt werden, die unterschiedliche rechtliche Prozedere nach sich ziehen. Zunächst einmal ist da die Staatsstruktur: Das föderale System der Bundesrepublik Deutschland grenzt den Spielraum für Veränderungen ein, da Mehrheiten auf mehreren Ebenen gesichert werden müssen, um eine grundlegende Verfassungsänderung umsetzen zu können, und es gibt eine gehörige Anzahl von Vetospieler*innen innerhalb und oberhalb der Landesparlamente. In Portugal ist das Parlament der Souverän eines zentralisierten Einheitsstaates, sodass eine einzige parlamentarische Debatte ausreicht, um das Wahlrecht auf Denizens auszuweiten, auch wenn dafür die für Verfassungsreformen entsprechenden Mehrheiten erforderlich sind. Zweitens gibt es Unterschiede in den Rechtsinstitutionen: In Deutschland ging der parlamentarischen Debatte eine komplizierte rechtliche Diskussion voraus, die alle weiteren Debatten auf einem rechtlich wackeligem Grund zurückließ und zu vielen Zweideutigkeiten und Verwirrungen geführt hat, sogar unter den

---

Einbürgerung für Menschen zur Verfügung, die zwischen 1974 und 1981 in Portugal geboren wurden.

[4] Auch Aussiedler*innen haben in den letzten zwanzig Jahren, langsam aber sicher, ihre Privilegien für den Zugang zur deutschen Staatsbürgerschaft verloren.

[5] Howard (2008) hat auch das Bundesverfassungsgerichtsurteil zum Ausländer*innenwahlrecht als einen Faktor aufgeführt, der zur Liberalisierung des Staatsangehörigkeitsrechts in Deutschland beigetragen hat, allein auf der Basis der Urteilsbegründung.

Rechtswissenschaftler*innen selbst, insbesondere mit Blick auf die Frage, ob eine Ausweitung des Wahlrechts auf Ausländer*innen ohne eine entsprechende Verfassungsänderung zulässig wäre.

Mit Verweis auf die Möglichkeit bzw. Notwendigkeit einer Neuinterpretation des *Volksbegriffs* gingen die meisten Befürworter*innen des Ausländer*innenwahlrechts davon aus, dass keine Verfassungsänderung erforderlich war. Jedoch gab es auch in diesem Lager durchaus geteilte Meinungen. So sehr man auch versucht war, es als eine rein politische Entscheidung darzustellen, blieb es doch eine rechtliche Unsicherheit, was die Argumentation deutlich schwächte. Im Gegensatz dazu haben in Portugal die bestehenden Regeln für die Partizipation von Brasilianer*innen an den Kommunalwahlen – und später auch in Bezug auf EU-Bürger*innen – den Weg für eine breitere Ausweitung des Wahlrechts auf andere Gruppen in einem technisch-rechtlichen Sinne viel leichter gemacht.

Zudem zeigt sich in beiden Fällen, dass „politische Traditionen", anders als es oft in der Literatur gesagt wird, für sich genommen eigentlich noch nichts erklären, wenn wir sie nicht in den Kontext stellen und auf die Art und Weise, in der sie artikuliert werden, berücksichtigen. In beiden Fällen hatten wir es mit sehr strikten Einbürgerungsregeln und einer stark ethnisch basierten Rückkehrpolitik zu tun, zumindest zu Beginn der Debatte; aber beides wurde in den beiden Fällen völlig unterschiedlich gehandhabt und in den Debatten genutzt. In Portugal gab es 1981 einen Wechsel von einem überwiegend *Ius-soli*-basierten System zu einem überwiegend *Ius-sanguinis*-basierten System, was auf die Revolution bzw. den Dekolonialisierungsprozess zurückging und eine Bevorzugung portugiesischsprachiger Menschen aus den ehemaligen Kolonien nach sich zog. In Deutschland war, als die ersten Debatten in den Bundesländern begannen (1987–1989), noch keine Liberalisierung der bis dato strikten und exklusiven Staatsbürgerschaftsregelungen, die hauptsächlich auf *Ius-sanguinis-Prinzipien* basierten, am Horizont.

Zudem hatten bzw. haben beide Länder eine ähnliche Politik in Bezug auf die Rückkehr von „ethnischen" Deutschen bzw. „ethnisch-verwandten" Portugiesen. In Portugal war die relevante Kategorie „retornados" („Rückkehrer*innen"). In Deutschland gab es sogar mehrere Kategorien: „Vertriebene" bzw. „Heimatvertriebene", also all diejenigen, die aus Polen, Tschechien, Ungarn, Rumänien vertrieben wurden; „Übersiedler*innen", also diejenigen, die aus Ostdeutschland geflohen sind; und „Aussiedler*innen" aus Osteuropa. Sowohl in Deutschland als auch in Portugal wurden diese zurückgeholten, repatriierten, Bevölkerungsgruppen umfassend bei ihrer Integration in puncto Arbeit, Wohnen usw. unterstützt. In beiden Ländern wurden sie eher von den rechten als von linken Parteien umworben. Ihre Privilegierung gegenüber den anderen Migrant*innengruppen war in beiden Fällen umstritten, wenngleich die Migration jeweils zu ganz unterschiedlichen Zeiten und unter unterschiedlichen Voraussetzungen stattfand: Die späte Dekolonialisierung bedeutete in Portugal, dass die Repatriierung in kurzer Zeit und in starker Konzentration stattfand und zudem in eine Wirtschaftskrise hineinfiel, während sich die Repatriierung in Deutschland über einen langen Zeitraum des Wirtschaftsaufschwungs hinweg zog und erst gegen Ende der 1980er-Jahre im Kontext der Wiedervereinigung für Kontroversen sorgte.

Auch hatten beide Länder, bevor die Ausweitung der Wahlrechtsdebatten begann, eine ganz ähnliche Erfahrung im Umgang mit Migration, die in beiden Ländern mehr oder weniger verleugnet und allenfalls als vorübergehend angesehen wurde. In Deutschland wurde dies nur von der Linken anders gesehen, in Portugal nicht einmal das – eher wurde Portugal als „Auswanderungsland" gesehen. Die große portugiesische Diaspora war der Hauptreferenzpunkt der portugiesischen Migrationspolitik – und ist es noch bis heute. Einwanderung wurde lediglich im Kontext der Kolonialvergangenheit gesehen, wenn es also darum ging, seine „Pflichten" gegenüber ehemaligen Kolonialbürger*innen anzuerkennen. In Deutschland gibt es hierzu keine Parallele.

Das deutsche politische System ist stark auf Konsens ausgerichtet, abgesichert durch verschiedene Schutzmaßnahmen (oder „Vetospieler*innen"), um abrupte politische Veränderungen zu verhindern.[6] Dies ist sicherlich nicht so zu verstehen, dass wir es hier mit einer monolithischen Kultur eines ethnisch homogenen Volkes zu tun hätten. Aber schon so, dass der spezifische politische Kontext in Deutschland eine sorgfältigere Neujustierung des Staatsangehörigkeitsrechts als in Portugal erfordert. Aufgrund der föderalen Struktur und der rechtlichen Unklarheiten über die Durchsetzbarkeit der Reformen auf Bundesebene haben sich die Debatten bis zum Urteil des Bundesverfassungsgerichts zunächst einmal auf Länderebene abgespielt. Auch verlangten die weitreichenderen deutschen Vorschläge zur Ausweitung des Wahlrechts auf Denizens oftmals gleichzeitige Veränderungen von Gesetzen auf mehreren Ebenen als Folge des föderalen Systems, im Gegensatz zu der restriktiveren portugiesischen Wahlgesetzreform.

Erst die strukturellen Startbedingungen und das komplexe Zusammenspiel von grundlegenden rechtlichen und politischen Strukturen und unterschiedlichen Migrations- und Einbürgerungspolitiken erklären, warum sich der Prozess in einem Fall in die eine Richtung bewegte, in dem anderen in die andere. Dass einer viel langwieriger sein muss als der andere, war von Anfang an klar. Außerdem

---

[6] Die Vetospielertheorie geht davon aus, dass politische Veränderungen umso schwieriger sind, je mehr Vetospieler*innen es gibt (Tsebelis 2002, S. 19). Sie geht auch davon aus, dass Reformen umso schwieriger umzusetzen sind, wenn zwei Parteien in Bezug auf ein bestimmtes Politikfeld sehr unterschiedliche Positionen einnehmen (O'Malley 2010).

waren Zufälligkeiten auf dem Weg weniger entscheidend für die unterschiedlichen Pfade beider Länder als bewusste Entscheidungen. In Deutschland hat die Debatte um die Ausweitung des Wahlrechts auf Denizens, trotz des negativen Ergebnisses, z. B. dafür gesorgt, dass die bis dahin geltende Lösung „Deutschland ist kein Einwanderungsland" grundsätzlich infrage gestellt wurde.

In Portugal sind die verschiedenartigen Vorschläge zur Ausweitung des Wahlrechts auf Denizens immer dann gescheitert, wenn sie als Teil einer grundlegenden Migrationsreform präsentiert wurden (obwohl sie es waren) und das Thema zum Gegenstand der öffentlichen Auseinandersetzung machten. Als die Wahlrechtsreform schließlich Erfolg hatte, gab es keinerlei Bezug auf in Portugal ansässige Migrant*innen, vielmehr wurde auf Portugal als Ganzes abgezielt bzw. seine Emigrant*innen. Diese Art der Rahmung wurde von allen großen Parteien mitgetragen und auch von anderen Akteur*innen nie ernsthaft infrage gestellt. Im Gegensatz dazu kam es in Deutschland immer wieder zu Auseinandersetzungen darüber, wer Adressat der Reform war und wer letztlich von der Reform profitieren sollte. Während Konservative undifferenziert über Migrant*innen als eine Art homogene Masse sprachen, versuchten linke Parteien, Migration positiv darzustellen und Einzelschicksale hervorzuheben. Zu keinem Zeitpunkt wurde die Debatte aber unabhängig von den Themen Einwanderung und Integration geführt.

Auch der Bezug zum Thema Einbürgerung, der traditionelle Weg zum Wahlrecht, war in beiden Fällen sehr unterschiedlich: In Deutschland war die Debatte über die Ausweitung des Wahlrechts auf Denizens untrennbar mit dem Thema Einbürgerung verbunden, auch wenn es natürlich immer wieder abweichende Meinungen darüber gab, wie hart (und exklusiv) die Einbürgerungsvoraussetzungen in Deutschland sein sollten. Für die einen bedeutete die Ausweitung des Wahlrechts einen notwendigen (formalen) Zwischenschritt hin zu einer gleichberechtigten politischen Beteiligung und Repräsentation von Denizens in Deutschland, zumindest solange die Einbürgerungsvoraussetzungen in Deutschland so restriktiv seien. Für die anderen waren beide Themen grundsätzlich anderer Natur und sollten auch nicht miteinander verknüpft werden. Aber auch die Befürworter*innen eines Wahlrechts für Denizens waren in dem Punkt, wie Einbürgerung und Ausländer*innenwahlrecht zusammenhängen sollen, wie wir oben gesehen haben, ein Stück weit gespalten. Sie mieden diese Auseinandersetzung, so gut es ging, weil es sie in ein normatives Dilemma geführt hätte. Auf der anderen Seite haben die Konservativen die beiden Themen auf so geschickte Art und Weise verbunden, dass Einbürgerung und Ausweitung des Wahlrechts auf Ausländer*innen immer wieder zusammen adressiert werden mussten.

In diese Spaltung stießen die Gegner*innen einer Reform daher immer wieder hinein: Erstens behaupteten sie, dass die Befürworter*innen offenbar selbst davon überzeugt seien, dass nicht das Ausländer*innenwahlrecht, sondern die Einbürgerung der richtige Weg zur politischen Partizipation sei, ein Privileg, das eben nur Staatsbürger*innen vorbehalten sei. Und zweitens richteten sie die Aufmerksamkeit immer wieder auf die Frage, wie Integration am besten zu erreichen sei (als absolutes Ziel der Migrationspolitik und in diesem Sinne immer wichtiger als bloße politische Partizipation). Dies führte immer schnell zu einer Politisierung und spaltete die Gruppe der Befürworter*innen weiter. Erst nach der Entscheidung des Bundesverfassungsgerichts zur Verfassungswidrigkeit der Gesetzesreformen in Hamburg und Schleswig-Holstein und der Einbürgerungsreform 1999/2000 hat sich die Position der Reformbefürworter*innen dahingehend geklärt, dass die Ausweitung des Wahlrechts auf Denizens auch dann notwendig ist und eine wichtige Ergänzung zur Einbürgerung darstellt, wenn die Regelungen zum Erwerb der deutschen Staatsangehörigkeit erleichtert werden. In Portugal war das Verhältnis zwischen Einbürgerung und Ausweitung des Wahlrechts niemals ein Thema, obwohl Staatsbürgerschaft in Portugal zur Zeit der Reform eigentlich noch viel stärker nach dem Ius-sanguinis-Prinzip funktionierte und daher erhebliche Ungerechtigkeiten nach sich zog.

Fasst man all diese Unterschiede und Gemeinsamkeiten zusammen, bleiben in meinen Augen am Ende drei zentrale Faktoren, die für den Erfolg oder Misserfolg der Ausweitung des Wahlrechts auf Denizens in Portugal und Deutschland entscheidend waren:

1. ein Konsens der Parteien der Mitte, die Sache gemeinsam voranzutreiben,
2. ein gewisses Augenmaß der die Sache vorantreibenden Parteien und
3. eine Rahmung des Themas unabhängig von kontroversen Migrationsthemen.

ad 1: Ein Konsens der Parteien der Mitte, die Sache gemeinsam voranzutreiben
In Deutschland bilden CDU/CSU und SPD die politische Mitte und stellen bis heute die beiden größten Fraktionen im Deutschen Bundestag. Bei der Analyse des deutschen Falls wurde deutlich, dass es an einem Konsens der Parteien der Mitte, die Sache gemeinsam voranzutreiben, fehlte. Man kann der SPD vorwerfen, es versäumt zu haben, die CDU/CSU in gemeinsamen Regierungszeiten davon überzeugt zu haben, ihr Vorhaben zu unterstützen, wenn nicht sogar von der Sache zu überzeugen. Ihre immer wieder wechselnden Positionen zu verschiedenen Zeitpunkten, auf verschiedenen politischen Ebenen und in unterschiedlichen Regierungskonstellationen legen die Interpretation nahe, dass die SPD das Thema letztlich aus opportunistischen Erwägungen genutzt hat. Diese ständigen Wechsel erinnern an Erfahrungen aus anderen Ländern, wo politische Parteien als Opposition immer wieder Wahlreformen gefordert haben, ihr Eifer in

der Regierung aber deutlich nachließ (LeDuc 2011). Wie Jo Shaw richtig schreibt, können wir Debatten über die Ausweitung von Wahlrechten nicht einfach daraufhin beurteilen, ob sie erfolgreich waren oder nicht (2007, S. 196). Auch gescheiterte Versuche, Gruppen zu mobilisieren und eine Änderung des Gesetzes zu bewirken, können die Grundlage für spätere, weitergehende Reformen sein. Umgekehrt können erfolgreiche Reformen so restriktiv sein und sich auf eine so kleine Gruppe beschränken, dass sie kaum von echter politischer Bedeutung sind. Dennoch ist es in meinen Augen nicht so, dass, wie Shaw ebenfalls schreibt, es sich im deutschen Fall um eine rein parteipolitische Debatte ohne weitere tiefgehende politische Bedeutung gehandelt hat (ebd., S. 55). Im Gegenteil, die Debatte wurde zwar auch politisch instrumentalisiert, aber wegen ihres Brückenschlags zum Thema Staatsangehörigkeit und der Bedeutung von Einbürgerung hat sie eine besondere philosophische Tiefe erreicht und ist hinsichtlich der weiteren politischen Debatten zu Migration und Integration von Schlüsselbedeutung.

ad 2: Ein gewisses Augenmaß der die Sache vorantreibenden Parteien
Die Debatten in Deutschland waren insgesamt vielschichtiger und in ihrem Ton deutlich schärfer als in Portugal. In den deutschen Debatten wurden viele hochkontroverse Themen gleichzeitig diskutiert, von pragmatischen Fragen, wie die Reform konkret durchgeführt werden kann, bis hin zur abstrakt-normativen Sichtweisen auf Bürger*innen als freie, zwischen verschiedenen Kulturen aufgewachsene und abwägende Individuen oder als an ihre nationale Identität gebundene Untertanen. Zwischen diesen beiden Polen wurden weitere, nicht weniger umstrittene Themen angesprochen: „berechtigte" internationale Vergleiche, das „richtige" Verhältnis von Wahlrecht, Einbürgerung und Integration, die „tatsächliche" Stellung der Ausländer*innen in der Gesellschaft und letztlich die zu erwartenden Auswirkungen der Reform auf a) den ausländer*innenfeindlichen Diskurs in Deutschland, b) die ausländische Bevölkerung selbst, c) die deutsche Bevölkerung und d) auf das Image der Bundesländer, wo entsprechende Reformen auch debattiert wurden. In Deutschland drehte sich die Diskussion sogar auch kontrovers um die Frage der „richtigen" Bezeichnungen, mit denen die Zielgruppe des Gesetzes angesprochen bzw. dargestellt werden sollte. In Portugal dagegen beschränkte sich die Diskussion auf eine Handvoll Argumente, die in allen Debatten zur Ausweitung des Wahlrechts wieder zum Vorschein kamen und sich im Laufe der Zeit nur minimal änderten und auch mal wieder verschwanden. Die Parteien dort haben sich darauf geeinigt, schrittweise Bevölkerungsgruppen mit dem Wahlrecht auszustatten (mal Einwanderer*innen, mal Auswanderer*innen), jeweils mit genauen Vorstellungen, welche Effekte jede kleine Ausweitung des Wahlrechts auf das politische Gleichgewicht haben könnte. Wie der Vergleich der

Reformbemühungen gezeigt hat, waren die Chancen für eine Reform immer dort größer, wo sich die Parteien auf eine gemeinsame Vorgehensweise geeinigt hatten. In Deutschland gab es keine solche Einigung. Zudem zeigt die Analyse der Debatten auf subnationaler Ebene (in den verschiedenen Bundesländern), dass die Debatten dort moderater waren, wo die Parteien keine Maximalforderungen gestellt haben und keine radikal rechten Parteien vertreten waren.

ad 3: Eine Rahmung des Themas unabhängig vom Feld der Migration
Man kann sagen, dass die Tatsache, dass Migration in der deutschen Debatte immer wieder eine zentrale Rolle gespielt hat, es letztes Endes verhinderte, dass ein parteiübergreifender Kompromiss zu dieser Frage erreicht werden konnte. In einem politischen Umfeld, in dem die führende politische Kraft in Deutschland noch nicht einmal dazu bereit war, die vor Jahrzehnten eingesetzte Migration nach Deutschland als Einwanderung anzuerkennen, waren die Forderungen, ein Wahlrecht für lange in Deutschland lebende Ausländer*innen einzuführen, wenn auch nur auf kommunaler Ebene, schlichtweg zu extrem, auch wenn die Befürworter*innen immer wieder die Notwendigkeit, „Gerechtigkeit zu üben", und die „Schuld gegenüber den Zuwanderern" hervorhoben. Im Grunde konnte man sich ausrechnen, dass diese Forderungen keine Chance hatten und sie auch immer noch nicht haben.

In Portugal hingegen gelang es, das Thema in einen anderen Kontext zu setzen, sodass alle großen Parteien der Mitte sich zu dem Vorhaben bekennen konnten und damit auch die „Luft" aus dem potenziell aufgeheizten Thema Migration genommen wurde. Dies war letztendlich von grundlegender Bedeutung, um die Reform nach einigen gescheiterten Versuchen doch noch zum Erfolg zu führen. Etwas Ähnliches war später auch in Deutschland auf Landesebene zu beobachten: Dort, wo das Thema Migration ein Stück weit außen vor gelassen werden konnte, wie in Schleswig-Holstein, beschleunigten sich die Reformbemühungen. Eine mehr auf Eigennutz gemünzte Debatte wie in Portugal ließ sich in Deutschland jedoch nie etablieren. Die CDU/CSU brachte das Thema Migration jedes Mal wieder in die Debatte ein.[7]

Als die Reformprozesse in Portugal und Deutschland begannen, waren diese drei Faktoren miteinander gekoppelt. Es ist wichtig, daran zu erinnern, dass in Deutschland die Argumente zur Rechtfertigung der Ausweitung des Wahlrechts auf Denizens schon lange vor der parlamentarischen Debatte in der

---

[7] Staatsbürgerschaft als lokale „Stadtbürgerschaft" zu verstehen, wurde in den Debatten allenfalls von den Grünen angedeutet, aber niemals ernsthaft in Anschlag gebracht, wohl aus Angst, dass dies erst recht nicht dem Urteil des Bundesverfassungsgerichts standhalten würde.

Zivilgesellschaft und in der Wissenschaft diskutiert worden waren. Dabei haben sowohl Migrant*innenvereine als auch Intellektuelle ein moderates Vorgehen vorgeschlagen und empfohlen, die Ausweitung des Wahlrechts auf Denizens im Eigeninteresse der Deutschen darzustellen und nicht als Gabe an die Einwanderer*innen oder gar als Entschädigung (Thränhardt 1981). Die Konzentration sollte auf die deutsche Gesellschaft und die Demokratie als solche gelenkt sein (Sievering 1981). Mit Beginn der parlamentarischen Verhandlungen des Themas ging dieser Aspekt jedoch mehr und mehr verloren. Argumente, die die Vorteile der Einbeziehung von Ausländer*innen in die politischen Entscheidungen vor Ort für die Kommunen und die Stadtgesellschaft in den Vordergrund stellen, sind fast vollständig von der Bildfläche verschwunden.

Damit erinnert der deutsche Fall an die grundlegende Frage von E. E. Schattschneider, die er in *The semisovereign people* (1975) gestellt hat: Warum kommen von allen politischen Themen manche auf die politische Agenda und andere nicht (Schattschneider 1975, S. 69). Die Auswahl von Themen verrät viel über die Kämpfe, die für die Parteien wichtig zu gewinnen sind. In der Debatte über die Ausweitung des Wahlrechts auf Denizens in Deutschland haben auch die Parteien, die eigentlich für eine Ausweitung des Wahlrechts waren, sich mit so vielen Nebenthemen befasst, dass die eigentliche Frage, wie das Wahlrecht für Ausländer*innen ausgeweitet werden kann, im Laufe der Zeit immer mehr in den Hintergrund getreten ist und aus der Wahlrechtsdebatte immer mehr eine Grundsatzdebatte über Migration und Zugehörigkeit geworden ist. Je mehr die Themen Integration von Migrant*innen und Einbürgerung miteinander vermischt wurden, desto schneller schwanden die Möglichkeiten eines parteiübergreifenden Konsenses. Sogar unter den eigentlich befürwortenden Parteien sorgten diese „Nebenthemen" für Friktionen und Spaltungen.

Auch wenn in beiden Fällen bei den Debatten die Ausweitung des Wahlrechts auf Denizens nur selten als solche diskutiert wurde, gelang es den Protagonist*innen in Portugal doch, das Thema so zu diskutieren, dass große Streitthemen außen vor blieben. Dies setzte voraus, dass mögliche Gegensätze ausgeblendet und Gemeinsamkeiten in den Vordergrund geschoben wurden. In Portugal gelang dies etwa dadurch, dass durch die Ausweitung des Wahlrechts auf Ausländer*innen symbolisch die historische Schuld gegenüber den ehemaligen Kolonien abgetragen werden konnte und sich dies positiv auf den internationalen Ruf Portugals auswirkte. Von Vorteil war auch, dass mit der Ausweitung des Wahlrechts auf Ausländer*innen im Gegenzug den Konservativen aus der politischen Mitte angeboten werden konnte, später auch ein Wahlrecht für

Auslandsportugies*innen einzuführen. In Deutschland gab es keine ähnliche Ver-
handlungsstrategie zwischen Parteien und die Ausweitung des Wahlrechts wurde
auch nie als Strategie gesehen, eine symbolische Botschaft nach außen zu senden.

6.2   Die grundlegenden Mechanismen

Ich habe das Adjektiv „symbolisch" bewusst verwendet, um die beiden Debatten
über die Ausweitung des Wahlrechts auf Denizens in Deutschland und Portugal
mit ein und demselben Begriff zu charakterisieren, allerdings mit zwei unterschiedlichen, klar voneinander zu unterscheidenden Konnotationen: In Bezug
auf Portugal meint „symbolisch", dass die Reformen im Grunde nur wenigen
Migrant*innen nutzten und das auch nur in begrenzter Form, also wenig mit
einer substanziellen und wirksamen Reform zu tun gehabt haben. Im deutschen
Fall bzw. in den deutschen Fällen bezieht sich das „Symbolische" eher auf die
inkonsequente Haltung der die Reform unterstützenden Parteien. In beiden Fällen
will ich darauf hinaus, dass die Debatten jeweils eher eine Stellvertreterfunktion
hatten, womit ich nicht sagen will, dass sie nicht auch mit viel Einsatz und Engagement geführt worden wären. Dies gilt insbesondere für Deutschland, gerade mit
Blick auf die lange Dauer, über die das Thema in den verschiedenen Parlamenten
behandelt worden ist.

Kommen wir zur Frage von Schattschneider zurück: Um was wurde nun also
gekämpft und wer hat letzten Endes davon profitiert? Ein Symbol steht in der
Regel für den kleinsten gemeinsamen Nenner, für etwas anderes, Größeres, das
nur angezeigt wird, aber nicht da ist. Wenn wir den zugrunde liegenden Antrieb
für die Diskussionen über die Ausweitung des Wahlrechts auf Denizens als symbolisch beschreiben, wofür steht dieses Symbol also? Im Folgenden wollen wir
herausfinden, wie die Art und Weise, wie das Thema in beiden Fällen diskutiert
wurde, mit dem, was letztendlich dabei herauskam, zu den verschiedenen Zeitpunkten der Debatte *zusammenhing* (d. h. also nicht das eine einfach als Resultat
des anderen betrachten).

In Portugal führte eine eher auf das Eigeninteresse ausgerichtete Diskussion
zu einer erfolgreichen Umsetzung der Wahlrechtsreform, wenn sie auch letztlich
im engeren Sinne nicht zu einer großen Verbesserung der Situation aller lange
in Portugal lebenden Ausländer*innen bedeutete. Paradoxerweise war der Effekt
der im Zuge der Wahlrechtsreform weiter implementierten Maßnahmen durchaus
größer, denn dies alles zusammengenommen erlaubte eine größere Akzeptanz von Migrant*innen in der portugiesischen Gesellschaft. Dazu zählt etwa
die Anerkennung und Unterstützung von Migrant*innenselbstorganisationen, die

letztlich dazu beigetragen haben, das Bild von Migrant*innen in der Gesellschaft deutlich zu verändern, und zwar weg vom Bild bedürftiger Sozialleistungs- empfänger*innen hin zu gleichberechtigten Bürger*innen. Zugegeben, eine der aussagekräftigsten Parallelen zwischen beiden analysierten Fällen war, dass Aus- länder*innen selbst gar nicht zu den Protagonist*innen des Prozesses gehörten. Im Gegensatz zu anderen Wahlrechtsbewegungen in der Geschichte haben nicht diejenigen, die das Wahlrecht bekommen sollten, zur Kampagne aufgerufen, sondern „selbst ernannte" Fürsprecher*innen, nämlich die Bürger*innen des Auf- nahmestaates selbst, die sich in den Dienst der guten Sache gestellt haben – mit der Autorität ihrer Staatsbürgerschaft und ihrer Wahlstimme. Vor diesem Hinter- grund war es umso wichtiger zu sehen, wie aber die neu Einzubindenden in der gesamten Diskussion dargestellt und kategorisiert wurden, wenn dies überhaupt der Fall war.

Mit Koopmans et al. (2008) kann diese Form des „politischen Altruismus" als eine Art der Vergewisserung der eigenen politischen Identität verstanden werden, einer Vergewisserung des eigenen Nationalbewusstseins in der Tradition der Auf- klärung und des Liberalismus, der für eine offene Gesellschaft steht, in dem alle Menschen bzw. Gruppen gleich sind (ebd., S. 230).[8] Insofern war die Auswei- tung des Wahlrechts für Ausländer*innen in Portugal sowohl „inexpensive" als auch „empowering" – im Sinne des einführenden Zitats von Schattschneider zu Beginn dieses Kapitels. Zuerst gab es mehr Rechte nur für *einige wenige* Auslän- der*innen, ohne sie direkt in den Kampf einzubinden. Einige Zeit später konnte das Thema auf die politische Agenda zurückkehren und das Wahlrecht wurde auf *alle* ausgeweitet.

Auf der anderen Seite fiel in Deutschland auf, wie breit und kontrovers die Debatten über das Selbstverständnis des deutschen Staatsbürgerschaftskonzepts sind. Dies steht im Gegensatz zu den Darstellungen in der Literatur, die ange- nommen haben, ein solches Staatsbürgerschaftskonzept basiere auf Konsens und kenne kaum Zwischentöne. Meine Erkenntnisse widersprechen zumindest der Vorstellung, dass es so etwas wie ein homogenes, geschweige denn stabiles

---

[8] Jacobs (1999) findet hierfür eine interessante Erklärung. Je vielfältiger die Migrant*innenpopulation in einer Gesellschaft, desto schwieriger ist es, die Betroffe- nen selbst, also die Ausländer*innen, für eine Kampagne zur Ausweitung des Wahlrechts zu mobilisieren, da verschiedene ethnische Gruppen gleichzeitig angesprochen werden müssen. Ethnische Mobilisierung ist in diesen Ländern daher selten der Fall. Hier lässt sich eher beobachten, dass eine gemeinsame Mobilisierung gegen fremdenfeindliche und rassistische Stimmung auf einer Seite des politischen Spektrums eher zu einem Schulterschluss breite- rer gesellschaftlicher und politischer Schichten führt, die sich dann für den Einbezug der angegriffenen Gruppe in den politischen Prozess einsetzen und dabei sowohl migrantische als auch nichtmigrantische Akteur*innen einbeziehen.

Staatsbürgerschaftsverständnis in Deutschland gäbe. Auch nach dem Bundesverfassungsgerichtsurteil ist man sich uneins. Während die Wissenschaft das Thema mit dem Urteil des Bundesverfassungsgerichts mehr oder weniger abgeschlossen hat, hält die Politik das Thema für noch lange nicht abgeschlossen. In Zusammenschau mit den oben angesprochenen Reformvorschlägen, das Wahlrecht in Kürze auf alle lange in Portugal lebenden Ausländer*innen auszuweiten, erinnert uns der nach wie vor anhaltende Streit um das Bundesverfassungsgerichtsurteil bis heute an die mahnenden Worte von Charles Tilly (2000), dass wir als Sozialwissenschaftler*innen sehr genau überlegen müssen, wann wir eine geschichtliche Episode bzw. Epoche für abgeschlossen halten bzw. wann (noch) nicht.

Dennoch wirft der vordergründig negative Fall von Deutschland die Frage auf: Warum werden Vorschläge gemacht, ohne eine Aussicht darauf zu haben, genügend Stimmen dafür zu gewinnen? Aus Sicht der Rational (bzw. Social) Choice Theory kommen direkt zwei mögliche Antworten in den Sinn: 1) weil sich dadurch langfristig neue Wählerstimmen von Migrant*innen gewinnen lassen (sofern sie sich einbürgern) und 2) weil das Thema vielleicht der eigentlichen Wähler*innenschaft (hier des linken Spektrums) gefällt. Nun war es nicht mein Ziel, die tatsächlichen „Absichten" oder Hintergründe der jeweiligen Akteur*innen zu enthüllen (wenn ich ehrlich bin, kann ich hierzu rein gar nichts sagen und bin auch skeptisch, dass man es überhaupt empirisch erfassen kann).[9] Eine solche Vorgehensweise würde uns unweigerlich ins Reich der Spekulation führen und von *möglichen* wahlpolitischen Vor- und Nachteilen des Ausländer*innenwahlrechts sprechen lassen, die wir aber nicht aus unserem Datenmaterial ableiten können.

Stattdessen habe ich real getätigte Äußerungen von Politiker*innen ausgewertet und analysiert, wie sie ein bestimmtes Argument präsentieren. Manche Parteien haben aus rein politischem Kalkül bestimmte Argumente verwendet, d. h. um sich in den Augen ihrer Wähler*innen zu profilieren. Die Daten zeigten dabei, dass es der CDU immer wieder gelang, von der Diskussion um das

---

[9] Bei der Analyse, wie die verschiedenen politischen Akteur*innen mit dem Thema „Ausweitung des Wahlrechts auf Ausländer*innen" umgingen und es darstellten, habe ich bewusst nicht nach möglichen, tiefer liegenden Überzeugungen oder Absichten gesucht, sondern auf das geschaut, was gesagt wurde: Rechtfertigungen, Nachweise, Argumentationen. Diese hätten zwar nur Worte sein können, um eine bereits im Voraus ausgehandelte Entscheidung im Nachhinein zu legitimieren, aber in einer parlamentarischen Debatte besitzt ein Wort die Qualität einer Tat, die dokumentiert wird und später auch die Grundlage weiterer Debatten wird. Es ist nicht mein Ziel gewesen, vorgefasste Kategorien auf die Aussagen von Politiker*innen anzuwenden, sondern herauszuarbeiten, in welcher Art und Weise sie selbst das Thema darstellen, welche Kategorien sie verwenden, welche sie aber auch explizit ablehnen, und auch wie die verschiedenen Kategorien zueinander in Verbindung gesetzt werden.

Ausländer*innenwahlrecht im parteipolitischen Wettbewerb zu profitieren, gerade zu Zeiten, in denen sie in der Wähler*innengunst verlor und von neuen rechtsextremen Parteien unter Druck gesetzt wurde. Hierbei konnte es sich die CDU zum Teil leisten, populistische Themen der extremen Rechten zu besetzen und sie als moderate, pragmatische Standpunkte zu verkaufen. Alles in allem hatte man doch den Eindruck, dass die Debatten nicht um ihrer selbst willen geführt wurden, sondern dass es immer noch um etwas anderes ging. Beide Fälle scheinen zu belegen, was man mit Blick auf Wahlreformen im Allgemeinen schon immer zu verstehen glaubte: Ohne großen Druck hätten Regierungsparteien wenig Anreize, Gesetze zu ändern, die sie selbst ins Amt gebracht haben.

Dies bringt uns dazu, die Frage, welchen Zweck Debatten um die Ausweitung des Wahlrechts für Ausländer*innen haben können, wenn ihre Umsetzung unrealistisch ist, noch einmal anders zu stellen. Wenn die schlichte Ablehnung der Vorschläge im Parlament auch keine direkten, in der Realität der Menschen spürbaren Konsequenzen hat, so kann eine ernsthafte Debatte über normative Fragen rund um die Ausweitung des Wahlrechts auf Ausländer*innen, vor allem mit Blick auf das Thema Einbürgerung, doch dazu dienen, eine legitime Arena zu finden, um das bisher vorherrschende Verständnis von Nationalität und Zugehörigkeit, das von einem erschwerten Zugang zur Staatsbürgerschaft ausgeht, grundsätzlich infrage zu stellen. In den ausladenden, tiefgründigen und langwierigen Parlamentsdebatten in Deutschland wurde die Ausweitung des Wahlrechts auf Ausländer*innen aufrichtig diskutiert, und zwar sowohl in seinen normativen als auch praktischen Implikationen. Bei dieser Gelegenheit wurden auch Grundsatzdiskussionen darüber geführt, unter welchen Voraussetzungen in Deutschland Bürger*innenrechte an Ausländer*innen verliehen werden sollen.

Oft wird gesagt, dass das weiterhin enge und im Vergleich zu anderen Ländern trotz aller Liberalisierungen, die auch im internationalen Vergleich anzuerkennen sind, immer noch sehr ethnisch-nationalistische Staatsbürgerschaftsverständnis in Deutschland schwer zu erklären sei angesichts der ansonsten vorherrschenden Bemühungen, jede Regung nationalistischen Denkens im Nachkriegsdeutschland im Keim zu ersticken (Joppke 1999a). Für manche ist das restriktive Staatsbürgerschaftsregime sogar der Grund für Deutschlands expansive Migrationspolitik, zumindest de facto, wenn auch nicht de jure (Hollifield 1992). Wenn wir auf die Diskussionen über die Ausweitung des Wahlrechts auf Denizens schauen, können wir dies jedoch nicht bestätigen. Über die Zeit (aber vor dem Einzug der AfD in den Deutschen Bundestag) haben sich die beiden politischen Pole vielmehr aufeinander zubewegt und politische Kompromisse und eine Einigung gesucht, wie über Ausländer*innen und Migrant*innen geredet werden darf. So hat das an sich negative Urteil des Bundesverfassungsgerichts dazu geführt, dass die

CDU/CSU damit begonnen hat, ihren Standpunkt zum Staatsangehörigkeitsrecht zu überdenken. Auch ist das negative Urteil bis heute ein wichtiger Bezugspunkt für die Kritik von Linken und Grünen gegen die bestehenden (zu strengen) Einbürgerungsregelungen und die geringen Einbürgerungsraten.

Wenn wir über das schlichte Ergebnis der Parlamentsdebatten hinausblicken und die Gründe für ihren unterschiedlichen Ausgang miteinander vergleichen, so ist klar, dass eine politische Debatte notwendig ist, um ein Gesetz im Parlament zu verabschieden oder auch eine Debatte zu einem Ende zu bringen, insbesondere in institutionellen Umgebungen, die Kompromisse erfordern. Die Theorie der symbolischen Politik weist uns aber darauf hin, dass parlamentarische Debatten auch eine politische Funktion haben, auch und gerade dann, wenn am Ende kein Gesetz verabschiedet wird: Sie bieten die Anknüpfungspunkte nach der eigentlichen Debatte, neue Koalitionen zu schmieden und auf neue Kompromisse hinzuarbeiten (Edelman 1985, S. 46). Eine vorhergehende ernsthafte Auseinandersetzung mit der Materie signalisiert, dass man möglicherweise bereit ist, alte Gewissheiten infrage zu stellen, sei es nun, um das eigene politische Überleben zu sichern oder um notwendige gesellschaftliche Anpassungen in Angriff zu nehmen. Dies könnte erklären, warum in Deutschland die Grünen so konsequent an dem Thema festgehalten haben und die SPD nicht in der Lage war, die sorgfältig ausgearbeiteten und zu verschiedenen Gelegenheiten vorgetragenen Empfehlungen aus Wissenschaft und Zivilgesellschaft, das Thema im ureigenen Interesse der deutschen Gesellschaft zu präsentieren, in ihre Strategie aufzunehmen. Wäre es den unterstützenden Parteien (vor allem der SPD) tatsächlich um die Ausweitung des Wahlrechts auf Denizens auf kommunaler Ebene gegangen, hätten sie leicht diese andere Art der Rahmung des Themas übernehmen und dabei die Kritik der Konservativen womöglich aufnehmen und im Ton moderat bleiben können, um das Ziel letztendlich zu erreichen. Aber ihr ging es um etwas anderes: die Debatte um politische Zugehörigkeit an sich.

6.3   Das Zusammenspiel von Strategie, Framing und institutionellen Rahmenbedingungen

Wenn wir die Debatte also weder von ihrem Ende her betrachten noch als durch die vermeintlich unveränderbare deutsche Konzeption von Staatsangehörigkeit determiniert (Uhlitz 1987) und uns stattdessen noch einmal bewusst machen, dass wir es mit dynamischen politischen Prozessen zu tun haben, können wir sehr viel Dynamik beobachten. Vor allem können wir beobachten, welche Mechanismen gerade am Anfang der Debatte am Werk waren und welche Umstände letztendlich zu ihrem Erfolg oder Misserfolg geführt haben. Bereits zu Beginn der Debatte in Deutschland zeigte sich, dass das angeblich seit jeher auf Ethnizität beruhende deutsche Staatsbürgerschaftsverständnis keineswegs mehr von allen politischen Akteur*innen geteilt wird (wenn es denn überhaupt jemals von allen geteilt wurde). Die CDU lehnte eine grundsätzliche Diskussion zu diesem Thema ab, wann immer sie in der Regierungsverantwortung war, und nur wenn sie in der Opposition war, konnte ihr das Thema aufgezwungen werden. War sie dazu gezwungen, darüber (zumeist auf Bundesebene) zu debattieren, setzte sie alles daran, die alte Sichtweise aufrechtzuerhalten, indem sie auf die „natürliche" Bindung des Menschen an die staatliche Schicksalsgemeinschaft verwies, vor der es kein Entrinnen gebe. Sie insistierte darauf, dass es keine Demokratie ohne Nationalstaat geben könne. Auf der anderen Seite stellten die Befürworter*innen einer Wahlrechtsreform immer wieder die bis dahin geltende Lehrmeinung in Bezug auf Staatsbürgerschaft infrage. Wenn wir dies weiterdenken, wird auch die ambivalente Haltung der SPD besser verständlich: Letztlich hat die SPD versucht, beide Seiten zu besänftigen, indem sie die eine Seite immer rhetorisch unterstützt, bei Abstimmungen aber immer mit der anderen gestimmt hat (Fischer 2003, S. 63).

Damit wird deutlich, dass Reformen zur Veränderung der Wähler*innenschaft nicht allein davon abhängen, welche materiellen Gewinne sich die einzelnen Parteien von der Reform versprechen (gemessen in Wähler*innenstimmen), sondern auch von abstrakteren, übergeordneten Überlegungen, die sich nicht unmittelbar in Wähler*innenstimmen ummünzen lassen. Wie inzwischen viele Arbeiten gezeigt haben, reicht es eben nicht aus, politische Entscheidungen allein mit wahltaktischen Überlegungen – Anteile von Stimmen und Parlamentssitzen – erklären zu wollen.[10] Mindestens ebenso wichtig ist es, die wesentlich schwieriger zu messenden Rückkopplungsprozesse über die reine Wahlarithmetik hinaus zu berücksichtigen: die durch die Unterstützung einer an sich guten Sache gewonnene Sympathie in der eigenen Wähler*innenschaft, auch wenn es mit dem eigentlichen Vorhaben, das man unterstützt, formell nicht vorwärts geht.

---

[10] In den hier untersuchten Fällen gab es auch keine politische Partei, die den politischen Prozess dominiert hätte. Aber während in Deutschland die verschiedenen Parteien jeweils ihre eigenen Vorschläge unterbreiteten und selten versucht waren, sich untereinander abzustimmen, entwickelte sich in Portugal eine gemeinsame Strategie, hinter der sich – in verschiedenen Etappen – die Unterstützer*innen aus allen Parteien zusammenfinden konnten. Aus einer ähnlichen Perspektive untersuchte Jacobs (1998) mit Mitteln der Diskurs-Koalitions-Theorie nach Hajer (1993), inwieweit unterschiedliche politische Akteur*innen einem Thema zu mehr Geltung verhelfen können, indem sie ihre Argumente besser aufeinander abstimmen und sie zu einer kohärenten und damit überzeugenden Erzählung verknüpfen.

Wie Wedeen (2004, S. 284) schreibt: „Rhetorik illustriert nicht nur politische Unterstützung, sie produziert sie auch." Die Debatten über die Ausweitung des Wahlrechts auf Denizens haben dazu beigetragen, Grundüberzeugungen infrage zu stellen, die für unser Verständnis von „Volk", „Demokratie" und „Nation" existenziell sind (Smith 2004, S. 60).

Bedeutet dies nun, dass die parlamentarischen Prozesse mit ihren Debatten und Sachverständigenanhörungen, die zu neuen Darstellungen des Themas und Reinterpretationen geführt haben, nichts anderes waren als ein politisches Schauspiel, in dem die Protagonist*innen nur eine Rolle spielten und insgeheim eine Umwälzung der grundlegenden Überzeugungen in Bezug auf das Staatsbürgerschaftsrecht betrieben? Nichts läge mir ferner, als das zu behaupten. Meine Analyse des deutschen Falles und insbesondere der innerdeutschen Ländervergleiche haben gezeigt, dass auf dem Weg in der Tat immer wieder Unsicherheiten darüber auftraten, wie es konkret weitergehen würde.[11] Aber als deutlich wurde, dass das eigentliche Vorhaben kaum Chancen hatte, realisiert zu werden, haben sich die Protagonist*innen dazu entschieden, die Diskussion mit anderen Themenfeldern zu verknüpfen, wo ebenfalls Mehrheiten gesammelt werden mussten, insbesondere mit Blick auf die Einbürgerungsregelungen. Sicher gab es auch eine Reihe von Vorschlägen, die Maximalforderungen enthielten und von denen nicht einmal ihre Urheber*innen glaubten, dass sie jemals in die Tat umgesetzt werden könnten, sondern nur symbolische Botschaften an ihre eigene Wähler*innenschaft waren. Die Mehrheit der Vorschläge zielte jedoch darauf ab, tatsächlich etwas ganz Konkretes in einer bestimmten Situation zu erreichen. Indem sie die Diskussion auch auf andere (umstrittene) Themen erweiterten, haben die deutschen Parteien versucht, neue Mehrheiten zu organisieren und übergeordnete Institutionen mit dem Thema zu befassen. In Portugal erleichterte die bewusste Umdeutung des Themas zwar die Konsensbildung, sie hatte aber auch ihren Preis: die Ausweitung des Wahlrechts auf eine sehr begrenzte Zahl von Ausländer*innen, gerade so begrenzt, dass die Machtverhältnisse im portugiesischen politischen System nicht zu sehr ins Ungleichgewicht gebracht wurden, ein Kompromiss zuliebe der Sozialdemokratie, die dafür an anderer Stelle Eingeständnisse gemacht hat.

---

[11] Diese Unsicherheit war für Wissenschaftler*innen außerhalb von Deutschland klar zu beobachten. Bereits kurz vor dem Urteil des Bundesverfassungsgerichts hatte Jan Rath (1990, S. 142) geschrieben, dass die verabschiedeten Gesetze in Hamburg und Schleswig-Holstein eher als politischer Erfolg – nicht unbedingt rechtlicher Erfolg – verstanden werden müssten.

An dieser Stelle können die Begriffe „Heresthetik" und „Rhetorik", wie sie Riker (1996) analysiert hat, weiterhelfen.[12] Riker (1996, S. 255) untersucht in seinen Studien, welche Themen in einer politischen Debatte angesprochen werden, wie sie dargestellt und welche Strategien angewendet werden. Werden also eher Themen angesprochen, bei denen man mit wenig Gegenwehr auf der Gegenseite rechnet (Dominanzstrategie), oder vermeidet man eher Themen, bei denen die Gegenseite starke Argumente hat (Dispersionsstrategie)? In meiner Analyse habe ich zwar vermieden, im Sinne einer kritischen Diskursanalyse „den dominanten Diskurs" in einer Debatte herauszufinden. Stattdessen richtete sich mein Blick auf die Wende- und Entscheidungspunkte in den Debatten, auf die sich die politischen Akteur*innen bezogen, und beobachtete, wie sich ihre Argumentation im Vergleich zum Beginn der Debatte veränderte und welche neuen Argumente und Themen sie der Diskussion hinzufügten. Ich habe versucht, wie es Jackson (2006, S. 272) empfiehlt, die Möglichkeiten von Akteur*innen zu rekonstruieren. Allerdings ist es, wie Riker sagt, immer schwer, die Strategie vom Argument zu trennen; bestimmte Interpretationen entstammen den Strategien der Akteur*innen, wie sie mit einem Thema umgehen wollen, aber oft müssen dieselben Strategien sich noch auf die Interpretationen anderer Akteur *innen einstellen und anpassen. So entsteht ein dynamischer Prozess, in dem aber Strategie und Argument untrennbar miteinander verbunden sind.[13]

Ein interpretativer Ansatz, der auch die spezifischen Rahmenbedingungen bzw. Kontextbedingungen berücksichtigt, stellt einen Mittelweg zwischen einem ausschließlich akteurzentrierten Ansatz und einer rein strukturellen Interpretation aus der Diskurstheorie dar (Keller 2005). Hierdurch können auch genau die Stellen markiert werden, an denen die Prozesse ihren Anfang nehmen oder sich in eine andere Richtung wenden und wann welche Akteur*innen in den

---

[12] Die Beschäftigung mit Riker scheint hier weiterführend, weil er in seinen Studien ebenfalls untersucht hat, wie es Gruppen gelungen ist, durch eine gekonnte und überzeugende Argumentation und geschicktes Agenda Setting, wohlüberlegtes Wahlverhalten und die Verknüpfung mit neuen Themen eine Situation herbeizuführen, in der andere Gruppen sich der Sache anschließen wollten oder sich durch die neu eingetretenen Umstände dazu gezwungen sahen, sich der Sache anzuschließen. Vor allem in den Fällen, in denen eine Gruppe eine klare Mehrheit hatte, stellte Riker fest, dass die am häufigsten angewendete Taktik die der Veränderung („manipulation") des Themenspektrums war, um eine Pattsituation in einer Diskussion aufzulösen. Nach Riker funktioniert dies auch dann, „when those who are manipulated know they are being manipulated because once a salient dimension is revealed its salience exists regardless of one's attitude towards it" (1986, S. 150–151).

[13] Dies ist jedoch kein ungewöhnliches Problem bei Prozessanalysen (Checkel 2005). Schimmelfennings (2001) „rhetorical action" z. B. weist auf ein ähnliches Problem in den internationalen Beziehungen hin.

Prozess eingreifen oder eingreifen könnten. Das ist wichtig, um sich von der Vorstellung zu befreien, dass diese Entscheidungen tatsächlich von Anfang an in ihren Erfolgsmöglichkeiten prognostizierbar waren, weil sie von angeblich homogenen Kollektiven wie „Nationen" oder „Gesellschaften" getroffen würden und eben nicht von nur einigen Wenigen (in diesem Fall Abgeordneten). Das ist ein wichtiger Aspekt in der vergleichenden Staatsbürgerschaftsforschung, der meiner Meinung nach bislang noch nicht ausreichend berücksichtigt worden ist.

6.4   Ein Beitrag zu einer größeren Literatur

Aus Sicht der Politikwissenschaft ist es offensichtlich, dass Untersuchungen zu Wahlreformen immer die institutionellen Voraussetzungen, unter denen sie stattfinden, berücksichtigen müssen und die Akteur*innen, die formell oder informell über sie entscheiden. Für gewöhnlich liegt der Fokus solcher Analysen auf den Eliten, und die Entscheidung über die Reform wird als Machtspiel zwischen den konkurrierenden Parteien gesehen. Eine übliche Erklärung aus Sicht der Rational Choice Theory ist dann, dass der Standpunkt der Parteien gegenüber der Erweiterung des Elektorats davon abhängt, auf welche Art und Weise politische Partizipation im System stattfindet und welche politischen Präferenzen den potenziell neuen Wähler*innen zugeschrieben werden (North 1988; Cox 1997; Boix 1999; Colomer 2004; Benoit 2007; LeDuc 2011). Das ist auch sinnvoll. Allerdings sind bei allen Wahlrechtsreformen, die zu einer Vergrößerung des Elektorats führen, Informationen über die Präferenzen der potenziellen Wähler*innen kaum bekannt, und es lässt sich mit diesem Ansatz auch kaum erklären, wann und wie Reformversuche es auf die politische Agenda schaffen und wann nicht (Norris 2010). Es wird sogar noch schwieriger, wenn die Gewinner*innen einer Reform nicht klar zu kalkulieren sind, insbesondere mit Blick auf anstehende politische Entscheidungen, eine mögliche Ämtervergabe oder andere persönliche Vorteile, bzw. – um es noch komplexer zu machen – muss auch in die Rechnung miteinbezogen werden, wie die bestehende Wähler*innenschaft zu der Reform steht, ob sie dafür oder dagegen ist, oder ob Parteien einen kurzfristigen Wahlerfolg aufgeben, um dafür langfristig andere Ziele erreichen zu können.

Aus meiner Sicht sind Reformen zur Ausweitung des Wahlrechts auf Denizens besonders schwierig, weil sie den politischen Status quo auf verschiedene Weise herausfordern. Wie ich schon mehrfach betont habe, ist dies überaus heikel: Was auf dem Spiel steht, ist nicht weniger als eine Bestimmung dessen, was der *Demos* eines Staates ist (also wer die Bürger*innen sind, die wählen dürfen), und dies kann auch Änderungen an den Grundprinzipien der Repräsentation nach

sich ziehen, zu Änderungen in den Wahlgesetzen führen oder Wahlbezirke verändern, alles Punkte, die sich später in den Sitzverteilungen in den Parlamenten
niederschlagen.

Also, was Norris für die Wahlreformen im Allgemeinen angemerkt hat,
gilt für die Ausweitung des Wahlrechts für Ausländer*innen im Besonderen:
Anzunehmen, dass Parteien in Regierungsverantwortung ihre Entscheidungen
am Einzelfall ausrichten und nicht die größere gesellschaftliche Stimmung im
Blick hätten, ist auf gefährliche Art und Weise „naiv" (Norris 2010, S. 15). Die
Ausweitung des Wahlrechts auf Denizens ist dabei ein besonders schwieriger Fall,
weil sie selten von der Mehrheit der Bürger*innen unterstützt oder offensiv von
den potenziellen Neuwähler*innen gefordert wird. Deshalb ist es auch so wichtig, genau nachzuspüren, woher die Vorschläge kommen, weil dies erklärt, warum
sie überhaupt zu einem parlamentarischen Gegenstand wurden. Reformen dieser
Art können daher am besten durch Ansätze erklärt werden, die es ermöglichen,
die Akteur*innen selbst in den Blick zu nehmen, ihre Diskurse und Diskur-
sstränge, und zwar ohne dass wir dabei vorgefertigte Annahmen voraussetzen,
wie „traditionell" die eine oder andere Sache in den jeweiligen Gesellschaften,
die wir untersuchen, gesehen wird. Anschließend müssen nur noch die jeweiligen Gesetzesvorschläge auf ihrem jeweils notwendigen parlamentarischen Weg
verfolgt werden. Dies schließt auch den Weg gescheiterter Vorschläge mit ein.

Wie wir aus der politischen Diskursanalyse und Wahlforschung, insbesondere
zum Agenda Setting, nur zur Genüge wissen, ist es in Versuchen, eine politische
Realität durch die Analyse politischer Verhandlungen, Debatten und Diskurse zu
rekonstruieren, immer schwierig, den einzelnen Komponenten den richtigen Wert
beizumessen (vgl. Rose und Miller 1992). Aber es lässt sich doch sagen, dass
die Art und Weise, wie ein Thema dargestellt wird, nicht deswegen so wichtig
ist, weil es hierdurch gelingen würde, *andere wirklich von bestimmten Idealen
oder Werten zu überzeugen,* sondern weil es auf diese Weise anderen ermöglicht
werden kann, im Verlauf der Debatte punktuell der anderen Seite zuzustimmen.
Diese Sichtweise mag zu instrumentell aus Sicht interpretativer Ansätze und zu
spekulativ aus Sicht einer streng positivistische Politikwissenschaft sein, aber
sie ist zumindest eine, die anerkennt, dass die Analyse von Diskursen ein Weg
sein kann, die Wirklichkeit als *Erfahrung aus einer bestimmten Perspektive zu
rekonstruieren* (vgl. Fairclough 1993, S. 135), ohne dabei den Spielraum, den
die handelnden Akteur*innen im Rahmen des gegebenen institutionellen Settings
ohne Zweifel haben, außer Acht zu lassen. Denn wie die Analyse gezeigt hat,
hatten die handelnden Akteur*innen zu verschiedenen Zeitpunkten und an verschiedenen Orten immer wieder die Möglichkeit, andere Wege zu gehen und
andere Entscheidungen zu treffen.

6.5   Die soziale Konstruktion der Ausweitung des Wahlrechts auf Denizens

Aus dem bisher Gesagten lassen sich zwei relativ einfache Schlussfolgerungen ableiten. Erstens: Die Art und Weise, wie das Thema der Ausweitung des Wahlrechts auf Denizens in den jeweiligen politischen Kontexten (Arenen) dargestellt (präsentiert) wird, entscheidet darüber, welche Art von Debatten sich daraus im Anschluss ergeben. Zweitens: Schon der Beginn der Debatte entscheidet maßgeblich darüber, was am Ende bei der Debatte als Ergebnis herauskommen kann. Wie wir bereits gesehen haben, reicht selbst in Demokratien, die einen großen Anteil von lange in dem Land lebenden Ausländer*innen aufweisen, das Argument, dass ohne ein Wahlrecht für diese Menschen die Demokratie in dem Land in eine Schieflage gerate (im Hinblick auf die Repräsentation und Partizipation), nicht ohne Weiteres aus. In der Debatte ist es schnell eines von vielen Argumenten und kann mitunter auch direkt wieder aus der Debatte verschwinden. Und so unterschiedlich die Debatten zum Ausländer*innenwahlrecht (und ihre Ergebnisse) auch sind, haben sie doch ein gemeinsames Muster, wie sie als soziale Prozesse konstruiert sind.

Ontologisch und epistemologisch kommen die Theorien des sozialen Aufbaus nicht mit der klaren Sprache der Variablen zusammen. Dies ist nicht der Fall, weil die Ersteren unklar und unordentlich sind (oder zumindest meistens nicht deshalb), sondern weil die Letzteren dazu neigen, mit Annahmen zu kämpfen, die unplausibel sind, wenn wir über soziale Konstruktion sprechen (z. B. dass die Variablen auf der gleichen analytischen Ebene nebeneinanderstehen und ständig relevant oder ihre Wirkungen grundsätzlich unabhängig sind). Dennoch möchte ich im Folgenden skizzieren, wie sich Muster der Ausweitung des Wahlrechts miteinander verbinden und anschließend zu verschiedenen Wegen führen. Dabei sollen diese Muster nicht als unabhängige Variablen gedacht werden, sondern vielmehr als Schritte in einem Gesamtprozess, die an unterschiedliche institutionelle Kontexte angepasst werden müssen.

Der institutionelle Kontext stellt also die Grundlage des gesamten Prozesses dar, ist also, wenn man so will, der „Schritt 0" in dem Modell, der die gesamte nachfolgende Entwicklung maßgeblich beeinflusst, auch wenn das Ganze in der Gesellschaft nicht einmal ein Thema ist. Politische Institutionen stellen dabei die Spielregeln auf, wie und unter welchen Voraussetzungen neue Ansprüche in den politischen Diskurs eingespeist werden können – ideell, materiell, sprachlich, rechtlich. Auf dieser Basis planen die politischen Akteur*innen, wie ein Gesetzesentwurf gestaltet sein sollte und wie man ihn am besten durch den parlamentarischen Prozess bekommt. Da in Portugal bereits eine Art Ausländer*innenwahlrecht rechtlich vorgesehen war, konnte die weitere Ausweitung des Wahlrechts als ein eher technischer Vorschlag innerhalb des gegebenen rechtlichen Rahmens präsentiert werden. In Deutschland dagegen war die Rechtslage – zumindest aus progressiver Sicht – unklar: inwieweit die Bundesländer die rechtliche Kompetenz besaßen, eigene Gesetze zu dieser Frage zu verabschieden, was eine Reihe von verschiedenartigen Gesetzesvorschlägen in den Bundesländern nach sich zog.

Der „erste Schritt" auf dem Weg zur Ausweitung des Ausländer*innenwahlrechts besteht darin, dass einzelne Bürger*innen oder Gruppen Vorschläge formulieren, die dann von der Politik, also zumeist den Abgeordneten in den entsprechenden Parlamenten, aufgenommen und weiterverarbeitet werden. Die politischen Akteur*innen machen sich selbst ein Bild von dem Thema, stecken das argumentative Feld ab, machen ihrerseits einen Vorschlag, wie mit dem Thema umzugehen ist. Zu diesem Zeitpunkt des Prozesses ist es erforderlich, dass entweder ein Bezug zu etablierten Denk- und Beziehungsmustern oder aber ein neuer Bezugsrahmen für das Thema hergestellt wird, etwa mit besonderem Bezug zu den Adressat*innen der Maßnahme. Die entscheidende Frage ist hier, wie das Thema Ausländer*innenwahlrecht formuliert wird und von wem. Dieser Schritt entscheidet viel darüber, wie im Weiteren der Prozess weitergehen wird.

Der „zweite Schritt" ist die Übersetzung des Themas in formale politische Gesetzesvorlagen. Welche Fragen letztendlich vom Parlament behandelt werden, ist von großer Bedeutung, weil rein pragmatisch gedacht in jeder Legislaturperiode nur eine begrenzte Zahl politischer Fragen sinnvollerweise behandelt werden können. Wenn ich von „Übersetzung" spreche, möchte ich damit darauf hinweisen, dass das Thema an dieser Stelle schon eine Überarbeitung durch das Parlament erfährt und nicht mehr unbedingt die Form beibehält, die es in der Diskussion in der Zivilgesellschaft gehabt hat. Jetzt stehen Fragen im Vordergrund wie „Welche politischen Forderungen können angesichts des vorherrschenden politischen Klimas und der Umstände im Parlament legitimerweise erhoben werden?" und „Wer macht sich den Vorschlag zu Eigen, mit welchen Begründungen, und wie sehr sind andere dazu bereit, sich auf das Thema einzulassen?".

Der „dritte Schritt" besteht in der eigentlichen parlamentarischen Debatte mit ihren Beratungen, Anhörungen, Diskussionen, Verhandlungen, Ausschüssen und Fristen. Befürworter*innen und Gegner*innen können nun eindeutig voneinander unterschieden werden, aber das heißt nicht, dass ihre Positionen sich nicht über den Beratungszeitraum verändern könnten. Sie bleiben offen für Veränderungen

und neue Sichtweisen. Daher ist es wichtig, über den gesamten Gesetzgebungsprozess zu verfolgen, wie sich die Argumente im Laufe der Zeit verändern.
Wenn von den Gegner*innen Einwände vorgebracht oder Alternativen genannt
werden, so sind dies Hinweise für die Reformbefürworter*innen, wie der Gesetzentwurf umgestaltet bzw. umformuliert werden könnte, um eine Mehrheit für
die Ausweitung des Wahlrechts auf Denizens zu gewinnen. Hier kann durch
ein aktives Herein- und Herausfiltern der unterschiedlichen Informationen die
Diskussion bewusst in eine andere Richtung gelenkt und mit anderen Themen
verbunden werden. Gerade in der vergleichenden Forschung zeigen sich hier
wichtige Unterschiede, wie die Akteur*innen dies tun können.

Zunächst ist festzustellen, dass politische Akteur*innen (Parteien und andere)
die zentralen Argumente einer Debatte mit unterschiedlicher Breite und Tiefe darstellen können. Entscheidend ist dabei einzuschätzen, welche Argumente wohl
stichhaltig sind, welche sich durch die Debatte durchziehen werden und welche vielleicht auch mal verschwinden werden, um dann später in einem anderen
Kontext wieder auf die Bildfläche zurückzukommen. Dabei ist immer zu berücksichtigen, in welchem institutionellen Umfeld sich das Ganze abspielt, weil
die institutionellen Rahmenbedingungen (im Großen wie im Kleinen) immer
wieder auf den parlamentarischen Ablauf Einfluss nehmen. Dies macht einen
Prozess, der aufgrund seiner besonderen parlamentarischen Geschäftsordnung an
sich schon recht komplex ist (vorgegebene Anzahl von Plenardebatten, erforderliche Mehrheiten, formale Schritte des Gesetzgebungsprozesses usw.), noch
komplizierter. Abb. 6.1 fasst die zentralen Schritte dieses Prozesses zusammen.

Wie sich der Prozess auf diesen verschiedenen Stufen gestaltet, erklärt, warum
die Ausweitung des Wahlrechts auf Ausländer*innen in manchen Fälle komplizierter ist als in anderen. Im Fall von Portugal war es ein Vorschlag „von oben“.
Dieser hatte hauptsächlich rechtlichen Charakter und stellte Bezüge zu bestehenden internationalen Verträgen Portugals her. Dies konnte als Ausgangspunkt

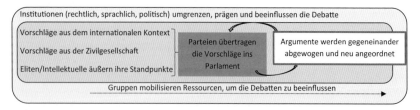

Abb. 6.1 Stufen eines Prozesses der Ausweitung des Wahlrechts auf Denizens. (Quelle:
Eigene Darstellung.)

für eine eher technische Debatte dienen, die letztendlich zu einer erfolgreichen
Reform führte: Ausländer*innen wurde aufgrund ihrer Herkunft und auf Basis der
Reziprozität das Wahlrecht verliehen. An dem portugiesischen Verständnis von
Staatsbürgerschaft hatte sich kaum etwas verändert. In Deutschland ging dagegen der Impuls „von unten" aus. Eine breite, aber besonnene gesellschaftliche
Debatte organisierte zunächst gegen Ende der 1970er-Jahre die Unterstützung
der SPD, die dann jedoch Jahre brauchte, um sie ins Parlament zu übersetzen
und die entsprechend notwendigen politischen Allianzen zu schmieden. Als sie
dies schließlich im Stadtstaat Hamburg geschafft hatte und sich Möglichkeiten
boten, aus dem Thema politisches Kapital zu schlagen, entdeckten auch linke Parteien das Thema, versuchten es zu kopieren, und starteten entsprechende Debatten
in anderen Ländern. Die langen und tiefgreifenden parlamentarischen Debatten,
die immer wieder auch grundsätzliche Fragestellungen über unterschiedliche Verständnisse von Staatsbürgerschaft und Zugehörigkeit berührten, und zwar sowohl
vor als auch nach dem Bundesverfassungsgerichtsurteil, zeigten eine viel ernstere
und vor allem komplexere Beschäftigung mit dem Thema Staatsbürgerschaft als
in Portugal.

Schließlich spielt auch das „Timing", also das Zusammentreffen von zwei
Ereignissen, eine wichtige Rolle. Beide Prozesse sind zu einem bestimmten
geschichtlichen Zeitpunkt aufgetreten. Dies ist wichtig zu berücksichtigen, da der
spezifische zeitliche Rahmen es erlaubt, bestimmte Bezüge herzustellen, gerade
zu Beginn, aber auch im Verlauf der Debatte. In beiden untersuchten Fällen lässt
sich zeigen, dass die jeweiligen historischen Umstände jeweils die Entwicklung
der Debatten auf die eine oder andere Weise beeinflusst haben. In Portugal war es
das Ende der Diktatur, des Kolonialismus, des portugiesischen Kolonialreichs und
der demokratische Aufbruch, in Deutschland der Niedergang der DDR, die Wiedervereinigung und der Einzug der Republikaner in das Abgeordnetenhaus von
Berlin,[14] die jeweils auf ihre eigene Weise eine grundlegende Auseinandersetzung mit der Frage, wer Deutsche*r ist bzw. werden kann, erforderlich machten.
Neben „Timing" ist auch die zeitliche Abfolge und die Dauer einer Debatte von
Bedeutung. Wie Abbott (2010, S. 255) zeigt, ist es wichtig zu bemerken, wie

---

[14] In den frühen 1980er-Jahren änderte sich generell die Stimmung gegenüber Ausländer*innen in der Bundesrepublik Deutschland sehr deutlich. Es zeigt sich, dass Ausländer*innen, auch wenn sie mit umfangreichen zivilen und sozialen Rechten ausgestattet
und auch durch sie geschützt waren, der aufkommenden Fremdenfeindlichkeit machtlos
gegenüberstanden, weil sie letztlich keine ausreichenden politischen Rechte besaßen. Die
CDU/CSU bestand darauf, dass, so eine Familienzusammenführung denn notwendig sei, dies
doch in Richtung Herkunftsland stattfinden solle, und stemmte sich mit aller Macht gegen
das Entstehen einer „multikulturellen Gesellschaft" (vgl. Joppke 1999b, S. 70–80).

viel Zeit notwendig gewesen ist, damit etwas in Gang gesetzt werden konnte, in welcher Reihenfolge sich die Geschehnisse abspielen müssen, um bestimmte Prozesse in Gang zu setzen und damit sie den einen oder anderen Verlauf nehmen. Aus diesem Grund sind historische Vergleiche und eine sorgfältige Rechtfertigung darüber, welche Zeiträume wir für die Untersuchung ausgewählt haben, so wichtig, um die in den verschiedenen Fällen auftretenden Unterschiede richtig einordnen zu können. Dies ist vor allem für den deutschen Fall von enormer Bedeutung: Natürlich kann das Urteil des Bundesverfassungsgerichts als Endpunkt der deutschen Debatte um die Ausweitung des Ausländer*innenwahlrechts gesehen werden und somit als Sinnbild für das deutsche ethnisch-kulturelle Staatsbürgerschaftsverständnis gelten. Dies lässt aber außer Acht, dass es seit dem Urteil weitere Debatten zur Ausweitung des Wahlrechts für Ausländer*innen gegeben hat, in denen als Reaktion auf das Urteil des Bundesverfassungsgerichts die Argumente noch einmal einer erneuten Prüfung unterzogen, neu aufeinander abgestimmt und verfeinert wurden. Diese Debatten ziehen sich bis heute, und finden auf allen allen Ebenen des politischen Systems statt.

6.6   Schlussfolgerung

In diesem Kapitel wurden die Ergebnisse aus beiden Fallstudien systematisch miteinander verglichen und herausgearbeitet, warum die verschiedenen Verständnisse von Staatsbürgerschaft, die auch unterschiedliche Arten des Ausländer*innenwahlrechts begründen, nicht als quasi homogen, traditionsgegeben verstanden werden können, sondern als Ergebnis politischer Auseinandersetzungen, die sich in unterschiedlichen institutionellen Rahmen abspielen, aber immer dynamisch entwickeln. Die grundlegenden politischen, rechtlichen, kulturellen und auch sprachlichen Institutionen einer Gesellschaft stecken den Rahmen ab, wie über eine mögliche Ausweitung des Wahlrechts auf Denizens diskutiert werden kann. Danach kommt aber ein Prozess, wo Politik lebendig ist. Um die Reform schließlich in die Tat umzusetzen, bedarf es harter politischer Überzeugungsarbeit. Wenn die institutionellen Rahmenbedingungen sie erschweren, ist es wichtig, sich permanent und uneingeschränkt für eine Ausweitung des Wahlrechts auf Denizens einzusetzen, um diese Widerstände zu überwinden. Ein anderer Weg besteht darin, eine gewisse Flexibilität bei der Darstellung des Themas an den Tag zu legen und in den Verhandlungen nach gemeinsamen Punkten zu suchen, auf die sich Reformgegner*innen einlassen können.

Literatur

Abbott, Andrew Delano. 2010. *Time Matters. On Theory and Method*. Chicago: University of Chicago Press.

Benhabib, Seyla. 2004. *The Rights of Others. Aliens, Residents and Citizens*. Cambridge: Cambridge University Press.

Benoit, Kenneth. 2007. Electoral Laws and Political Consequences: Explaining the Origins and Change of Electoral Institutions. *American Political Science Review* 10:363–390.

Boix, Carles. 1999. Setting the rules of the game: The choice of electoral systems in advanced democracies. *American Political Science Review* 93 (3): 609–624.

Checkel, Jeffrey. 2005. It's the Process Stupid! Tracing Causal Mechanisms in European and International Politics. In *Qualitative Methods in International Relations*, Hrsg. Audie Klotz, 1–29. New York: Working Papers ARENA 26

Colomer, Josep Maria. 2004. *Handbook of Electoral System Choice*. New York: Palgrave Macmillan.

Cox, Gary. 1997. *Making Votes Count: Strategic Coordination in the World's Electoral Systems*. Cambridge: Cambridge University Press.

Edelman, Murray Jacob. 1985. *The symbolic uses of politics*. 5. paperback pr. With a new Afterword. Urbana: University of Illinois Press

Fairclough, Norman. 1993. *Analysing Discourse. Textual analysis for social research*. London: Routledge.

Fischer, Frank. 2003. *Reframing Public Policy. Discursive Politics and Deliberative Practices*. Oxford: Oxford University Press.

Green, Simon. 2004. *The Politics of Exclusion: Institutions and Immigration in Germany*. Manchester: Manchester University Press.

Hajer, Maarten. 1993. Discourse Coalitions and the Institutionalization of Practice: The Case of Acid Rain in Great Britain. In *The Argumentative Turn in Policy Analysis and Planning*, Hrsg. F. Fischer und J. Forester. London: UCL Press.

Hollifield, James F. 1992. *Immigrants, Markets, and States. The Political Economy of Postwar Europe*. Cambridge: Harvard University Press.

Howard, Morjé, und Marc. 2008. The Causes and Consequences of Germany's New Citizenship Law. *German Politics* 17 (1): 41–62.

Howard, Marc Morjé. 2009. *The politics of citizenship in Europe*. Cambridge: Cambridge University Press.

Jackson, Patrick Thaddeus. 2006. Making Sense of Making Sense. Configurational Analysis and the Double Hermeneutic. In *Interpretation and Method*, Hrsg. Dvora Yanow und Peregrine Schwartz-Shea, 264–280. Armonk: M. E. Sharpe.

Jacobs, Dirk. 1998. Discourse, Politics and Policy: The Dutch Parliamentary Debate about Voting Rights for Foreign Residents. *International Migration Review* 32 (2): 350–373.

Jacobs, Dirk. 1999. The debate over enfranchisement of foreign residents in Belgium. *Journal of Ethnic and Migration Studies* 25 (4): 649–63. https://doi.org/10.1080/1369183X.1999.9976708 Zugegriffen: Juni 2014

Joppke, Christian. 1999a. How immigration is changing citizenship: A comparative view. *Ethnic and Racial Studies* 22 (4): 629–652.

Joppke, Christian. 1999b. Immigration and the Nation-State: The United States, Germany, and Great Britain. Oxford University Press.

Kelle, Udo, und Susann Kluge. 1999. *Vom Einzelfall zum Typus*. Bd. 4. *Fallvergleich und Fallkontrastierung in der qualitativen Sozialforschung*. Opladen: Leske + Budrich.

Keller, Reiner. 2005. Analysing Discourse. An Approach From the Sociology of Knowledge. *Forum Qualitative Sozialforschung/Forum: Qualitative Social Research* 6(3)

Koopmans, Ruud, Paul Stathan, Marco Giugni, und Florence Passy. 2008. *Contested Citizenship. Immigration and Cultural Diversity in Europe*. Minneapolis: University of Minnesota Press.

LeDuc, Lawrence. 2011. When Citizens Become Involved: Electoral Reform and Direct Democracy. *West European Politics* 34 (3): 551–567.

Norris, Pippa. 2010. *Cultural Explanations of Electoral Reform: A Policy Cycle Model*. Faculty Research Working Paper Series, RWP10-022, John F. Kennedy School of Government, Harvard University.

North, Douglass C. 1988. Ideology and political/economic institutions. *Cato Journal* 8 (1): 15–28.

O'Malley, Eoin. 2010. Veto Players, Party Government and Policy-Making Power. *Comparative European Politics* 8 (2): 202–219.

Rath, Jan. 1990. Voting Rights. In *The Political Rights of Migrant Workers in Western Europe*, Hrsg. Zig Layton-Henry, 127–157. London: Sage.

Riker, William H. 1996. *The Strategy of Rhetoric. Campaigning for the American constitution*. New Haven: Yale University Press.

Rose, Nikolas, und Peter Miller. 1992. Political Power beyond the State: Problematics of Government. *British Journal of Sociology* 43 (2): 173–205.

Schattschneider, Elmer Eric. 1975. *The Semisovereign People. A Realist's View of Democracy in America*. Boston: Wadsworth.

Schimmelfenning, Frank. 2001. The Community Trap: Liberal Norms, Rethorical Action and the Eastern Enlargement of the European Union. *International Organization* 55 (1): 47–80.

Shaw, Jo. 2007. *The Transformation of Citizenship in the European Union. Electoral Rights and the Restructuring of Political Space*. Cambridge: Cambridge University Press.

Sievering, Ulrich, ed. 1981. *Integration Ohne Partizipation? Ausländerwahlrecht in Der Bundesrepublik Deutschland Zwischen Verfassungsrechtliche Möglichkeit Und Politische Notwendigkeit*. Frankfurt a.M.: Haag und Herchen.

Smith, Rogers M. 2004. The Politics of Identities and the Tasks of Political Science. In *Problems and Methods in the Study of Politics*, Hrsg. Ian Shapiro und R.M. Smith, 42–66. Cambridge: Cambridge University Press.

Thränhardt, Dietrich. 1981. Das Eigeninteresse der Deutschen am Wahlrecht für Ausländer. In *Integration ohne Partizipation? Ausländerwahlrecht in der Bundesrepublik Deutschland zwischen verfassungsrechtlicher Möglichkeit und politischer Notwendigkeit*, Hrsg. Ulrich Sievering. Frankfurt a. M.: Haag und Herchen.

Tilly, Charles. 2000. Processes and Mechanisms of Democratization. *Sociological Theory* 18 (1): 1–16.

Tilly, Charles. 2001. "Mechanisms in Political Processes." *Annual Review of Political Science* 4: 21–41.

Tsebelis, George. 2002. *Veto Players. How Political Institutions Work.* New York: Russell
Sage Foundation [u.a.].

Uhlitz, Otto. 1987. "Das Wiedervereinigungsgebot Als Verfassungsrechtliche Schranke Der
Einwanderungs- Und Einbürgerungspolitik." *Zeitschrift Für Rechtspolitik 20* (6): 191–93.

Wedeen, Lisa. 2004. Concepts and Commitments in the Study of Democracy. In *Problems
and Methods in the Study of Politics*, Hrsg. Ian Shapiro, M. Rogers, und Smith und Tarek
E. Masoud, 274–307. Cambridge: Cambridge University Press.

Ein prozessorientierter Ansatz zur Untersuchung der Ausweitung des Denizenwahlrechts im Vergleich zu anderen Studien

7

7.1 Vergleich zu Studien zur universellen Ausweitung des Denizenwahlrechts

Ich habe versucht, auf der Basis von verschiedenen Fällen der Ausweitung des Wahlrechts auf Denizens, die in der Wissenschaft bisher nicht ausreichend erklärt werden, einen eigenen Erklärungsansatz *„mittlerer Reichweite"* zu entwickeln. Dieses Kapitel versucht, die Ergebnisse dieses Ansatzes auf andere Fälle jenseits der hier untersuchten anzuwenden. Dabei handelt es sich um Fälle einer Ausweitung des Wahlrechts auf Denizens generell, also nicht nur einer bestimmten Untergruppe von Ausländer*innen wie in den von mir untersuchten Fällen in Deutschland und Portugal. Im Folgenden werde ich zwei Fälle daraus herausgreifen und einer genaueren Betrachtung unterziehen: zum einen die Ausweitung des Wahlrechts in den Niederlanden und Belgien und zum anderen die Ausweitung in Schweden. Beide Fälle sind in der Literatur bereits gut belegt. Im Folgenden werde ich mich in Bezug auf die Niederlande und Belgien vor allem auf die Studien von Dirk Jacobs und David Earnest und in Bezug auf Schweden auf die grundlegende Studie von Tomas Hammar stützen, die jeweils mit ähnlichen Methoden gearbeitet haben wie ich. Anschließend werden Vergleiche zu weiteren Fällen aus der jüngeren Vergangenheit zur Ausweitung des Wahlrechts auf Denizens in anderen Regionen der Welt angestellt.

Die Studie von Dirk Jacobs, der Parlamentsdebatten in Belgien und den Niederlanden untersucht hat, war dabei wegweisend auch für meine eigene Forschung. Ganz ähnlich, wie ich es vorgeschlagen habe, zielt seine Forschung darauf ab, die starke Bedeutung herauszuarbeiten, die das *Framing* des Themas durch die politischen Akteur*innen hat. Sein Ansatz konzentriert sich dabei aber mehr darauf, die Beharrungskräfte im politischen Diskurs, die er mit übergeordneten ideologischen Prämissen erklärt, herauszuarbeiten. Mir kam es dagegen mehr auf die Veränderungen von Standpunkten im Laufe des Prozesses an. Jacobs hat aber gezeigt, dass die Diskurse vielschichtiger sind als angenommen und nicht durch die Rahmung einer einzigen angenommenen „nationalen" Ideologie oder Erzählung erklärt werden können. Jacobs arbeitet vielmehr heraus, wie sehr verschiedene Ideologien innerhalb eines Nationalstaats in Konflikt zueinander stehen und Kompromisse oftmals nur möglich sind, wenn sie mit ganz anderen Themen in Beziehung gesetzt werden.[1]

So wie ich war er auch nicht daran interessiert, die „wahren Beweggründe" aufzudecken, sondern er suchte nach plausiblen Erklärungen dafür, dass in den Niederlanden und in Belgien auf so unterschiedliche Art und Weise auf die Herausforderung „demokratischer Defizite" reagiert wurde, obwohl man vielleicht eine ähnliche Antwort erwartet hätte. Er widerlegte dabei die Vorstellung, dass die umfangreiche Ausweitung des Wahlrechts auf Denizens in den Niederlanden mit einer *„tradition of tolerance and multiculturalism"* (Stuurman 2004; Earnest 2003) erklärt werden könne. Vielmehr gab es eine Vielzahl verschiedener kultureller Begründungen, Diskurse und Ideologien, die schließlich in das Gesetz eingeflossen sind.

Demgegenüber sind die Unterschiede meiner Studie zur Forschung von David Earnests viel größer. Wenngleich wir grundsätzlich dieselben Dinge betrachten (Ausweitung des Wahlrechts auf Migrant*innen in mehreren Ländern in vergleichender Perspektive), legt Earnest den Schwerpunkt eher auf die Staatsbürgerschaftstraditionen („traditions of citizenship"). Dieses Erklärungsmodell neigt jedoch dazu, definitive (politische oder rechtliche) Entscheidungen im Kontext historischer und vor allem rechtlicher Traditionen zu erklären und ihre Pfadabhängigkeit zu betonen als quasi unabwendbares Ergebnis einer historisch-institutionellen Entwicklung. Dementsprechend können Unterschiede in Bezug auf Wahlrechte in Deutschland, den Niederlanden und Belgien laut Earnest (2005, S. 4) am besten mit dem jeweiligen historisch gewachsenen Verständnis von Staatsbürgerschaft in den verschiedenen Ländern erklärt werden. Aus dieser Sicht ist jedes Verständnis von Staatsbürgerschaft einzigartig, auch im Falle der Niederlande, dessen Staatsbürgerschaftstradition als Kombination eines

---

[1] Auch Koopmans et al. sehen politische Rechte als Resultat „institutioneller Rahmenbedingungen". Sie interessierten sich jedoch nicht dafür, wie diese politischen Rechte letztendlich entstehen. Ihr Ziel war es, die unterschiedlichen *Mobilisierungspotenziale* für kollektive Akteur*innen (Migrant*innen oder Einheimische im Namen von Migrant*innen) in Abhängigkeit der *„institutional and discursive opportunity structures"* (2008, S. 19) zu erklären.

französisch-republikanischen Liberalismus, einer protestantisch-religiösen Toleranz und eines kolonialen Multikulturalismus zu verstehen ist. In Earnests Lesart wird davon ausgegangen, dass die von ihm diagnostizierten Probleme in der Migrationspolitik verschiedener Länder (wie etwa ein Repräsentationsdefizit, wenn Migrant*innen einen erheblichen Teil der Bevölkerung ausmachen, der nicht wählen darf) auch von den Akteur*innen in der Politik als Problem gesehen werden und dann mit „Lösungen" versehen werden, die aus dem konsensgebildeten nationalen *Staatsbürgerschaftsverständnisses* herausfließen. Die Ausweitung des Ausländer*innenwahlrechts in den Niederlanden ist für ihn eine Antwort auf die wachsende Ungleichheit zwischen Staatsbürger*innen und lang in den Niederlanden lebenden Ausländer*innen (hauptsächlich aus ehemaligen niederländischen Kolonien), insbesondere in Städten, in denen die Ausweitung zuerst gefordert wurde: Rotterdam und Amsterdam. Er bezeichnet den Prozess als *„a consensual process across the spectrum of Dutch political parties"* und führt Querverweise zu anderen Autor*innen an, um seine Thesen zu stützen: „Rath (1990) *finds that this broad partisan coalition reflected a broad elite consensus."*[2]

Allerdings zeigt die Darstellung von Jacobs, dass ein solcher Konsens nur schrittweise hergestellt werden konnte. Er betont dabei die Unterschiedlichkeit der Positionen in diesem Prozess (die Heterogenität der *„idioms of nationhood"* in einem Land) und die lange Zeit, die aufgewendet werden musste, um den Prozess 1985 letztlich zum Erfolg zu führen. Mit etwas mehr Abstand kann die Ausweitung des kommunalen Wahlrechts auf Ausländer*innen, die seit mindestens fünf Jahren in dem Land leben, als Teil eines breiteren Versuchs der besseren sozialen Einbeziehung ethnischer Minderheiten in die niederländische Gesellschaft gesehen werden. In Zeiten wachsender Fremdenfeindlichkeit und immer wieder auftretender gesellschaftlicher Erschütterungen brauchte es eben Zeit, bis diese Art der *Integrationspolitik* genug politische Schlagkraft hinter sich vereinigen konnte.

Auch konnten wir von Jacobs' Studie lernen, dass die ersten Forderungen nach einer Ausweitung des Wahlrechts auf lange in den Niederlanden lebende Ausländer*innen in kleinen akademischen Zirkeln, vor allem in juristischen

---

[2] Allerdings weist nichts in Raths Darstellung darauf hin, dass der Konsens aufgrund irgendeines traditionellen niederländischen *Staatsbürgerschaftsverständnisses* besonders leicht gefallen wäre. Im Gegenteil weist Rath darauf hin, dass die Konsensfindung kompliziert und zeitaufwendig war. Obwohl seine Darstellung weniger detailliert ist als die von Jacobs, stellt er fest, dass in den Debatten vermieden wurde, kontroverse Themen anzuschneiden. Der einzige „traditionelle" Einfluss ist laut Rath (1990, S. 137) möglicherweise ein Präzedenzfall aus dem frühen 19. Jahrhundert, als die politische Partizipation von Ausländer*innen erleichtert wurde.

Fachzeitschriften, laut wurden. Wissenschaftler*innen forderten dabei zunächst, dass auch im Ausland lebende niederländische Staatsbürger*innen das Wahlrecht erhalten sollten, was wiederum zu einer breiteren akademischen Diskussion führte, die das sogenannte Wohnsitzprinzip auch in Bezug auf die Staatsbürgerschaft hervorhob. Die damalige Mitte-Rechts-Regierung hat daraufhin eine Gruppe von Jurist*innen (das sogenannte Cals-Donner-Komitee) beauftragt, einen entsprechenden Vorschlag zur Modernisierung des niederländischen Wahlgesetzes zu erarbeiten. Das Cals-Donner-Komitee befand, dass die Ausweitung des Wahlrechts auf ausländische Einwohner*innen in den Niederlanden eine dringende Angelegenheit war. Interessanterweise fand Jacobs jedoch keine Hinweise darauf, dass hierfür auch ein gewisser Druck von einer „Bürgerrechtsbewegung" von Ausländer*innen selbst ausgeübt worden wäre. Vielmehr kam der Impuls von niederländischen Staatsbürger*innen, die in der Antirassismusbewegung aktiv waren.

Die niederländische Sozialdemokratie nahm die Empfehlungen des Cals-Donner-Komitees auf und integrierte sie bereits in den 1970er-Jahren in die Debatte um den Umgang mit Arbeitsmigration. Jacobs (1998, S. 361) mutmaßt, dass die Sozialdemokratie solche Empfehlungen in der Erwartung aufgegriffen habe, dass Stimmen damit gewonnen werden könnten, obwohl der Anreiz angesichts des relativ kleinen Anteils der ausländischen Bevölkerung für die Parteien eher gering war. Für Jacobs spielte hier eine ideologische Komponente eine wichtige Rolle. Denn so konnte sie ihre internationale Solidarität mit der Arbeiterklasse ausdrücken, die sich sowohl aus einheimischen als auch aus zugewanderten Arbeiter*innen zusammensetzt. Die damalige Mitte-Links-Regierung versprach, die Angelegenheit auch während der verfassungsrechtlichen Prüfung weiter zu bearbeiten, und das damals christdemokratisch geführte Innenministerium präsentierte im August 1976 einen entsprechenden Vorschlag zur Änderung der Verfassung, der die Ausweitung des Wahlrechts auf lange in den Niederlanden lebende Ausländer*innen auf kommunaler Ebene vorsah.

Wie in Portugal (und im Gegensatz zu Deutschland) wurde angenommen, dass das Wahlrecht auf nationaler und regionaler Ebene an die Staatsbürgerschaft gebunden bleiben sollte. Somit kam eine Diskussion über generelle Prinzipien der Mitgliedschaft gar nicht erst auf. Doch ein Zeichen dafür, dass auch mit Widerspruch zu rechnen war, war die Tatsache, dass die Verfassungsänderung allein noch keine Wahlrechte für neue Gruppen gewähren oder auch nur eine automatische Anpassung der Wahlgesetze nach sich ziehen würde. Die Verfassungsänderung machte lediglich eine zukünftige Anpassung der Wahlgesetze aus rechtlicher Sicht möglich. Der anfängliche Vorschlag war sehr vorsichtig formuliert und die Debatten entwickelten sich dementsprechend unauffällig und waren eher technisch geprägt.

Die reiche und detaillierte Darstellung von Jacobs stützt seine aus der Analyse der Grundstellungen der Parteien abgeleitete Erklärung zur Ausweitung des Wahlrechts auf Denizens. Seine Erklärung lautete, dass eine Reform möglich ist, wenn Raum für verschiedene Parteivorstellungen und Diskurse gelassen wird, sodass sie miteinander „koalieren" können. Der von mir vorgeschlagene schrittweise Analyseansatz verweist demgegenüber auf die Veränderungen in den politischen Positionen einzelner Akteure *während* des politischen Diskurses; und somit erklärt er etwas genauer, wie sich die Diskurse miteinander verbinden („koalieren") können. In den Niederlanden verhinderten linke Befürworter*innen eine Verbindung des Themas „Ausländer*innenwahlrecht" mit dem Thema „Migration" und in den parlamentarischen Beratungen wurde immer das Eigeninteresse an der Wahlrechtsausweitung in den Vordergrund gerückt. Wenn auch auf deutlich weniger abstrakte und hochtrabende Art und Weise als in Portugal, wurde das Wahlrecht im niederländischen Diskurs eben nicht als ein Recht dargestellt, das ausländische Einwohner*innen per se besitzen sollten, sondern vielmehr weil es im ureigenen Interesse der Niederlande sei, diese Gruppe bei Wahlen zu berücksichtigen. Jacobs' Studie zeigt aber auch, dass diese Argumente letztlich nicht ausgereicht haben, um die für eine Verfassungsreform notwendige Unterstützung der Christdemokratie und der Rechtsliberalen zu gewinnen, die letztlich beide an assimilatorisch-ausgrenzenden Diskursen festhielten und das Thema immer wieder mit größeren Fragen der Migration verbanden (wie es auch Konservative in Deutschland getan haben). Aber was war dann die Ursache?

Jacobs weist in diesem Zusammenhang auf die Bedeutung der Debatte für das politische Klima in den Niederlanden insgesamt hin. Seiner Meinung nach wurde eine Einigung zwischen den Parteien nur dadurch erreicht, dass sie eine unausgesprochene Übereinkunft erreicht hatten, nicht zu offen über das Thema zu streiten, um damit nicht rechtsextremen Parteien in die Karten zu spielen. Hierzu brauchten sie einen gemeinsamen politischen Nenner, auf den sich alle Parteien einigen konnten. Dies rückte mit der Regierungsübernahme der Mitte-Rechts-Parteien 1978 in greifbare Nähe, die nach und nach von einem „assimilatorisch-ausgrenzenden" zu einem „assimilatorisch-integrativen" Kurs, der eine gewisse Nähe zu dem der Linken aufwies, umschwenkten. Auslöser hierfür waren nach Jacobs die Terroranschläge molukkischer Jugendlicher 1977 und 1978, die in den Niederlanden einen Schock auslösten. Das kommunale Wahlrecht auf lange in den Niederlanden lebende Ausländer*innen auszuweiten, lieferte vor diesem Hintergrund eine einfache Lösung, um einerseits die historische Schuld der Niederlande gegenüber der molukkischen Gemeinschaft zumindest teilweise zu begleichen und anderseits an alle anderen das Signal auszusenden, dass die Niederlande es ernst damit meine, die soziale Situation von ethnischen Minderheiten im Land zu verbessern, und zwar über Parteigrenzen hinweg.

Jacobs deutet damit an, dass die Verbindung ganz unterschiedlicher Argumente für die Ausweitung des Wahlrechts auf Ausländer*innen unter dem Dach einer gemeinsamen Erzählung letztlich der entscheidende Faktor für den Erfolg der niederländischen Reform gewesen ist. Jede Gruppe konnte dabei jeweils ihre eigenen Argumente für die Ausweitung des Wahlrechts betonen, wobei die Argumente immer vage genug sein mussten, damit auch die andere Seite ihnen zustimmen konnte.[3] Schließlich wurde der Gesetzesentwurf mit einer großen Mehrheit aller drei großen Parteien – Rechtsliberale (VVD), Christdemokratie (CDA) und Sozialdemokratie (PvdA) – verabschiedet, auch wenn es innerhalb der Parteien durchaus zu Spannungen und ernsten Auseinandersetzungen gekommen ist. Dabei ist wichtig darauf hinzuweisen, dass in den Niederlanden – im Gegensatz zu den meisten anderen Ländern – Gesetzesentwürfe die Auflösung des Parlaments überdauern und von der Nachfolgeregierung wieder aufgenommen werden müssen. Dies war auch der Fall bei dem Antrag, das Wahlrecht auf Denizens auszuweiten, weshalb die neue Mitte-Rechts-Regierung sich dieses Themas erneut annehmen musste. Jacobs weist auf die Bedeutung solcher institutionellen Rahmenbedingungen zwar hin, bezieht sie letztlich allerdings nicht wirklich in seine analytische Darstellung mit ein.

Der Gesetzesentwurf wurde 1979 und 1980 in der zweiten und ersten Kammer diskutiert. Währenddessen wurde, so Jacobs, von selbsternannten Fürsprecherorganisationen und von den größten Gewerkschaften[4] unauffällig, aber kontinuierlich Lobbyarbeit betrieben. Zudem forderte ein wissenschaftlicher Beratungsausschuss zu ethnischen Minderheiten in einem Bericht die Parlamentarier*innen dazu auf, für eine tolerante und multikulturelle Gesellschaft einzutreten. Die kleinen konfessionellen Parteien fochten den Gesetzesentwurf

---

[3] Das heißt nicht, dass die Diskussionen reibungslos abliefen. So gab es Uneinigkeiten hinsichtlich der Aufenthaltsdauer (linksgerichtete Parteien argumentierten dafür, sie ganz zu streichen oder stark zu reduzieren) und eine Spannung zwischen den Parteidiskursen – wie in Deutschland – auch über die Frage, ob das Wahlrecht die Integration fördern würde oder ob das Wahlrecht eine volle Integration voraussetze.

[4] Die Migrant*innenvereinigungen selbst waren unentschlossen, ob sie den Fokus ihrer Arbeit auf diese Frage legen sollten oder lieber andere, „drängendere Probleme", wie die sozioökonomische Position in den Niederlanden, in den Vordergrund rücken sollten. Ganz ähnlich wie in Portugal, kamen in den Niederlanden, wie Jacobs sehr schön darlegt, auch Politiker*innen molukkischer Herkunft in der Debatte zu Wort, aber sie haben sich nicht ausdrücklich als „ethnische" Vertreter*innen ihrer Gruppe positioniert.

mit der Begründung an, dass er die Integration letztlich be- bzw. verhindere. Sozialdemokratie, Linksliberale und linksgerichtete Parteien unterstützten dagegen das Gesetz aus einer Menschenrechtsperspektive heraus bzw. sahen in dem Gesetz sogar eine moralische Verpflichtung. Wesentlich war jedoch letztlich, dass die Rechtsliberalen schlussendlich entschieden, das Gesetz im Gegenzug für das nationale Wahlrecht für niederländische Staatsbürger*innen im Ausland zu unterstützen. All diese Umstände zusammengenommen weisen auf Verhandlungen zwischen den Akteur*innen nach dem „Do-ut-des-Prinzip" hin und sorgen für Schieflagen in Jacobs' fein austarierter Diskursmatrix.

In Earnests Darstellung hingegen wird die umfangreiche Darstellung von Jacobs in wenigen Sätzen umrissen. Da er die Ausweitung des Wahlrechts auf Denizens nur in dem Moment der Verabschiedung des Gesetzesentwurfs beobachtet, definiert er sie hier als einen von den Eliten angeführten Prozess mit breiter parlamentarischer Unterstützung, der letztlich die niederländischen Vorstellungen eines auf Konsens ausgerichteten politischen Prozesses und das niederländische kommunitaristisch-liberale Modell von Staatsbürgerschaft bekräftigt.[5] Earnests Darstellung über den Fall Deutschland ist übrigens spiegelverkehrt. Er wurde ausgewählt, weil er zeigt, *„what a contrary understanding of citizenship entails"* („was ein gegenteiliges Verständnis der Staatsbürgerschaft impliziert"). Ohne wirklich in die Tiefen der Debatten einzusteigen, stellt er fest, dass Deutschlands Experiment *„reflected both persistent ethno-cultural conceptions of the political community and the variation incubated by a federal system with disinterested executive leadership at the national level"* (*„sowohl hartnäckige ethnokulturelle Vorstellungen der politischen Gemeinschaft widerspiegelte als auch die Variation, die von einem föderalen System mit uninteressierter Exekutivführung auf nationaler Ebene hervorgerufen wurde")* (Earnest 2005, S. 22).

Belgien ist ein weiterer von Earnest und Jacobs untersuchter Fall, bei dem das Wahlrecht auf Denizens ausgeweitet wurde. Seine genauere Betrachtung hilft

---

[5] Für Howard (2009) war Deutschland ebenfalls ein wichtiger Fall, der die Relevanz der Staatsbürgerschaftspolitik zeigt (*„that shows the importance of focusing on the politics of citizenship"*) (S. 126). In seinen Interviews stellte er fest, dass politische Akteur*innen den entscheidenden Impuls für Änderungen im Wahlrecht eher auf internationaler Ebene sahen, etwa durch den Einfluss des Europarats, des Europäischen Gerichtshofs oder des Europäischen Gerichtshofs für Menschenrechte etc. Das Urteil des Bundesverfassungsgerichts interpretierte er als inländischen Faktor, um die Bemühungen um eine Liberalisierung der Staatsbürgerschaft zu intensivieren. Da seine Untersuchung mit dem Bundesverfassungsgerichtsurteil endet, konnte er nicht mehr sehen, dass dieses Urteil später tatsächlich als Grundlage für neue Gesetzesentwürfe genutzt wurde und die CDU zwang, sich einer Diskussion über Veränderungen im Staatsangehörigkeitsgesetz nicht länger zu verschließen.

dabei, die Unterschiede zwischen beiden Ansätzen noch deutlicher herauszuarbeiten. Sie sind, wie schon ein paar Mal angesprochen, vor allem auf die für die
Analyse ausgewählten Zeiträume zurückzuführen. Bevor Belgien 2004 das Wahlrecht auf kommunaler Ebene auf Denizens ausweitete, hatte Earnest (2003) das
Scheitern der bisherigen Reformen der politischen Kultur Belgiens zugeschrieben,
die anderen Gemeinschaften gegenüber misstrauisch sei und ihre, im politikwissenschaftlichen Sinne versäulte Struktur nicht überwinden könne. Die tief
in der Geschichte verwurzelten vielfältigen sozioökonomischen, politischen und
sprachbedingten Spaltungen zwischen Flandern und Wallonien, die quer durch
alle politischen Bereiche gingen, würden auch das Schicksal des Wahlrechts für
Ausländer*innen besiegeln.

In Belgien – nicht aber in den Niederlanden, wo es ebenfalls mehr als ein Jahrzehnt gedauert hat, eine Mehrheit für die Verabschiedung zu gewinnen – erkannte
Earnest eine lange, ausgedehnte politische Auseinandersetzung und Debatte. Später, nachdem die tatsächliche Ausweitung des Wahlrechts auf Denizens im Jahr
2004 seinen Ansatz ganz offensichtlich infrage gestellt hat, rekurriert er auf einen
lange zurückliegenden Grund: den Einfluss des Amsterdamer Vertrags (1997), der
es EU-Bürger*innen bereits ermöglicht hatte, an Kommunalwahlen teilzunehmen,
und neben dem sich die Ausweitung des Wahlrechts auf lange in der EU ansässige
Drittstaatsangehörige als eine relativ bescheidene Wahlrechtserweiterung ausnimmt.
Ohne es im Detail auszuführen, stellte er auch die Hypothese auf, dass die mit gutem
Beispiel vorangehenden Fälle (Niederlande, Irland, Schweden und Finnland), die
auch teilweise in direkter Nachbarschaft liegen, möglicherweise Druck auf Belgien ausgeübt haben. Und ohne den Prozess, der zu dieser Entscheidung geführt
hat, genauer zu untersuchen, schlussfolgert er, dass *„Belgium's enfranchisement of
resident aliens may reflect some of the international factors that transnationalist
scholars emphasize rather than domestic ones"* (ebd. 2005, S. 26).

Jacobs untersuchte im belgischen Fall ebenfalls die Rolle von Traditionen bei
der Eingliederung von Migrant*innen, berücksichtige dabei jedoch auch, wie diese
zusammen mit einer Reihe anderer Themen in die Debatte eingebracht wurden. Seine
Analyse zeigt dabei, dass das Thema um die Wahlrechtsausweitung erst auf die politische Agenda kam, nachdem zuvor Versuche gescheitert waren, auf die allgemeine
Rechtslage von Migrant*innen in Belgien aufmerksam zu machen und Verbesserungen einzufordern. Erst danach wurde es von belgischen Gewerkschaften und
Migrant*innen- bzw. Antirassismusvereinigungen 1976 mit dem Thema Wahlrechte
verknüpft und mithilfe einzelner linksgerichteter Politiker*innen und einigen Vertreter*innen der politischen Mitte wieder auf die politische Agenda gesetzt. Aufgrund
zahlreicher politischer Wechsel konnte die Angelegenheit jedoch nicht direkt umgesetzt werden. Die linke Regierung, die die Reform ursprünglich unterstützt hatte,

wurde 1981 durch eine rechte Regierung ersetzt. Jacobs stellt anhand seiner Diskursmatrix an dieser Stelle wiederum nur fest, wie französischsprachige Rechtsliberale
im Wettbewerb mit rechtsextremen Parteien und einer militanten französischsprachigen Partei in Brüssel von einem implizit exklusiven und auf Assimilation fokussierten
Diskurs zu einem Diskurs wechselten, der explizit gegen Einwanderung war, in der
Hoffnung, damit Wahlstimmen von der extremen rechten, französischsprachigen
Partei in Brüssel zu gewinnen.

Die Präsenz rechtsextremer Parteien hat auch auf die meisten linksgerichteten
Parteien Druck ausgeübt. Diese zogen sich aus Angst aus dieser Angelegenheit
zurück. Allein die Grünen unterstützten das Anliegen weiterhin vorbehaltlos. Zudem
belebten Gewerkschaften und Migrant*innenvereinigungen 1985 ihre Wahlrechts-
bewegung von Neuem unter dem Namen *Objective 88* (in Anspielung auf die
Wahlen von 1988). Angesichts der wachsenden Erfolge der Rechtsextremen auf
nationaler Ebene wurde jedoch das Thema „Ausweitung des Wahlrechts auf ausländische Einwohner" auf Parlamentsebene tabuisiert. Wie Jacobs zeigt, versuchten
Gewerkschaften und linke Antirassismusvereine bis in die 1990er-Jahre hinein die
Mitte-Links-Parteien für das Thema zu gewinnen. Alle Anstrengungen liefen jedoch
ins Leere. Zudem gab es, wie Jacobs ebenfalls zeigt, zu diesem Zeitpunkt in der
belgischen Abgeordnetenkammer, im Gegensatz zu den Niederlanden, noch keine
Mitglieder mit Migrationshintergrund, die das Thema hätten pushen können. Lediglich einige Migrant*innenvereinigungen schlossen sich zusammen und gründeten
das *Comité voor Algemeen Stemrecht,* auch um dem Eindruck entgegenzuwirken,
Ausländer*innen selbst seien gar nicht an der Sache interessiert und das Thema würde
allein von einheimischen linksextremen Agitator*innen vorgebracht.

Abgesehen von diesen Ansätzen auf gesellschaftlicher Ebene bewegte sich in
der Debatte wenig. Auch die Mitte-Links-Regierung eröffnete die Debatte nicht
von Neuem. Jacobs legt in seiner Studie aber dar, wie sich bis 1998 die großen
politischen Parteien schrittweise einem Kompromiss für eine gemeinsame Verfassungsreform näherten, um so zumindest EU-Bürger*innen das Stimmrecht bei
Kommunalwahlen zu gewähren, was 1999 schließlich auch der Fall war. Die
Ausweitung des Wahlrechts auf Ausländer*innen aus Nicht-EU-Ländern wurde
erst fünf Jahre später beschlossen. Jacobs schreibt dies der fundamentalenÄnde-
rung des Standpunkts der französischsprachigen Rechtsliberalen zu, die sich von
Gegner*innen zu Verfechter*innen der Sache entwickelt hätten.[6]

---

[6] Bis zuletzt opponierte jedoch der *Vlaams Blok* gegen die Reform und verwies darauf, im
Rahmen einer Petition 50.000 Unterschriften gegen eine Ausweitung des Wahlrechts auf
Ausländer*innen gesammelt zu haben.

Auch hier wird deutlich, wie das Thema Wahlrecht für Denizens mit dem allgemeinen Thema Migration zusammenspielt. Ganz ähnlich wie in anderen europäischen Ländern, in denen in der Nachkriegszeit Tausende von Migrant*innen im Rahmen von Gastarbeiterprogrammen einwanderten, begann auch die belgische Regierung erst in den späten 1980er-Jahren damit, gegen den Rassismus in der Gesellschaft vorzugehen und auch den Integrationsprozess von Einwanderer*innen politisch zu flankieren, nachdem Einwanderer*innen bereits zu Beginn der 1980er-Jahre ein sicherer Aufenthaltsstatus zugestanden worden war. Martiniello und Rea (2003) zeigen, dass in diesem Zusammenhang das Parlament eine zentrale Rolle gespielt hat. So wurden die meisten Gesetze einstimmig verabschiedet, wobei eine mögliche Ausweitung des Wahlrechts auf Denizens immer zurückgewiesen wurde.

Einen entsprechenden Kompromiss verhinderte allein die von rechten Parteien immer wieder ausgelöste Debatte um „Ausländerarbeitslosigkeit", in der Einwanderer*innen immer wieder Schuld zugewiesen wurde. Dieser Druck, der von beiden Seiten auf dem Parlament lastete, kommt immer wieder in den Gesetzen zum Ausdruck, die über die Jahre verabschiedet wurden: Einmal wurden Einwanderer*innen dazu gedrängt, in ihre Heimatländer zurückzukehren, und einmal wurden sie dazu ermutigt, in ihre Integration zu investieren. Auch ein neues Staatsbürgerschaftsgesetz, das das von 1932 ersetzte, erleichtert auf der einen Seite die Einbürgerung, indem es *Ius-soli-Elemente* in das belgische Gesetz aufnimmt und so in Belgien geborenen Kindern von ebenfalls in Belgien geborenen ausländischen Eltern die belgische Staatsbürgerschaft einräumt. Eine weitere Reform aus dem Jahre 2000 erschwerte die Einbürgerung aber auf der anderen Seite wieder, indem Antragstellende nun das „Streben nach Integration" nachweisen müssen, was den Verwaltungsbehörden einen erheblich Handlungsspielraum in der Bewertung der Einzelfälle einräumt, der zur Willkür einlädt. Dies zeigt, dass auch hier die institutionellen Rahmenbedingungen und die Migrationspolitik als solche eine Rolle spielen und weniger die vermeintlich tief verwurzelten Traditionen des Staatsbürgerschaftsverständnisses bzw. – im Falle Belgiens – „ethnische Spaltungen". Es sind vielmehr die spezifischen Anforderungen, die von rechts und links, also von fremdenfeindlichen Bewegungen ebenso wie von Einwanderungs- bzw. Bürgerrechtsbewegungen, an das politische System Belgien gestellt wurden, die für eine „lange, ausgedehnte Debatte" in Belgien verantwortlich waren.

Wenn wir noch einmal auf Earnest zurückkommen wollen, ist zudem zu sagen, dass es immer plausibel ist, anzunehmen, dass die jeweiligen Debatten von spezifischen historischen Rahmenbedingungen in den jeweiligen Ländern abhängen. Dennoch, in der Tradition historisch-institutionalistischer Ansätze sollte man zumindest auch danach fragen und zeigen, *wie* diese geschichtlichen Abläufe auf die Diskurse und auch auf die verschiedenen politischen Institutionen Einfluss nehmen. Indem für jeden Fall unterschiedliche, „einzigartige" Modelle einer politischen Gemeinschaft und von Staatszugehörigkeit entworfen werden (ein ethnisches, auf Sprache basierendes deutsches Modell, ein pluralistisches, tolerantes niederländisches Modell, ein konsensorientiertes belgisches usw.), wird suggeriert, dass das jeweilige Volk und seine politische Elite die Frage der Ausweitung des Stimmrechts auf Denizens jeweils nur aus dem Blickwinkel übergeordneter Modelle diskutiert, ohne dabei in der Lage zu sein, darüber Auskunft zu geben, *wie* diese Modelle die Debatte lenken oder auch eines Tages beenden. Aus dieser Sicht interpretiert man das Scheitern des deutschen Experiments, das Wahlrecht auf Denizens auszuweiten, als Folge des Bundesverfassungsgerichtsurteils, welches das Wahlrecht eher als kollektives und weniger als individuelles Recht auslegt. So interpretierte Earnest auch das Scheitern der belgischen Anträge als Folge einer delikaten verfassungsrechtlichen Balancezwischen den zwei wichtigsten kulturellen und sprachlichen Gruppen – bis sie 2004 aufgrund von *„wechselnden geschichtlichen Bedingungen um die Jahrtausendwende"* plötzlich Erfolg hatten.[7]

Natürlich spielen Traditionen in einigen Fällen auch eine wichtige Rolle, aber man sollte dann auch versuchen zu erklären, auf welche Art und Weise sie eine Rolle spielen. Andernfalls bleibt man verständnislos zurück, wenn plötzlich doch das Wahlrecht auf Denizens ausgeweitet wird, obwohl die Tradition gegen eine Ausweitung spricht. Historische Traditionen sind in der Tat wichtig, sie reflektieren sich sozusagen in den institutionellen Rahmenbedingungen. Aufgabe der Forschung ist es, herauszufinden, welche Institutionen welches historische Gedankengut repräsentieren. Deutschlands Widerstand, das Wahlrecht auf Denizens auszuweiten, kann z. B. sowohl durch historische Überzeugungen,

---

[7] Earnests Interpretation, die Einschränkungen der politischen Eingliederung von Migrant*innen auf das konsensorientierte System Belgiens zurückzuführen, ist bis zu einem gewissen Maß angemessen. Es erklärt jedoch nicht, wie die einschneidenden Veränderungen, von denen er selbst sagt, dass sie aufgrund struktureller Gegebenheiten so schwierig zu realisieren seien, auf einmal möglich wurden, ohne dass sich die strukturellen Gegebenheiten geändert hätten. Der interne flämisch-französischsprachige Konflikt verzögerte das Anliegen für eine lange Zeit, ja. Flämische Politiker*innen unterstrichen immer wieder ihre Forderung nach einer garantierten politischen Repräsentation der Flamen in Brüssel und verurteilten das Vorhaben der französischsprachigen Rechtsliberalen, die sich für eine Ausweitung des Wahlrechts auf Denizens eingesetzt hatten, um ihre Wählerbasis auf Kosten der flämischen Seite auszuweiten. Doch es ist Jacobs' Darstellung, die dies verdeutlicht, nicht Earnests.

die sich in Institutionen wie demokratischen Sicherungsmechanismen und Veto-spieler*innen niedergeschlagen haben, als auch durch Pfadabhängigkeiten erklärt werden. Für eine Wahlrechtsreform muss in Deutschland eine Verfassungsände-rung erfolgen, und um sie zu erreichen, müssen aufgrund historischer Erfahrungen alle Regierungsebenen und alle drei politischen Gewalten, Legislative, Exekutive und Judikative, nahezu einvernehmlich entscheiden.[8]

Zudem gibt es Pfadabhängigkeiten innerhalb von Diskursen: Debatten arten oft zu Auseinandersetzungen über Migration und Integration aus, weil dies rechten Parteien erlaubt, eine rechtsextreme Sprache zu gebrauchen, ohne unverhohlen rassistisch zu sein, was weitgehend tabuisiert ist. Im Vergleich zu anderen europäischen Fällen hatte Portugal nicht nur einen „günstigeren" politisch-institutionellen Rahmen, auch das Timing war besser: Nach der Nelkenrevolution und der Dekolonialisierung brauchte das Land eine Neubestimmung seiner Rolle als kleine, postimperialistische Demokratie in Europa. In diesem Kontext wurden die wenigen Bezugspunkte, die unverändert geblieben waren (z. B. Reziprozität als Rechtsprinzip), dazu genutzt, Portugal als einen neuen Ort zu entwerfen, wo die ehemaligen Kolonialbürger*innen prioritär gegenüber anderen Migrant*innen behandelt werden konnten. Ich habe zumindest versucht, die Ergebnisse bei-der von mir untersuchten Fälle, Portugal und Deutschland, nicht nur aus dem Blickwinkel des Staatsbürgerschaftsverständnisses zu erklären. In der Literatur werden diese Staatsbürgerschaftsverständnisse in der Regel von den politischen Verhältnissen eines Landes einfach überlagert, um Entscheidungen nachträglich zu erklären. Aus meiner Sicht sind Staatsbürgerschaftstraditionen differenziert zu betrachten, da sie im Verlauf eines Prozesses in *unterschiedlicher* Art und Weise von politischen Akteuren eingenommen werden können.

---

[8] Kritiker*innen des deutschen Staatsbürgerschaftsrechts betonen immer wieder, dass eine Änderung des Staatsangehörigkeitsrechts nur realisiert werden kann, wenn zuvor ein breiter politischer Konsens erreicht wird. Einen solchen Konsens hat es in der deutschen Geschichte, wenn überhaupt, nur in Ausnahmefällen gegeben. Eine wertvolle Erkenntnis aus Earnests Gegenüberstellung von Belgien, den Niederlanden und Deutschland ist, dass in letzterem Fall das Wahlrecht auf Denizens zuerst auf kommunaler Ebene ausgeweitet wurde, bevor die politischen Eliten auf nationaler Ebene zu einem Konsens gelangt waren. Dies war in Deutschland vielleicht deswegen notwendig, weil es für einen Konsens auf nationaler Ebene sehr viel mehr Zeit braucht als in den anderen Ländern. Nathans (2004, S. 269) sagt in die-sem Zusammenhang: *„Just as the boundaries of the German nation and the form of the German state were the subject of intense and irreconcilable differences, so citizenship and naturalization policies were continuously disputed. In these senses recent debates follow a long tradition. "*

Damit will ich nicht sagen, dass Earnests Darstellung – geschweige denn historisch-institutionalistische Ansätze zum Thema Staatsbürgerschaft als solche – unzureichend sind.[9] Ich unterstütze jedoch Eley und Palmovski (2008, S. 245) in der Forderung, dass historisch-institutionalistische Ansätze sensibel gegenüber Konstruiertheit, Kontingenz und Konjunktur sein sollten. Obwohl sie strukturell angelegt sind, sollten diese Ansätze doch mehr den unmittelbaren Kontext des jeweils adressierten Zeitraums berücksichtigen. Ich denke, dass ein „Ansatz mittlerer Reichweite", wie ich ihn hier vorgelegt habe, ganz gut die nachvollziehbaren Darstellungen postnationaler bzw. historisch-institutionalistischer Ansätze mit einer genaueren Analyse der spezifischen Kontexte und interner Dynamiken entsprechender Fälle verbindet. Der portugiesische Fall verdeutlicht zumindest, wie internationale Einflüsse innerstaatlich gefiltert, neu ausgelegt und durch eine spezifische Rhetorik zu eigen gemacht werden. So findet man z. B. internationale Anerkennung dafür, dass man auf lokaler Ebene „bewährte Verfahren" aus anderen Ländern übernimmt. Der Hauptunterschied zwischen meinem und Jacobs' Ansatz liegt wiederum in der Betonung des Statischen und des Dynamischen. Was ich damit meine, wird deutlich, wenn wir nun den Vergleich zu der Studie Tomas Hammar über Schweden, der Pionierstudie zur Ausweitung des Wahlrechts auf Denizens par excellence, in den Vergleich einbeziehen.

Hammar näherte sich dem schwedischen Fall aus einer strikt historisch-institutionalistischen Perspektive, nach allen möglichen relevanten Faktoren suchend: von der Geografie bis zu den internationalen Beziehungen, von Bildung und Kultur bis zur ökonomischen Entwicklung. Zudem nahm er die Kategorisierungen in der Migrationspolitik unter die Lupe. Nach gründlicher Analyse fand er vier Faktoren, die entscheidend sind:

---

[9] Fairerweise muss man sagen, dass es Earnests Hauptanliegen war, zu untersuchen, ob eher „nationale" oder „transnationale" Einflüsse eine Ausweitung des Wahlrechts auf Denizens begünstigen. Auch in seiner letzten Arbeit zu diesem Thema kommt er zu dem Ergebnis, dass nationale Gegebenheiten immer noch einen entscheidenden Einfluss haben, auch wenn die allgemeine Tendenz zur Liberalisierung voranschreitet: *„Although global human rights and transnational advocacy may create pressures on democracies to liberalize the political rights of non-citizens, each democratic society refracts these pressures through cultural understandings of citizenship, political institutions and the contestation among societal actors"* (2015, S. 877). Demgegenüber war das Ziel von Jacobs' Studie und auch meiner eigenen von Anfang an insofern komplexer, als dass wir beide mehr auf die inländischen Faktoren geschaut haben und internationale nur dann berücksichtigt wurden, wenn sie zur Rechtfertigung politischer Anträge dienten. In mehreren anderen Studien wurden inländische, strukturelle Faktoren, seien es rein institutionelle Faktoren (Joppke 1999, 2001; Aleinikoff 2001) oder kulturelle Traditionen (Brubaker 1989), demgegenüber zu sehr betont, sodass plötzlich auftretende Veränderungen nicht mehr ausreichend erklärt werden konnten.

- Erstens die grundsätzliche Anerkennung, dass in Schweden Einwanderung stattgefunden habe, was sich in der Schaffung von entsprechenden Institutionen zur Eingliederung der Einwanderer*innen widerspiegelte. Schweden hatte seit den 1920er-Jahren Migrant*innen aus Finnland aufgenommen, nach dem zweiten Weltkrieg kamen mehr und mehr Flüchtlinge aus den Nachbarländern nach Schweden, nach 1956 folgte eine erhebliche Zuwanderung von Arbeitsmigrant*innen aus Südeuropa, um den Bedürfnissen der prosperierenden Industrie des Landes gerecht zu werden. 1983 waren fünf Prozent der Bevölkerung Schwedens im Ausland geboren.

  Im Gegensatz zu anderen „neuen" Einwanderungsländern in Europa war Schweden deutlich besser vorbereitet, entsprechende Institutionen zur Eingliederung der neuen Bevölkerungsgruppen zu schaffen: Schon im Jahr 1969 wurde eine Einwanderungsbehörde eingerichtet. Das Thema Ausländer*innenwahlrecht wurde schon früh von hochrangigen Politiker*innen und Expert*innen auf die politische Agenda gesetzt, wobei Migrant*innen und deren Vereinigungen bzw. sogar Parteien nur eine Nebenrolle spielten, was für ein Parteiensystem, das bis 1976 von einer einzigen Partei dominiert wurde, allerdings auch nicht weiter überraschend ist (Hammar 1990, S. 176).
- Zweitens das stabile politische System, das auf Konsensfindung beruht und von Politiker*innen langwierige Arbeit verlangt.
- Drittens die Bedeutung von Beschäftigung und die Verlässlichkeit des schwedischen Wohlfahrtsstaates, die Gewerkschaften früh dazu veranlasst haben, Migrant*innen als gleichberechtigt anzuerkennen (Hammar 1991, S. 25) mit entsprechend gleichen Chancen der Repräsentation.
- Viertens und letztens ein Konsens der Elite, Angelegenheiten der Migrationspolitik nicht unnötig zu politisieren, sondern eher auf Verwaltungsebene zu behandeln, um einem möglichen Populismus vorzubeugen (Hammar 1985, S. 277–287).

Ohne für sich eine diskursive Perspektive in Anspruch zu nehmen, untersuchte Hammar, wer hinsichtlich der Ausweitung des Wahlrechts auf lange in Schweden lebende Ausländer*innen ein Mitspracherecht hatte und auf welche Weise. Er analysierte den politischen Entscheidungsprozess und ging dabei insbesondere auf die Charakteristika des parlamentarischen Systems in Schweden ein. Dabei erkannte er, dass einige Themen die Diskussion eher belasteten, während andere Themen, von denen man erwartet hätte, dass sie im Mittelpunkt der Debatten über die Integration von Einwanderer*innen stehen würden, gar nicht aufkamen. Hammar stellte zudem fest, dass eine aus Expert*innen zusammengesetzte Regierungskommission letztlich für die Richtung der Wahlrechtsreform entscheidend war. Im Jahr 1973 hatten sie der Rat für Einwanderungsfragen und der verantwortliche Minister damit beauftragt, die Ausweitung des Wahlrechts auf Denizens auf kommunaler Ebene zu untersuchen. Das Ergebnis war eine klare Befürwortung einer Ausweitung. Zwei Jahre später wurde ein entsprechender Antrag vom Parlament einstimmig verabschiedet (Hammar 1985, S. 45).

Wenn man all diese Faktoren bewertet, scheint jedoch das „Framing" der Reform dafür verantwortlich zu sein, dass die Ausweitung des Wahlrechts auf Denizens zu einer „langweiligen, technischen" Angelegenheit wurde. Hammar selbst merkt an, dass die Ausweitung des Wahlrechts auf lange in Schweden lebende Ausländer*innen dadurch ermöglicht wurde, dass man alle Möglichkeiten jenseits einer Verfassungsreform ausreizte. Er stellt auch fest, dass die ersten Anträge einer uneingeschränkten Ausweitung nicht auf die uneingeschränkte Unterstützung aller Parteien stießen (Hammar 1990, S. 170, 175). In der Erwartung parlamentarischer Kontroversen begrenzte man im Antrag von 1975 das Wahlrecht dann schließlich auf die kommunale Ebene. Trotz dieser Zugeständnisse ging Hammar davon aus, dass länderübergreifend drei Faktoren über die Chancen einer Ausweitung des Wahlrechts auf Denizens entscheiden würden: die Anerkennung der Einwanderung im Land, der Anteil an Ausländer*innen in einem Land und die Möglichkeit, Wahlrechtsausweitungen ohne Verfassungsänderungen zu beschließen. Der Fall der Niederlande passt hierzu jedoch ganz und gar nicht. Die 1985 verabschiedete Reform fand unter Voraussetzungen statt, die mit Blick auf die genannten drei Faktoren alles andere als optimal waren. Aus meiner Sicht war nicht die Migrationspolitik selbst oder gar der generelle Diskurs hierüber in Schweden entscheidend (obwohl Hammars Punkt hinsichtlich der Bereitschaft der politischen Elite, Einwanderung anzuerkennen, durchaus überzeugend ist), sondern die institutionellen und kontextuellen Faktoren, die die Umsetzung der Reform erleichterten. Über den letztendlichen Erfolg der Reform und die Art des eingeführten Wahlrechts haben aber auch sie letztendlich nicht entschieden, sondern das spezifische dynamische „Framing" der politischen Debatten.

7.2 Andere Fälle

Wie in Kap. 2 dargestellt, reichten politische Untersuchungen über die Ausweitung des Wahlrechts auf Denizens von umfangreichen historischen Monografien in der Tradition von Tocqueville, die in der Ausweitung des Wahlrechts einen generellen Trend einer umfassenden Demokratisierung sehen (Romanelli 1998;

Przeworski 2009), bis hin zu kleiner angelegten, auf die Rolle von Institutionen blickenden Studien, die Prozesse zur Ausweitung des Wahlrechts auf Denizens immer im Rahmen einer bestimmten nationalen Staatsbürgerschaftstradition interpretieren (Brubaker 1998). In soziologischen Großtheorien wird die Ausweitung des Wahlrechts dagegen im Rahmen größerer gesellschaftlicher Transformationsprozesse gesehen, sei es im Sinne einer Entwicklung hin zu einer Art *postnationalen Staatsbürgerschaft bzw. Mitgliedschaft,* ausgelöst ebenso durch Top-down- (Jacobson 1996) wie durch Bottom-up-Prozesse (Soysal 2007), oder sei es im Sinne eines aufkommenden Transnationalismus, ausgelöst durch Migration, die mehr und mehr zu Überschneidungen zwischen unterschiedlichen politischen Gemeinwesen führt (Faist 2001; Bauböck 2003). Soziologische Theorien, die auf ein mittleres Abstraktionsniveau abzielen und das Zusammenspiel von Institutionen und politischen Prozessen auf verschiedenen politischen Ebenen untersuchen, ziehen ihre Erkenntnisse hingegen zumeist aus der Analyse innenpolitischer Zusammenhänge (Aleinikoff und Klusmeyer 2001; Joppke 2007) – so wie meine auch.

Allerdings gibt es nur wenige Arbeiten, die dabei ihre Erkenntnisse aus einem breit angelegten Vergleich gewonnen haben, und noch weniger haben dabei Fälle jenseits der geläufigen Auswahl westlicher Staaten untersucht. Ich möchte daher kurz auf andere Fälle der (universellen) Ausweitung des Wahlrechts auf Denizens in Asien und Lateinamerika verweisen, um die Anwendbarkeit des von mir vorgeschlagenen Ansatzes mittlerer Reichweite zu verdeutlichen.

Asien: Republik Korea

In Asien ist Südkorea das einzige Land, das sein Wahlrecht auf länger im Land ansässige Migrant*innen ausgeweitet hat, wobei keinerlei Unterscheidung hinsichtlich der Herkunft der Migrant*innen gemacht wird, sodass dieser Fall zum Typ einer universellen Ausweitung des Wahlrechts auf Denizens gehören würde. Tatsächlich herrschen in Südkorea aber sehr restriktive Zulassungsbedingungen, sodass der Anteil der im Land ansässigen Einwanderungsbevölkerung, der von dieser Regelung profitiert, sehr klein ist: Denn nur Migrant*innen mit einem permanenten Aufenthaltsvisum haben letztlich das (aktive und passive) Recht, an Wahlen auf kommunaler und regionaler Ebene in Südkorea teilzunehmen. Dabei muss man jedoch wissen, dass ein solches Visum für die meisten Migrant*innen, die ursprünglich mit einem Arbeits- oder Auszubildendenvisum gekommen sind, nur sehr schwer zu bekommen ist, da die maximale Aufenthaltsdauer dieser Art von Visa in der Regel unter fünf Jahren liegt, die für den Erwerb eines permanenten Aufenthaltsvisums notwendig wären.

Dennoch hat der südkoreanische Fall bereits ein gewisses Interesse in der vergleichenden Politikwissenschaft gefunden. So haben u. a. Kalicki (2009) und Chung (2010) im Sinne des historischen Institutionalismus die Ausweitung des Wahlrechts in Abhängigkeit der vorherrschenden Staatsbürgerschaftstraditionen in Südkorea untersucht. Beide Autoren weisen dabei darauf hin, wie in dem Prozess eine Verbindung zur bisherigen Staatsbürgerschaftstradition hergestellt wurde, um das Vorgehen zu rechtfertigen. Interessanterweise kommen die Autoren jedoch am Ende zu unterschiedlichen Interpretationen darüber, welche Rolle die südkoreanische Staatsbürgerschaftstradition in dem Prozess gespielt hat: Während Kalicki davon überzeugt ist, dass durch die Ausweitung des Wahlrechts in Südkorea ein neues, weniger ethnozentristisches Verständnis von Staatsbürgerschaft auf den Weg gebracht wurde, war Chung davon überzeugt, dass erst das Festhalten am ethnonationalistischen Charakter der südkoreanischen Staatsbürgerschaft die Reform ermöglicht hätte.

In einer von Hannes Mosler und mir (Mosler und Pedroza 2014) durchgeführten Studie, in der wir wie hier die Reform aus einer Prozessperspektive analysiert haben, fanden wir heraus, dass die Ausweitung des Wahlrechts in Südkorea wie im Falle Portugals sehr viel mit der kolonialen Vergangenheit des Landes zu tun hatte sowie mit der hier schon oftmals angesprochenen Idee der Reziprozität. Im Falle Südkoreas wurde der Reziprozitätsgedanke jedoch sozusagen prophylaktisch angewendet: Um die Reform voranzutreiben, wurde argumentiert, dass Südkorea dadurch, dass es zuerst handele, später in der Lage sein würde, entsprechende legitime Forderungen auch an andere Länder stellen zu können.

Der Hintergrund hierfür ist das wegen der kolonialen Vergangenheit sehr belastete Verhältnis zu Japan: Wie bekannt ist, leben immer noch viele Koreaner*innen, die während der Kolonialherrschaft Japans aus Korea entführt worden waren in Japan, ohne jedoch auch nur ein minimales politisches Mitspracherecht bzw. eine Aussicht auf die japanische Staatsbürgerschaft zu haben. Koreanische Politiker*innen verfolgten mit der Reform in Südkorea daher (auch) das Ziel, langfristig eine ähnliche Ausweitung des Wahlrechts auf in Japan lebende Koreaner*innen zu erwirken. Dabei wurden sie intensiv von der Zivilgesellschaft unterstützt. Damit drehte Südkorea das in kolonialen Beziehungen sonst übliche Muster um. Denn in den meisten Beispielen, wie etwa im Falle Großbritanniens und dem *Commonwealth of Nations* oder Spaniens und verschiedenen lateinamerikanischen Ländern, weiteten zunächst die ehemaligen Kolonisatoren das Wahlrecht auf Ausländer*innen in ihrem Land aus und erst dann reagierten die ehemaligen Kolonien mit reziproken Reformen.

Daneben erleichterte auch der politisch-institutionelle Rahmen in Südkorea, einen Konsens zu finden und den Prozess relativ schnell zu einem positiven

Ende zu führen. Zunächst ist in diesem Zusammenhang darauf hinzuweisen, dass bereits die Verfassung zwischen Staatsbürger*innen und Wohnbürger*innen unterscheidet, was die spätere Reform sehr erleichtert hat. Aber auch der (trotz aller Versuche der Dezentralisierung um die Jahrhundertwende) relativ zentrale Staatsaufbau in Südkorea hat die Reform erleichtert, da durch die Reform nur die allgemeine Gesetzgebung berührt wurde. Und auch die vergleichsweise geringe Institutionalisierung des Parteiensystems wirkte sich letztlich vorteilhaft für die Reform aus. Da Parteien nicht so stark mit bestimmten politischen Positionen und Programmen identifiziert werden wie etwa in Europa, gestaltete sich die ideologische Auseinandersetzung um das Thema nicht im Ansatz so scharf wie in vielen anderen Fällen der Wahlrechtsausweitung, wo zwischen den Parteien tiefe Gräben existieren und wo die Position zur Wahlrechtsreform immer mit der ideologischen Grundausrichtung der Parteien verglichen wird – wie sich diese Positionen auch im Laufe der Debatte verändern.

Und dennoch ist der südkoreanische Fall selbstverständlich mehr als eine Geschichte fehlender Parteiendynamiken: Parteien sind dieses zwar symbolträchtige, aber letztlich doch (wenn man bedenkt, wie wenig Stimmen tatsächlich zu gewinnen sind) eher nebensächliche Thema letztlich nur angegangen, weil verschiedene zivilgesellschaftliche Organisationen die politischen Eliten immer wieder dazu gedrängt haben. Letztlich wurde auch hier das „Framing" von der Zivilgesellschaft vorgegeben: Welche Vorteile ergeben sich aus einer Wahlrechtsausweitung für Südkorea? Vertreter*innen von Migrant*innenrechtsgruppen in Korea und Japan haben diesen Aspekt immer wieder in den Vordergrund gerückt.

Lateinamerika: Argentinien und Uruguay
In Lateinamerika sind Uruguay und Argentinien gute Beispiele, um das Potenzial, aber auch die Grenzen meines Ansatzes weiter auszuloten. Beide Länder weisen eine ganz ähnliche Einwanderungsgeschichte auf: Bereits kurz nach ihrer Unabhängigkeit förderten sie durch verschiedene politische Maßnahmen die Einwanderung in ihre Länder, vor allem aus Spanien und Italien. Ziel war es, mit den Einwanderer*innen aus Europa ihre riesigen und bevölkerungsarmen Gebiete zu besiedeln. Die Einwanderer*innen wurden dabei mit dem Versprechen, kostenlos Land zu erwerben, ins Land gelockt.

Sowohl Argentinien als auch Uruguay haben ein Staatsbürgerschaftsregime, das zwischen Staatsbürgerschaft und Staatsangehörigkeit/Nationalität unterscheidet und bei dem die Staatsbürgerschaft dem Aufenthalt folgt. Dadurch unterscheiden sich diese beiden „Rio-de-la-Plata-Länder" von den ansonsten alle sehr ähnlichen Staatsbürgerschaftsregimen in Lateinamerika (Pedroza und Palop

2017), woran sich übrigens erneut zeigen lassen kann, dass eine rein kulturelle Erklärung unterschiedlicher Staatsbürgerschaftstraditionen kaum ausreicht, um auf dieser Basis auftretende Unterschiede im Umgang mit dem Ausländer*innenwahlrecht zu erklären, wenn andere institutionelle Faktoren und der politische Kontext außer Acht gelassen werden. In Uruguay gibt es bereits seit 1925 ein Wahlrecht für Ausländer*innen, die mehr als 15 Jahre in dem Land leben (Art. 78 der uruguayischen Verfassung; ursprünglich Wahlgesetz Nr. 7812 aus dem Jahr 1925). Bereits in der ersten Verfassung des Landes aus dem Jahr 1830 wurden Ausländer*innen rechtlich als Staatsbürger*innen anerkannt, sofern sie eine bestimmte Aufenthaltsdauer im Land nachweisen konnten und verschiedene Bedingungen erfüllten, die jeweils auf ihre Art zeigen sollten, dass sie eine Beziehung zum Land aufgebaut hatten. Hierzu gehörten familiäre Bindungen ebenso wie eine Beteiligung am Erwerbsleben. Dies machte jeden Einbürgerungsprozess überflüssig – ein solcher existiert in der Tat in Uruguay bis heute nicht.

In Argentinien gibt es demgegenüber bis heute kein Ausländer*innenwahlrecht auf nationaler Ebene, sondern nur auf Ebene der Provinzen. Daher lässt sich an diesem Fall zeigen, welche Möglichkeiten innerhalb eines föderalen Systems für die Ausweitung des Wahlrechts auf Denizens bestehen (etwa mit Blick auf den deutschen Fall bzw. die deutschen Fälle). Lange in dem Land lebende Ausländer*innen können hier in 22 der 23 argentinischen Provinzen auf kommunaler Ebene mitwählen und in vier Provinzen sogar auf Landesebene. Die Voraussetzungen sind dabei in den verschiedenen Provinzen hinsichtlich Aufenthaltsdauer (von einem bis zu zehn Jahren), Altersschwelle (18–21) und weiterer Faktoren sehr unterschiedlich (Emmerich 2011, S. 12), was auf eine besondere Eigenheit des argentinischen Föderalismus zurückzuführen ist, der aber auch in anderen Ländern Lateinamerikas wie z. B. Mexiko vorzufinden ist.

Insgesamt könnten die politischen Rahmenbedingungen für eine Ausweitung des Wahlrechts in Mexiko und Argentinien aber kaum unterschiedlicher sein: Mexikos Anteil im Land lebender Einwanderer*innen liegt unter 1 %. Stattdessen hat es eine hohe Zahl von sogenannten Transitmigrant*innen, die, wie Millionen Mexikaner*innen auch (insgesamt ca. 10 % der gesamten Bevölkerung), Richtung Norden weiterwandern wollen. Die gesamte mexikanische Migrationspolitik ist nur vor dem Hintergrund dieser massiven Auswanderung und dem Druck der USA zu verstehen, dem US-Standard entsprechende Grenzsicherungsmaßnahmen zu übernehmen und sie auch gegenüber den aus Zentral- und Südamerika kommenden Migrant*innen anzuwenden. Trotz der Verabschiedung eines recht fortschrittlichen Einwanderungsgesetzes im Jahre 2011 sind der politische Diskurs und auch die ergriffenen migrationspolitischen Maßnahmen

überaus gespalten: Auf der einen Seite fordert man Respekt gegenüber den aus-
gewanderten Mexikaner*innen in den USA ein, und auf der anderen Seite ist
die mexikanische Regierung nicht in der Lage, selbst die grundlegendsten Menschenrechte für Migrant*innen einzuhalten, die auf dem Weg in die USA das
mexikanische Territorium durchqueren. Verfechter*innen einer Ausweitung des
Wahlrechts für Ausländer*innen weisen daher mehr auf die Defizite der aktuellen mexikanischen Migrationspolitik hin als auf ein demokratisches Defizit in
Bezug auf die politische Repräsentation der ansässigen Migrant*innen. Dennoch
haben Migrationsforscher*innen zusammen mit Aktivist*innen schon 2012 in
Mexiko-Stadt eine symbolische Wahl für Ausländer*innen organisiert und damit
insbesondere den Kandidaten der linksgerichteten PRD, der gute Chancen auf
das Bürgermeisteramt hatte, unter Druck gesetzt, die Ausweitung des kommunalen Wahlrechts für Ausländer*innen zu unterstützen. Bis heute ist es noch zu
keiner ernst zu nehmenden Debatte in dieser Frage gekommen, obwohl die Stadt-
verwaltung in Mexiko-Stadt bereits eine Reihe progressiver Gesetze in Bezug auf
Minderheitenrechte und Diversität verabschiedet hat. Es sieht so aus, dass – wie
im deutschen Fall – der mexikanische Föderalismus es nicht zulässt, dass die
Parlamente auf der unterliegenden Einheit (Bundesländer) selbst über ihr Elektorat entscheiden: Es wird also zu einer Verfassungsänderung kommen müssen,
um entweder das Wahlrecht für ansässige Ausländer*innen auszuweiten oder
zumindest die Entscheidung darüber den Bundesländern zu erlauben.

Was können wir aus diesen Fällen lernen? Lässt sich sagen, unter welchen
Umständen Reformen zur Ausweitung des Wahlrechts zum Erfolg führen und
unter welchen nicht?

7.3   Erkenntnisse aus dem internationalen Vergleich

Die für eine erfolgreiche Reform erforderlichen politischen Rahmenbedingungen können zunächst einmal folgendermaßen zusammengefasst werden: 1) Es
braucht eine unterstützende Mehrheit im Parlament und eine starke Unterstützung
in der Exekutive (sei es durch Personen oder Institutionen, wie etwa durch Beiräte oder Ähnliches). 2) Je klarer es ist, dass solche Reformen durch allgemeine
Gesetzgebung – und ohne Verfassungsreform oder die Zustimmung von möglichen Vetospieler*innen – verabschiedet werden können, desto leichter wird es,
sie in die Tat umzusetzen. 3) Um den Antrag in die formelle politische Arena zu
übersetzen, braucht es (in der Regel) politische Parteien (zumindest zu Beginn).

Die Empirie zeigt dabei, dass diese im politischen Spektrum eher links zu verorten sind. Dies gilt im Übrigen auch für andere Wahlrechtsreformen (vgl. Blais
und Shugart 2008; Hooghe und Deschouwer 2011).

Meine eigene empirische Arbeit in diesem Buch und auch die in diesem
Kapitel vorgestellten Forschungsergebnisse von anderen Fällen bestätigen ein
ums andere Mal, dass diese Bedingungen keineswegs hinreichend sind für eine
Reform Richtung Denizenwahlrecht und man insbesondere auch nicht darauf
vertrauen kann, dass Parteien immer einen einheitlichen und gleichbleibenden
Standpunkt dazu haben, selbst dann nicht, wenn sie die berechtigte Erwartung
haben, durch die Reform neue Wähler*innenstimmen zu gewinnen. Ohne Zweifel
haben Reformen auch dann bessere Chancen, wenn sie von zivilgesellschaftlichen Organisationen und intellektuellen Eliten unterstützt werden; allerdings aber
auch eher dann, wenn sie die maßgebenden politischen Akteur*innen unterstützen
und eine gesamtgesellschaftliche Debatte vermeiden. Betroffene Ausländer*innen
sind zudem eher selten die Protagonist*innen bzw. prominente Verfechter*innen
erfolgreicher Reformen.

Tatsächlich gibt es nur sehr wenige Fälle, in denen die Mobilisierung von
Migrant*innen eine Reform zum Erfolg geführt hätte. In Belgien hat es dem
Anliegen nur gedient, als der Frame von „Migration" zu „Nichtdiskriminierung"
wechselte. In Südkorea engagierten sich ethnische Chines*innen, nachdem die
Debatte begonnen hatte. Sie taten dies jedoch im Rahmen organisierter Foren,
wo sie einzelne Parlamentarier*innen ansprachen, aber nicht die Aufmerksamkeit
der allgemeinen Öffentlichkeit auf sich zogen. In Schweden, den Niederlanden
und Portugal erleichterte der Mangel an öffentlichem Interesse sogar die Verabschiedung der Ausweitung des Wahlrechts auf Denizens. In Deutschland stellte
die Mobilisierung der öffentlichen Meinung in der Tat eine Bedrohung des Prozesses dar. Sie wurde von den Gegner*innen der Reform gezielt instrumentalisiert
(etwa durch die CDU, als die neue Koalition aus SPD und Grünen versuchte, die
doppelte Staatsbürgerschaft einzuführen).

Doch meine Frage war nicht nur, warum die Ausweitung des Wahlrechts auf
Denizens Erfolg hat oder nicht, sondern auch, warum sie so unterschiedlich ausfällt. Das führt uns zu der Frage, wie ein Reformprozess letztlich sozial gestaltet
wird. Am förderlichsten ist es in diesem Zusammenhang, wenn die Hauptbefür-
worter*innen einer Reform kooperieren und sich in ihren Aktionen koordinieren.
Zudem haben Reformen immer auch dann bessere Chancen, wenn es gelingt,
die Debatte auf wenige zentrale Argumentationslinien zu begrenzen, anstatt sie
mit allgemein kontroversen Themen wie „Integration" zu verbinden. Im Laufe
eines parlamentarischen Prozesses ist zudem die Art und Weise, wie über dieses Anliegen gesprochen wird, von höchster Bedeutung, da bei einem für unser

Demokratieverständnis so sensiblen Thema schnell polarisiert werden und die Debatte in die allgemeine Öffentlichkeit überschwappen könnte. Für Demokratie gibt es kein Allheilmittel. Angesichts der durch die Einwanderung immer wieder erzeugten Komplexität muss sich Demokratie immer wieder neu erfinden, sich an neue Gegebenheiten anpassen und auf den neuesten Stand bringen. Wenn es keine Mehrheit für eine Reform gibt (und das ist zu Beginn häufig der Fall), ist die Art und Weise, wie das Thema präsentiert wird, fundamental wichtig, um die Debatten nicht auf Abwege zu bringen, indem (zu) kontroverse Themen damit verbunden werden und nicht mehr die potenziellen Vorteile für die aufnehmende Gesellschaft im Vordergrund stehen. Man kann sich dabei auf historische oder zeitgeschichtliche Begebenheiten bzw. Notwendigkeiten beziehen.

In allen hier untersuchten Fällen, in denen entsprechende Reformen zur Ausweitung des Wahlrechts auf Denizens letztlich erfolgreich waren, ging der Debatte ein langsamer und mühevoller Erkenntnisprozess voraus, dass in der Gesellschaft bereits seit Langem etwas nicht in Ordnung war. Es ist elementar wichtig, zu verstehen, dass Staaten Bedürfnisse – und Defizite – nicht einfach „erkennen". Häufig ist die soziale Kohäsion einer Gesellschaft schon deutlich beeinträchtigt, wenn gesellschaftliche oder politische Akteur*innen einen Antrag zur politischen Integration von Migrant*innen vorbringen. Da diese Protagonist*innen zudem in den seltensten Fällen Migrant*innen sind, müssen die Befürworter*innen sich rechtfertigen, warum sie einen Antrag auf die Erweiterung des Wahlrechts für Denizens stellen und ihre Anstrengungen nicht darauf richten, den Erwerb der vollen und formellen Staatsbürgerschaft zu erleichtern. Sich hierzu zu äußern, kann die Gruppe der Befürworter*innen spalten, da beide Wege heftige Veränderung der Zusammensetzung einer politischen Gemeinschaft hervorrufen und für viele nicht unbedingt miteinander vereinbar sind. Sind die Befürworter*innen erfolgreich darin, Unterstützung für ihre Sache zu generieren, ist dies zwar ein notwendiger erster Schritt, aber keineswegs ein bereits hinreichender. Der zweite Schritt besteht immer darin, das Thema fest in der politischen Debatte zu verankern, und das erfordert ziemlich viel Arbeit.

Es ist immer noch beeindruckend zu sehen, wie Hammar in seiner Pionierstudie zu Schweden nachweisen konnte, dass das Thema „Ausländerwahlrecht" zu keinem großen Streitthema zwischen den Parteien wurde, obwohl eine Mehrheit der Migrant*innen ganz klar ihre politische Präferenz für eine Seite des Parteienspektrums geäußert hatte. Wahrscheinlich lag dies daran, dass die Parteien nicht einschätzen konnten, was mehr Nachteile bringen würde: das Thema weiter zu ignorieren oder ihre eigene Anhängerschaft zu verärgern, indem sie das Thema aufgriffen (Hammar 1980, S. 281).[10] In jedem Fall kann die konsequente und unzweideutige Unterstützung von Parteien der Mitte zu Beginn und im Verlauf des politischen Prozesses zu einem Schlüsselfaktor für das Gelingen des gesamten Vorhabens werden. Dies ist natürlich keine ganz einfache Aufgabe, da politische Parteien einerseits einen festen Standpunkt zu dem Thema haben können, anderseits aber auch immer flexibel bleiben müssen, um Anträge auf die Ausweitung des Wahlrechts so umzugestalten, dass Zweifler*innen und Gegner*innen überzeugt und neue Unterstützer*innen gewonnen werden können.

Wie man an einem solchen Vorhaben scheitern kann, lässt sich gut am Beispiel der wechselnden Haltung der SPD in Deutschland veranschaulichen. Auch der jüngste Vorstoß auf die Ausweitung des Kommunalwahlrechts für Denizens in Frankreich ist ähnlich gelagert (der erste Versuch datiert aus den frühen 1980er-Jahren, damals noch vom damaligen Präsident Mitterand initiiert). Der ehemalige Präsident Hollande musste sein Versprechen wieder einkassieren, weil seine Partei sich nicht auf eine einheitliche Linie einigen konnte. Während einige sozialistische Führungspersonen wie Jean-Christophe Cambadélis in der Ausweitung des Wahlrechts eine notwendige Maßnahme sahen, die Ideale der Republik zu stärken, wies der damalige, ebenfalls sozialistische Ministerpräsident Manuel Valls ganz pragmatisch darauf hin, dass der Gesetzentwurf ohnehin keine Chance haben würde, da er letztlich vom rechts dominierten Senat zurückgewiesen werden würde. Zudem würde das Thema zu sehr die Aufmerksamkeit auf das Thema Migration lenken, was angesichts der damaligen Zuspitzung der Flucht- und Migrationsdebatte ungünstig wäre. Angesichts der zu erwartenden Zugewinne der rechtsextremen Front National, angeführt von Marine Le Pen, sah er keinen Platz für dieses Thema in der damaligen Präsidentschaftskampagne.[11]

Darüber hinaus können wir sagen, dass eine Wahlreform überall dort erfolgreich verabschiedet werden konnte, wo sie sich in ihren Begründungen auf wenige Argumente beschränkte, denen alle zustimmen konnten, was auch in der anvisierten Gruppe der Neuwähler*innen allgemein akzeptiert wurde. Bezeichnenderweise hat sich bei erfolgreichen Reformen auch fast immer die Art und Weise der Darstellung des Themas, also des „Framings", im Laufe des Prozesses

---

[10] Odmalm und Bale (2015) bestätigten diese Befunde kürzlich, indem sie zeigten, dass Migrationsthemen zu innerparteilichen Spannungen führen können, sodass insbesondere Volksparteien versuchen, diese Spannungen zu umgehen, indem sie diese Themen einfach aussparen.

[11] Vgl. Vinocur, Nicholas, *French PM Scraps Pledge to Let Foreigners Vote.* www.pol itico.eu, 4. November, 2015, http://www.politico.eu/article/french-pm-manuel-valls-scraps-pledge-to-let-foreigners-vote-elections/; vgl. auch www.thelocal.fr. 2015; *France Ditches Pledge to Give Foreigners Vote,* 5. November 2015.

verändert. So bewegte sich in erfolgreichen Fällen die Diskussion immer weg von einer problembelasteten Darstellung von Migration und den Vorteilen, die eine Ausweitung des Wahlrechts *für Ausländer*innen* hätte, und hin zu einer Darstellung eines Anliegens, das die ganze Gesellschaft betrifft und von der *alle* profitieren.

Durch den in diesem Buch durchgeführten breiten Vergleich der Fälle ist auch deutlich geworden, welchen großen Einfluss das Buch von Brubaker über *Citizenship and Nationhood in France and Germany* im akademischen Diskurs hat. Es ist fast zu einer in Stein gemeißelten Weisheit geworden, was angesichts der Befunde in diesem Buch problematisch erscheint.[12] Studien, die sich eng an Brubaker (1998) orientieren – auch methodisch –, stricken weiter an dem Mythos der Staatsbürgerschaftradition, indem sie – in der Tradition Brubakers – „entscheidende Momente" der Nationen- und Staatenbildung, also etwa die Verabschiedung grundlegender Staatsdokumente oder die Bildung entsprechender Institutionen, nachzeichnen, auf die sich dann alle weiteren Schritte beziehen, also eine Pfadabhängigkeit begründen.[13] In einigen Fällen wird aber auch nicht einmal das gemacht, sondern schlicht auf die Autorität Brubakers verwiesen und seine Prämissen unhinterfragt auf weitere Fälle angewendet (Weiss 2002).

Auf diese Weise angewendet ist der historische Institutionalismus jedoch kaum mehr als ein Label. Studien, die sich mit diesem Label versehen, bestätigen einerseits den fehlerhaften Eindruck, dass Staatsbürgerschaftradition resistent gegenüber Veränderungen sind, und verstellen andererseits den Blick dafür, warum einige Staaten besser dazu in der Lage sind, ihre Praktiken zu überdenken, als andere. Mein Ansatz ist jedoch keine Widerlegung des historischen Institutionalismus, sondern ganz im Gegenteil eine pluralistischere und kontextabhängigere Version desselben. Ganz im Sinne von Lakatos' progressivem Forschungsansatz geht es mir darum, ihn durch die Einarbeitung von Fällen, die bisher durch ihn nicht erklärt werden konnten, weiterzuentwickeln und zu ergänzen.

Ich möchte dies anhand eines weiteren Beispiels veranschaulichen. Eine der progressivsten Reformen der Ausweitung des Wahlrechts auf Denizens trat vor

---

[12] Auch Faist (2001, S. 14) und Joppke (2001, S. 24) äußern sich ähnlich: Gerade in Deutschland würden die Prämissen einer gewissen deutschen Staatsbürgerschaftradition häufig als gegeben hingenommen.

[13] Habermas (1992) und Gosewinkel (2001) haben ebenfalls zu dem Narrativ eines speziell deutschen, auf ethnokultureller Herkunft basierenden Staatsbürgerschaftverständnisses beigetragen, indem sie die allmähliche historische und rechtliche Herabstufung von Staatsbürgern zu Staatsangehörigen nachzeichneten, um eine immer exklusivere und eindeutigere Beziehung zwischen Individuum und Staat zu betonen.

über vierzig Jahren in Neuseeland in Kraft: Seit 1975 dürfen hier Ausländer*innen bei Wahlen auf nationaler Ebene mit abstimmen, wenn sie seit mehr als zwei Jahren einen rechtmäßigen Aufenthalt in dem Land haben. In einem Land mit mehr als 25 % ausländischer Bevölkerung ist das erheblich. Für eine lange Zeit kam rund die Hälfte der ausländischen Bevölkerung aus Ländern, mit denen Neuseeland viele Gemeinsamkeiten aufweist (Australien oder andere Commonwealth-Länder), zunehmend jedoch auch aus Asien. Nach wie vor gehen neuseeländische Expert*innen jedoch davon aus, dass die Trennung von Wahlrecht und Staatsangehörigkeit in Neuseeland unproblematisch war.[14] Diversität ist vielmehr Teil der nationalen Identität Neuseelands geworden, ein positives Merkmal, auf das man stolz ist, und auch ein Mittel, um ein positives, weltoffenes Bild von Neuseeland in der Welt zu vermitteln. Anhänger*innen des historischen Institutionalismus sehen hierin darüber hinaus eine Verbindung zur Tradition des Commonwealth, wo den Bürger*innen anderer Commonwealth-Staaten ebenfalls grundsätzlich ein Wahlrecht zugestanden worden war. Das aber degradiert die neuseeländische Ausweitung des Wahlrechts zu einem Relikt aus Zeiten der Kolonialherrschaft, beraubt es seiner starken progressiven Note und übersieht, dass Neuseeland das Wahlrecht auf alle Ausländer*innen ausgeweitet hat, nicht nur auf Bürger des Commonwealth.

Auch die Fälle Uruguay und Chile, wo die genau gleiche Art des Ausländer*innenwahlrechts Anwendung findet, zeigen, dass es hierfür keine koloniale Vergangenheit braucht. Unabhängig von der Frage, wie strikt bestimmte Forschungsmethoden angewendet werden, ist es doch offensichtlich, dass der historische Institutionalismus stark zu konservativen Interpretationen neigt, und zwar auch dann, wenn sie versuchen, fortschrittliche und auf die Zukunft ausgerichtete Politikveränderungen zu erklären. Es ist leider typisch für diesen Ansatz, dass die Analyse gegenwärtiger Politik und die Deutung von politischen Veränderungen immer wieder durch den Blick auf die Vergangenheit verklärt werden. Es mag ein geeigneter Ansatz für viele Forschungsfragen in Bezug auf Staatsbürgerschaft sein – zumindest immer ein vernünftiger Ausgangspunkt. Mein Hauptfokus liegt jedoch auf der Analyse gegenwärtiger Politik. Die Tradition verschiedener Staatsbürgerschaftspolitiken sollte jedoch immer nur einer von vielen Einflussfaktoren sein, wenn man die Prozesse umfassend verstehen will.

Mein hier entwickelter prozessorientierter Ansatz hat sich im Zuge immer weiterer Vergleiche immer weiter verfeinert. Er mag vielleicht nicht dazu

---

[14] Vgl. Bumb, Cristoph, 2015. *Luxemburger Wort – New Zealand – a Model for Luxembourg Foreigner Voting Rights?*. Zugriff im August 2016: http://www.wort.lu/en/politics/june-7-ref erendum-new-zealand-a-model-for-luxembourg-foreigner-voting-rights-552ba03b0c88b46 a8ce574d0.

geeignet sein, um unterschiedliche Ergebnisse der Ausweitung des Auslän-der*innenwahlrechts aufgrund klarer kultureller Unterschiede zu erläutern, sein Ziel ist aber auch ein anderes: Sein Ziel ist es, die Vorstellung greifbar zu machen, dass Staatsbürgerschaftskonzeptionen untrennbar mit Institutionen verwoben sind, zugleich aber immer offen sind für eine Neubestimmung durch Aushandlungspro-zesse, in Abhängigkeit von den jeweiligen politisch-institutionellen Umständen und handelnden Personen. Dieser auf den *Prozess* schauende Ansatz hat sich dabei nach und nach entwickelt: Er erwuchs aus der Erkenntnis aus Kap. 3, dass Einbürgerungspolitik und die Ausweitung des Wahlrechts auf Denizens keine feste Beziehung aufweisen, formte sich weiter dadurch aus, dass zwei relevante, aber unübliche Fälle näher untersucht wurden, und reifte schließlich durch die Konfrontation mit anderen Erklärungsansätzen und Befunden aus anderen Fällen universeller Wahlrechtsausweitungen auf Ausländer*innen.

7.4   Fazit

Kürzlich hatten Eltern in New York unabhängig von ihrem Einwanderungsstatus die Möglichkeit, an Vorstandswahlen der „*community schools*" teilzunehmen. Im Zuge dieser zugegebenermaßen sehr eingeschränkten Ausweitung des Wahlrechts auf Ausländer*innen fand eine Umfrage heraus, dass US-Amerikaner*innen, die mit den Demokraten sympathisieren, es mit einer knappen Mehrheit unterstüt-zen würden, Ausländer*innen das Wahlrecht zu gewähren, sofern sie Steuern zahlen und in den USA ansässig sind.[15] Auch wenn wir wissen, dass (wie Raskin 1993 und Hayduk 2006 gezeigt haben) die Ausweitung des Wahlrechts auf Ausländer*innen in der Geschichte der USA nicht völlig neu ist, warnen einige *Watch-Dog-Organisationen,* wie DCWatch, jedoch davor, dass insbeson-dere Gruppen, die dafür kämpfen mussten, das Wahlrecht zu bekommen, selbst als sie bereits Staatsangehörige waren (ethnische Minderheiten), möglicherweise Vorbehalte gegenüber der Ausweitung des Wahlrechts auf Ausländer*innen haben könnten. Hieran zeigt sich nicht nur, dass durch die Bindung des Wahlrechts an die Staatsangehörigkeit viele Ungleichheiten entstehen, sondern auch, wie groß das Ausmaß der gesellschaftlichen Akzeptanz ist, das benötigt wird, um entspre-chend breit angelegte Debatten mit Aussicht auf Erfolg führen zu können (Bullard

---

[15] Die telefonische Umfrage des Rassmussen-Berichts mit 953 Teilnehmern ergab konkret, dass 53 % der Demokraten und nur 21 % der Republikaner die Idee unterstützten (Brianna Lee, „Poll Finds Democratic Support for Allowing Undocumented Immigrants To Vote", ibtimes.com, 29. Mai, 2015).

2015). Die Schlussfolgerung aus diesem Kapitel über die Bedingungen erfolgreicher Reformen zur Ausweitung des Wahlrechts auf Denizens – eine Debatte über den kleinsten gemeinsamen Nenner begrenzt auf die zentralen Organe repräsentativer Demokratie – mag für Verfechter*innen deliberativer Demokratie zynisch klingen. Ein Blick in die Geschichte zeigt jedoch, dass dies immer wieder auch bei größeren gesellschaftlichen Umwälzungsprozessen der Fall war.

Prozesse der Ausweitung des Wahlrechtes auf Denizens können zu Gesetzesänderungen führen und eine Neubewertung der eigenen Vergangenheit nach sich ziehen und tun dies auch. Auch wenn ihnen durch die jeweiligen politisch-institutionellen Rahmenbedingungen enge Grenzen gesetzt sind, können sie die Kraft entfalten, das Verständnis von Staatsbürgerschaft in einer politischen Gemeinschaft zu verändern.[16] Wie schon einmal gesagt, ist bei einem für unser Demokratieverständnis so fundamentalen Thema wie der Erweiterung der Wähler*innenschaft auch die Art und Weise, wie über dieses Anliegen gesprochen wird, von höchster Bedeutung, da für den Erfolg des Vorhaben das größte Risiko darin besteht, dass sich die Positionen verhärten und die allgemeine Öffentlichkeit mit Angstbotschaften angesprochen wird. Aber dieses Kapitel hat nicht nur gezeigt, wie es gelingen kann, eine solche Polarisierung zu vermeiden, sondern auch, wie erfolgreiche Prozesse der Ausweitung des Wahlrechts auf Denizens den Grund dafür bieten können, die Bedeutung von demokratischen Rechten tiefer in der Gesellschaft zu verankern.

Christian Joppke hat den Verlauf der Ausweitung des Wahlrechts auf Ausländer*innen ganz zu Recht als gleichmütig beschrieben: *„Not the popular drama of social movements confronting the state or political entrepreneurs competing for votes, but the quiet and largely unnoticed processing of the legal system, which often conflicts with the restriction-mindedness of popularly elected governments"* (1999b, S. 3). Aber ein anderer deutscher Soziologe und Sozialphilosoph, Hans Joas, erlaubt uns mit Blick auf eine weitaus größere Revolution, etwas der romantischen Vorstellung eines Kampfes um Rechte zu retten: mit der Geschichte der Menschenrechte, die von ihm wunderschön beschrieben wird. Für ihn war die fortlaufende Unterstützung durch Institutionen und ihr vitaler Diskurs für ihre Begründung etwas Selbstverständliches und emotional Wichtiges für die Gesellschaften, um die Menschenrechte in verschiedenen Ländern letztlich anzunehmen.

---

[16] Wie Kratochwil (2006, S. 16) herausgearbeitet hat, ist es jedoch ein Irrtum, anzunehmen, dass „if something is not fixed, it has to be arbitrary and therefore changeable at will". Analysen sind zumeist dann gehaltvoller und auch interessanter, wenn sie es schaffen, ihre detaillierten Narrative der jeweiligen Umstände in Vergangenheit und Gegenwart so anzulegen, dass sie sowohl Kontinuitäten als auch Veränderungen erklären.

In der Nachschau kann dies als eine komplexe Transformation beschrieben werden, in der auf eine „Tradition" tatsächlich rekurriert wurde, die dann rechtlich kodifiziert und später in alltägliche Praxis aufgenommen werden musste (Joas 2013). Dies erinnert an die Darstellung von Thomas Hammar über die Ausweitung des Ausländer*innenwahlrechts in Schweden, in der er nebenbei erwähnt hatte, dass eine kurz vor Beginn der Debatte durchgeführte Umfrage gezeigt hatte, dass eine Mehrheit der Schwed*innen gegen die Ausweitung war. Einige Jahre später, nachdem die Reformen verabschiedet wurden und Schweden zum Vorreiterstaat in Europa geworden war, begrüßte eine Mehrheit in derselben Umfrage die Reform. Die Ausweitung des Wahlrechts auf Denizens war mit Stolz in das Selbstbild der Schweden als Angehörige einer inklusiven und auf Gleichheit ausgerichteten Gesellschaft integriert worden.

Literatur

Aleinikoff, Alexander, und Douglas Klusmeyer. 2001. Plural Nationality: Facing the Future in a Migratory World. In *Citizenship Today: Global Perspectives and Practices,* Hrsg. Alexander Aleinikoff und Douglas Klusmeyer. Washington: Carnegie Endowment for International Peace.

Bauböck, Rainer. 2003. Towards a Political Theory of Migrant Transnationalism. *International Migration Review* 37 (3): 700–723.

Blais, Andre, und Matthew Shugart. 2008. Conclusion. In *To Keep or Change First Past the Post,* Hrsg. Andre Blais. Oxford: Oxford Univ. Press.

Brubaker, William Rogers. 1989. *Immigration and the Politics of Citizenship in Europe and North America.* New York: University Press of America.

Brubaker, William Rogers. 1998. *Citizenship and Nationhood in France and Germany.* London: Harvard Univ. Press.

Bullard, Ben. o. J. D.C. leaders weigh offering municipal voting rights to non-citizens. *Personal Liberty®* (blog). http://personalliberty.com/washington-d-c-leaders-weigh-offering-municipal-voting-rights-non-citizens/. Zugegriffen: 10. Aug. 2015.

Bumb, Christoph. 2015. Luxemburger Wort „New Zealand – a model for Luxembourg foreigner voting rights?" http://www.wort.lu/en/politics/june-7-referendum-new-zealand-a-model-for-luxembourg-foreigner-voting-rights-552ba03b0c88b46a8ce574d0. Zugegriffen: 10. Aug. 2015.

Chung, S.H. 2010. Research on the background of the introduction of participation rights for immigrants in South Korea and its characteristics. *Studies on the Nation* 44:26–47.

Earnest, David. 2003. *Voting Rights for Denizens: A Comparison of 25 Democracies.* Washington, D.C.: The George Washington University.

Earnest, David. 2005. *Political Incorporation and Historical Institutionalism: A Comparison of the Netherlands, Germany and Belgium.* Paper presented at the Annual Meeting of the International Studies Association, Hilton Hawaiian Village, Honolulu.

Earnest, David. 2015. The enfranchisement of resident aliens: Variations and explanations. *Democratization* 55 (5): 861–883.

Emmerich, Norberto. 2011. El sufragio transnacional en Argentina: problemas y posibilidades. *Universidad de Belgrano – Documentos de Trabajo*, Nr. 269. http://www.ub.edu.ar/investigaciones/dt_nuevos/269_Emmerich.pdf. Zugegriffen: 10. Aug. 2015.

Faist, Thomas. 2001. Jenseits von Nation und Post-Nation. Transstaatliche Räume und doppelte Staatsbürgerschaft. *Zeitschrift für Internationale Beziehungen* 7 (1): 109–144.

Gosewinkel, Dieter. 2001. Citizenship, Subjecthood, Nationality: Concepts of Belonging in the Age of Modern Nation States. In *European Citizenship between National Legacies and Postnational Projects,* Hrsg. Sven Olvier und Cornelius Torp, 17–35. Oxford: Oxford Univ Press.

Habermas, Jürgen. 1992. Citizenship and National Identity: Some Reflections on the Future of Europe. *Praxis International* 12:1–19.

Hammar, Thomas. 1980. 'Immigration Research in Sweden.' *International Migration Review* 14 (1): 93–115.

Hammar, Thomas. 1985. 'Dual Citizenship and Political Integration.' *International Migration Review* 19 (3): 438–50.

Hammar, Tomas. 1990. *Democracy and the Nation State: Aliens, Denizens, and Citizens in a World of International Migration.* Aldershot: Avebury.

Hammar, Tomas. 1991. Sweden. In *European immigration policy,* Hrsg. Tomas Hammar, 17–49. Niedernberg.

Hooghe, Marc, und Kris Deschouwer. 2011. Veto Players and Electoral Reform in Belgium. *West European Politics* 34 (3): 626–643.

Howard, Marc Morjé. 2009. *The politics of citizenship in Europe.* Cambridge: Cambridge Univ. Press.

Jacobs, Dirk. 1998. Discourse, Politics and Policy: The Dutch Parliamentary Debate about Voting Rights for Foreign Residents. *International Migration Review* 32 (2): 350–373.

Jacobson, David. 1996. *Rights Across Borders: Immigration and the Decline of Citizenship.* Baltimore: Johns Hopkins University Press.

Joas, Hans. 2013. *The Sacredness of the Person.* A New Genealogy of Human Rights: Georgetown University Press.

Joppke, Christian. 1999a. *Immigration and the Nation-State. The United States, Germany and Great Britain.* Oxford: Oxford Univ. Press.

Joppke, Christian. 1999b. *The Domestic Legal Sources of Immigrant Rights: The United States, Germany, and the European Union. EUI Working Paper SPS,* Nr. 99/3: 58.

Joppke, Christian. 2001. The Evolution of Alien Rights in the United States, Germany, and the European Union. In *Nationality Law in Europe,* Hrsg. Randall Hansen und Patrick Weil, 36–62. London: Macmillan.

Joppke, Christian. 2007. Transformation of Citizenship: Status, Rights, Identity. *Citizenship Studies* 11 (1): 37–48.

Kalicki, Konrad. 2009. Ethnic Nationalism and Political Community: The Overseas Suffrage Debates in Japan and South Korea. *Asian Studies* 33:175–195.

Koopmans, Ruud, Paul Stathan, Marco Giugni, und Florence Passy. 2008. *Contested citizenship. Immigration and cultural diversity in Europe.* Minneapolis: Univ of Minnesota Press.

Kratochwil, Friedrich. 2006. History, Action and Identity: Revisiting the „Second" Great Debate and Assessing its Importance for Social Theory. *European Journal of International Relations* 12 (1): 5–29.

Lee, Brianna. 2015. Poll Finds Democratic Support for Allowing Undocumented Immigrants to Vote. *International Business Times*. https://www.ibtimes.com/poll-finds-democratic-support-allowing-undocumented-immigrants-vote-1944906.

ley, Geoff, und Palmowski, Jan. Hrsg. 2008. *Citizenship and national identity in twentieth-century Germany*. Stanford: Stanford University Press.

Martiniello, Marco, und Andrea Rea. 2003. Belgium's Immigration Policy Brings Renewal and Challenges.

Mosler, Hannes B., und Luicy Pedroza. 2014. An Unexpected Pioneer in Asia: The Enfranchisement of Foreign Residents in South Korea. *Ethnopolitics*, September: 1–24. https://doi.org/10.1080/17449057.2014.954318.

Nathans, Eli. 2004. *The politics of citizenship in Germany. Ethnicity, utility and nationalism*. Oxford: Berg.

Odmalm, Pontus, und Tim Bale. 2015. Immigration into the mainstream: Conflicting ideological streams, strategic reasoning and party competition. *Acta Politica* 50 (October): 365–378.

Pedroza, Luicy, und Pau Palop-García. 2017. The grey area between nationality and citizenship: An analysis of external citizenship policies in Latin America and the Caribbean. *Citizenship Studies* 21 (5): 587–605.

Przeworski, Adam. 2009. Conquered or Granted? A History of Suffrage Extentions. *British Journal of Political Science* 39 (2): 291–321.

Raskin, Jamin B. 1993. Legal aliens, local citizens: the historical, constitutional and theoretical meanings of alien suffrage. *University of Pennsylvania law review*, 1391–1470.

Rath, Jan. 1990. Voting Rights. In *The Political rights of migrant workers in Western Europe*, Hrsg. Zig Layton-Henry. London: Sage.

Romanelli, Rafaele. 1998. *How did they become voters?. The history of franchise in modern European representation*. Hague: Kluwer Law Internat.

Hayduk, Ron. 2006. *Democracy for All: Restoring Immigrant Voting Rights in the United States*. New York: Routledge.

Soysal, Yasemin Nuhoæglu. 2007. *Limits of citizenship. Migrants and postnational membership in Europe*. Chicago: Univ. of Chicago.

Stuurman, Siep. 2004. Citizenship and Cultural Difference in France and the Netherlands. In *Lineages of European Citizenship: Rights, Belonging and Participation in Eleven Nation-States*, Hrsg. Dario Castiglione, Emilio Santoro Castiglione, und Richard Bellamy, 167–185. New York: Palgrave Macmillan.

Vinocur, Nicholas. 2015. French PM scraps pledge to let foreigners vote. www.politico.eu. 4. November 2015.

Weiss, Yfaat. 2002. The Golem and its Creator or How the Jewish Nation State became Multiethnic. In *Challenging Ethnic Citizenship. German and Israeli Perspectives on Immigration*, Hrsg. Daniel Levy und Yfaat Weiss, 82–104. New York: Berghahn Books.

Denizenwahlrecht, Staatsbürgerschaft und Migrationspolitik 8

> „The case of alien suffrage is typically supported by versions of liberalism premised on equality and autonomy with a splash of cosmopolitanism (i.e. the putative international right to democracy) and the desire to bring voting rights to a continuum of inclusion rather than confine them to the dichotomies of membership (i.e. yes/no, in/out)." – Jo Shaw (2003).

In diesem Buch haben wir verschiedene Wege betrachtet, wie Wahlrechte für Denizens erweitert worden sind. Zunächst haben wir uns mit dem Begriff „Denizenwahlrecht" beschäftigt und die Varianten kennengelernt, wie dies in verschiedenen Ländern umgesetzt wurde. Dabei konnten wir einen wachsenden, demokratieübergreifenden Trend der Ausweitung der Rechte auf Denizens feststellen, der aber sehr heterogen verläuft. Wahlrechte für Denizens unterscheiden sich sowohl in den Aufenthaltsbedingungen, die an das Wahlrecht geknüpft werden, als auch in der Reichweite der Wahlrechte (kommunal, regional oder national; Wahlen für legislative oder exekutive Körperschaften). Dabei wurden die verschiedenen Fälle zunächst in ihrer ganzen Breite dargestellt. Anschließend wurde anhand von zwei vertiefenden Fallstudien erklärt, warum einige Fälle scheitern und andere erfolgreich sind, wenn auch auf sehr unterschiedliche Weise. Dabei konnte ich einige bisher gängige Erklärungen weiterentwickeln und zum Teil auch ein Stück weit umgestalten. Die große Vielfalt der verschiedenen Reformen auf der ganzen Welt macht es schwer, von einem allgemeinen Trend hin zu einer postnationalen bzw. denationalisierten Staatsangehörigkeit zu sprechen. In allen Fällen ist die Ausweitung des Wahlrechts auf Denizens immer

noch viel zu schwach, um von einem Bedeutungsverlust nationaler Zugehörigkeit als Garantie für bürgerliche Rechte zu sprechen. Ohne Zweifel kann das
Denizenwahlrecht den Staatsbürgerschaftsstatus bei Weitem noch nicht ersetzen.
Außerdem bleibt der Anwendungsbereich des Denizenwahlrechts fast überall auf
die kommunale Ebene beschränkt, während der Nationalstaat weiterhin als *die*
Quelle und Garantie von Wohlfahrt, Gesundheit, Bildung und sozialer Gerechtigkeit gilt – selbst dann, wenn dies in Wirklichkeit eher auf subnationaler Ebene in
den Bundesländern umgesetzt und gestaltet wird.

Dennoch deutet die weltweite Zunahme von Fällen der Ausweitung des Wahlrechts auf Denizens darauf hin, dass politische Partizipationsrechte mehr und
mehr als grundlegendes Menschenrecht anerkannt werden, was postnationalis-
tische Sichtweisen durchaus unterstützt. Auch die Analyse zweier Fallbeispiele
mit ähnlichen politischen Zielrichtungen, aber ganz unterschiedlichen Ausgängen
spricht dafür, die Ausweitung des Wahlrechts auf Denizens einem postnationalen
Trend[1] zuzuschreiben. Dies ist umso bedeutsamer, als dass postnationale Einflüsse oftmals deswegen in Abrede gestellt werden, weil sie – gerade in Bezug
auf das Denizenwahlrecht – nicht in allen Demokratien in gleicher Weise zu
beobachten sind, obwohl man dies angeblich erwarten könnte (Faist 2001).[2] Die
Analysen in diesem Buch zeigen, dass demokratische Defizite nicht immer gleich
zu erkennen sind, und schon gar nicht unkontrovers sind. Die von mir in diesem
Buch unterbreiteten Vorschläge zielen auf eine andere Ebene ab als die Großtheorien, die bisher für gewöhnlich herangezogen wurden, um die Ausweitung
des Wahlrechts auf Denizens zu erklären, also postnationale Theorien und Theorien bestimmter Staatsbürgerschaftstraditionen. Ziel dieses Buches war es, die
Theorien herauszufordern und sie qualitativ und quantitativ weiterzuentwickeln.

---

[1] Für einen Überblick über die Instrumente des Völkerrechts (internationalen Rechts) zur
Ausweitung des Wahlrechts für Migrant*innen siehe Soysal (1994) und Shaw (2007).

[2] So wird einerseits kritisiert, dass in einigen Demokratien das demokratische Repräsentationsdefizit schlichtweg ignoriert würde (sprich es keine Bestrebungen für ein Denizenwahlrecht gäbe, obwohl man sie aufgrund universeller postnationaler Einflüsse erwarten müsste).
Andererseits ist es aus Sicht des Postnationalismus erklärungsbedürftig, warum Wahlrechte
für Denizens meist auf die lokale Ebene beschränkt bleiben, obwohl nach postnationaler
Auffassung Veränderungen doch insbesondere auf nationaler Ebene zu erwarten wären. Aus
meiner Sicht ist Soysals Ansatz in dieser Hinsicht mehrdeutig. Es wird keineswegs gesagt,
dass Änderungen nur auf nationaler Ebene stattfinden müssten. Im Gegenteil, der Trend zu
einer postnationalen Mitgliedschaft führt zu Kontroversen auf verschiedenen Ebenen – auch
der lokalen – und zu Diskussionen über die Bedeutung nationaler Zugehörigkeit. Die Ausweitung des Wahlrechts auf Denizens ist ein Beispiel, wie Rechte mehr und mehr an die
Person (als ein Menschenrecht) gebunden werden, unabhängig vom Nationalstaat.

In Kap. 2 wurde deutlich, dass bereits die grundlegenden Annahmen dieser Theorien möglicherweise nicht geeignet sind, um das hier in Frage stehende Phänomen angemessen theoretisch zu erfassen. Insbesondere die in Kap. 3 durchgeführten breiten Vergleiche haben gezeigt, dass die schiere Variation an Wegen der Wahlrechtsausweitungen auf Denizens einfache Erklärungen, die mit den bisherigen Theorien verbunden waren, dieses Phänomen unmöglich erklären können. Auch wurde deutlich, dass das Verhältnis zwischen Denizenwahlrecht und Einbürgerung keineswegs – wie von den bisherigen Theorien nahegelegt – unidirektional ist, sondern wesentlich komplexer. In Kap. 4 und 5 wurden mit Portugal und Deutschland zwei Fällen untersucht, die bisher keine zufriedenstellende Erklärung hatten: Einmal wurde das Wahlrecht nur auf verschiedene eingeschränkte Gruppen ausgeweitet und einmal hatte die Ausweitung keinen Erfolg, trotz vieler Versuche. Mein Ansatz möchte für einen historischinstitutionalistischen Ansatz werben, der den spezifischen politischen Kontext, in dem sich eine Reform vollzieht, und die argumentative Arbeit von politischen Akteur*innen stärker berücksichtigt. Wenn man nur das nackte Ergebnis eines legislativen Prozesses nimmt, ohne die dazugehörigen Debatten zu berücksichtigen, entgeht einem vieles. In diesem Sinne ist – wie Carens es ausdrückt – *„every liberal democracy [...] inevitable culturally specific because of the particular way in which it is a liberal democracy"* (2000, S. 11). Weiterhin kam durch die Analyse der Debatten zum Vorschein, dass gegenwärtige liberale Demokratien nicht als national homogen angenommen werden können: Das Verständnis von Staatsbürgerschaft und Zugehörigkeit variiert innerhalb von Nationalstaaten (z. B. zwischen den Bundesländern in Deutschland). Noch dazu ist ein Verständnis von Staatsbürgerschaft nicht gleichzusetzen mit den rechtlichen Traditionen und es ist auch nicht unveränderlich. Die Politik kann dieses Verständnis verändern. Debatten um das Denizenwahlrecht dienen oft dazu, die einzelnen Argumente, die Migrant*innen als zugehörig bzw. nicht zugehörig rechtfertigen, gegeneinander abzuwägen und damit das vorherrschende Verständnis von Staatsbürgerschaft auf die Probe zu stellen. Die Ausgestaltung des Wahlrechts für Denizens kann insofern als ein Mittel gesehen werden, um zu verstehen, wie Demokratien ihre Gesellschaften konstruieren (Rodriguez 2010, S. 35).

Es gibt Punkte in meiner Arbeit, die, wie gesagt, die postnationale Perspektive stärken. So lässt sich durchaus sagen, dass auch der internationale Diskurs dazu beiträgt, Rechte auf Nichtstaatsbürger*innen auszuweiten, wie Soysal dies vorgeschlagen hat. Allerdings finde ich entgegen Soysals Meinung ausdrücklich nicht, dass „debates *invariably* center on the universal/humanistic versus national/particularistic controversy" (2007, S. 154). In Portugal wurden in den Debatten genau diese Kontroversen bewusst vermieden. Ich finde vielmehr, dass, wie Guiraudon (2007) zeigt, innerstaatliche, institutionelle Ursachen und nicht internationale oder postnationale Einflüsse bei der Ausweitung der Rechte entscheidend sind, auch wenn fairerweise gesagt werden muss, dass übergeordnete internationale Diskurse die nationalen Diskurse nicht selten maßgeblich beeinflussen. Die Erklärungen sind aber leicht zu versöhnen, wenn man die internationalen Einflüsse als externe Ursachen und die internen Debatten zur Ausweitung des Wahlrechts als konkreten Anlass sieht. Darüber hinaus hat Guiraudon (1998) gezeigt, dass derartige Debatten häufig hinter verschlossenen Türen stattfinden, während ich den Fokus hier eher auf die Bedeutung öffentlicher Abwägungen in parlamentarischen Debatten legte. Der eigentliche Zweck parlamentarischer Debatten ist es ja, dass die Parteien ihre politischen Positionen offenlegen und entsprechende Gesetze vorschlagen. Dabei kann man sehen, dass es einen Unterschied in den langfristigen Effekten des politischen Diskurses macht, ob eine Debatte, wie in Deutschland, breit und grundsätzlich angelegt oder, wie in Portugal, auf das Wesentliche begrenzt und eher oberflächlich und symbolisch ist. Dies hat auf den Ausgang der Debatte einen entscheidenden Einfluss, aber auch auf die Änderung des Verständnisses von Staatsbürgerschaft.

In Deutschland war die Debatte über die Ausweitung des Wahlrechts auf Denizens so grundlegend, dass dadurch später eine Reform des Staatsangehörigkeitsrechts maßgeblich begründet wurde. Die Art und Weise, wie das Thema dargestellt wurde, hatte unmittelbare Auswirkungen auf den weiteren Fortgang der Debatte. Im Falle von Deutschland wurde deutlich: Je mehr die Befürworter*innen der Ausweitung des Wahlrechts auf Denizens ihre Vorschläge verteidigten und wiederholten, desto mehr Zugeständnisse erhielten sie von ihren Opponent*innen für eine grundlegende Reform des Staatsangehörigkeitsrechts. Zwar erschwerte der Einbezug grundsätzlicher, umstrittener Themen in die Debatte, wie Migration, Integration und Zugehörigkeit, immer wieder eine unmittelbare Einigung über die Ausweitung des Wahlrechts auf Denizens, allerdings erweiterte es die Debatte auch um grundlegende politische Fragen, denen sich keine Partei langfristig entziehen konnte. Ohne hier von einem Automatismus ausgehen zu wollen, so zeigt es doch, dass die Debatten in ihren langfristigen Effekten und Verläufen beobachtet werden müssen.

In Portugal verhinderte die eher technische und begrenzte Debatte eine übergreifende Diskussion über die Grundsätze von (Staats-)Zugehörigkeit. Und doch erhoben kürzlich die ursprünglichen Befürworter*innen der Ausweitung des Wahlrechts lautstarke Forderungen, zukünftig das Prinzip der Reziprozität fallen zu lassen. Auch diskutieren einige Parlamente über die Ausweitung des Wahlrechts auf Denizens grundlegender als andere. Aber in komparativer

Sicht lässt sich beobachten, dass bei Fällen, die sich in tiefgreifende Kontroversen verstricken, das politisch-rechtliche Gelingen einer universellen Ausweitung des Wahlrechts auf Denizens immer weniger wahrscheinlich wird. Oben habe ich einige Debatten über die Ausweitung des Wahlrechts als „symbolisch" bezeichnet, insbesondere vor dem Hintergrund ihrer doch recht überschaubaren Auswirkungen in Bezug auf den Umfang der Rechte und die Anzahl an Personen, die von dem verabschiedeten Gesetz betroffen waren, wie in Portugal. Dabei habe ich das Adjektiv „symbolisch" durchaus bewusst verwendet, einerseits um damit zum Ausdruck zu bringen, dass die Debatten manchmal genutzt werden, um Debatten über Staatsbürgerschaft in einem Land anzuschieben (wie einige politische Akteur*innen in Deutschland), auch ohne jegliche Aussicht, eine Reform zur Ausweitung des Wahlrechts auf Denizens in naher Zukunft umzusetzen. Anderseits habe ich den Begriff auch verwendet, um meiner Wahrnehmung als besorgte Beobachterin Ausdruck zu verleihen, dass einige dieser Debatten auf einer elitären Ebene verharren. Auch im Hinblick auf Verbindungen zu anderen übergeordneten Themen (z. B. „einen neuen Platz für Portugal nach dem Ende des Kolonialismus zu finden"), anstatt von Vorteilen für betroffene Personen zu sprechen (z. B. „rechtlose Einwanderer*innen oder Migrant*innen"), kann von einer symbolischen Debatte gesprochen werden. Allerdings bedeutet dies nicht zwangsläufig, dass eine politische Debatte heuchlerisch ist (Freeman 1995). Eine symbolische „Rahmung" (Framing) bestimmt letztlich auch den Umfang und die Intensität einer Debatte mit.

Blicken wir auf die erfolgreichen Wahlrechtsausweitungen der jüngeren Vergangenheit zurück, so sehen wir, dass das Thema von den politischen Eliten immer mit Bezug „auf die eigenen Vorteile" gerahmt wurde. Dies gilt auch für Wahlrechtsausweitungen für Denizens, obwohl, wie Guiraudon (2007) eindringlich zeigt, in diesem Fall anders als bei der Ausweitung des Wahlrechts auf untere Klassen und Frauen hier keine umfassende Basismobilisierung stattgefunden hat. Allerdings ist in diesem Zusammenhang auch hinzuzufügen, dass, auch wenn allen bedeutsamen Wahlrechtserweiterungen im 19. Jahrhundert in England große Mobilisierungsprozesse an der Basis vorausgegangen waren, die eigentlichen Reformen anschießend jedoch weitgehend von mächtigen politischen Akteuren untereinander ausgehandelt worden waren – und zwar immer mit dem Verweis, dass eine Ausweitung des Wahlrechts die Effizienz des politischen Systems verbessern würde, und nicht etwa, dass dies auch die Situation der Betroffenen verbessern würde (Lizzeri und Persico 2004, S. 746) oder wie sehr sie dies verdienten.

Um zu veranschaulichen, wie eine prozessorientierte Analyse, wie ich sie hier vorgeschlagen habe, die bisherigen Theorien erweitern und weiterentwickeln

kann, muss ich noch einmal an den oben angesprochenen Perspektivwechsel erinnern, zu dem ich in diesem Buch unentwegt angeregt habe: die Phänomene nicht
vom Ende her, also den Entscheidungen und Gesetzen, zu betrachten, sondern in
die Prozesse, in denen die Entscheidungen getroffen werden, und in die politischen Diskurse, die sich um sie ranken, einzutauchen. Dies ist nicht nur wichtig,
um Prozesse zu erklären, wie es zu neuen Entscheidungen gekommen ist – und
welche Bedingungen derartige Entscheidungen wahrscheinlich ermöglicht haben,
also *warum* es dazu gekommen ist –, sondern auch, weil Debatten selbst wichtige politische Folgen haben können: Sie begründen weitere politische Aktionen,
leiten Entscheidungen in anderen grundlegenderen Bereichen ein oder bereiten
mit der Zeit den Boden für grundlegende gesellschaftliche Kompromisse. So
kann, wie wir gesehen haben, eine Debatte über das Denizenwahlrecht langfristig
durchaus eine grundsätzlichere Debatte über das Staatsbürgerschaftsverständnis
nach sich ziehen, auch wenn dies kurzfristig zu keinerlei Erfolg in der eigentlichen Sache führt, sondern im Gegenteil zu einer Ablehnung des eigentlichen
Antrags oder weiteren Beschränkungen.

Allerdings heißt eine breite und grundlegende Debatte nicht zwangsläufig, dass
es sich um eine offene (d. h. der Öffentlichkeit zugängliche) Debatte handelt. In
Deutschland entstand die Auseinandersetzung zunächst zwischen Gruppen der
Zivilgesellschaft, Intellektuellen, Akademiker*innen, Kirchenvertreter*innen und
Gewerkschaften, also stets innerhalb einer fachbezogenen Öffentlichkeit. Erst als
die Parteien die Forderung nach Ausweitung des Wahlrechts auf Denizens in
einen formellen Antrag überführten und eigentlich vereinbarten, das Thema nicht
zu politisieren, drohten sie damit – in einem der heikelsten Momente der parlamentarischen Debatte –, das Anliegen in die breite Öffentlichkeit zu verlagern.
Auch in Portugal verständigte man sich auf eine Entpolitisierung der Debatte.
Damit unterstützen meine Ergebnisse die Einschätzungen von Joppke (2001) und
Howard (2007), dass liberale Reformen der Migrationspolitik dann bessere Chancen zur Durchsetzung haben, wenn sie sich in Zurückhaltung üben. Das Vorhaben
wurde dabei in jedem einzelnen Fall in Abhängigkeit von den jeweiligen politischen Rahmenbedingungen anders dargestellt und auch die einzelnen Debatten
waren unterschiedlich lang und intensiv.

Bislang wurden die Argumente für oder gegen ein Denizenwahlrecht jeweils
auf zu strenge oder zu einfache Einbürgerungsregeln gegründet, ganz im Sinne
einer stringenten rechtlichen Staatsbürgerschaftstradition. Dieses Buch zeigt
jedoch – und insbesondere durch die vielen Vergleiche –, dass politische Prozesse
zu Denizenwahlrechtsreformen das Staatsbürgerschaftsverständnis neu definieren
können. Es ist deutlich geworden, dass das Verhältnis von Einbürgerung und

Wahlrecht einer genauen empirischen Überprüfung bedarf und nicht bloß darüber gemutmaßt werden sollte. Denn auch Staaten, die Demokratie ernst nehmen und einen hohen Migrationsanteil aufweisen, kennen nicht nur den einen Weg, Migrant*innen politisch zu integrieren, sondern unterscheiden sich in ihren Mitteln deutlich und wägen die Instrumente oftmals sorgfältig gegeneinander ab. Hierbei spielen die Einbürgerungsregeln eines Landes sicherlich eine wichtige Rolle, aber bei Weitem nicht die alleinige.

Darüber hinaus hat dieses Buch gezeigt, dass die Entscheidung für die Ausweitung des Wahlrechts auf Denizens oftmals Teil eines weitreichenderen politischen Prozesses ist, in dem es um weit mehr als nur um die Vergrößerung des Elektorats und die damit verbundenen politischen Konsequenzen geht. In der Tat kann es in Debatten zu tiefgreifenden Neubewertungen des Staatsbürgerschaftsverständnisses kommen, unabhängig davon, ob die angestrebten Reformen letztendlich scheitern oder aufgrund politischer Kompromisse verkümmern. Auch überraschende Fälle der Wahlrechtsausweitung – beruhten sie auf Reziprozität oder seien sie auf eine bestimmte Gruppe begrenzt – sind zumeist das Ergebnis mühevoller politischer Kompromisse (siehe Kap. 4, 5 und 6), die ihrerseits möglicherweise nur einen Zwischenschritt in einem größeren, längerfristigen politischen Prozess darstellen. Sowohl die in Deutschland als auch in Portugal getroffenen Entscheidungen in Bezug auf ein Denizenwahlrecht sind keineswegs endgültig. Sie wurden beide bereits mehrfach wieder infrage gestellt. Dies entspricht auch den Befunden des breiten Vergleichs in Kap. 3: Das Wahlrecht ist ein Kennzeichen bürgerlicher Gleichberechtigung; partikularistische Sonderrechte wie das Wahlrecht für Denizens sind über einen langen Zeitraum nur sehr schwer aufrechtzuerhalten. Das Wahlrecht auf Personen zu beschränken, die als kulturell nahestehend angesehen werden, konstruiert Staatsbürgerschaft rund um das Merkmal „Ethnizität" und nicht um das Merkmal des „Menschseins", der „Zugehörigkeit" oder der „sozialen Bindungen" auf kommunaler Ebene und durch die gemeinsame Residenz in einem Ort. Wie die Erfahrung in skandinavischen Ländern zeigt, sorgt die Ausweitung des Wahlrechts aus solchen Gründen, die eigentlich wenig mit bürgerlicher Gleichberechtigung zusammenhängen, für Irritationen und weitere Diskussionen, die eventuell weitere Ausweitungsprozesse hervorrufen. Um das Elektorat zu vergrößern, ist es teilweise notwendig, einen breiten politischen Konsens herzustellen, sei es um die erforderlichen politischen Mehrheiten zu organisieren, Vertrauen in das neue Elektorat zu bilden oder Vetospieler*innen mit ins Boot zu holen. Zwischenzeitliche Niederlagen oder Kompromisse können durchaus zu Anknüpfungspunkten für spätere tiefgreifendere Reformen werden. Es ist offensichtlich, dass unterschiedliche politische

Rahmenbedingungen für eine Wahlrechtsausweitung zu unterschiedlichen Ergebnissen führen. Es ist viel interessanter zu zeigen, dass es in jedem Prozess bestimmte Momente und Verfahren gibt, die eine Suche nach einvernehmlichen Lösungen erleichtern oder erschweren, sodass am Ende Mehrheiten gewonnen und kontroverse Themen, die mit dem Denizenwahlrecht eng verbunden sind, aus der Diskussion herausgehalten werden können.

Die hier vorgeschlagene Theorie mittlerer Reichweite kann bei einem solchen Vorhaben hilfreich sein, denn sie ist nicht an einen bestimmten Kontext gebunden, sondern kann auf ein breites Spektrum von Fällen angewendet werden. Sie verweist auf die Bedeutung von Institutionen und hilft, historische Ereignisse als Prozess zu verstehen, sowohl hinsichtlich des Wandels als auch seines Ausbleibens, ohne alles kulturell erklären zu wollen. Ich habe versucht herauszuarbeiten, dass es besonders darauf ankommt, umstrittene und polarisierende Themen aus der Debatte herauszuhalten oder herauszulösen. Welche Themen dies sein können, ist in jedem Einzelfall anders gelagert. Aber ihre Bedeutung in einer Debatte hat immer weniger mit angeblichen kulturellen Unterschieden zwischen den Staaten zu tun, sondern vielmehr damit, wie gut die politischen Akteur*innen das Thema der Wahlrechtsausweitung an die zur Verfügung stehenden Mittel anpassen können (Kap. 6). Das Recht zu gewähren, in einer politischen Gemeinschaft mitzubestimmen, kann als ein Akt der Anerkennung verstanden werden und zur Entwicklung eines gegenseitigen Respekts beitragen (Taylor 1994, S. 37). Bereits die Diskussion hierüber erkennt Migrant*innen in einer Weise an, die dazu beitragen kann, einen sich gegenseitig verstärkenden Kreislauf von politischem Ausschluss und sozialer Marginalisierung, der sowohl Migrant*innen als auch das aufnehmende politische Gemeinwesen selbst betrifft, zu durchbrechen (vgl. Reed-Danahay und Brettell 2008, S. 163; Zincone und Caponio 2004). Eine solche Erklärung „auf mittlerem Niveau" kann sich dabei auf deduktive ebenso wie auf induktive Ergebnisse stützen, ganz im Sinne von Tilly (2001) und Abbott (2010). Wie wir gesehen haben, konnten wir ganz unterschiedliche Fälle mit ein und demselben analytischen Rahmen, der insbesondere auf das Prozesshafte der Vorgänge fokussierte, erfassen und erklären (siehe Kap. 6). Dies steht im Gegensatz zu Ansätzen, die recht willkürlich einen Start- und Endpunkt einer Debatte festsetzen, die in Wirklichkeit noch bis heute andauert. Was wir letztendlich als „Ergebnis" einer Debatte über die Ausweitung des Wahlrechts auf Denizens betrachten, macht einen großen Unterschied. Durch die bloße Einteilung des Prozesses in Phasen, so als wären sie objektiv voneinander unterscheidbar, hatten wir bisher schlicht übersehen, wie folgenreich sich bisweilen die Verständnisse von Staatsbürgerschaft in einigen Fällen gewandelt hatten. Die unterschiedliche Komplexität von politischen Systemen kann durchaus eine unterschiedliche Zeitspanne für an sich gleiche Vorgänge erfordern, um ein und dasselbe Vorhaben anzuschieben, Umwege in Kauf zu nehmen und Schleifen zu drehen, um letztendlich doch ein ähnliches Ziel zu erreichen.

Darüber hinaus wollte ich in diesem Buch nachweisen, dass die Debatten über die Ausweitung von Wahlkompetenzen auf einen Wandel im Verständnis von Staatsbürgerschaft verweisen und diesen gleichzeitig provozieren. Mehr noch: Es ist ein Trend zu beobachten, das Wahlrecht mehr und mehr auf Denizens auszuweiten, wenn auch in einigen Fällen zunächst nur in eingeschränkter Form oder zunächst in eher unbefriedigender Art und Weise, wo die Debatte grundsätzlicher war. Vor allem zeigen die empirischen Ergebnisse dieses Buches aber, dass die jeweiligen Begebenheiten offen für politische Veränderungen waren – und hoffentlich auch bleiben.

8.1 Wie die Debatten über die Ausweitung des Wahlrechts das Staatsbürgerschaftsverständnis verändern

Die Debatte über die Ausweitung des Wahlrechts stellt die grundsätzliche Unterscheidung zwischen Staatsbürger*innen und Nichtstaatsbürger*innen infrage. Dies geschieht einerseits auf horizontaler Ebene, indem, sei es aus historischen Gründen oder dem Prinzip der Gegenseitigkeit geschuldet, eine grenzüberschreitende Mitgliedschaft in zwei Staaten erlaubt wird. Andererseits geschieht es auf vertikaler Ebene, entweder als Top-down-Prozess, initiiert von Eliten, oder als Bottom-up-Prozess, ausgehend von der Zivilgesellschaft, was allerdings eher selten der Fall ist. Letzteres war vor allem in der Pionierphase der Ausweitung des Wahlrechts auf Denizens der Fall, als die Bürger*innen die generellere Gleichstellung von Denizens in der Gesellschaft und die Ausweitung von Rechten propagierten, um sich damit vor negativen Auswirkungen einer (Niedriglohn-) Konkurrenz auf dem Arbeitsmarkt zu schützen. Die Verbindung des Staatsbürgerschaftsdiskurses mit dem Menschenrechtsdiskurs hat letztlich dazu geführt, dass soziale Bewegungen ihre Forderung nach dem Wahlrecht für Denizens auf eine sehr viel grundsätzlichere Art und Weise vorbrachten, und zwar als weit mehr als eine bloße Ausweitung von politischen Rechten auf Nichtstaatsbürger*innen. Allein die Tatsache, dass nicht eingebürgerte Migrant*innen und Staatsbürger*innen sich zusammen für dieses Vorhaben einsetzten, weist darauf hin, dass es um weitaus mehr ging, nämlich um eine solidarische Konzeption von Staatsangehörigkeit, die eine politische Gemeinschaft nicht mehr allein entlang nationaler Zugehörigkeit definiert. Noch wichtiger ist, dass das gemeinsame politische Engagement von Staatsbürger*innen und nicht eingebürgerten Migrant*innen zur Ausweitung des Wahlrechts dazu beiträgt, Migrant*innen als politische Akteur*innen wahrzunehmen, unabhängig von ihrem formalen Status. In diesem Sinne spricht die kritische Staatsbürgerschaftsliteratur (Isin et al. 2007, 2008; Isin und Turner 2002; Balibar 2012, 2015; Rygiel 2010) von „acts of citizenship" und „citizenship from below", womit sie die binäre Einteilung von Staatsbürgerschaft in Bürger*innen und Nichtbürger*innen infrage stellt und uns erinnert, dass Staatsbürgerschaft, oder Stadtbürgerschaft, eine Praxis ist.

Im Rahmen dieses Buches habe ich ebenfalls häufig mit dieser binären Einteilung gearbeitet, war mir jedoch dessen bewusst, dass diese Einteilung die Unzahl an möglichen Ausprägungen und Erscheinungsformen von Staatsbürgerschaft eigentlich zu stark vereinfacht. Zudem stimme ich mit der kritischen Staatsbürgerschaftsliteratur überein, dass es unzulässig ist, Staatsbürgerschaft auf eine nationale Staatsangehörigkeit zu reduzieren. Allerdings mache ich im Gegensatz zur kritischen Literatur zwischen Staatsbürgerschaft und nationaler Staatsangehörigkeit einen Unterschied. Ich würde Staatsbürgerschaft eher so sehen, dass sie verschiedene Dimensionen umfasst und primär als national und nichtnational beschrieben werden sollte. So würden wir der Staatsbürgerschaft den Raum geben, der ihr zusteht, nämlich als eine Art Fundgrube für verschiedene Bedeutungen und Praktiken für das zivile Leben einer politischen Gemeinschaft. Allerdings kann das Thema Denizenwahlrecht entsprechend der kritischen Perspektive durchaus mit dem weltweiten Thema globaler Gerechtigkeit verbunden werden. Viele Autor*innen kritisieren, dass unsere Vorstellung von nationaler Staatsbürgerschaft und ihre Umsetzung globale Ungleichheit erst ermöglicht und verfestigt (Hindess 1998; Shachar 2007, 2009; Kostakopoulou 2008; Isin und Turner 2007; Bauböck 2011). Diese Kritik ist eng mit der Vorstellung verbunden, dass Migration im Grunde nichts anderes ist als der Versuch, dieses System zu überwinden bzw. zu unterlaufen. Das politische Programm dieser Sichtweise lautet: ein universelles Recht auf Migration. Auch die Forderungen nach einem größeren Ausgleich zwischen den Nationalstaaten schließt sich dieser Argumentation nahtlos an, was auf internationaler Ebene auch etwas realistischer erscheint. Blatter (2011) beispielsweise sieht aus einer transnationalen Perspektive die Ausweitung politischer Partizipationsrechte für Einwanderer*innen in wohlhabenden Ländern positiv mit Blick auf den Abbau der bestehenden Asymmetrien (allerdings von einer anderen Warte als der kosmopolitisch-individuellen). Aus dieser Sicht könnte man schlussfolgern, dass wohlhabende Länder Migration aus ärmeren Ländern nicht nur aus humanitären und wirtschaftlichen Gründen zulassen sollten, sondern auch – wenn man so will – aus politischen.

Aber wir wollen noch für einen Augenblick überlegen, was sich ändern würde, wenn wir den analytischen Blick von einem individuell-kosmopolitischen Ansatz auf eine staatlich-zentrierte Sichtweise auf globale Gerechtigkeit verändern. Die Gleichsetzung von Staatsbürgerschaft mit Nationalität hat weitreichende Konsequenzen. Obwohl man denken würde, dass es sich bei Staatsbürgerschaft um einen Begriff handelt, bei dem es um Gleichheit geht, ja der Gleichheit voraussetzt, so handelt es sich doch heutzutage längst um keinen Begriff mehr, der einen stabilen Zusammenhang zwischen Rechten und Pflichten zwischen Individuen beschreibt. Dies gilt insbesondere nicht im Vergleich verschiedener Länder und nicht einmal innerhalb eines Staatsgebietes. Staatsbürgerschaft bringt mitnichten weltweit die gleiche Art von Beziehung zwischen Individuum und Staat mit sich: erstens, weil nicht alle Staaten ihren Verpflichtungen nachkommen und es keinen Weltstaat gibt, der garantiert, dass sie dies tun; und zweitens, weil in einigen Nationalstaaten die Staatsbürgerschaft mehr Rechte und Pflichten beinhaltet als in anderen. Staatsbürgerschaft mit nationaler Staatsangehörigkeit gleichzusetzen, führt zu Täuschung und Abwertung der Staatsbürgerschaft. Damit werden die enormen Ungleichheiten und unterschiedlichen Qualitäten zwischen verschiedenen Nationalitäten verschleiert, und zwar im Namen einer Institution, die sonst der Inbegriff demokratischer Selbstbestimmung ist. Staatsbürgerschaft ist eben nicht ein bloßes Schriftstück, das über eine Zugehörigkeit zu einem bestimmten Nationalstaat entscheidet und den Schlüssel für internationale Mobilität darstellt. Ein Pass bescheinigt zwar die Nationalität, allerdings sind nicht alle Pässe gleichwertig: Der Besitz bestimmter Pässe verleiht seinen Besitzer*innen einen wichtigen Zugang zu Lebenschancen, in dem Sinne, dass er Mobilität ermöglicht und bestimmte Aufenthaltsrechte beinhaltet. Es wurden sogar spezielle Indizes entwickelt, die genau dies messen. Genauso gibt es Unternehmen, die sich darauf spezialisiert haben, reichen Menschen eine zweite Staatsangehörigkeit zu ermöglichen, sei es, um Steuern zu sparen oder bestimmte Gesetze zu umgehen. Aus diesen Gründen ist es irreführend, Nationalität und Staatsbürgerschaft gleichzusetzen und so zu tun, als ob jede Staatsangehörigkeit gleichwertig sei (Hindness 1998).

Staatsbürgerschaft muss nicht einmal innerhalb eines Nationalstaates das Gleiche bedeuten (Cohen 2009). Die Fiktion, Staatsbürgerschaft und Nationalität seien deckungsgleich, verdeckt viele Ungleichbehandlungen. Dies wird etwa deutlich, wenn Staatsbürger*innen desselben Staates auswandern und dabei, z. B. aufgrund ihrer individuellen Fähigkeiten, in den Genuss unterschiedlicher Rechte im Aufnahmeland – ggf. auch in Bezug auf ihr Ursprungsland – kommen (Pedroza und Palop 2017). Das Recht auszuwandern, in einem fremden Land einzureisen und unterschiedliche Arten von Rechten in Anspruch zu nehmen, ist auf der Welt sehr ungleich verteilt. Wenn Staatsbürgerschaft auf Nationalität reduziert wird, dient dies meist dazu (zusammen mit der Unterscheidung zwischen „skills" oder Fachprofilen), eine Migrationspolitik zu rechtfertigen, die darüber entscheidet, welche Personen mit welchen Rechten einwandern dürfen. Migrationspolitik sorgt damit für eine globale Schichtung in Bezug auf das Recht zu wandern, angefangen bei der Aufnahmepolitik bis hin zur Integrationspolitik, die politische Rechte, wie sie in diesem Buch im Mittelpunkt standen, ebenso umfasst wie das Recht auf Beschäftigung, Sozialleistungen, Krankenversicherung und Bildung. Der Zugang zur Staatsbürgerschaft wurde lange Zeit als höchste Weihe der Integrationspolitik gesehen. Allerdings blieben die Einbürgerungsraten trotz der in vielen Ländern liberalisierten Einbürgerungsregelungen niedrig. Ein Grund hierfür ist, dass mit der Frage der Einbürgerung nach wie vor Fragen der Identität und einer möglichen Rückkehr oder schlicht die Angst vor sozialer Zurückweisung verbunden waren und sind, die Ausländer*innen von einer Einbürgerung abhalten. In einer liberalen Gesellschaft sollten die Bürger*innen über ihr eigenes Schicksal entscheiden können, und dies schließt auch die Entscheidung über Staatsangehörigkeit mit ein (Kakabadse et al. 2009, S. 11). Einem solchen Prinzip kommt man eben nicht am besten dadurch nach, indem man Einbürgerung[3] zur Voraussetzung dafür macht, bürgerliche Rechte wahrzunehmen, Verantwortung zu übernehmen und die Würde und Gleichheit der Menschen in dem Gemeinwesen, in dem man lebt, anzuerkennen und zu schützen.

Andersherum könnte der Einbezug in die politische Gemeinschaft, ohne Einbürgerung, für Ausländer*innen bedeuten, dass sie sich als Menschen angenommen fühlen, sodass es vielleicht möglich wird, zusammen mit den einheimischen Bürger*innen eine neue Geschichte der Gemeinsamkeit zu schreiben, die Smith „stories of peoplehood" (2001, S. 78) nennt, und zwar auf Basis real erlebter Gemeinsamkeiten und aufgrund einer bloß vorgestellten Zugehörigkeit. Die historische Chance des Denizenwahlrechts besteht darin, dass es einen alternativen Weg zur Staatszugehörigkeit weist, jenseits der Nationalität oder ohne sie als Voraussetzung. Die Ausweitung des Wahlrechts auf Denizens stellt eine nicht perfekte, aber dennoch bedeutsame Möglichkeit dar, einige der besten liberalen und republikanischen Qualitäten von Staatsbürgerschaft wieder zum Vorschein zu bringen (Pedroza 2014). Indem jede*r Erwachsene, der*die Teil einer politischen Gemeinschaft ist, in ihr lebt und an ihr mitwirkt, unabhängig von seiner*ihrer

---

[3] Sicherlich impliziert das Prinzip „Integration durch Einbürgerung" nicht unbedingt Homogenitätsanforderungen oder einen Exklusivitätsanspruch an die sich Einbürgernden, allerdings ist es in der Praxis häufig so, dass entweder ein Verzicht auf andere Staatszugehörigkeiten verlangt wird (Exklusivität) oder gewisse Integrationskurse mit dazugehörigen Prüfungen usw. erforderlich sind (um eine gewisse Homogenität bzw. Kompatibilität sicherzustellen).

Herkunft als Mitglied und Nachbar*in (als „Mitbürger*in", wie es in Deutschland heißt) und als Wähler*in anerkannt wird, wird der Idee der Staatsbürgerschaft ein größerer Wert zugeschrieben als durch das Prinzip der bloßen Zugehörigkeit zu einer Nation, ausschließlich begründet durch Geburt oder Einbürgerung. Der langfristige Ausschluss von politischen Entscheidungsprozessen kann nicht nur zur dauerhaften politischen Passivität von Ausländer*innen führen, sondern auch zu purem Frust. Auch eigentlich politisch aktive Menschen können ihr politisches Interesse mit der Zeit verlieren, wenn sie immer nur zuschauen dürfen. Dann, wenn sie die Anforderungen für eine Einbürgerung erfüllen, könnte es schon zu spät sein und zu Wahlenthaltung und politischem Zynismus führen. Das Denizenwahlrecht könnte damit auch ein Mittel sein, anzuerkennen, dass wir heute in einer Welt leben, in der es vielfältigere Zugehörigkeiten gibt als nur die nationale, und Menschen heute den Anspruch haben, frei über ihre Zugehörigkeiten zu entscheiden. Das Denizenwahlrecht könnte damit dazu genutzt werden, sich sozusagen von der Nationalität zu emanzipieren und die demokratische Staatsbürgerschaftspraxis zu modernisieren.

Allerdings wohl nur in einem gewissen Rahmen: Denn die Einführung einer universellen, weltweit gültigen Staatsbürgerschaft, die den Individuen die gleichen Partizipationsrechte grenzüberschreitend einräumt, erscheint heute in einer Welt, die erneut Mauern errichtet, um ihre Völker zu schützen, alles andere als realistisch. Und dennoch … Im Jahr des Brexits und der Präsidentschaftswahl von Donald Trump verabschiedete Ecuador ein Gesetz *(Ley de movilidad humana)*, das Auswanderer*innen wie Einwanderer*innen die gleichen politischen Rechte zuerkennt, mit dem Verweis auf die Mobilität als Menschenrecht. Staatsbürgerschaft wird dabei als universelle Staatsbürgerschaft bezeichnet. Es ist also möglich, Staatsbürgerschaft wieder die Bedeutung zuzumessen, die ihr gebührt.

8.2 Die politische Ausrichtung

An dieser Stelle möchte ich noch einmal an eine wichtige Einschränkung dieses Buches erinnern: Ziel war es nicht, alles, was in einem Prozess einer Wahlrechtsreform für Denizens geschieht, darzustellen und zu erklären, sondern vielmehr bestimmte Merkmale innerhalb eines demokratischen Aushandlungsprozesses hervorzuheben, die das demokratische Defizit einer Gesellschaft, insbesondere wenn sie einen hohen Migrationsanteil aufweist, besonders deutlich machen. Ich wollte versuchen, einen besseren Erklärungsansatz zu finden, warum sich Demokratien damit beschäftigten, das Wahlrecht auf Denizens auszuweiten, und warum sie dabei zu so unterschiedlichen Ergebnissen kommen. Eine weitere wichtige

Frage ist, welche Konsequenzen Prozesse der Ausweitung des Wahlrechts auf Denizens haben. Dass ich mich in meiner Forschung auf den Aushandlungs- und Entscheidungsfindungsprozess konzentriert habe, reflektiert auch eine normative Überzeugung: Die Ausweitung des Wahlrechts auf Denizens ist an sich ein wertvoller politischer Vorgang und die Debatten hierüber spielen eine wichtige Rolle für das Aushandeln des Staatsbürgerschaftsverständnisses in einer Gesellschaft.

In Bezug auf die konkrete Umsetzung würde ich eine Kombination aus der allgemeinen Ausweitung des Denizenwahlrechts und einfachen Einbürgerungsregeln bevorzugen, insbesondere in Demokratien mit einem hohen Ausländer*innenanteil. Das eine (Denizenwahlrecht) würde den Wert der Staatsbürgerschaft als *Recht auf politische Beteiligung* betonen und das andere (Einbürgerung) die Möglichkeit, *sich selbst entscheiden zu können,* ob man sich weiter beteiligen und einer größeren politischen Gemeinschaft beitreten will. Vor diesem Hintergrund kann die Entscheidung, sich für die Ausweitung des Wahlrechts einzusetzen, immer einen liberalen (Denizenwahlrecht) und einen republikanischen (Einbürgerung) Impetus besitzen. Die Idee des Denizenwahlrechts stellt dem an die Vorstellung einer Nation gebundenen Staatsbürgerschaftsverständnis ein anderes Modell gegenüber, widerspricht ihm allerdings nicht. Wenn das Wahlrecht für Denizens mit liberalen Einbürgerungsverfahren kombiniert wird, kann beides erreicht werden: nationale Staatszugehörigkeit in einem klassisch republikanischen Sinne und die Praktizierung staatsbürgerlicher Rechte auf lokaler Ebene. Dies kann erreicht werden, ohne die Freiheit einzuschränken, selbst zu entscheiden, welchem Staatswesen man zugehören will.

Darüber hinaus stellt das Recht zu wählen eine Form der Anerkennung dar. Die Tatsache, dass in einigen asiatischen Ländern Migrant*innen gefälschte oder betrügerisch erworbene Dokumente nutzen, um sich einen Zugang zur Wahl zu verschaffen, zeigt, dass das Wahlrecht für Migrant*innen durchaus von Bedeutung ist und dass dort, wo die staatliche Kontrolle versagt, Migrant*innen auch ohne vorausgehende politische Entscheidungen an Wahlen teilnehmen können (Sadiq 2009, S. 140). Derartige Praktiken führen zwar auf der einen Seite de facto zu einem vergrößerten Kreis an Wahlberechtigten, schwächen auf der anderen Seite allerdings die Legitimität des Wahlrechts an sich, da Migrant*innen sich ihre Stimme „erkaufen". Aber auch in reiferen und reicheren Demokratien steht die Institution der Staatsbürgerschaft vor Herausforderungen, namentlich der *Kommodifizierung* von Staatsbürgerschaft, ein Trend, der weltweit immer mehr zunimmt (Lahav und Guiraudon 2006). Hierdurch werden die oben angesprochenen globalen Ungleichheiten und Ungerechtigkeiten weiter vergrößert. Und nur die Ausweitung des Wahlrechts auf Denizens scheint diesem Trend ein Stück weit entgegenzutreten, wenn auch nur in sehr begrenztem Maße. Sicher kann die

Ausweitung des Wahlrechts auf Denizens das demokratische Defizit zwischen lange im Land lebenden Ausländer*innen und den Einheimischen ein Stück weit vermindern, allerdings kann es unmöglich die unzähligen Probleme, die in Demokratien mit einem hohen Migrationsanteil immer in Bezug auf Repräsentation, Legitimation und Gerechtigkeit auftauchen, lösen.

Eine realistische Einschätzung in Bezug auf die Wirkungskraft des Denizenwahlrechts ist angebracht. Wir haben gesehen, dass die Ausweitung des Wahlrechts auf Denizens zwar einen umfassenden und weltweiten Trend darstellt, der aber alles andere als unumkehrbar ist. Nationalstaaten mit ihren auf Ausschluss basierenden Staatsbürgerschaftskonzeptionen und Migrationspolitiken werden noch für lange Zeit maßgeblich sein. Die Welle der Denizenwahlrechtskampagnen ist auf einige Länder übergeschwappt, und es hat daher den Anschein, als handele es sich dabei um eine internationale Bewegung. Dennoch gingen die Kampagnen in den meisten Fällen auf spezifische innenpolitische Konstellationen zurück, die den Beginn, den Verlauf und das Ergebnis des Prozesses maßgeblich bestimmten. Auch ist sie in den allermeisten Fällen weiterhin auf die lokale Ebene beschränkt, weshalb Rodriguez Wahlrechtsreformen für Denizens auch als ein marginales Merkmal des gegenwärtigen Nationalstaates bezeichnete (2010). Auch werden wegen der Einführung des Wahlrechts für Denizens auf kommunaler Ebene nicht die Grundfesten der Staatsangehörigkeit auf nationaler Ebene infrage gestellt oder das System der Zugehörigkeit im gegenwärtigen internationalen System neu geordnet. Und auch kann das lokale Wahlrecht die Mitbestimmung bei nationalen Wahlen nicht ersetzen. Doch überall dort, wo es existiert, ist es für das Verständnis von Staatsbürgerschaft und die Zusammensetzung und den Zusammenhalt der politischen Gemeinschaft von zentraler Bedeutung. Das Denizenwahlrecht betont die Bedeutung des gemeinsamen Zusammenlebens vor Ort als Quelle gesellschaftlicher Solidarität und bürgerlicher Gleichberechtigung. Aus diesem Grund ist das Wahlrecht so wichtig. Es knüpft unmittelbar an die Anfänge des westlichen politischen Denkens an. Es entspricht auch der republikanischen Idee der Antike (Constant 1997; Berlin 1969), dass politische Beteiligung eine Tugend ist und Freiheit die Voraussetzung der Selbstbestimmung. Indem Denizens auf kommunaler Ebene das Recht gegeben wird, an Wahlen teilzunehmen, ohne dafür die Staatsbürgerschaft anzunehmen, wird letztendlich auch das Zugehörigkeitsgefühl von Ausländer*innen zum Gemeinwesen gestärkt, einem Gemeinwesen, das dann auch multiple Formen von Zugehörigkeit akzeptiert, Vielfalt respektiert und auch das Versprechen der Gleichberechtigung einlöst, das im Begriff der Staatsbürgerschaft immer schon angelegt war.

Die Öffnung der demokratischen Teilhabe auf kommunaler Ebene wirkt schließlich auch ein Stück weit der Herrschaft von Staatsbürger*innen über Nichtstaatsbürger*innen entgegen. Es sollte eigentlich eine Selbstverständlichkeit sein, dass man, wenn man mit anderen zusammenlebt und Tag für Tag ein Schicksal teilt, auch das Recht haben sollte, mitzuentscheiden, und dass ein solches Recht wahrscheinlich eine weitaus stärkere Bindung zu der Bürgerschaft vor Ort entstehen lässt. Im aristotelischen Republikanismus partizipierten nur diejenigen, die es sich wirtschaftlich auch leisten konnten. Heute aber leben wir in einer liberalen Demokratie, in der es selbstverständlich sein sollte, dass alle mitentscheiden können, sofern sie es denn wollen. Alle sollten entscheiden können, ob sie mitwirken wollen und in welchem Umfang sie mitwirken wollen, und zwar unabhängig von der formalen Zugehörigkeit einer vorgestellten Gemeinschaft oder einer gemeinsamen Identität, sondern allein auf Basis ihres Aufenthalts in einer politischen Gemeinschaft. Ob letzten Endes alle mitwirken wollen, bleibt jedem Einzelnen überlassen, allerdings sollten alle die Möglichkeit haben. Die Ausweitung des Wahlrechts auf Nichtstaatsbürger*innen lässt sich dann sowohl aus liberalen als auch republikanischen Überlegungen heraus begründen, auch wenn aus *republikanischer* Sicht Wahlen nur einen geringen Anteil des bürgerlichen Lebens ausmachen. Aber in stark pluralistischen Gesellschaften nähern sich liberale und republikanische Demokratieverständnisse ohnehin mehr und mehr an (Miller 2005, S. 59), und Pluralismus ist das, was zunimmt, wenn in einer politischen Gemeinschaft Denizens das Recht zur Mitbestimmung erhalten.

Darüber hinaus gibt es noch einen weiteren Grund, der für einen stärkeren Einbezug von Denizens in die politischen Entscheidungsprozesse eines Landes spricht: eine drohende Instabilität infolge eines wachsenden Missverhältnisses zwischen Staatsbürger*innen und Nichtstaatsbürger*innen. Hierauf hat insbesondere Bauböck (2004) hingewiesen und deswegen auch noch einmal die Bedeutung voller Staatsbürgerschaftsrechte betont (vgl. auch Walzer 1997, S. 60). Die Gefahren hierfür sieht er auf zwei Ebenen: einerseits in Bezug auf Fragen der demokratischen Repräsentation und Legitimation, d. h. wer gehört zum Wahlvolk und wer nicht, und anderseits in Bezug auf Fragen der Solidarität und kollektiver Identität, d. h. wem ist die Gemeinschaft wichtig und auf welche Art. Die hier untersuchten Fälle sprachen in dieser Hinsicht jedoch eine deutliche Sprache: In allen Reformen war klar geregelt, wer unter welchen Umständen ein Recht zur Mitbestimmung hat und wer nicht, auch und gerade in Fällen, in denen Denizens an nationalen Wahlen teilnehmen durften. Es gab hier keine Unklarheiten. Was allenfalls unklar war: welche Voraussetzungen an den jeweiligen Aufenthalt geknüpft werden sollten, damit das Wahlrecht übertragen werden konnte. In den hier untersuchten Fällen sprachen sich vor allem konservative Politiker*innen und

Kommunitarist*innen gegen das Denizenwahlrecht aus, und zwar deswegen, weil sie befürchteten, dass dadurch die Besonderheit, die Weihe der Staatsbürgerschaft an sich (d. h. die Wahl) geschmälert würde und die Anreize für Ausländer*innen, sich einbürgern zu lassen, deutlich geschwächt würden. Das ist übrigens auch eine Position in der normativen Literatur (Schuck 1989). Sie ist der Meinung, dass die Staatsbürgerschaft umso mehr an Wert gewinnen würde, je schwerer es ist, sie zu erwerben, und je größer der Aufwand für Ausländer*innen wäre, sie zu erlangen. Allerdings blieb diese Debatte doch größtenteils symbolisch, da die meisten mit der Staatsbürgerschaft verbundenen Privilegien – Rechtssicherheit, Rückkehrrecht, Reisepass – von einer Ausweitung des Wahlrechts unberührt bleiben: Sie bleiben an die Staatsangehörigkeit geknüpft. Ähnlich wie Bauböck denke ich, dass es um beides geht: um niedrige Hürden zur Einbürgerung, einschließlich einer weitgehenden Akzeptanz doppelter bzw. mehrfacher Staatsangehörigkeiten, und um das lokale Wahlrecht für lange im Land lebende Ausländer*innen. Das kommunale Denizenwahlrecht ersetzt nationale Staatszugehörigkeit nicht, sondern versieht sie mit neuer Legitimität.[4] Aus meiner Sicht erlaubt eine solche Kombination, dass Ausländer*innen frei über ihre nationale Zugehörigkeit entscheiden können, während auf lokaler Ebene die demokratische Legitimität gewahrt bleibt und zudem Staatsbürgerschaft eine neue Facette erhält, indem sie an die lokale Ebene angebunden wird. Das Wahlrecht für Denizens kann so zum besten Argument für den Erwerb der vollen Staatsbürgerschaftsrechte durch die Staatsangehörigkeit werden, sofern dies denn gewollt ist.

Dabei ist jedoch wichtig, sich bewusst zu machen, dass die Einbürgerung immer eine fundamentale Entscheidung im Leben von Menschen ist und dass einer der Hauptfaktoren, die diese Entscheidung erleichtern, die Akzeptanz von doppelten bzw. mehrfachen Staatsangehörigkeiten ist, sowohl im Aufnahme- als auch im Herkunftsland.[5] Somit würde ich das Denizenwahlrecht als Zwischenschritt auf dem Weg zur Staatsangehörigkeit sehen, der einerseits der

---

[4] Man sollte denken, dass – wie im Fall von Kanada, wo die Einbürgerung einfach geregelt ist und doppelte Staatsbürgerschaft weitgehend toleriert wird – eine Ausweitung des Wahlrechts auf Denizens eigentlich überflüssig ist. Allerdings sollte man Einbürgerung nicht mit Integration gleichsetzen und nicht die grundsätzliche Notwendigkeit demokratischer Legitimität übersehen. Bei der Ausweitung des Wahlrechts auf Denizens geht es nicht darum, die nationale Identifikation zu erhöhen, sondern die demokratische Legitimation. In Bezug auf Kanada hat Munro z. B. angemerkt, dass sich US-Amerikaner*innen im Vergleich zu anderen Migrant*innen aus weiter entfernten Regionen seltener einbürgern lassen, was allerdings nicht gleichbedeutend damit ist, dass sie sich weniger für das kanadische Gemeinwesen interessieren oder einsetzen würden (2008, S. 73).

[5] Aleinikoff und Klusmeyer verweisen in diesem Zusammenhang auch darauf, dass die Teilnahme an Wahlen Nichtstaatsbürger*innen die politische Kultur nahebringen und ein

Aufnahmegesellschaft die angesprochene notwendige demokratische Legitimität gewährleistet und anderseits den Migrant*innen etwas Raum für eine eigene Entscheidung über Fragen der Identität und Zugehörigkeit lässt. Dies ist umso wichtiger, als dass wir in einer Zeit leben, in der immer mehr Menschen mehrfache Zugehörigkeiten empfinden und besitzen, dies aber bei Weitem noch nicht von allen Staaten vorbehaltslos akzeptiert wird. Auch die Studie von Vink und Huddleston (2015) hat gezeigt, dass Denizenwahlrecht und Einbürgerung sich nicht ausschließen, sondern sich eher ergänzen: *„There is no trade-off between facilitating naturalisation and political participation policies for foreigners. [...] inclusive naturalisation policies positively affect naturalisation rates among immigrants"* (S. 14). Laut mehrerer Studien scheinen der Hauptgrund für Einbürgerungen ökonomische Erwägungen zu sein (Steinhardt 2008), insbesondere der uneingeschränkte Zugang zum Arbeitsmarkt (hier besonders zum öffentlichen Sektor), Beschäftigungsmöglichkeiten in besseren Jobs mit einer höheren Entlohnung[6] und generell eine bessere Einbindung in das Netz sozialer Sicherheit (Aptekar 2015). Wenn Migrant*innen sich jedoch dafür interessieren, Staatsbürger*in zu werden und nicht nur auf lokaler Ebene mitzuwirken, sollten sie die Möglichkeit dafür haben. Der Vorteil, Einbürgerungen mit der Ausdehnung des Wahlrechts zu kombinieren, besteht darin, dass dies konkrete Verbesserungen im Leben vieler Menschen bewirken und gleichzeitig die Basis unserer Demokratien stärken könnte.

Die Aufteilung der Welt in Nationalstaaten mit territorialen Grenzen, die streng gesichert und kontrolliert werden, hat die Nationalität zur zentralen Einheit

---

Zugehörigkeitsgefühl vermitteln könne, was ihnen die Einbürgerungsentscheidung erleichtern könne (2002, S. 43). Allerdings denke ich angesichts der allgemeinen Zurückhaltung in Bezug auf doppelte Staatsbürgerschaft z. B. in Deutschland, dass es weiterhin eine Zumutung ist, von ansässigen Migrant*innen zu erwarten, dass sie sich einbürgern lassen sollten. Es heißt letzten Ende nichts anderes, als von ihnen zu erwarten, ein großes Opfer zu bringen für etwas, auf das sie, meiner Meinung nach, aufgrund ihres Beitrags, den sie zu der Gesellschaft leisten, in der sie lange leben, ohnehin einen Anspruch haben. Schließlich ist zu bedenken, dass die Entscheidung für eine Einbürgerung auch bedeutet, dass man auf viele andere Dinge verzichtet, die viele weitere wichtige Punkte im Leben berühren: Investitionen, zukünftige Mobilität und Identität. In Großbritannien schlug einst Lord Goldsmith vor, den Status einer dauerhaften Aufenthaltsberechtigung abzuschaffen und die Ausländer*innen dazu zu bringen, die britische Staatsbürgerschaft zu erwerben. Für Menschen aus Ländern, die keine doppelte Staatsbürgerschaft erlauben, sollte eine sogenannte assoziierte Staatsbürgerschaft eingeführt werden, für die man sich mit einem Integrationstest qualifizieren und zu der man sich in einer (leicht modifizierten) Einbürgerungszeremonie bekennen sollte (2007, S. 78 f.).

[6] Dieser Aspekt wird in vielen Studien immer wieder bestätigt: vgl. Bratsberg et al. (2002) und Mazzolari (2009) für die USA, DeVoretz und Pivnenko (2004) für Kanada und Bevelander und Veenman (2006) für die Niederlande.

gemacht, um Mitgliedschaft und Zugehörigkeit zu den einzelnen Nationalstaaten zu verteilen (Bauböck und Guiraudon 2009). Die wachsende Anerkennung doppelter Staatsbürgerschaft (Vink et al. 2019) mag Nationalität als alleiniges Organisationsprinzip nationaler Mitgliedschaften nach und nach aufweichen, allerdings werden Staaten noch für lange Zeit exklusiv darüber entscheiden können, wer zu ihnen gehören soll und wer nicht. Meistens geschieht dies entlang von Fragen der Loyalität und Zugehörigkeit, wofür man im Gegenzug eine Reihe von bürgerlichen Rechten übertragen bekommt (Pedroza 2016). Darüber hinaus bleibt das nationale Wahlrecht nach wie vor weitgehend an die nationale Staatsbürgerschaft gebunden und bildet folglich einen weiteren wichtigen Anreiz zur Einbürgerung, weswegen geringe Einbürgerungsanforderungen weiterhin ein zentraler Bestandteil nationaler Integrationspolitiken bleiben sollten. Die Ausweitung des Wahlrechts auf Denizens ist weder ein billiges Mittel, um grundsätzlichere Forderungen nach einfacheren Einbürgerungsregelungen[7] schnell zu befriedigen, noch etwas, das zu wertvoll wäre, um es Ausländer*innen zu geben. Es ist vielmehr ein Mittel, um die Diskussion über Staatsbürgerschaft neu zu beleben, und zwar von unten. Staatsbürgerschaft gewinnt wieder an Wert, und zwar umso mehr, je breiter sie praktiziert wird und je autonomer und freier die Entscheidung zur politischen Teilhabe ist.

Natürlich können mit der Ausweitung des Denizenwahlrechts auf lokaler Ebene nicht alle Probleme von Migrant*innen gelöst werden (vgl. Hollifield 1992; Young 1998). Die Einführung des Wahlrechts für Denizens kann allenfalls dabei helfen, Zuwanderer*innen auf ihrem Weg der Integration zu unterstützen. Sie muss aber eingebettet sein in eine breiter gefasste Politik, die sich darum bemüht, die Chancen von Zuwanderer*innen in allen Teilsystemen der Gesellschaft – nicht nur im politischen – zu verbessern und für Gleichberechtigung zu sorgen. Um eine umfassende Integration zu erreichen, ist eine Vielzahl von Maßnahmen erforderlich, angefangen beim Spracherwerb über die Gleichstellung von Frauen und Männern auf dem Arbeitsmarkt bis hin zur Schaffung gleicher bürgerlicher Rechte und Pflichten. Es gibt auch eine Unzahl an Situationen (z. B. hervorgerufen durch institutionellen Rassismus), die entscheiden, ob man sich zu einer größeren Gesellschaft zugehörig fühlen wird oder nicht. Hier kommt es oft darauf an, wie die Politik vor Ort mit diesen Situationen umgeht und mit der Zivilgesellschaft zusammenarbeitet, um sie nachhaltig zu verbessern. Nur wenn

---

[7] Rubio-Marín (1997) schlug z. B. in Anlehnung an Hammar (1994, S. 196) vor, Ausländer*innen nach einer bestimmten Aufenthaltsdauer automatisch die Staatsbürgerschaft zu geben, auch unter Hinnahme möglicherweise weiter bestehender weiterer Staatsbürgerschaften (Mehrfachstaatsangehörigkeiten).

das Vorhaben der Ausweitung des Denizenwahlrechts in eine generelle Integrationsstrategie eingebettet ist, kann es sein Ziel erreichen (vgl. auch Bloemrad 2006; Hirsch Ballin 2014).

Die Herausforderungen, die mit der Integration von Einwanderer*innen einhergehen, können nicht dadurch gelöst werden, dass man so tut, als würden sie allein Einwanderer*innen betreffen, als seien sie allein durch sie verursacht oder nur mit ihnen in Zusammenhang stehend. Migration geht immer auf einen komplexen Ursachenzusammenhang zurück, und die unterschiedlichen Migrationssysteme der Welt spiegeln immer unterschiedliche historische, politische und wirtschaftliche Zusammenhänge wider. Sie betreffen immer gesamte Gesellschaften und ihre Teilsysteme. Insofern geht auch die Integration von Migrant*innen in einer Gesellschaft jeden Einzelnen an. Und die Art und Weise, wie man sich in der Gesellschaft diese Integration vorstellt, reflektiert in der Regel auch, welche Normen, Ziele und Werte eine Gesellschaft sich für sich selbst wünscht. Mit anderen Worten ist die Staatsbürgerschaft, die wir als Aufnahmegesellschaft Migrant*innen anbieten, nichts anderes als die Form der Staatsbürgerschaft, die wir uns auch für uns selbst wünschen.

Wenn wir also Migrant*innen zu bloßen Befehlsempfänger*innen und teilnahmslosen Beobachter*innen ohne Stimme degradieren oder nur ein paar von ihnen eine Stimme geben, ohne dass für die anderen die Hoffnung besteht, jemals eine Stimme zu haben, dann mögen wir uns vielleicht für eine Weile über das vermeintliche Privileg freuen, entscheiden zu können, wem welche Art von Stimme zugesprochen wird, aber ein solches hierarchisches und diskriminierendes Staatsbürgerschaftsregime könnte sich über kurz oder lang gegen uns wenden. Der Grund dafür ist, dass, wenn solche hierarchischen Regime entstehen und akzeptiert werden, sie eines Tages sogar für die Entziehung der Wahlrechte missbraucht werden könnten, wie die Beispiele Deutschlands während des Nationalsozialismus oder des heutigen Myanmars zeigen. Die Institution Staatsbürgerschaft hat wichtige Ermächtigungs- und Empanzipationseigenschaften, deswegen verliert sie an Wert und Bedeutung, wenn sie zur Befestigung von Ungleichheiten benutzt wird.

Staatsbürgerschaft ist eine politische Form, die sich nur durch ihren aktiven Gebrauch verwirklicht. Ihre freiheitlichen und auf gegenseitigem Respekt beruhenden Prinzipien bedürfen einer permanenten Überprüfung und müssen fortwährend an soziale Veränderungen angepasst werden. Bestehen über einen längeren Zeitraum Ungleichgewichte hinsichtlich der Repräsentation und Partizipation des Volkes, verlieren auch die Prinzipien selbst langsam an Bedeutung und lösen sich auf. Die permanente Auseinandersetzung darüber, wer zum (Wahl-)Volk gehört und wer nicht, kann mit Blatter (2011) als Zeichen einer

vitalen und reflexiven Demokratie gewertet werden. Auch dieses Buch hat
gezeigt, dass Debatten über Denizenwahlrecht schnell auf grundsätzliche Fragen
des Zusammenlebens in einer Gesellschaft übergehen. Die von den Denizenwahlrechtskampagnen ausgehenden Herausforderungen halten der Gesellschaft
letztlich einen Spiegel vor und bieten die Gelegenheit, sich mit sich selbst aus-
einanderzusetzen. Ernst Hirsch Ballin hat diesen Zusammenhang so wunderschön
auf den Punkt gebracht:

> Staatsbürgerschaft ist Menschenwürde in verfassungsrechtlicher Sprache.
> Migration konfrontiert die Menschen nicht nur mit der Identitätsvielfalt ihrer Mitbür-
> ger, sondern stellt auch alle vor die Aufgabe, Vielfalt als Merkmal der Staatsbürger-
> schaft selbst mit den damit verbundenen Rechten zu akzeptieren – eine Staatsbürger-
> schaft, die der Lebenssituation eines jeden angemessen ist, in dem er oder sie sich zu
> Hause befindet, was sich im Laufe des Lebens eines Menschen ändern kann, ein natür-
> liches Recht, als frei anerkannter Bürger anerkannt zu werden (2014, S. 145, eigene
> Übersetzung).

Überall dort, wo das Wahlrecht erfolgreich auf Denizens ausgeweitet wurde,
hat die Demokratie vor Ort gewonnen, und zwar auf einer ganz alltäglichen
Ebene. Neue Bürger*innen sind auf eine ganz natürliche Weise in die politische
Gemeinschaft aufgenommen worden und haben ein oftmals seit Jahren beste-
hendes demokratisches Defizit verringert. Allerdings dürfen auch Probleme nicht
übersehen werden. So sind Fälle bekannt, in denen das aktive Wahlrecht von
Denizens letztlich, obwohl es rechtlich kodifiziert war, durch den Staat selber
bzw. seine Verwaltung absichtlich verhindert oder willkürlich ausgesetzt wurde.[8]
Insofern kommt es nicht nur darauf an, das bloße Wahlrecht einzuführen, sondern
auch den Charakter von Staatsangehörigkeit in einer Gesellschaft nachhaltig zu
verändern, sie also nicht mehr (allein) in Bezug auf die Nationalität oder andere
von der Gesellschaft definierte Kriterien, die ggf. noch ausschließender sind (wie
z. B. ethnische oder wirtschaftliche), zu denken, sondern als demokratische Form
der Selbstbestimmung.

Ein solches grundsätzliches Verständnis ist von eminenter Bedeutung und es
beschränkt sich auch nicht allein auf den Bereich der Staatsbürgerschaft. Auch

---

[8] Dies war etwa lange Zeit in Lateinamerika der Fall. Hier wurden Bürger*innen generell
eher lokalen Gemeinschaften zugeordnet als der Nation. Entscheidend waren die Nachbar-
schaften, in denen die Menschen wohnten. Hier wurde auch von Angesicht zu Angesicht
entschieden, wer mitwählen durfte und wer nicht (vgl. Herzog 2007, S. 165 und Przeworski
2009, S. 8). Derartige Praktiken ließen natürlich viel Raum für Willkür und Diskriminierung.
Auch in einigen Kantonen der Schweiz wurden bis vor kurzen Kandidat*innenlisten für Einbürgerung von den Bürger*innen vor Ort selbst entschieden (Helbling 2010, S. 797; Argast
2009, S. 519).

Migrationspolitik ist wichtig. Denn am Ende bestimmt diese auch Regelungen, wer in ein Land unter welchen Bedingungen einreisen, in ihm bleiben und ggf. auch Staatsbürger*in werden darf. Nationalität spielt dabei bereits vor der Einreise eine Rolle, lange bevor die Forderung erhoben wird, auch politisch eine Stimme zu bekommen. Es beginnt mit Passkontrollen vor oder an der Grenze und mit Einwanderungsbestimmungen, die in der Regel einen Nachweis ökonomischer Mittel und entsprechende Reisedokumente erfordern, um schließlich rechtmäßig in das neue Land einreisen zu dürfen. Noch wichtiger: Je nach Nationalität – nach Pass – wird man offene oder geschlossene Tore vorfinden. In diesem weiteren Zusammenhang sollte man das Emanzipationspotenzial, aber auch die Grenzen der Ausweitung des Wahlrechts auf Denizens als demokratische Mechanismen zur Stärkung der Staatsbürgerschaft bewerten. Sie belohnt nur diejenigen, die es bereits geschafft haben, überhaupt ins Land einreisen zu können und dort lang genug rechtmäßig zu bleiben. Insofern bestätigt sie die selektive Dynamiken der nationalstaatliche Migrationspolitik. Um das emanzipatorische Potenzial der Ausweitung des Wahlrechts zu aktivieren – das Potenzial, größere Verständnisse von universell angelegten Bürger*innenrechte zu erzeugen –, müssen die Ausweitungsprozesse durch Reflektionen über Migrationspolitik begleitet werden.

8.3   Schlussbemerkung

Nach Benhabib (2003) besteht der fundamentale Widerspruch der demokratischen Staatsbürgerschaft in Demokratien darin, dass Demokratien einen universellen Anspruch haben, ihre Anwendung aber immer auf eine bestimmte Bürgerschaft beschränkt ist. Die meisten liberalen Theoretiker*innen stimmen darin überein, dass der liberale Staat keine Art privater Klub sein sollte, sondern offen für einen allgemeinen Dialog, der jeden Menschen als freies, rationales Wesen anerkennt und gleich behandelt. Im Falle einer Ausweitung des Wahlrechts sind aber diejenigen für die Veränderung der Zusammensetzung der Wählerschaft zuständig, die bereits die Macht besitzen (Wähler*innen und Gewählte). In den Worten von Schattschneider (1975) entscheiden sie über die Regeln des Spiels und auch darüber, wer mitspielen darf. Seit der Antike gilt Gleichheit qua Staatsbürgerschaft ebenfalls immer nur für eine privilegierte Gruppe, die über bestimmte Merkmale verfügt, auch wenn sich diese von Zeit zu Zeit verändert haben oder in einem großen Umsturz völlig umgewälzt wurden (Pocock 1995, S. 31). Vor diesem Hintergrund kann Demokratie als ein sich ständig ausweitender Prozess begriffen werden, der „von innen" durch die schrittweise Ausweitung des

Wahlrechts angetrieben wird. Allerdings erinnern uns die schlimmen Erfahrungen des 20. Jahrhunderts (häufig in Ländern, die wir heute als gut funktionierende Demokratien ansehen) daran, dass der Weg der Wahlrechtsausweitung und der Reduzierung von Unterschieden nicht nur nicht gradlinig und folgerichtig ist, sondern auch umkehrbar. Immer wenn in der westlichen Welt das Wahlrecht ausgeweitet werden sollte, wurde auf Kriterien abgehoben, die bis dahin mit Selbstbestimmung als unvereinbar angesehen worden waren: Knechtschaft und Sklaverei, mangelnde Urteilsfähigkeit, fehlendes Eigentum, falsches Geschlecht, Alter, falsche Religion oder Hautfarbe (vgl. Pocock 1995, S. 40 f.; Romanelli 1998, S. 15; Fukumoto 2004, S. 4).

Auch heute werden ähnliche Argumente vorgebracht, die vor nicht allzu langer Zeit noch gegen das Wahlrecht für Frauen geäußert wurden: Es wird so getan, als hätten die für eine Wahlrechtsausweitung infrage kommenden Menschen „kein Interesse", oder es wird ihre Loyalität zu dem neuen Gemeinwesen angezweifelt. Wie Tocqueville sagt, verlieren solche Argumente aber ihre Schlagkraft und Selbstverständlichkeit, wenn die Prämissen, auf denen sie fußen, selbst in Frage gestellt werden, in diesem Fall, dass Menschen sich immer nur *einem* Staatswesen zugehörig fühlen können. Ein derartig grundlegendes Infragestellen von alten Gewissheiten findet derzeit in mehreren Demokratien statt (Hirschman 2004). Unser Verständnis von Staatsbürgerschaft verändert sich nicht nur, wie Benhabib (2004) sagt, über die Zeit, sondern es können gleichzeitig unterschiedliche Verständnisse von Staatsbürgerschaft nebeneinander bestehen, was für eine pluralistische Demokratie sogar notwendig ist.

Dies haben auch die Analysen dieses Buches gezeigt. Es wurde deutlich, dass „Framing", also die Art und Weise, wie über die Ausweitung von Wahlrechten diskutiert wird, ein Schlüsselfaktor ist, um zu verstehen, warum manche Reformen gelingen, andere scheitern, und warum Reformen so unterschiedlich ausfallen können. Staatsbürgerschaftstraditionen waren in allen untersuchten Fällen durchaus von Bedeutung. Sie erklären, warum bestimmte institutionelle Pfadabhängigkeiten existieren, warum es bestimmte Rechtsprinzipien in den Ländern gibt, welche besonderen Beziehungen bestehen und warum in welcher Weise über bestimmte Dinge gesprochen wird. Allerdings sind die aus diesen Traditionen erwachsenden Begriffe alles andere als statisch. Im Gegenteil, sie entwickeln sich ständig fort und werden auch in unterschiedlicher Art und Weise in den Diskursen genutzt und eingesetzt, oftmals in Abhängigkeit von politischen Gegebenheiten und möglichen Gelegenheiten, die sich im Rahmen des jeweiligen politischen Systems ergeben. Wenn man diese Neudefinitionen von Staatsbürgerschaft als Prozess versteht, ist es wichtig, sich darüber bewusst zu werden, dass ein solcher Prozess im Grunde niemals abgeschlossen sein wird, auch wenn manche Forscher*innen teilweise willkürlich einen Anfangs- und Endpunkt eines Prozesses setzen. Aber gerade historische Studien zeigen uns immer wieder, dass viele Reformen, die aus heutiger Sicht zu ihrer Zeit als absolut überraschend und innovativ eingeschätzt werden, tatsächlich ebenfalls eine lange Vorlaufzeit hatten und Stück für Stück eingeführt wurden.

Im Kontrast dazu neigen Politikwissenschaftler*innen dazu, politische Ereignisse isoliert voneinander zu betrachten. Meine Argumentation ist politikwissenschaftlich, aber appelliert an die Reflexivität in Bezug auf die Definition von Wahlrechtserweiterungsprozessen als politische Ereignisse. Zu Ende gedacht, bedeutet mein Argument sogar, dass auch Staatsbürgerschaftstraditionen nicht als unveränderlich angesehen werden können, sondern ebenfalls ständiger Neubewertungen bedürfen, um der Pluralität des demokratischen Diskurses und seiner sozialen Konflikte gerecht zu werden. In diesem Sinne verstehe ich auch Staatsbürgerschaft nicht als eine Art „Wolke", die durch Winde hin und her geweht werden kann und sich kaum zur Beobachtung festhalten lässt, sondern eher als tief in Traditionen verwurzelte Narrative, die aber ebenfalls ständig neu erzählt und bewertet werden.

In vielen Ländern bleiben Einwanderer*innen auch weiterhin von der politischen Partizipation ausgeschlossen und es werden auch keine Anstrengungen unternommen, die Kluft zwischen den Versprechungen demokratischer Repräsentation und der offenkundigen Realität einer Marginalisierung von nicht eingebürgerten Migrant*innen zu verkleinern. Aber hier und da flackert dennoch immer mal wieder eine Debatte auf und das althergebrachte Konzept von Staatsbürgerschaft wird in Frage gestellt. Mehr noch: Die Debatten über die Ausweitung des Wahlrechts auf Denizens zeigen eine erstaunliche Beharrlichkeit und breiten sich mehr und mehr aus. Zwar sind sie noch nicht so stark, dass sie nicht doch im Zaume und teilweise auch zurückgewiesen werden können, aber in der Regel geschieht dies nicht ohne Zugeständnisse auf anderer Ebene. Die Kraft, die von Wahlrechtsdebatten ausgeht, wird durch andere Forderungen nach mehr Partizipation ergänzt und verstärkt, weshalb der Prozess an sich schon von Bedeutung ist. Wo immer Prozesse der Ausweitung des Wahlrechts auf Denizens entstehen, machen sie eines sichtbar: die Unbehaglichkeit einer Demokratie, wie sie mit den Grundfragen von Zugehörigkeit und Exklusion umgeht. Und diese Unbehaglichkeit besteht, unabhängig davon, ob die Ausweitung des Wahlrechts auf Denizens lediglich diskutiert wird, bereits als Gesetz verabschiedet und umgesetzt wurde oder absichtlich hinter vorgeschobenen Debatten versteckt oder mit aller Kraft kleingehalten wird. Tocqueville (2002 [1889], S. 74) hatte Recht:

Je weiter die Wahlrechte ausgedehnt werden, desto größer ist die Notwendigkeit, sie zu erweitern, denn nach jedem Zugeständnis nimmt die Stärke der Demokratie zu und ihre Forderungen wachsen mit ihrer Stärke" (eigene Übersetzung).

Literatur

Abbott, Andrew Delano. 2010. *Time matters. On theory and method.* Chicago, Ill.: Univ. of Chicago Press.

Aleinikoff, Alexander, und Douglas Klusmeyer, Hrsg. 2002. *Citizenship Policies for an Age of Migration.* Washington D.C.: Carnegie Endowment for International peace.

Aptekar, Sofya. 2015. *The Road to Citiezenship: What Naturalization Means for Immigrants and the United States.* New Brunswick, N.J: Rutgers University Press.

Argast, Regula. 2009. An unholly alliance: Swiss citizenship between local legal tradition, federal Laissez faire, and ethno-national rejection of foreigners 1848–1933. *European Review of History* 16 (4): 503–521.

Balibar, Etienne. 2012. The „Impossible" Community of the Citizens: Past and Present Problems. *Environment and Planning D: Society and Space* 30 (3): 437–449.

Balibar, Etienne. 2015. *Citizenship.* Cambridge: Polity Press.

Bauböck, Rainer, Hrsg. 2004. *From Aliens to Citizens: Redefining the Status of Immigrants in Europe.* Avebury: Aldershot.

Bauböck, Rainer. 2011. Citizenship and Free Movement. In *Citizenship, borders, and human needs,* Hrsg. Rogers M. Smith, 343–376. Philadelphia, Pa.: Univ. of Pennsylvania Press.

Bauböck, Rainer, und Virginie Guiraudon. 2009. Introduction: Realignments of citizenship: Reassessing rights in the age of plural memberships and multi-level governance. *Citizenship Studies* 13 (5): 439–450.

Benhabib, Seyla. 2003. The Transformations of Citizenship: The Case of Contemporary Europe. *Government and Opposition* 37 (4): 439–465.

Berlin, Isaiah. 1969. *Four Essays on Liberty.* Oxford: Oxford Univ. Press.

Bevelander, Pieter, und Justus Veenman. 2006. Naturalisation and Socioeconomic Integration: The Case of the Netherlands. *IZA Discussion Paper,* Nr. 2153.

Blatter, Joachim. 2011. Dual Citizenship and Theories of Democracy. *Citizenship Studies* 15 (6–7): 769–798.

Bloemraad, Irene. 2006. *Becoming a Citizen: Incorporating Immigrants and Refugees in the United States and Canada.* Berkeley: University of California.

Bratsberg, Bernt, James F. Ragan, und Zafar Nasir. 2002. The Effect of Naturalization on Wage Growth: A Panel Study of Young Male Immigrants. *Journal of Labor Economics* 20 (3): 568–597.

Carens, Joseph. 2000. *Culture, Citizenship and Community. A Contextual Exploration of Justice as Evenhandedness.* Oxford: Oxford University Press.

Cohen, Elizabeth F. 2009. *Semi-citizenship in democratic politics.* Cambridge: Cambridge Univ. Press.

Constant, Henri-Benjamin. 1997. The Liberty of Ancients Compared with that of Moderns (1819). In *The libertarian reader,* Hrsg. David Boaz. New York: Free Press.

DeVoretz, Don, und Sergiy Pivnenko. 2004. The Economic Causes and Consequences of Canadian Citizenship. *IZA Discussion Paper*, Nr. 1395 (November).

Faist, Thomas. 2001. Jenseits von Nation und Post-Nation. Transstaatliche Räume und Doppelte Staatsbürgerschaft. *Zeitschrift für Internationale Beziehungen* 7 (1): 109–144.

Freeman, Gary P. 1995. Modes of Immigration Politics in Liberal Democratic States. *The International Migration Review* 29 (4): 881–902.

Fukumoto, Kentaro. 2004. *A Hierarchy of Citizenship: Identity Politics of Suffrage Extension and Welfare Development*. USJP Occasional Paper 04–03.

Guiraudon, Virginie. 1998. Citizenship Rights for Non-Citizens: France, Germany, and the Netherlands. In *Challenge to the Nation-State: Immigration in Western Europe and the United States*, Hrsg. Christian Joppke, 272–317. Oxford: Oxford Univ. Press.

Guiraudon, Virginie. 2007. Citizenship Rights for Non-Citizens: France, Germany, and the Netherlands. In *Challenge to the Nation-State: Immigration in Western Europe and the United States*, Hrsg. Christian Joppke, 272–317. Oxford: Oxford Univ. Press.

Hammar, Tomas. 1994. *Democracy and the nation state. Aliens, denizens and citizens in a world of international migration*. Reprint. Aldershot: Avebury.

Helbling, Marc. 2010. Switzerland: Contentious Citizenship Attribution in a Federal State. *Journal of Ethnic and Migration Studies* 36 (5): 793–809.

Herzog, Tamar. 2007. Communities Becoming a Nation: Spain and Spanish America in the Wake of Modernity (and Thereafter). *Citizenship Studies* 11 (2): 151–172.

Hindess, Barry. 1998. Divide and Rule: The International Character of Modern Citizenship. *European Journal of Social Theory*, Nr. 1:57–70.

Hirschman, Albert O. 2004. *The rhetoric of reaction. Perversity, futility, jeopardy*. Digitally reprint. Cambridge, Mass.: Belknap Press.

Hirsch Ballin, Ernst. 2014. *Citizens' Rights and the Right to Be a Citizen*. Leiden: Brill Nijhoff.

Hollifield, James F. 1992. *Immigrants, markets, and states. The political economy of postwar Europe*. Cambridge, Mass.: Harvard Univ. Press.

Huddleston, Thomas, und Maarten P. Vink. 2015. Full membership or equal rights? The link between naturalisation and integration policies for immigrants in 29 European states. *Comparative Migration Studies* 3 (1): 1–19.

Isin, Engin F., und Bryan D. Turner. 2002. *Handbook of Citizenship Studies*. London: SAGE.

Isin, Engin, Peter Nyers, und Bryan Turner, Hrsg. 2008. *Citizenship Between Past and Future.* London: Routledge.

Isin, Engin F., und Bryan Turner. 2007. Investigating Citizenship: An Agenda for Citizenship Studies. *Citizenship Studies* 11 (1): 5–17.

Joppke, Christian. 2001. The Evolution of Alien Rights in the United States, Germany, and the European Union. In *Nationality Law in Europe*, Hrsg. Randall Hansen und Patrick Weil, 36–62. London: Macmillan.

Kakabadse, Andrew, Nada Kakabadse, und Kalu Ndukwe Kalu, Hrsg. 2009. *Citizenship. A reality far from ideal*. Basingstoke: Palgrave Macmillan.

Kostakopoulou, Theodora. 2008. *The future governance of citizenship. The law in context series*. Cambridge: Cambridge Univ. Press.

Lahav, Gallya, und Virginie Guiraudon. 2006. Actors and venues in immigration control: Closing the gap between political demands and policy outcomes. *West European Politics* 29 (2): 201–223.

Lizzeri, Alessandro, und Nicola Persico. 2004. "Why Did the Elites Extend the Suffrage? Democracy and the Scope of Government, with an Application to Britain's 'Age of Reform.'" The Quarterly Journal of Economics 119 (2): 707–65.

Lord Goldsmith QC. 2007. Citizenship: Our common bond. http://image.guardian.co.uk/sysfiles/Politics/documents/2008/03/11/citizenship-report-full.pdf. Zugegriffen: Jan. 2016.

Mazzolari, Francesca. 2009. Dual Citizenship Rights: Do they Make More and Richer Citizens? Demography 46 (1): 169–191.

Miller, David. 2005. Citizenship and national identity. Reprinted. Cambridge: Polity Press.

Morjé Howard, Marc. 2007. The Politics of Immigration and Citizenship in Europe. In Debating immigration, Hrsg. Carol Miller Swain, 237–253. Cambridge: Cambridge University Press.

Munro, Daniel. 2008. Integration through Participation: Non-Citizen Resident Voting Rights in an Era of Globalization. International migration and Integration 8:43–80.

Pedroza, Luicy. 2014. The Democratic Potential of Enfranchising Resident Migrants. International Migration 53 (3): 22–35.

Pedroza, Luicy. 2016. „Unchecked Migration and Democratic Citizenship". In Migration und Minderheiten in der Demokratie, 133–152. Wiesbaden: Springer.

Pedroza, Luicy, und Pau Palop-García. 2017. The grey area between nationality and citizenship: An analysis of external citizenship policies in Latin America and the Caribbean. Citizenship Studies 21 (5): 587–605.

Pocock, J.G.A. 1995. The ideal of citizenship since classical times. In Theorizing citizenship, Hrsg. Ronald Beiner. Albany: State Univ. of New York Press.

Przeworski, Adam. 2009. Conquered or Granted? A History of Suffrage Extentions. British Journal of Political Science 39 (2): 291–321.

Reed-Danahay, Deborah, und Caroline Brettell, Hrsg. 2008. Citizenship, political engagement, and belonging. Immigrants in Europe and the United States. New Brunswick, N.J: Rutgers University Press.

Rodríguez, Cristina. 2010. Noncitizen voting and the extraconstitutional construction of the polity. International Journal of Constitutional Law 8 (1): 30–49.

Romanelli, Raffaele. 1998. How did they became voters? The history of franchise in modern European representation. Hague: Kluwer Law International.

Rubio-Marín, Ruth. o. J. Stranger in your own home: the incorporation of resident aliens into the political community. Florence, Italy. Zugegriffen: 1. Jan. 1997.

Rygiel, Kim. 2010. Globalizing Citizenship. Toronto: UBC Press.

Sadiq, Kamal. 2009. Paper citizens. How illegal immigrants acquire citizenship in developing countries. Oxford: Oxford University Press.

Schachar, Ayelet. 2007. Against Birthright Privilege: Redefining Citizenship as Property. In Identities, Affiliations, and Allegiances, Hrsg. Seyla Benhabib, Seyla Benhabib, Ian Shapiro, und Danilo Petranovic. Cambridge: Cambridge Univ. Press.

Schuck, Peter. 1989. Membership in the Liberal Polity: The Devaluation of American Citizenship. Georgetown Immigration Law Journal, 1–18.

Shachar, Ayelet. 2009. The birthright lottery. Citizenship and global inequality. Cambridge, Mass: Harvard University Press.

Shaw, Jo. 2003. Sovereignty at the Boundaries of the Polity. One Europe or Several? Working Papers no. 44, One-Europe Programme.

Shaw, Jo. 2007. *The transformation of citizenship in the European Union. Electoral rights and the restructuring of political space.* Cambridge: Cambridge Univ. Press.

Smith, Rogers M. 2001. Citizenship and the Politics of People-Building. *Citizenship Studies* 5 (1): 73–96.

Soysal, Yasemin Nuhoæglu. 1994. *Limits of Citizenship: Migrants and Postnational Membership in Europe.* Chicago u. a.: Univ. of Chicago Press.

Soysal, Yasemin Nuhoæglu. 2007. *Limits of citizenship. Migrants and postnational membership in Europe,* 3. Aufl. Chicago u. a.: Univ. of Chicago.

Steinhardt, Max Friedrich. 2008. Does citizenship matter? The economic impact of naturalizations in Germany. *HWWI Research Paper 3–13.* Hamburg: WeltWirtschaftsInstitut.

Taylor, Charles. 1994. The Politics of Recognition. In *Multiculturalism,* Hrsg. Charles Taylor und Amy Gutmann, 25–73. Princeton, N.J.: Princeton Univ. Press.

Tilly, Charles. 2001. Mechanisms in Political Processes. *Annual Review of Political Science* 4:21–41.

Tocqueville, Alexis de. 2002. *Democracy in America. Übersetzt von Henry Reeve. Penn State Electronic Classics Series.* University Park, Pennsylvania: Pennsylvania State University.

Vink, Maarten, Arjan H. Schakel, David Reichel, Ngo Chun Luk, und Gerard-René de Groot. 2019. The International Diffusion of Expatriate Dual Citizenship. *Migration Studies* 7 (3): 362–383 (Erstveröffentlichung 1889).

Walzer, Michael. 1997. *Las esferas de la justicia. Una defensa del pluralismo y la igualdad.* México: Fondo de Cultura Económica.

Young, Iris Marion. 1998. Polity and Group Difference: A Critique of the Ideal of Universal Citizenship. In *The Citizenship Debates,* Hrsg. Gerson Shafir. Minneapolis: Univ. of Minnesota Press.

Zincone, Giovanna, und Tiziana Caponio. o. J. The multilevel governance of migration. *State of the art report Cluster C9.*

Anhang

Um das Universum der Fälle von Wahlrecht für *Denizens* in der Welt zu untersuchen, habe ich Daten aus primären und sekundären Quellen gesammelt. Um die Fälle zu unterscheiden, die für meine Forschungsfrage relevant waren, habe ich zwei Rahmenbedingungen angewendet: Anteil der Migrant*innen und Demokratie. Die Ergebnisse habe ich in Tab. A1 zusammengefasst.

In der Datenbank, die ich erstellt habe, habe ich Informationen zu verschiedenen Bestimmungen für Bürger*innenrechte gesammelt: auf lokaler/regionaler oder nationaler Ebene, die entweder allen zugute kommen oder nur einer bestimmten Gruppe sowie Phasen der Erweiterung des Wahlrechts. Dies waren die Ergebnisse, die ich in Kap. 2 dieses Buches analysiert habe. In Bezug auf

Tab. A1 Geltungsbereichsbedingungen für die Auswahl relevanter Fälle

Bedingungen	1. Der Anteil der Migrant*innen ist relevant, wenn der Anteil der ausländischen Bevölkerung in einem Land mehr als 3 % beträgt (gemäß der Bevölkerungsdatenbank der Vereinten Nationen). Migrant*innen, die als im Ausland geboren gezählt werden könnten, aber möglicherweise bereits eingebürgert sind, sind ausgeschlossen 2. Demokratie ist relevant, wenn zwei verschiedene Indizes (Polity IV und Freedom House, unterteilt in zwei Messjahre 1998, 2006) das Land als demokratisches Regime klassifizieren
Relevante Fälle für diese Studie (negativ und positiv) = 25	Österreich, Estland, Lettland, Schweiz, Luxemburg, Norwegen, Griechenland, Belgien, Frankreich, Niederlande, Kanada, Irland, Neuseeland, Australien, USA, Belize, Dänemark, Costa Rica, Deutschland, Spanien, Island, Portugal, Schweden, Großbritannien, Südkorea

Quelle: Eigene Erhebung

die Bedingungen habe ich mich an die Literatur gehalten und Informationen zu verschiedenen Einbürgerungsregeln gesammelt: Erwerb der normalen Staatsbürgerschaft nach wie vielen Jahren Aufenthalt, Bestehen von Präferenz- oder Diskriminierungsklauseln für einige Gruppen (ohne Ehegattenübertragung), rechtliche Haltung gegenüber doppelter Staatsangehörigkeit für Einwanderer*innen. Zu den Reformen des Ausländer*innenwahlrechts habe ich Daten auf lokaler und nationaler Ebene gesammelt, die Provinz registriert (wenn die Reform des Wahlrechts subnational war), ob die Reformen passive und/oder aktive Stimmrechte umfassten, das Jahr der Reform, die Art des Staates und die Voraussetzungen für die Ausübung des Wahlrechts. Sowohl der Datensatz als auch das QCA-Verfahren, um die Annahmen der Literatur (siehe Kap. 2, Abschn. 2.1–2.2) beurteilen zu können, sind in Pedroza, Luicy. 2019. *Citizenship beyond Nationality. Immigrant Voting Rights across the World.* Pennsylvannia: University of Pennsylvania Press zu finden.

Tab. A2 enthält die Zeitschiene der einschlägigen verabschiedeten Rechtsvorschriften zu Einwanderungs- und Staatsangehörigkeitsfragen in Portugal.

Da Städte in Deutschland nicht darauf hoffen können, das Wahlrecht auf kommunaler Ebene auf Ausländer*innen auszuweiten, ist es nützlich, Daten zu den Anteilen ausländischer Staatsbürger*innen in den Bundesländern zur Verfügung zu stellen (Tab. A4). Tab. A5 zeigt, in welchen Bundesländern im Dezember 2008 mehr als 5 % der Ausländer*innen lebten. Die Angaben in der Tabelle basieren auf Informationen des Statistischen Bundesamtes.

Tab. A6 fasst die Ergebnisse von Meinungsumfragen zusammen, in denen die Befragten nach ihrer Meinung zur Ausweitung des Stimmrechts auf kommunaler Ebene gefragt wurden. Die Tabelle wurde von Liegmann (1990, S. 26) zusammengestellt und veröffentlicht. Die Umfragen liefen zwischen 1988 und 1989 – zu Beginn der Debatten auf subnationaler Ebene in Deutschland.

Abb. A2 zeigt die zeitliche Abfolge von Vorschlägen zur Ausweitung des Wahlrechts an Denizens in den deutschen Bundesländern sowie auf Bundesebene (Bundestag und Bundesrat zusammen). Sie gibt an, welche Partei sie eingebracht hat oder ob es sich um eine Regierungsinitiative gehandelt hat. Sie zeigt auch die Vorschläge, die im Plenum des Parlaments – ob gescheitert oder beschlossen – erörtert wurden, mit schwarzen Bindestrichen, einfachen Bindestrichen oder weißen Diamanten. Der schwarze Bindestrich weist auf Vorschläge hin, die eine Landesregierung dem entsprechenden Parlament unterbreitet hat. Einfache Striche kennzeichnen Vorschläge einer Landesregierung an ein Bundesorgan (z. B. an den Bundesrat). Die weißen Diamanten weisen auf Vorschläge der Bundesregierung im Bundestag hin. Die Abkürzungen lauten wie folgt: Bund (enthält sowohl Bundesrat als auch Bundestag), ST: Sachsen-Anhalt, SN: Sachsen, SL: Saarland, SH:

Tab. A2 Einschlägige Rechtsvorschriften zu Migrations- und Staatsangehörigkeitsfragen in Portugal

Rechtsvorschrift	Ziel
Gesetzesdekret 126/72, 1972	Schaffung rechtlicher Bedingungen für die Anwendung des 1971 unterzeichneten internationalen Übereinkommens über die Gleichheit der Rechte und Pflichten zwischen Portugies*innen und Brasilianer*innen
Dekret 308-A 1975	Definiert den Verlust der Staatsangehörigkeit
Verfassung von 1976	Räumt die Möglichkeit ein, das Wahlrecht auf Bürger*innen der portugiesischsprachigen Länder auf der Grundlage der Gegenseitigkeit auszuweiten und damit möglicherweise den Quasistaatsbürgerschaftsstatus von Brasilianer*innen auf lusophone Migranten auszudehnen
Gesetz 37/81 vom 3. Oktober 1981	Regelt die portugiesische Staatsangehörigkeit
Dekret 322/82 vom 12. August 1982	Regelt die portugiesische Staatsangehörigkeit weiter
Verfassungsänderung von 1989	In Artikel 15 wurde die Gruppe der Migrant*innen, die von einer potenziellen Wahlrechtsausweitung abgedeckt sind, erweitert
Dekret 212/92 vom 12. Okt. 1992	Institutionalisiert die erste Legalisierung von irregulären Einwanderer*innen
Verfassungsänderung von 1992	Passt Artikel 15 an die europäischen Verpflichtungen zum Wahlrecht für europäische Bürger*innen in anderen europäischen Ländern an
Dekret 59/93 vom 3. März 1993	Erstellt ein neues Einreise-, Aufenthalts- und Ausreiseregime von Ausländer*innen
Entsendung der Staatssekretäre für soziale Sicherheit, Beschäftigung und Berufsausbildung 1993	Ziel ist die Eingliederung benachteiligter Gruppen, einschließlich der Einwanderer*innen, in den Arbeitsmarkt
Entschließung des Ministerrats 38/93 vom 15. Mai 1993	Billigt ein Interventionsprogramm für die soziale und berufliche Integration von Einwanderer*innen und ethnischen Minderheiten
Gesetz 70/93 vom 29. September 1993	Regelt das Asyl- und Unterbringungsrecht

(Fortsetzung)

Tab. A2 (Fortsetzung)

Rechtsvorschrift	Ziel
Gesetz 25/94 vom 19. August und Dekret 253/94 vom 20. Oktober 1994	Juristische Verfügungen, die die Erlangung der portugiesischen Staatsangehörigkeit neu formulieren und regeln
Gesetz 3-A/96 vom 25. Januar 1996	Schaffung des Amtes des Hohen Kommissars für Einwanderung und ethnische Minderheiten (ACIME)
Gesetz 17/96 vom 24. Mai 1996	Institutionalisiert einen neuen Prozess der außerordentlichen Legalisierung der Situation irregulärer Einwanderer*innen
Lei 19-A/96, 26. Juni 1996	Einführung eines Mindestlohns, zu dem alle Einwohner*innen unabhängig von ihrer Staatsangehörigkeit Zugang haben
Gesetzentwurf 37/VII, zum Gesetz 50/96 am 4. September 1996	Ändert zwei Wahlgesetze, um Ausländer*innen das Wahlrecht und die Wahlberechtigung für örtlichen Körperschaften zu ermöglichen, unter der Bedingung der Reziprozität und mit unterschiedlichen Bedingungen je nach Herkunftsstaat
Dekret 37/97 vom 31. Januar 1997	Ändert die Verordnung über das Staatsangehörigkeitsgesetz
Decreto-Lei n. 39/98 vom 26. Februar 1998	Konstitution des Conselho Consultivo para os Assuntos da Imigração (COCAI); Rat für Einwanderungsangelegenheiten
Gesetz 20/98 vom 12. Mai 1998	Hebt die Quoten für Arbeitserlaubnisse für Ausländer*innen an
Dekret 244/98 vom 3. August 1998	Regelt das Einreise-, Aufenthalts-, Ausreise- und Entlassungsregime von Ausländer*innen im Staatsgebiet. Trotz der Aufrechterhaltung einer verwaltungsbürokratischen Logik kehrte sie den restriktiven Sinn früherer Politik um: Statt 20 Jahren wurden nur 10 Jahre Aufenthalt verlangt, um eine Aufenthaltserlaubnis zu bekommen und das Recht auf die Familienzusammenführung zu erhalten (Widerruf des Dekrets Nr. 59/93)
Gesetz 13/99 1999	Erleichtert bürokratische Verfahren, um Migrant*innen zur Registrierung für die Stimmabgabe zu ermutigen
Gesetz 115/99 vom 3. August 1999	Verabschiedet die Rechtsordnung der Migrant*innenvereinigungen und sieht die Anerkennung ihrer Relevanz sowie das Recht auf technische und finanzielle Unterstützung des Staates für die Entwicklung ihrer Tätigkeiten sowie das Recht auf freie Sendezeit in den öffentlichen Diensten des Rundfunks und des Fernsehens vor

(Fortsetzung)

Tab. A2 (Fortsetzung)

Rechtsvorschrift	Ziel
Vorschlagsdekret 37/VIII vom 26. Juli 2000	Ermöglicht der Regierung, die rechtsstaatliche Regelung zu ändern, welche die Einreise, den Aufenthalt, die Ausreise und die Entlassung von Ausländer*innen im Staatsgebiet regelt
Dekret 4/2001 vom 10. Januar 2001	Ändert das Dekret Nr. 244/1998 vom 8. August, das die Bedingungen für die Einreise, den Aufenthalt, die Ausreise und die Entlassung ausländischer Staatsangehöriger im Inland regelt und den Titel der Aufenthaltsgenehmigung schafft
Entschließung des Ministerrats 14/2001, 14. Februar 2001	Eliminiert rechtliche Widersprüche, die dazu genutzt wurden, Ausländer*innen den Zugang zur Gesundheitsversorgung zu verwehren. Einsetzung einer interministeriellen Kommission für Migrationspolitik
Verordnungserlass 9/2001 vom 31. Mai 2001	Regelt die Einreise, den Aufenthalt, die Ausreise und die Entlassung ausländischer Staatsbürger*innen im Staatsgebiet
Organisches Recht 2/2006	Stärkt das Prinzip des *Ius soli* im Staatsangehörigkeitsrecht

Quelle: Eigene Zusammenstellung

Tab. A3 Anzahl der Sitze der Parteien im portugiesischen Parlament 1975–2009

	PCP	PS	PPD	PSD	PRD	CDS	PSN	BE	Gesamt
1975	30	116	81			16			250
1976	40	107	73			42			250
1980									250
1983	44	101	75			30			250
1985	38	57	88		45	22			250
1987	31	60		148	7	4			250
1991	17	72		135		5	1		230
1995	15	112		88		15			230
1999	17	115		81		15		2	230
2002	12	96		105		14		3	230
2005	14	121		75		12		8	230
2009	15	97		81		21		16	230

Quelle: Histórico de Resultados, Portal do Eleitor, Zugegriffen: November 2009. http://www. portaldoeleitor.pt/Paginas/HistoricodeResultados.aspx

Tab. A4 Zahl der Ausländer*innen in den größten Städten Deutschlands und ihr Anteil an der Bevölkerung in den Jahren 1982 und 2008

	Absolut 1982	Anteil 1982 (in %)	Absolut 2008	Anteil 2008 (in %)
West-Berlin	234.700	12,5	433.000 (Ost- & West-Berlin)	12,8
München	222.600	17,3	272.600	22,8
Hamburg	172.600	10,6	261.900	15,4
Köln	147.500	15,2	189.700	19,7
Frankfurt	146.400	23,5	155.500	24,1
Stuttgart	105.500	18,3	142.7000	24,5

Quelle: Statistisches Bundesamt

Tab. A5 Länder mit über 5%igem Ausländer*innenanteil in ihren Bevölkerungen im Dezember 2008

Land	Absolute Zahl der Ausländer*innen	Anteil an der Bevölkerung (in %)
Berlin	480.403	14,0
Hamburg	245.240	13,8
Bremen	83.497	12,3
Baden-Württemberg	1.266.030	11,8
Hessen	674.276	11,1
Nordrhein-Westfalen	1.886864	10,5
Bayern	1.174.934	9,4
Saarland	85.797	8,3
Rheinland-Pfalz	308.302	7,7
Niedersachsen	523.999	6,6
Schleswig-Holstein	147.273	5,2

Quelle: Statistisches Bundesamt

Schleswig-Holstein; RP: Rheinland-Pfalz, NW: Nordrhein-Westfalen, NI: Niedersachsen, MV: Mecklenburg-Vorpommern, HH: Hamburg, HE: Hessen, HB: Bremen, BY: Bayern, BW: Baden-Württemberg, BE: Berlin

Tab. A6 Meinungsumfragen zur Erweiterung des Wahlrechts auf Ausländer*innen auf kommunaler Ebene 1988–1989

Datum	Umfrageinstitut	Frage	Dafür	Dagegen	Unentschlossen
21.9.1988	Ipos	Sollten die Stimmrechte an die Staatsangehörigkeit gebunden bleiben?	80 %		
4.2.1989	Wickert	Ausweitung des Wahlrechts auf Ausländer*innen in Hamburg			
		- Alle	24,2 %	69,9 %	5,9 %
		- Hamburger*innen	31,1 %	59,7 %	9,2 %
21.1.1989	Forschungsgruppe Wahlen, Mannheim	Kommunales Wahlrecht für Ausländer*innen?	34 %	64 %	2 %
27.2.1989	Emnid	Kombinierte Frage: Kommunale Stimmrechte:			
		- für alle Ausländer*innen	15 %	58 %	1 %
		- für EU-Bürger*innen	26 %		
Juni 1989	Institut für Demoskopie, Allensbach	Kommunales Wahlrecht für Ausländer*innen?	39 %	48 %	13 %

Quelle: Liegmann, 1990, S. 26

Wie in Kap. 4 vorgestellt, ist Text-Portrait ein visuelles Werkzeug von MAXQDA, mit dessen Hilfe die Position und das Auftreten codierter Textsegmente als „Porträt" dargestellt werden können: Jeder Code hat eine Farbe (hier in Graustufen umgewandelt) und jedes Quadrat im Bild zeigt einen gleichen Teil des Textes. Da die Analyseeinheit das Argument war, variiert die Länge der codierten Segmente von einer einzelnen Phrase bis zu einigen Absätzen. Ich zeige diese Abbildung hier aus Gründen der Transparenz, um ein Beispiel dafür zu geben, wie eine codierte Debatte aussah. Die Textporträts zeigen deutlich, wie sich die Argumente von vielen verschiedenen *Frames* auf wenige reduziert haben. Eine detailliertere Beschreibung der Porträts findet sich unter den Abbildungen. Abb. A3 zeigt die komplexeste aller Debatten, die von Hamburg, mit

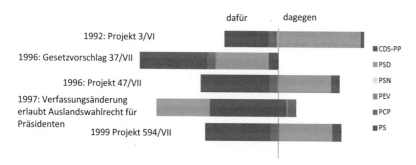

Abb. A1 Größe und Haltung der Parteifraktionen im portugiesischen Parlament in Bezug auf Vorschläge, die in Kap. 3 erwähnt wurden. (Quelle: Eigene Darstellung)

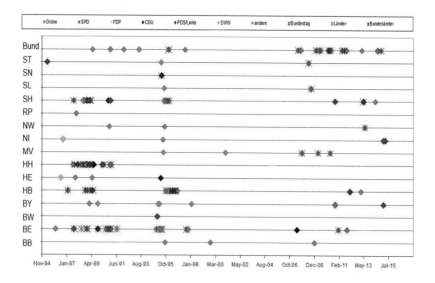

Abb. A2 Vorschläge in deutschen Bundesländern und im Bund im Laufe der Zeit und nach Antragsteller*innen. (Quelle: Eigene Darstellung)

der Expert*innenanhörung auf der linken Seite, der ersten Debatte im Plenum in der Mitte und der zweiten Debatte (die zur Abstimmung führte) auf der rechten Seite.

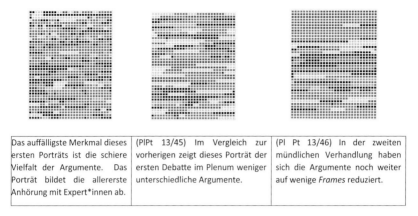

| Das auffälligste Merkmal dieses ersten Porträts ist die schiere Vielfalt der Argumente. Das Porträt bildet die allererste Anhörung mit Expert*innen ab. | (PlPt 13/45) Im Vergleich zur vorherigen zeigt dieses Porträt der ersten Debatte im Plenum weniger unterschiedliche Argumente. | (Pl Pt 13/46) In der zweiten mündlichen Verhandlung haben sich die Argumente noch weiter auf wenige *Frames* reduziert. |

Abb. A3 Textporträts aus den Hamburger Debatten (Januar und Februar 1989). (Quelle: Eigene Darstellung mit MAXQDA)